23
years

轻松过关是起点，也是支点
是事业，更是使命！

1998-2020
轻松过关成长史

2020 **再跃 …**
2020年“天猫双11”，东奥登顶教育行业榜首
成为淘宝教育行业历史
首个销量破亿的品牌

2016-2019 **驰名**
连续4年荣获“天猫双11”图书考试行业销售冠军
职业资格考试领域成交额冠军

2001-2007 **成名**
2001年《轻一》发行过千万册，考生几乎人手一本
2007年东奥网校上线，书、课受百万学员热追

1998 **诞生**
东奥诞生
“轻松过关”品牌图书面世

这本书是如何诞生的?

因为严苛，所以出色

150天
围绕真题，初稿编撰

从上考季结束之日起，名师围绕真题，重新梳理考点，开启为期150余天的初稿撰写。

300人
校对、探讨、修订

每份初稿，都会由300多人的教研团队帮助著书名师反复校对、探讨、修订。

6小时/题
夜以继日，融入变化

新考纲与教材下发后，教研团队逐字对比变化；名师夜以继日将新变化融入书稿；编写一道紧扣新大纲的优质题目，甚至会花费名师6小时以上的时间。

3+3流程
严格3审3校

融入最新考纲内容的书稿，将由教研团队经历严格的三审三校流程，终成定稿、印制出版。

2021《轻一》锐意升级

三层创新 助您倍速通关！

新考季，新趋势

近年，注会考试范围扩大、题目灵活。题目紧贴热点时事，难度逐渐增加；这就要求考生不仅要学会，还要学透、吃透难点，灵活应对。

这本《轻一》如何助您横扫疑难、倍速通关？

2021年新版《轻一》，紧扣考纲，从扫清疑点、直击难点、全面盘点三大维度着力创新，由点到线、连线成面，多维度助您攻坚克难、轻松过关！

1 扫清疑点

新增 · *每章疑难汇总*

名师根据历年每章高频问题，汇总、提炼，以一问一答形式逐一扫清疑点。

2 直击难点

升级 · *主观题演练*

主观题考点横向串联，考查难度大，占分值达55分。名师结合经验，总结规律，预判关联考点，精编主观大题供您演练，更配有**主观题精析班**，讲练结合，助您击破难点！

3 全面盘点

新增 · *3套全真模拟卷*

资深名师研判考情，亲撰3套考前模拟卷，与《轻一》分开发送，在考前40-50天包邮到家，供您盘点自测，考前定心！

轻松过关®1

23年,因为懂得备考艰辛，

我们从未停止创新。

尽情读她吧!

立即开启您的“轻松过关”之旅… …

轻松过关®1

2021年注册会计师考试

应试指导及全真模拟测试

审 计

（上册）

刘圣妮 编著

东奥会计在线 组编

北京科学技术出版社

本书正版具有以下标识，请认真识别

1. 本书附有防伪标签一枚，上有二维码，激活即可获赠正版图书超值专享服务。
2. 本书防伪标签为正版标识，若无此标识即盗版，请广大读者拒绝购买。
3. 盗版举报电话：400-627-5566

轻松过关小程序

扫描右侧二维码进入轻松过关小程序，名师课程，海量习题，互动答疑应有尽有，开启会计考证轻松过关之旅。

图书在版编目（CIP）数据

2021年注册会计师考试应试指导及全真模拟测试. 审计：上下册 / 刘圣妮编著；东奥会计在线组编. —北京：北京科学技术出版社，2021.2

（轻松过关.1）

ISBN 978-7-5714-1357-6

Ⅰ.①2… Ⅱ.①刘… ②东… Ⅲ.①审计—资格考试—自学参考资料 Ⅳ.①F23

中国版本图书馆CIP数据核字（2021）第007030号

责任编辑：王云飞
责任校对：贾　荣
装帧设计：韩文静
责任印制：张　良
出 版 人：曾庆宇
出版发行：北京科学技术出版社
社　　址：北京西直门南大街16号
邮政编码：100035

电　　话：0431-87635566（编辑部）
010-66135495（总编室）
网　　址：www.bkydw.cn
印　　刷：唐山市润丰印务有限公司
开　　本：787mm×1092mm　1/16
字　　数：1000千字
印　　张：50
版　　次：2021年2月第1版
印　　次：2021年2月第1次印刷

ISBN 978-7-5714-1357-6

定　价：123.00元（上下册）

编 委 会

（按姓氏笔画排序）

主　编：刘圣妮

编著者：于金池　　兰　飞　　肖园园

　　　　张　蕊　　陈　然

2021《轻一》豪华升级

加赠“全真模拟测试题”3套

纸质版 · 分开发送 · 包邮到家

- **单独邮寄** 购正版《轻一》，加赠3套纸质版考前模拟卷，与《轻一》分开发送，在考前40-50天包邮到家，供您模拟自测，考前定心。

- **考前点押** 名师融汇全年政策及行业新变化，在考前亲撰好题；考点覆盖精准全面，难度贴近真实考题，助您加深理解，卓效提分。

- **名师精解** 配套“名师精解模拟班”：名师逐题精讲模拟卷1套，助您以题带点，复盘得分。

如何获得3套卷及配套课程？

3套模拟卷单独成册，与《轻一》分开发送，在考前40-50天包邮到家，请注意查收快递哦!

扫码下载“会计云课堂”App，扫描封面激活码，即可听「名师精解模拟班」。

目录

上册

第一部分　命题规律总结及趋势预测

第二部分　考点精讲及同步训练

下册

第三部分　跨章节主观题演练

第一部分

命题规律总结及趋势预测

购正版《轻一》，加赠 3 套考前模拟卷，与《轻一》分开发送，在考前 40-50 天包邮到家，供您模拟自测，考前定心。

命题规律总结及趋势预测

2021 年，辛丑牛年。

春回大地，万物复苏。

春耕，夏长，秋收！

2021 年，《审计》科目的备考学习请从下面的一览表开始吧。

一、教材各章考试重要程度、学习难易程度及主要变化一览表

章名	考试重要程度	学习难易程度	主要变化
第 1 章　审计概述	★★★	★★★	对个别文字修订
第 2 章　审计计划	★★	★★	对个别文字修订
第 3 章　审计证据	★★	★★	对个别文字修订
第 4 章　审计抽样方法	★★	★★★	对个别文字修订
第 5 章　信息技术对审计的影响	★	★	对个别文字修订
第 6 章　审计工作底稿	★★	★	对个别文字修订
第 7 章　风险评估	★★	★★	对个别文字修订
第 8 章　风险应对	★★	★★	对个别文字修订
第 9 章　销售与收款循环的审计	★★★	★★★	(1) 根据《企业会计准则第 14 号—收入》对相关内容进行了完善和修订 (2) 将第四节标题修改为“销售与收款循环的控制测试” (3) 除上述修订内容外，修改了其他内容的部分文字表述
第 10 章　采购与付款循环的审计	★★	★★	(1) 将第四节标题修改为“采购与付款循环的控制测试” (2) 对教材表 10-4 的相关内容进行了修订 (3) 除上述修订内容外，修改了其他内容的部分文字表述

续表

章名	考试重要程度	学习难易程度	主要变化
第11章　生产与存货循环的审计	★★★	★★★	对个别文字修订
第12章　货币资金的审计	★★	★★	(1) 对于在实施货币资金审计的过程中“需要保持警觉”的情形、“其他需要保持警觉”的事项进行了修改 (2) 针对检查银行存款账户发生额、检查银行存款余额调节表的审计程序进行了修订 (3) 修订了银行询证函的参考格式 (4) 对定期存款的实质性程序进行了重新表述 (5) 新增对第三方支付项目实施审计程序的相关内容 (6) 除上述修订内容外，修改了其他内容的部分文字表述
第13章　对舞弊和法律法规的考虑	★★	★★	(1) 删除会计分录测试的相关内容 (2) 将财务报表审计中与舞弊相关的责任中“与监管机构的沟通”改为“与被审计单位之外的适当机构的沟通”，并修改部分文字表述 (3) 除上述修订内容外，修改了其他内容的部分文字表述
第14章　审计沟通	★★	★★	(1) 修改注册会计师与治理层沟通的主要目的 (2) 对“可能适合与治理层讨论的计划方面的其他事项”进行了修订 (3) 对“已与管理层讨论或需要书面沟通的重大事项”进行了修订 (4) 除上述修订内容外，修改了其他内容的部分文字表述
第15章　注册会计师利用他人的工作	★★	★★	对个别文字修订
第16章　对集团财务报表审计的特殊考虑	★★	★★	对个别文字修订
第17章　其他特殊项目的审计	★★★	★★★	(1) 对关联方的审计内容（识别和评估重大错报风险及应对措施）进行重新编写 (2) 除上述修订内容外，修改了其他内容的部分文字表述
第18章　完成审计工作	★★	★★	(1) 增加了评价未更正错报的相关案例 (2) 根据《会计师事务所质量管理准则第5101号—业务质量管理》对复核审计工作的内容进行修订 (3) 除上述修订内容外，修改了其他内容的部分文字表述

续表

章名	考试重要程度	学习难易程度	主要变化
第 19 章 审计报告	★★★	★★★	(1) 对审计报告收件人的相关内容进行重新表述 (2) 增加"与财务报表一同列报的补充信息"的相关内容 (3) 对描述关键审计事项的具体要求进行了修订 (4) 对不在审计报告中沟通关键审计事项的情形进行了修订 (5) 增加审计报告参考格式 19-5"由于合并财务报表存在重大错报而发表否定意见的审计报告" (6) 删除原审计报告参考格式 19-6"带强调事项段的保留意见审计报告" (7) 增加审计报告参考格式 19-7"包含关键审计事项部分、强调事项段和其他事项段的审计报告" (8) 调整比较信息一般审计程序相关内容 (9) 增加"年度报告"相关内容 (10) 对"其他信息"内容进行调整 (11) 除上述修订内容外，修改了其他内容的部分文字表述
第 20 章 企业内部控制审计	★★	★★	(1) 增加整合审计相关内容 (2) 增加应对舞弊风险的考虑相关内容 (3) 增加以前审计获取的有关控制运行有效性的审计证据相关内容 (4) 除上述修订内容外，修改了其他内容的部分文字表述
第 21 章 会计师事务所业务质量管理	★★★	★★★	根据《会计师事务所质量管理准则第 5101 号—业务质量管理》对内容进行重新编写
第 22 章 职业道德基本原则和概念框架	★	★	根据《中国注册会计师职业道德守则（2020）》对内容进行了重新编写
第 23 章 审计业务对独立性的要求	★★★	★★★	根据《中国注册会计师职业道德守则（2020）》对内容进行了重新编写

二、最近三年题型、题量与分值结构

	2020 年		2019 年		2018 年	
	题量	分值	题量	分值	题量	分值
单项选择题	25	25	25	25	25	25
多项选择题	10	20	10	20	10	20
简答题	6	36	6	36	6	36

续表

	2020 年		2019 年		2018 年	
	题量	分值	题量	分值	题量	分值
综合题	1	19	1	19	1	19
英文附加题（简答）	1	5	1	5	1	5
合计	42	105	42	105	42	105

三、最近三年命题规律总结

审计试题主要体现了“全面考核、重点突出、理论与实务相结合”的命题原则。针对 2020 年审计试题，下面通过单选题、多选题、简答题和综合题的不同题型来帮助大家分析、总结和归纳命题规律，希望对 2021 年备考学习予以借鉴和启发。

（一）单选题命题规律

根据 2020 年《审计》试卷的分析，按照命题特点、答题要求与得分难易程度，单选题可以分为以下三大类型，如图 1 所示。

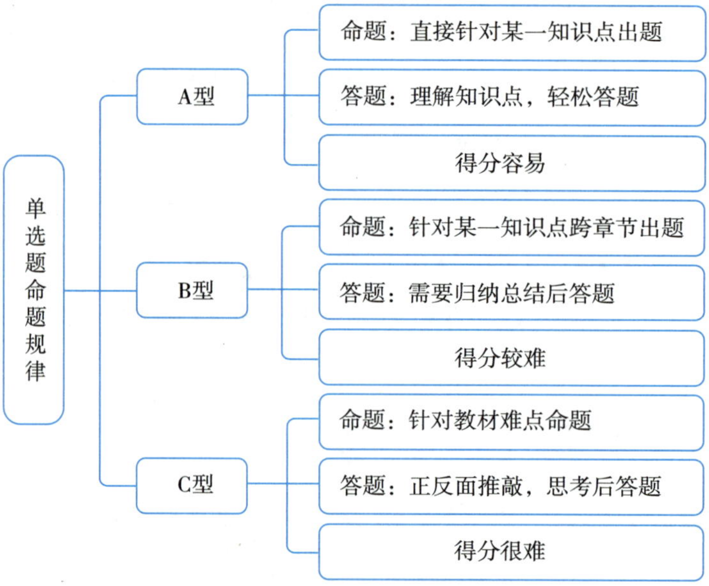

图 1　单选题命题规律

【例题 1·单选题(网络回忆版)·A 型】下列各项因素中，注册会计师在确定审计工作底稿的要素和范围时通常无需考虑的是(　　)。

A. 审计程序的范围

B. 已获取的审计证据的重要程度

C. 识别出的例外事项的性质

D. 审计方法

【解析】审计工作底稿的格式、要素和范围取决于诸多因素，例如：(1)被审计单位的规模和复杂程度；(2)拟实施审计程序的性质；(3)识别出的重大错报风险；(4)已获取的审计证据的重要程度(选项 B)；(5)识别出的例外事项的性质和范围(选项 C)；(6)当从已执行审计工作或获取审计证据的记录中不易确定结论或结论的基础时，记录结论或结论基础的必要性；(7)审计方法(选项 D)和使用的工具。

【答案】A

【名师点题】本题考点十分聚焦。按照审计准则要求，注册会计师确定审计工作底稿的要素和范围需要考虑的七因素。本知识点需要大家“守株待兔”式掌握。

【例题2·单选题(网络回忆版)·A型】对于集团财务报表审计，下列有关集团项目组参与重要组成部分审计工作的说法中，错误的是(　　)。

A. 集团项目组应当参与组成部分注册会计师实施的风险评估程序

B. 集团项目组应当参与组成部分注册会计师针对导致集团财务报表发生重大错报的特别风险实施的进一步审计程序

C. 集团项目组应当复核组成部分注册会计师对识别出的导致集团财务报表发生重大错报的特别风险形成的审计工作底稿

D. 集团项目组应当与组成部分注册会计师或组成部分管理层讨论对集团而言重要的组成部分业务活动

【解析】如果在由组成部分注册会计师执行相关工作的组成部分内，识别出导致集团财务报表发生重大错报的特别风险，集团项目组应当评价针对识别出的特别风险拟实施的进一步审计程序的恰当性。根据对组成部分注册会计师的了解，集团项目组应当确定是否有必要参与进一步审计程序，故选项B错误。

【答案】B

【名师点题】本题聚焦在集团项目组参与重要组成部分的哪些工作。审计准则对集团项目组参与重要组成部分工作有明确的要求：第一，风险评估程序必须参与；第二，进一步审计程序参与与否，根据集团项目组对组成部分注册会计师的了解确定。

【例题3·单选题(网络回忆版)·B型】下列各项沟通中，注册会计师应当采用书面形式的是(　　)。

A. 在接受委托后，与前任注册会计师进行沟通

B. 在上市公司审计中，与治理层沟通关键审计事项

C. 在上市公司审计中，与治理层沟通注册会计师的独立性

D. 在接受委托前，与前任注册会计师进行沟通

【解析】对于审计准则要求的注册会计师的独立性，注册会计师应当以书面形式与治理层沟通，选项C正确。

【答案】C

【名师点题】本题属于典型跨章节知识点出题，需要大家归纳总结。即有两种情形下需要采用书面形式与治理层沟通，具体包括：(1) 独立性问题；(2) 值得关注的内部控制缺陷。

【例题4·单选题(网络回忆版)·B型】下列有关实际执行的重要性的说法中，错误的是(　　)。

A. 实际执行的重要性应当低于财务报表整体的重要性

B. 在所有审计业务中，注册会计师都应当确定实际执行的重要性

C. 注册会计师可以确定一个或多个实际执行的重要性

D. 注册会计师无需对金额低于实际执行的重要性的财务报表项目实施进一步审计程序

【解析】注册会计师在计划审计工作时可以根据实际执行的重要性确定需要对哪些类型的交易、账户余额和披露实施进一步审计程序，即通常选取金额超过实际执行的重要性的财务报表项目，因为这些财务报表项目有可能导致财务报表出现重大错报。但是，这不代表注册会计师可以对所有金额低于实际执行的重要性的财务报表项目不实施进一步审计程序，这主要出于以下考虑：(1) 单个金额低于实际执行的重要性的财务报表项目汇总起来可能金额重大（可能远远超过财务报表整体的重要性），注册会计师需要考虑汇总后的潜在错报风险；(2) 对于存在低估风险的财务报表项目，不能仅仅因为其金额低于实际执行的重要性而不实施进一步审计程序；(3) 对于识别出存在舞弊风险的财

务报表项目，不能因为其金额低于实际执行的重要性而不实施进一步审计程序。

【答案】D

【名师点题】本题属于典型跨章节知识点出题，需要大家归纳总结。其中选项A、B、C属于如何确定实际执行的重要性，选项D属于实际执行的重要性运用问题。

【例题5·单选题(网络回忆版)·C型】下列有关审计报告预期使用者的说法中，错误的是(　　)。

A. 预期使用者不包括被审计单位的管理层

B. 预期使用者可能不是审计业务的委托人

C. 预期使用者不包括执行审计业务的注册会计师

D. 注册会计师可能无法识别所有的预期使用者

【解析】由于审计意见有利于提高财务报表的可信性，有可能对管理层有用，因此，在这种情况下，管理层也会成为预期使用者之一(选项A错误)，但不是唯一的预期使用者。

【答案】A

【名师点题】本题考查的各个选项需要大家"正反"推敲、结合图解(本书第一章图1-1)答题。建议大家结合基础班第一章学习。

【例题6·单选题(网络回忆版)·C型】对于集团财务报表审计，下列有关组成部分重要性的说法中，错误的是(　　)。

A. 不同组成部分的组成部分重要性可以相同

B. 集团项目组应当评价组成部分注册会计师确定的组成部分重要性是否适当

C. 并非所有组成部分都需要组成部分重要性

D. 组成部分重要性应当小于集团财务报表整体的重要性

【解析】如果组成部分注册会计师对组成部分财务信息实施审计或审阅，集团项目组应当基于集团审计目的，为这些组成部分确定组成部分重要性，选项B错误。

【答案】B

【名师点题】本题选项有"陷阱"，需要大家"正反"推敲、结合图解(本书第十六章图16-2)答题。建议大家结合基础班第十六章学习。

(二) 多选题命题规律

根据2020年《审计》试卷的分析，按照命题特点、答题与得分难易程度，多选题可以分为以下三大类型，如图2所示。

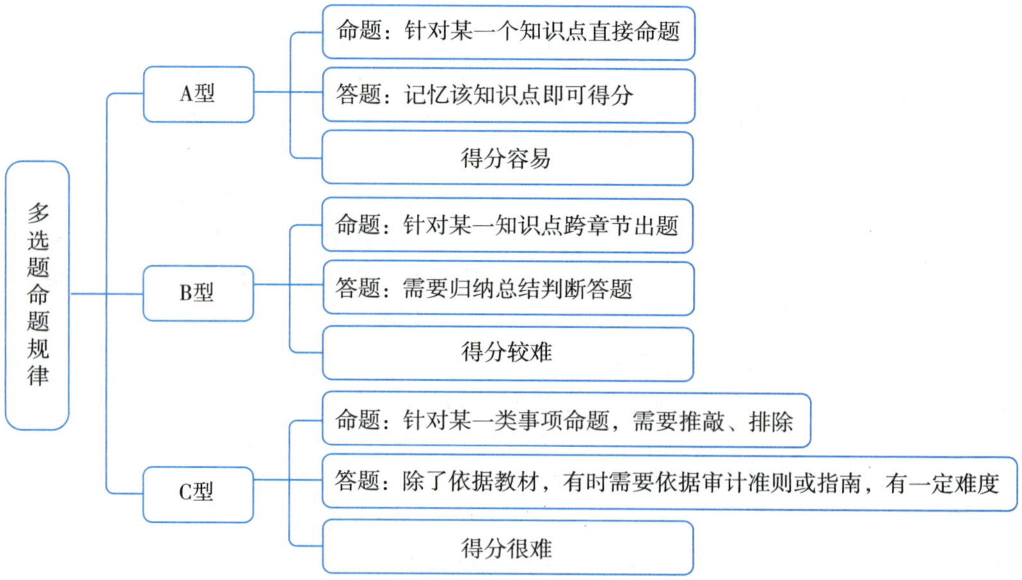

图2　多选题命题规律

【例题1·多选题(网络回忆版)·A型】 下列各项因素中，可能表明注册会计师需要确定特定类别交易、账户余额或披露的重要性水平的有(　　)。

A. 是否存在与被审计单位所处行业相关的关键性披露

B. 财务报表使用者是否特别关注财务报表中单独披露的业务的特定方面

C. 是否存在对特定财务报表使用者的决策可能产生影响的披露

D. 适用的财务报告编制基础是否影响财务报表使用者对特定项目计量或披露的预期

【解析】 根据被审计单位的特定情况，下列因素可能表明存在一个或多个特定类别的交易、账户余额或披露，其发生的错报金额虽然低于财务报表整体的重要性，但合理预期将影响财务报表使用者依据财务报表作出的经济决策：(1) 法律法规或适用的财务报告编制基础是否影响财务报表使用者对特定项目（如关联方交易、管理层和治理层的薪酬及对具有较高估计不确定性的公允价值会计估计的敏感性分析）计量或披露的预期（选项D正确）；(2) 与被审计单位所处行业相关的关键性披露（如制药企业的研究与开发成本）（选项A正确）；(3) 财务报表使用者是否特别关注财务报表中单独披露的业务的特定方面（如关于分部或重大企业合并的披露）（选项B正确）。

【答案】 ABD

【名师点题】 本题考点十分聚焦。可能表明注册会计师需要确定特定类别交易、账户余额或披露的重要性水平的情形有三种：特定项目、关键性披露、特定方面。本知识点需要大家“守株待兔”式掌握。

【例题2·多选题(网络回忆版)·B型】 下列各项审计工作中，注册会计师需要使用财务报表整体重要性的有(　　)。

A. 识别和评估重大错报风险

B. 确定实际执行的重要性

C. 评价已识别的错报对财务报表的影响

D. 确定风险评估程序的性质、时间安排和范围

【解析】 注册会计师使用整体重要性水平（将财务报表作为整体）的目的有：(1) 决定风险评估程序的性质、时间安排和范围（选项D正确）；(2) 识别和评估重大错报风险（选项A正确）；(3) 确定进一步审计程序的性质、时间安排和范围。在整个业务过程中，随着审计工作的进展，注册会计师应当根据所获得的新信息更新重要性。在形成审计结论阶段，要使用整体重要性水平和为了特定类别交易、账户余额和披露而确定的较低金额的重要性水平来评价已识别的错报对财务报表的影响（选项C正确）和对审计报告中审计意见的影响。通常而言，实际执行的重要性通常为财务报表整体重要性的50%~75%（选项B正确）。

【答案】 ABCD

【名师点题】 本题属于典型跨章节知识点出题，需要大家归纳总结。其中选项A、D属于使用整体重要性水平的目的（教材2.3），选项B属于对其他重要性的指导，选项C属于评价错报时如何运用重要性（教材18.1）。建议大家结合基础班第二章和第十八章跨章节学习。

【例题3·多选题(网络回忆版)·C型】 在执行内部控制审计时，下列有关控制偏差的说法中，正确的有(　　)。

A. 如果发现的控制偏差是系统性偏差，注册会计师应当扩大样本规模进行测试

B. 如果发现控制偏差，注册会计师应当确定偏差对与所测试控制相关的风险评估的影响

C. 如果发现的控制偏差是人为有意造成的，注册会计师应当考虑舞弊的可能迹象

D. 如果发现的控制偏差是系统性偏差，注册会计师应当考虑对审计方案的影响

【解析】 如果发现的控制偏差是系统性偏差或人为有意造成的偏差，注册会计师应当考虑舞弊的可能迹象以及对审计方案的影

响（选项A错误，选项C、D均正确）。如果发现控制偏差，注册会计师应当确定对下列事项的影响：(1)与所测试控制相关的风险的评估（选项B正确）；(2)需要获取的审计证据；(3)控制运行有效性的结论。

【答案】 BCD

【名师点题】 本题选项A是典型“陷阱”。如果控制测试发现系统性偏差，说明可能存在凌驾控制或者控制被串通，此时应当考虑舞弊的可能迹象，而不是一味地再扩大控制测试的样本规模。

（三）简答题命题规律

通过分析最近三年《审计》试卷中的简答题，其命题规律最突出的特点是以“模块化”来考查重点内容，如下表所示。

最近三年简答题命题规律

序号	出题点	年份	每年必考（是/否）	教材章节	是否跨章节（是/否）
1	函证	2018年 2019年 2020年	是	3.3、9.5、10.5、11.5、12.4	是
2	存货监盘	2018年 2020年	否	11.5	否
3	货币资金审计	2017年	否	12.2~12.4	否
4	集团财务报表审计	2019年	否	16.1~16.7	否
5	会计估计审计	2018年 2020年	否	17.1	否
6	关联方审计	2020年	否	17.2	否
7	期初余额审计	2019年	否	14.2、17.4、19.7	是
8	审计报告	2018年 2019年 2020年	是	17.1~17.4 19.4~19.8	是
9	会计师事务所质量管理体系	2018年 2019年	否	21.1~21.3	否
10	独立性	2018年 2019年 2020年	是	23.1~23.8	否

（四）综合题命题规律

通过分析最近三年《审计》试卷，每年每套试题综合题共1小题，分值19分。综合题的命题思路非常明确，即“风险识别、评估与应对”。下面以2020年综合题为例，说明命题特点，如图3所示。

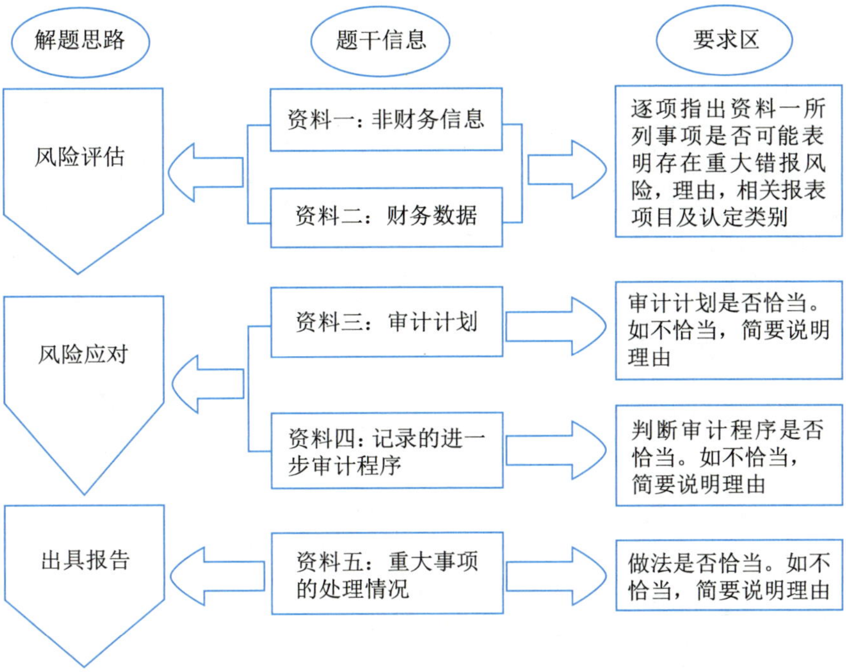

图 3　综合题命题思路（风险识别、评估与应对）

四、复习策略

—书和网课相结合，考点和考题都不放过

（一）看什么书

—当然是东奥的《轻松过关》和官方 CPA《审计》教材。

（1）审计《轻松过关一》各章有考情分析、考点框架、重难点精讲、历年经典试题回顾+同步强化练习题。

（2）通过历年经典试题，帮助大家明确“考题→考点→教材”三者之间的密切联系。以考题追踪考点，再追根溯源到教材的重要知识点，做到“点对点”对接。

（二）听什么课

—当然是东奥各个班次的在线课程。

比如，基础班。建议大家通读《审计》教材，将《轻松过关一》与基础班课件结合，逐章听课学习，同时完成各章同步强化练习题。

比如，习题班。这恐怕是最不能错过的班次。建议大家先从“东奥会计在线”下载习题班讲义，不看答案先自己做一遍题，带着“盲点和难点”听习题班老师讲解题目出题点和答题关键点，从而提高大家的做题能力。

比如，冲刺班。临考前必听内容，大家可以在临考前 30 天启动本班次的学习，将各章考点反复梳理和强化，由量变到质变，乘胜追击。

（三）特别说明

为了方便考生朋友们更好地学习审计的每个知识点，我们在《轻松过关一》中将考点与相关的历年经典考题相融合，同时，考生朋友们可以通过东奥“会计云课堂”App 的“同步强化练习题”模块，同步进行专门训练。

接下来，老师将陪伴大家，开启审计科目备考模式。

祝大家开心学习，轻松过关！

刘圣妮于 2021 年春

第二部分

考点精讲及同步训练

图书使用秘籍　助力“码上”通关

神奇的二维码

我们在每章【节标题】旁分别设置了二维码，
每个二维码对应了相关章节名师的视频讲解。

扫码免费听课

使用【“会计云课堂”App】扫描二维码，即可免费观看名师详解视频，
哪里不会扫哪里，这是一本会讲课的书。

1 下载安装【会计云课堂App】

2 注册／登录东奥个人账户

3 点击首页右上角的“扫一扫”即可听课

为帮助您更好的利用本书，高效备考，科学做题，避免误区，在正式开始知识点学习前，建议您先阅读本书第一部分“命题规律总结及趋势预测”。

第一章　审计概述

本章考情分析

本章是最重要的考试章节之一，最近五年平均考试分值超过 7 分。本章知识点中，除了“认定”在综合题中涉及外，其他内容均以客观题形式呈现。

本章需要大家重点掌握的知识点（含可能题型），归纳如下表。

序号	知识点	题型	难易程度
1	财务报表审计的含义	单选	中
2	保证程度	单选、多选	易
3	审计要素	单选、多选	易
4	审计业务的三方关系人（审计要素之一）	单选	难
5	审计证据（审计要素之一）	单选、多选	难
6	审计基本要求	多选	易
7	审计总体目标	单选	易
8	认定	综合	难
9	具体审计目标	单选、多选	中
10	保持职业怀疑	单选、多选	中
11	合理运用职业判断	单选、多选	中
12	审计风险模型相关概念	单选、多选	中
13	审计风险模型因素分析	单选	中
14	审计的固有限制	单选、多选	中

2021 年教材主要变化

对个别文字修订。

本章考点框架

- 第一章
  - 审计的概念与保证程度
    - 财务报表审计的含义【中/高频】
    - 保证程度【易/高频】
  - 审计要素
    - 审计五要素【易/中频】
    - 审计业务的三方关系人【难/中频】
    - 审计证据【难/高频】
  - 审计目标
    - 审计的总体目标【易/低频】
    - 认定【难/高频】
    - 具体审计目标【中/中频】
  - 审计基本要求
    - 保持职业怀疑【中/高频】
    - 合理运用职业判断【中/中频】
  - 审计风险
    - 审计风险模型相关概念【中/中频】
    - 审计风险模型因素分析【中/中频】
    - 审计的固有限制【中/中频】
  - 审计过程（略）

本章重难点精讲

第一节　审计的概念与保证程度

本节视频详解

使用“会计云课堂”App/微信扫码听课

01 考点 1

财务报表审计的含义（★★★）[!]

（一）财务报表审计的定义

财务报表审计，是指注册会计师对财务报表是否不存在重大错报提供合理保证，以积极方式提出意见，增强除管理层之外的预期使用者对财务报表的信赖程度。

[!] 为方便您在学习中可以快速了解知识点的重要程度，本书中将知识点进行分类。★★★代表重要知识点，★★代表次重要知识点，★代表非重要知识点。

（二）理解要点

事项	理解要点	特别提示
（1）审计用户	财务报表预期使用者	预期使用者包括管理层（责任方）和除管理层之外的预期使用者
（2）审计目的	改善财务报表的质量或内涵，增强除管理层之外的预期使用者对财务报表的信赖程度	不涉及为如何利用信息提供建议
（3）保证程度	合理保证	注册会计师不能提供绝对保证，但也不是提供有意义水平的保证，而是高水平的保证，即合理保证
（4）审计基础	注册会计师的独立性和专业性	独立于被审计单位和预期使用者
（5）最终产品	审计报告	注册会计师审计的财务报表不是审计的最终产品

【提示】注意关键词：预期使用者、改善、增强、不涉及、合理保证、独立性和专业性。

经典题解

【例题1·单选题】下列有关财务报表审计的说法中，错误的是(　　)。

A. 审计的目的是改善财务报表质量，但不减轻被审计单位管理层对财务报表的责任

B. 财务报表审计可以用来有效满足被审计单位需求

C. 审计不涉及为财务报表预期使用者如何利用相关信息提供建议

D. 注册会计师的审计意见主要是向除管理层之外的预期使用者提供

【解析】选项B错误，财务报表审计可以用来有效满足财务报表预期使用者的需求。

【答案】B

【例题2·单选题】下列有关财务报表审计的说法中，错误的是(　　)。

致亲爱的学员：

本章是各位小伙伴们学习《审计》的第一站，旨在帮助大家建立审计的概念，明确审计的定义及理解要点，其重要性不言而喻。针对零基础的学员朋友，第一次学习《审计》这门课程会感觉到内容抽象，名词术语太专业，程序和要求非常多，如果没有人指引您的学习，也许有点前路漫漫、信心不足！我们在“本章重难点精讲”中设置了二维码，每个二维码均对应了相关名师视频讲解，快扫我们的听课二维码，就可以免费观看名师知识点详细讲解。

划重点：前两章课程视频，扫码免费享有。

使用步骤：

1. 下载安装最新版本的“会计云课堂”App。
2. 登录东奥个人账号。
3. 点击首页右上角的“扫一扫”即可听课。

扫我下载“会计云课堂”App

A. 审计的目的是增强除管理层之外的预期使用者对财务报表的信赖程度

B. 审计可以有效满足财务报表预期使用者的需求

C. 审计涉及为财务报表预期使用者如何利用相关信息提供建议

D. 财务报表审计的基础是注册会计师的独立性和专业性

【解析】审计的目的是改善财务报表的质量或内涵，增强除管理层之外的预期使用者对财务报表的信赖程度（选项A正确），但不涉及为如何利用信息提供建议（选项C错误）；审计的用户是财务报表预期使用者，即审计可以用来有效满足财务报表预期使用者的需求（选项B正确）；审计的基础是独立性和专业性，通常由具备独立性和专业胜任能力的注册会计师来执行（选项D正确）。

【答案】C

02 考点2 保证程度（★★★）

（一）注册会计师的专业服务（补充知识点）

注册会计师提供的专业服务包括鉴证业务和相关服务，如图1-1所示。

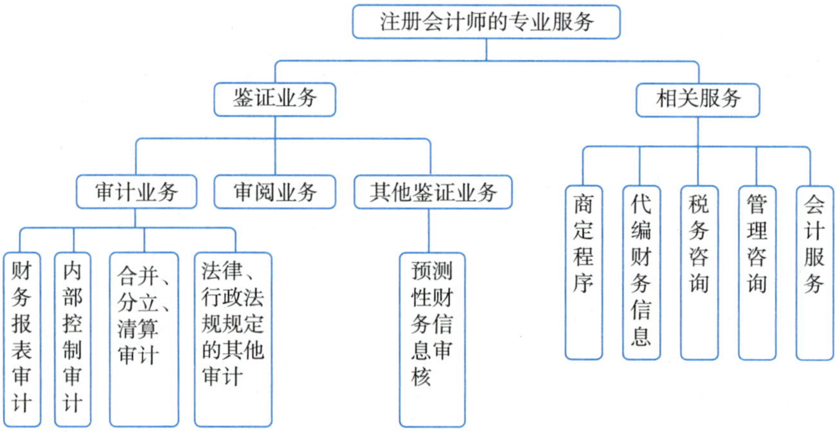

图1-1　注册会计师的专业服务

【看图说话】图1-1虽然是补充内容，但是其知识点“贯穿”教材始终，应予以掌握。

（二）专业服务与保证程度

注册会计师专业服务类型决定各种业务的保证程度，归纳如下表。

专业服务类型	具体业务	保证程度	特别提示
鉴证业务	审计业务	合理保证	高水平保证，接近100%，不等于100%
	审阅业务	有限保证	低于高水平，属于有意义水平的保证
	其他鉴证业务	合理保证或有限保证	根据具体的其他鉴证业务类型进行区分
相关服务	商定程序	不涉及保证程度	不涉及独立性要求
	代编财务信息		
	税务咨询		
	管理咨询		
	会计服务		

经典题解

【例题3·单选题】下列有关注册会计师执行的业务提供的保证程度的说法中，正确的是(　　)。

A. 代编财务信息提供合理保证

B. 财务报表审阅提供有限保证

C. 对财务信息执行商定程序提供低水平保证

D. 鉴证业务提供高水平保证

【解析】选项A、C均错误，代编财务信息和对财务信息执行商定程序均属于相关服务，注册会计师无需提供保证；选项D错误，鉴证业务可能是合理保证，也可能是有限保证，即不一定均属于高水平保证。

【答案】B

【例题4·多选题】下列有关保证程度的说法中，正确的有(　　)。

A. 其他鉴证业务可能是合理保证

B. 财务报表审阅是有限保证的鉴证业务

C. 对财务信息执行商定程序无需提供任何保证

D. 有限保证的鉴证业务所需证据数量比合理保证的鉴证业务所需证据数量少

【解析】选项A正确，其他鉴证业务可能是合理保证的鉴证业务，也可能是有限保证的鉴证业务；选项B正确，鉴证业务分为审计、审阅和其他鉴证业务，其中审阅提供有限保证；选项C正确，对财务信息执行商定程序不属于鉴证业务，无需提供任何保证；选项D正确，合理保证的鉴证业务所需证据数量较多，有限保证的鉴证业务所需证据数量较少。

【答案】ABCD

（三）合理保证和有限保证的区别

区别＼业务类型	合理保证（财务报表审计）	有限保证（财务报表审阅）
目标	在可接受的低审计风险下，以积极方式对财务报表整体发表审计意见，提供高水平的保证	在可接受的审阅风险下，以消极方式对财务报表整体发表审阅意见，提供有意义水平的保证。该保证水平低于审计业务的保证水平
证据收集程序	通过一个不断修正的、系统化的执业过程，获取充分、适当的证据，证据收集程序包括检查记录或文件、检查有形资产、观察、询问、函证、重新计算、重新执行、分析程序等	通过一个不断修正的、系统化的执业过程，获取充分、适当的证据，证据收集程序受到有意识的限制，主要采用询问和分析程序获取证据
所需证据数量	较多	较少
检查风险	较低	较高
财务报表的可信性	较高	较低

续表

业务类型 / 区别	合理保证（财务报表审计）	有限保证（财务报表审阅）
提出结论的方式	以积极方式提出结论。例如：“我们认为，ABC公司财务报表在所有重大方面按照企业会计准则的规定编制，公允反映了ABC公司20×1年12月31日的财务状况以及20×1年度的经营成果和现金流量”	以消极方式提出结论。例如：“根据我们的审阅，我们没有注意到任何事项使我们相信，ABC公司财务报表没有按照企业会计准则的规定编制，未能在所有重大方面公允反映被审阅单位的财务状况、经营成果和现金流量”

经典题解

【例题5·单选题】下列有关财务报表审计和财务报表审阅的区别的说法中，错误的是(　　)。

A. 财务报表审计提供的保证水平高于财务报表审阅

B. 财务报表审计需要实施的程序多于财务报表审阅

C. 财务报表审计的检查风险高于财务报表审阅

D. 财务报表审计提出结论的方式与财务报表审阅不同，财务报表审计以积极的方式提出结论，而财务报表审阅以消极的方式提出结论

【解析】财务报表审计的检查风险低于财务报表审阅，选项C错误。

【答案】C

第二节　审计要素

本节视频详解

使用“会计云课堂”App/微信扫码听课

01 考点1 审计五要素（★★）

【导航】在财务报表审计中，审计要素包括五个方面，即审计业务的三方关系人（1/5）、财务报表（2/5）、财务报表编制基础（3/5）、审计证据（4/5）和审计报告（5/5），如图1-2所示。

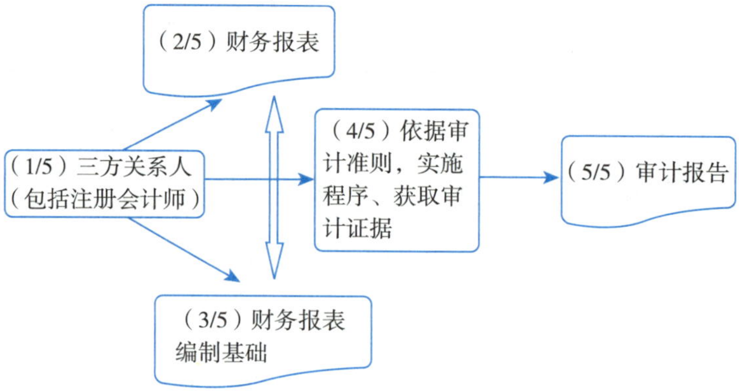

图1-2　审计要素

【看图说话】审计五要素的基本内容：

（1）审计业务的三方关系人（1/5）：分别指注册会计师、被审计单位管理层（责任方）、财务报表预期使用者。

（2）财务报表（2/5）：在财务报表审计中，审计对象是财务报表的内容，即历史的财务状况、经营业绩和现金流量，审计对象的载体是财务报表。

（3）财务报表编制基础（3/5）：针对中国境内上市实体，这里的财务报表编制基础可以理解为企业会计准则。

（4）审计证据（4/5）：指注册会计师为了得出结论和形成审计意见而使用的必要信息。

（5）审计报告（5/5）：注册会计师按照职业道德守则和审计准则的要求，设计和实施必要的审计程序，获取充分、适当的审计证据，形成审计结论，发表审计意见，出具审计报告。

【提示】审计要素属于“跨章节”知识点，其中，审计证据（4/5）在教材第三章中展开，审计报告（5/5）详见教材第十九章。本节重点掌握审计要素的审计业务三方关系人（1/5）和审计证据（4/5）。

经典题解

【例题6·多选题】下列各项中，属于审计业务要素的有（　　）。

A. 财务报表

B. 审计报告

C. 审计证据

D. 审计业务的三方关系人

【解析】审计业务要素包括审计业务的三方关系人（选项D）、财务报表（选项A）、财务报表编制基础、审计证据（选项C）和审计报告（选项B）。

【答案】ABCD

02 考点2 审计业务的三方关系人（1/5，★★）

【导航】审计业务的三方关系人是指管理层（责任方）、注册会计师和除管理层之外的预期使用者，如图1-3所示。

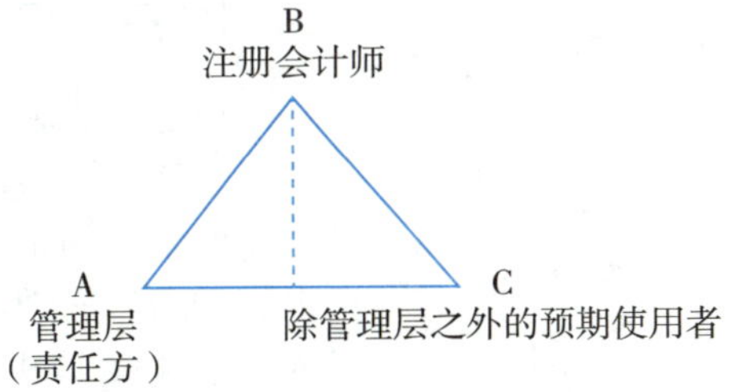

图1-3 审计业务的三方关系人

（一）管理层（责任方）

针对财务报表审计业务，责任方是指对财务报表负责的组织或人员，即被审计单位管理层。

（二）预期使用者

（1）预期使用者是指预期使用审计报告和财务报表的组织或人员。

（2）预期使用者分为管理层和除管理层之外的预期使用者。

（3）注册会计师的审计意见主要是向除管理层之外的预期使用者提供，但客观上可能对管理层有用，因此，管理层也会成为预期使用者之一，但不能是唯一的预期使用者。

（4）委托人通常是财务报表预期使用者之一，也可能由责任方担任。

（5）如果注册会计师无法识别出使用报告的所有组织或人员，则预期使用者主要是指那些与财务报表有重要和共同利益的主要利益相关者。

（三）责任方与预期使用者

在某些情况下，责任方和预期使用者可能来自同一企业，但并不意味着两者是同一方。

（1）责任方与预期使用者来自同一企业，但不是同一方。

【举例】某上市实体同时设有董事会和监事会，监事会需要对董事会和管理层负责编制的财务报表进行监督。此时，责任方和预期使用者虽然来自同一企业，但不是同一方。

（2）责任方与预期使用者来自同一企业，是同一方。

【举例】一家集团公司的集团管理层（预期使用者）可能聘请注册会计师对该集团全资子公司管理层直接负责的特定经营管理活动进行审计，但集团管理层（预期使用者）对全资子公司承担最终责任。此时，责任方与预期使用者不仅来自同一企业，也是同一方。

【提示】责任方与预期使用者之间的关系比较抽象，请大家反复理解上面举例，并结合审计基础班讲解理解掌握，本知识点是“著名”丢分点。

经典题解

【例题7·单选题】下列有关财务报表审计业务三方关系人的说法中，错误的是（　　）。

A. 如果注册会计师无法识别出使用审计报告的所有组织或人员，则预期使用者主要是指那些与财务报表有重要和共同利益的主要利益相关者

B. 审计业务的三方关系人分别是注册会计师、被审计单位管理层和财务报表预期使用者

C. 委托人通常是财务报表预期使用者之一，也可能由责任方担任

D. 如果责任方和财务报表预期使用者来自于同一企业，则两者是同一方

【解析】在某些情况下，管理层和预期使用者可能来自同一企业，但并不意味着两者就是同一方，选项D错误。

【答案】D

【例题8·多选题】下列有关审计业务三方关系人的说法中，正确的有（　　）。

A. 在财务报表审计中，管理层对编制财务报表负责

B. 责任方和预期使用者可能来自同一企业，但不是同一方

C. 注册会计师的审计意见有利于提高财务报表的可信性，有可能对管理层有用

D. 管理层不属于预期使用者，但注册会计师的审计意见也应当为管理层提供

【解析】注册会计师的审计意见主要是向除管理层之外的预期使用者提供，但管理层也可能属于预期使用者，选项D错误。

【答案】ABC

（四）管理层责任

与管理层和治理层责任相关的执行审计工作的前提（以下简称执行审计工作的前提），是指管理层和治理层（如适用）认可并理解其应承担下列责任，这些责任构成注册会计师按照审计准则的规定执行审计工作的基础：

（1）按照适用的财务报告编制基础编制财务报表，并使其实现公允反映（如适用）；

（2）设计、执行和维护必要的内部控制，以使财务报表不存在由于舞弊或错误导致的重大错报；

（3）向注册会计师提供必要的工作条件，包括允许注册会计师接触与编制财务报表相关的所有信息（如记录、文件和其他事

项），向注册会计师提供审计所需的其他信息，允许注册会计师在获取审计证据时不受限制地接触其认为必要的内部人员和其他相关人员。

【提示】管理层责任属于“跨章节”知识点，比如，教材2.1的审计的前提条件、教材18.3的书面声明、教材19.3的审计报告的要素等。本知识点应当“死记硬背”。

03 考点3 审计证据（4/5，★★★）

（一）审计证据的定义

审计证据，是指注册会计师为了得出审计结论和形成审计意见而使用的必要信息。

（二）审计证据的特征

（1）审计证据在性质上具有累积性，主要是在审计过程中通过实施审计程序获取的。

（2）审计证据还可能包括从其他来源获取的信息，如以前审计中获取的信息（前提是注册会计师已确定自上次审计后是否已发生变化，这些变化可能影响这些信息对本期审计的相关性）或会计师事务所接受与保持客户或业务时实施质量管理程序获取的信息。

（3）除从被审计单位内部其他来源和外部来源获取的信息外，会计记录也是重要的审计证据来源。同样，被审计单位雇用或聘请的专家编制的信息也可以作为审计证据。

（4）审计证据既包括支持和佐证管理层认定的信息，也包括与这些认定相矛盾的信息。

（5）在某些情况下，信息的缺乏（如管理层拒绝提供注册会计师要求的声明）本身也构成审计证据，可以被注册会计师利用。

【提示】审计要素之一的“审计证据”不同于教材3.1的“审计证据的特征”。此处是从承接业务到出具审计报告全过程角度的高度概括的“大概念”；教材3.1的“审计证据的特征”是“小概念”（针对的是财务报表重大错报风险的“识别、评估与应对”范畴）。本知识点需要大家反复阅读，理解掌握。

第三节 审计目标

本节视频详解

使用“会计云课堂”App/微信扫码听课

01 考点1 审计的总体目标（★）

财务报表审计中，注册会计师的总体目标是：

（1）对财务报表整体是否不存在由于舞弊或错误导致的重大错报获取合理保证，使得注册会计师能够对财务报表是否在所有重大方面按照适用的财务报告编制基础编制发表审计意见。

（2）按照审计准则的规定，根据审计结果对财务报表出具审计报告，并与管理层和治理层沟通。

【提示】审计的总体目标包含“合理保证”和“沟通要求”。其中，“合理保证”最终体现在“审计意见”中（教材第十九章），“沟通要求”详见教材14.1、教材16.11相关内容。

02 考点2 认定（★★★）

（一）认定的定义

认定，是指管理层在财务报表中作出的明确或隐含的表达，注册会计师将其（即明确或隐含的表达）用于考虑可能发生的不同类型的潜在错报。

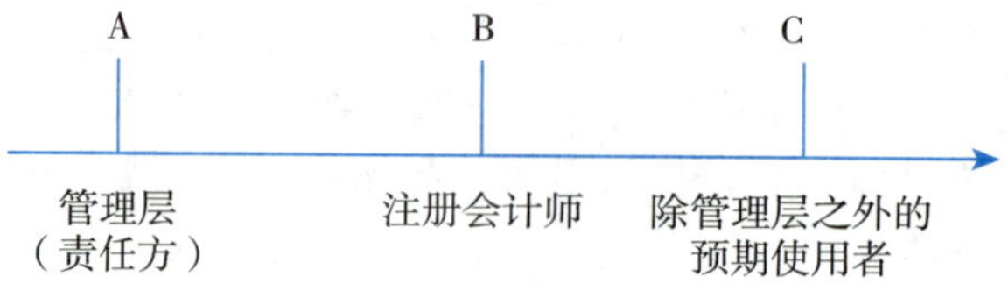

图 1-4　认定与再认定

【看图说话】如图 1-4 所示，“A”和“B”的关系好比“左手与右手”。“左手”（管理层）在财务报表中作出表达（认定），“右手”（注册会计师）对财务报表认定进行“再认定”，注册会计师“再认定”的“初心”是为了图中“C”，即增强“除管理层之外的预期使用者”对财务报表的信赖程度。

（二）认定类别

认定类别	财务报表
（1）关于所审计期间各类交易、事项及相关披露的认定	利润表
（2）关于期末账户余额及相关披露的认定	资产负债表

（三）关于所审计期间各类交易、事项及相关披露的认定

认定类别	认定的内涵	本质特征（财务报表中）
（1）发生	记录或披露的交易和事项已发生，且这些交易和事项与被审计单位有关	是否多记？
（2）完整性	所有应当记录的交易和事项均已记录，所有应当包括在财务报表中的相关披露均已包括	是否少记？
（3）准确性	与交易和事项有关的金额及其他数据已恰当记录，相关披露已得到恰当计量和描述	金额（数字）对吗？
（4）截止	交易和事项已记录于正确的会计期间	提前/推迟记录了吗？
（5）分类	交易和事项已记录于恰当的账户	记录的“位置”恰当吗？
（6）列报	交易和事项已被恰当地汇总或分解且表述清楚，相关披露在适用的财务报告编制基础下是相关的、可理解的	表述清楚吗？相关吗？可理解吗？

（四）关于期末账户余额及相关披露的认定

认定类别	认定的内涵	本质特征（财务报表中）
（1）存在	记录的资产、负债和所有者权益是存在的	在哪里？看得见摸得着吗？
（2）权利和义务	记录的资产由被审计单位拥有或控制，记录的负债是被审计单位应当履行的偿还义务	归属权（所有权）属于谁？

续表

认定类别	认定的内涵	本质特征（财务报表中）
（3）完整性	所有应当记录的资产、负债和所有者权益均已记录，所有应当包括在财务报表中的相关披露均已包括	是否遗漏？
（4）准确性、计价和分摊	资产、负债和所有者权益以恰当的金额包括在财务报表中，与之相关的计价或分摊调整已恰当记录，相关披露已得到恰当计量和描述	金额（数字）对吗？
（5）分类	资产、负债和所有者权益已记录于恰当的账户	记录的“位置”恰当吗？
（6）列报	资产、负债和所有者权益已被恰当地汇总或分解且表述清楚，相关披露在适用的财务报告编制基础下是相关的、可理解的	表述清楚吗？相关吗？可理解吗？

【提示】与利润表、资产负债表相关的认定各有六种，每年在“综合题”作答时需要“填写”。请大家依据上表逻辑，精准掌握“认定类别”和“内涵”。

经典题解

【例题9·单选题】下列各项认定中，与所审计期间各类交易、事项及相关披露和期末账户余额及相关披露均相关的是（　　）。

A. 发生

B. 完整性

C. 准确性

D. 准确性、计价和分摊

【解析】完整性认定既与“所审计期间各类交易、事项及相关披露”相关，同时也与“期末账户余额及相关披露”相关，故选项B正确。

【答案】B

03 考点3 具体审计目标（★★）

（一）“认定、目标、程序和证据”逻辑关系，如图1-5所示

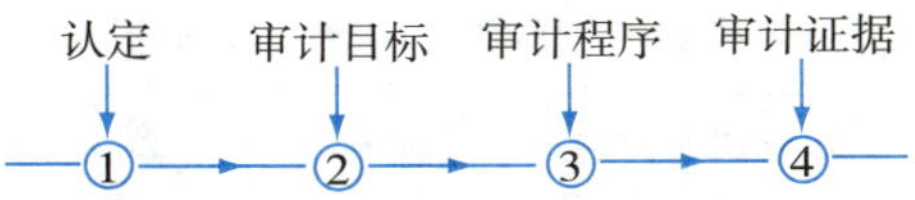

图1-5　认定、目标、程序与证据

【看图说话】如图1-5所示：

（1）认定与目标。具体审计目标与（管理层）认定类别是严格的对应关系。

（2）目标与程序。注册会计师需要根据其确定的具体审计目标（what）设计和实施审计程序（how）。

（3）程序与证据。注册会计师实施审计程序获取其所需的充分、适当的审计证据，最终对所审计的财务报表提供合理保证。

（二）与所审计期间各类交易、事项及相关披露相关的认定与具体审计目标

认定类别	审计目标 （注册会计师的“再认定”）
发生	已记录的交易是真实的吗？ （即解决“不曾发生、多记、虚构交易、高估”问题）
完整性	已发生的交易均已记录了吗？所有应包括在财务报表中的相关披露均已包括了吗？ （即解决漏记、低估问题）
准确性	已记录的交易是按正确金额反映的吗？相关披露已得到恰当计量和描述了吗？ （即解决数量、单价、金额正确与否问题）
截止	接近于资产负债表日的交易记录于恰当的期间了吗？ （即是否存在提前或推迟入账问题）
分类	被审计单位记录的交易经过适当分类了吗？
列报	被审计单位的交易和事项已被恰当地汇总或分解且表述清楚了吗？相关披露在适用的财务报告编制基础下是相关的、可理解的吗？

（三）与期末账户余额及相关披露相关的认定与具体审计目标

认定类别	审计目标 （注册会计师的“再认定”）
存在	记录的金额确实存在吗？
权利和义务	资产属于被审计单位的权利吗？负债属于被审计单位的义务吗？
完整性	已存在的金额均已记录了吗？所有应包括在财务报表中的相关披露均已包括了吗？
准确性、计价和分摊	资产、负债和所有者权益以恰当的金额包括在财务报表中了吗？与之相关的计价或分摊调整已恰当记录了吗？相关披露已得到恰当计量和描述了吗？
分类	资产、负债和所有者权益已记录于恰当的账户了吗？
列报	资产、负债和所有者权益已被恰当地汇总或分解且表述清楚了吗？相关披露在适用的财务报告编制基础下是相关的、可理解的吗？

（四）认定、具体审计目标和审计程序之间的关系举例

报表项目	认定类别	审计目标（what）	审计程序（how）
存货	存在	记录的存货是存在的	存货监盘（教材11.5）

续表

报表项目	认定类别	审计目标（what）	审计程序（how）
营业收入	完整性	记录的营业收入包括了所有已发货、客户已签收的交易	追查发运凭证、销售发票的编号、客户签收单至营业收入明细账（教材9.5“顺查”）
	准确性	记录的营业收入是否基于正确的价格和数量，计算是否准确	比较商品价目表与销售发票上的价格、发运凭证与销售订单（或合同）上的数量是否一致，重新计算销售发票上的金额（教材9.5）
	截止	销售业务记录在恰当的期间	比较上一年度最后几天和下一年度最初几天的发运凭证日期与营业收入明细账记账日期（教材9.5“截止测试”）
固定资产	权利和义务	记录的固定资产属于被审计单位所有	查阅固定资产所有权证书、购货合同、结算单和保险单
应收账款	准确性、计价和分摊	以净值记录应收款项	检查应收账款账龄分析表、评估计提的坏账准备是否充足（教材9.5）

第四节 审计基本要求

【导航】在财务报表审计中，注册会计师为了实现合理保证的审计目标应当遵守四项“基本要求”，如图1-6所示。

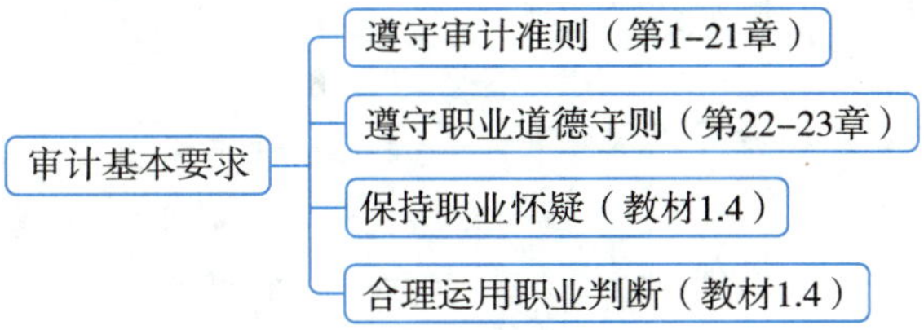

图1-6 审计基本要求

【看图说话】如图1-6所示：

（1）“遵守审计准则”贯穿在教材前二十一章。

（2）“遵守职业道德守则”详见教材第二十二章和第二十三章。

本节需要重点掌握的是保持职业怀疑和合理运用职业判断。

01 考点1 保持职业怀疑（★★★）

（一）职业怀疑的定义

职业怀疑，是指注册会计师执行审计业务的一种态度，包括采取质疑的思维方式，对可能表明由于错误或舞弊导致错报的迹象保持警觉，以及对审计证据进行审慎评价。

（二）职业怀疑的要求（4个要求）

要求	具体内容
1. 秉持一种质疑的理念	（1）不应不假思索全盘接受被审计单位提供的证据和解释 （2）不应轻易相信过分理想的结果或太多巧合的情况 （3）摒弃“存在即合理”的逻辑思维
2. 对引起疑虑的情形保持警觉	这些情形包括但不限于： （1）相互矛盾的审计证据 （2）引起对文件记录或对询问答复的可靠性产生怀疑的信息 （3）明显不合商业情理的交易或安排 （4）表明可能存在舞弊的情况 （5）表明需要实施除审计准则规定外的其他审计程序的情形
3. 审慎评价审计证据	（1）质疑相互矛盾的审计证据、文件记录和对询问的答复以及从管理层和治理层获取的其他信息的可靠性 （2）在怀疑信息的可靠性或发现舞弊迹象时，注册会计师需要作出进一步调查，并确定需要修改哪些审计程序或追加实施哪些审计程序 （3）审计中的困难、时间或成本等事项本身，不能作为省略不可替代的审计程序或满足于说服力不足的审计证据的理由
4. 客观评价管理层和治理层	（1）不应依赖以往对管理层和治理层诚信形成的判断 （2）即使注册会计师认为管理层和治理层是正直、诚实的，也不能降低保持职业怀疑的要求 （3）不允许在获取合理保证的过程中满足于说服力不足的审计证据

经典题解

【例题10·单选题】下列有关职业怀疑的说法中，错误的是（　　）。

A. 职业怀疑要求注册会计师审慎评价审计证据

B. 职业怀疑要求注册会计师对引起疑虑的情形保持警觉

C. 保持职业怀疑是保证审计质量的关键要素

D. 职业怀疑要求注册会计师假定管理层和治理层不诚信，并以此为前提计划审计工作

【解析】职业怀疑要求客观评价管理层和治理层，注册会计师不应依赖以往对管理层和治理层诚信形成的判断，也不能直接假定管理层和治理层缺乏诚信，选项D错误。

【答案】D

【例题11·单选题】下列有关职业怀疑的说法中，错误的是（　　）。

A. 职业怀疑是保证审计质量的关键要素

B. 职业怀疑要求注册会计师质疑相互矛盾的审计证据的可靠性

C. 保持职业怀疑可以提高审计程序设计和执行的有效性

D. 怀疑信息的可靠性时，注册会计师无须作出进一步调查

【解析】选项D错误，怀疑信息的可靠性或发现舞弊迹象时，注册会计师需要作出进一步调查，并确定需要修改哪些审计程序或追加实施哪些审计程序。

【答案】D

【拓展内容】职业道德基本原则包括诚信、独立性、客观公正、专业胜任能力和勤勉尽责、保密、良好职业行为（详见教材22.1）。

（三）保持职业怀疑的作用（“3 个环节+1 个特别考虑”）

保持职业怀疑的作用是通过审计过程体现出来的，主要体现在三大环节，分别是风险评估程序、进一步审计程序和评价审计证据，同时，在这三大环节中，注册会计师应当特别考虑舞弊风险。

环节		保持职业怀疑的作用
审计过程的三大环节	风险评估程序（教材 7.2）	（1）设计恰当的风险评估程序，有针对性地了解被审计单位及其环境 （2）对引起疑虑的情形保持警觉，充分考虑错报发生的可能性和重大程度，有效识别和评估重大错报风险
	进一步审计程序（教材 8.2）	（1）恰当设计进一步审计程序的性质、时间安排和范围，降低选取不适当的审计程序的可能性 （2）对已获取的审计证据表明可能存在未识别的重大错报风险的情形保持警觉，并作出进一步调查
	评价审计证据（教材 3.1、18.1）	（1）评价是否已获取充分、适当的审计证据以及是否还需执行更多的工作 （2）审慎评价审计证据，纠正仅获取最容易获取的审计证据、而忽视相互矛盾的审计证据的倾向
特别考虑舞弊风险（贯穿三大环节）		（1）有效地评估舞弊导致的重大错报风险，不会受到以前对管理层、治理层正直和诚信形成的判断的影响 （2）对获取的信息和审计证据是否表明可能存在由于舞弊导致的重大错报风险始终保持警惕 （3）针对文件可能是伪造的或文件中的某些条款可能已被篡改时，作出进一步调查

经典题解

【例题 12 · 单选题】 下列有关职业怀疑的作用的说法中，错误的是（　　）。

A. 保持职业怀疑有助于注册会计师针对评估出的重大错报风险，恰当设计进一步审计程序的性质、时间安排和范围，降低选取不适当的审计程序的风险

B. 保持职业怀疑有助于注册会计师评价是否已获取充分、适当的审计证据以及是否还需执行更多的工作

C. 针对明显不合商业情理的交易应当发表非无保留意见

D. 针对可能存在由于舞弊导致的重大错报风险始终保持警惕

【解析】 选项 C 错误，注册会计师针对明显不合商业情理的交易或安排，应当保持警觉，作出进一步调查，并确定需要修改哪些审计程序或追加实施哪些审计程序。

【答案】 C

02 考点 2 合理运用职业判断（★★）

（一）职业判断的定义

职业判断，是指在审计准则、财务报告编制基础和职业道德要求的框架下，注册会计师综合运用相关知识、技能和经验，作出适合审计业务具体情况、有根据的行动决策。

（二）需要运用职业判断的重要领域（6大领域）

重要领域	具体内容
重要性、重大错报风险	确定重要性，识别和评估重大错报风险
程序	确定所需实施的审计程序的性质、时间安排和范围
证据	评价是否已获取充分、适当的审计证据以及是否还需执行更多的工作
编制基础	评价管理层在运用适用的财务报告编制基础时作出的判断
会计估计	评价管理层在编制财务报表时作出的会计估计的合理性
职业道德基本原则	识别、评估和应对对职业道德基本原则的不利影响

经典题解

【例题13·多选题】下列各项中，注册会计师应当合理运用职业判断的有(　　)。

A. 评价管理层在编制财务报表时作出的会计估计的合理性

B. 识别、评估和应对对独立性不利的影响

C. 确定所需实施的审计程序的性质、时间安排和范围

D. 识别和评估重大错报风险

【解析】注册会计师需要运用职业判断的重要领域包括：(1) 确定重要性，识别和评估重大错报风险（选项D）；(2) 为满足审计准则的要求和收集审计证据的需要，确定所需实施的审计程序的性质、时间安排和范围（选项C）；(3) 为实现审计准则规定的目标和注册会计师的总体目标，评价是否已获取充分、适当的审计证据以及是否还需执行更多的工作；(4) 评价管理层在运用适用的财务报告编制基础时作出的判断；(5) 根据已获取的审计证据得出结论，如评价管理层在编制财务报表时作出的会计估计的合理性（选项A）；(6) 运用职业道德概念框架识别、评估和应对对职业道德基本原则的不利影响（选项B）。

【答案】ABCD

（三）衡量职业判断质量（三个维度）

衡量维度	具体含义	特别提示
准确性或意见一致性	(1) 职业判断结论与特定标准或客观事实的相符程度 (2) 不同职业判断主体针对同一职业判断问题所作判断彼此认同的程度	不同主体
决策一贯性和稳定性	(1) 同一注册会计师针对同一项目的不同判断问题，所作出的判断之间是否符合应有的内在逻辑 (2) 同一注册会计师针对相同的职业判断问题，在不同时点所作出的判断是否结论相同或相似	同一主体
可辩护性	注册会计师是否能够证明自己的工作，通常包括理由的充分性、思维的逻辑性和程序的合规性	举证倒置 （依据底稿与准则）

经典题解

【例题 14·多选题】下列各项中，属于衡量注册会计师职业判断质量的有（　　）。

A. 可辩护性

B. 决策客观性

C. 决策一贯性和稳定性

D. 准确性或意见一致性

【解析】衡量职业判断质量可以基于下列三个方面：（1）准确性或意见一致性（选项 D）；（2）决策一贯性和稳定性（选项 C）；（3）可辩护性（选项 A）。

【答案】ACD

（四）对职业判断作出适当书面记录（五个方面）

对职业判断作出以下适当书面记录，有利于提高职业判断的可辩护性：

（1）对职业判断问题和目标的描述；

（2）解决职业判断相关问题的思路；

（3）收集到的相关信息；

（4）得出的结论以及得出结论的理由；

（5）就决策结论与被审计单位进行沟通的方式和时间。

第五节　审计风险

本节视频详解

使用"会计云课堂"App/微信扫码听课

01 考点 1 审计风险模型相关概念（★★）

【提示】与审计风险模型相关的风险可以划分两大类：与被审计单位有关的风险（即独立于财务报表审计，注册会计师无法控制和降低）和注册会计师能够控制和降低的风险。如下表所示：

审计风险模型相关的风险（与左手相关的、与右手相关的）

<table>
<tr><th>风险归属</th><th colspan="3">风险类型</th></tr>
<tr><td rowspan="3">与被审计单位有关的风险（"左手"）</td><td rowspan="3">重大错报风险</td><td colspan="2">财务报表层次的重大错报风险</td></tr>
<tr><td rowspan="2">认定层次的重大错报风险</td><td>固有风险</td></tr>
<tr><td>控制风险</td></tr>
<tr><td rowspan="2">注册会计师控制的风险（"右手"）</td><td colspan="3">审计风险</td></tr>
<tr><td colspan="3">检查风险</td></tr>
</table>

（一）审计风险

审计风险，是指当财务报表存在重大错报时，注册会计师发表不恰当审计意见的可能性。审计风险取决于重大错报风险和检查风险。

审计风险是一个与审计过程相关的技术术语，并不是指注册会计师执行业务的法律后果。

（二）两个层次的重大错报风险

重大错报风险	具体内容
财务报表层次	(1) 与财务报表整体存在广泛联系，可能影响多项认定 (2) 通常与控制环境有关，但也可能与其他因素有关，如经济萧条 (3) 难以界定于某类交易、账户余额和披露的具体认定 (4) 增大了认定层次发生重大错报的可能性，与注册会计师考虑由舞弊引起的风险尤其相关
认定层次	(1) 确定进一步审计程序的性质、时间安排和范围 (2) 在各类交易、账户余额和披露认定层次获取审计证据，以便能够在审计工作完成时，以可接受的低审计风险水平对财务报表整体发表审计意见 (3) 认定层次的重大错报风险又可以进一步细分为固有风险和控制风险，注册会计师既可以对固有风险和控制风险进行单独评估，也可以对其进行合并评估

（三）固有风险（“左手的”、导致认定层次的重大错报风险）

固有风险的定义	影响因素举例
是指在考虑相关的内部控制之前，某类交易、账户余额或披露的某一认定易于发生错报（该错报单独或连同其他错报可能是重大的）的可能性	(1) 复杂的计算比简单计算更可能出错 (2) 受重大计量不确定性影响的会计估计发生错报的可能性较大 (3) 产生经营风险的外部因素也可能影响固有风险，比如，技术进步可能导致某项产品陈旧，进而导致存货易于发生高估错报（计价认定） (4) 维持经营的流动资金匮乏、被审计单位处于夕阳行业等，可能影响多个认定

（四）控制风险（“左手的”、导致认定层次的重大错报风险）

控制风险的定义	理解要点
是指某类交易、账户余额或披露的某一认定发生错报，该错报单独或连同其他错报是重大的，但没有被内部控制及时防止或发现并纠正的可能性	(1) 控制风险取决于与财务报表编制有关的内部控制的设计和运行的有效性 (2) 由于控制的固有局限性（教材 7.4 中有“2+3”种局限性），某种程度的控制风险始终存在

（五）检查风险（“右手的”、实施审计程序产生的）

检查风险的定义	理解要点
是指如果存在某一错报，该错报单独或连同其他错报可能是重大的，注册会计师为将审计风险降至可接受的低水平而实施程序后没有发现这种错报的风险	(1) 检查风险取决于审计程序设计的合理性和执行的有效性 (2) 由于注册会计师通常并不对所有的交易、账户余额和披露进行检查，检查风险不可能降低为零 (3) 由于注册会计师可能选择了不恰当的审计程序、审计过程执行不当，或者错误解读了审计结论，因此，检查风险不可能降低为零 (4) 注册会计师可以通过适当计划、在项目组成员之间进行恰当的职责分配、保持职业怀疑态度，对审计项目组成员执行的工作进行指导、监督和复核，尽可能降低检查风险

02 考点2 审计风险模型因素分析（★★）

（一）检查风险与重大错报风险的反向关系

根据审计风险模型：审计风险=重大错报风险×检查风险，注册会计师评估的认定层次重大错报风险用 x 表示，既定的审计风险水平用 k 表示，检查风险用 y 表示，三者之间关系如下：

审计风险（k）=重大错报风险（x）×检查风险（y）

y=k（低水平）/x

可见，在既定的审计风险水平（k）下，检查风险（y）与评估的认定层次重大错报风险（x）呈反向关系。

【提示】实务中，注册会计师不一定用绝对数量表达这些风险水平，而是选用“高”“中”“低”等文字进行描述。

（二）检查风险的控制

注册会计师应当合理设计审计程序的性质、时间安排和范围，并有效执行审计程序，以控制检查风险。

经典题解

【例题15·单选题】下列有关审计风险的说法中，错误的是（　　）。

A. 如果注册会计师将某一认定的可接受审计风险设定为10%，评估的重大错报风险为35%，则可接受的检查风险为25%

B. 实务中，注册会计师不一定用绝对数量表达审计风险水平，可选用文字进行定性表述

C. 审计风险并不是指注册会计师执行业务的法律后果

D. 在审计风险模型中，重大错报风险独立于财务报表审计而存在

【解析】选项A错误，根据审计风险模型，如果某一认定的可接受审计风险设定为10%，评估的重大错报风险为35%，则检查风险为28.57%（10%÷35%）。

【答案】A

【例题16·单选题】下列有关审计风险的说法中，错误的是（　　）。

A. 注册会计师能够降低检查风险

B. 注册会计师可以通过调整重要性降低检查风险

C. 认定层次重大错报风险可以进一步细分为固有风险和控制风险

D. 在审计风险模型中，在既定审计风险水平下，认定层次重大错报风险与可接受的检查风险是反向关系

【解析】注册会计师应当通过合理设计并有效实施审计程序降低检查风险，不能通过调整重要性降低检查风险，选项B错误。

【答案】B

03 考点3 审计的固有限制（★★）

（一）审计固有限制带来的影响

（1）注册会计师据以得出结论和形成审计意见的大多数审计证据是说服性而非结论性的。

（2）注册会计师不能对财务报表不存在由于舞弊或错误导致的重大错报获取绝对保证。

（3）注册会计师不可能将审计风险降至零。

（4）审计的固有限制并不能作为注册会计师满足于说服力不足的审计证据的理由。

（二）影响审计固有限制的因素（3个层面）

影响因素	理解要点
财务报告的性质（与“左手”相关）	（1）管理层编制财务报表需要作出判断 （2）许多财务报表项目涉及主观决策、评估或一定程度的不确定性，并且可能存在一系列可接受的解释或判断，比如，某些会计估计
审计程序的性质（与“右手”相关）	（1）管理层或其他人员可能有意或无意地不提供与财务报表编制相关的或注册会计师要求的全部信息，在客观上导致注册会计师获取的信息不完整 （2）舞弊导致的错报涉及串通伪造文件，使得注册会计师误以为有效的证据实际上是无效的 （3）注册会计师不是鉴定文件真伪的专家 （4）审计不是对涉嫌违法行为的官方调查，注册会计师没有被授予特定的法律权力（如搜查权），而这种权力对调查是必要的
在合理的时间内以合理的成本完成审计的需要（“左手”和“右手”）	（1）审计中的困难、时间或成本等事项本身，不能作为注册会计师省略不可替代的审计程序或满足于说服力不足的审计证据的正当理由 （2）财务报表使用者的期望是，注册会计师在合理的时间内以合理的成本对财务报表形成审计意见 （3）为了在合理的时间内以合理的成本对财务报表形成审计意见，注册会计师有必要： ①计划审计工作，以使审计工作以有效的方式得到执行 ②将审计资源投向最可能存在重大错报风险的领域，并相应地在其他领域减少审计资源 ③运用测试和其他方法检查总体中存在的错报

【提示】影响审计固有限制的因素包括三个层面，财务报告的性质（2个方面）、审计程序的性质（4个方面）、在合理的时间内以合理的成本完成审计的需要（3个方面），需要大家精准掌握，本知识点属于“著名”丢分点。

经典题解

【例题17·多选题】下列有关审计固有限制的说法中，正确的有（　　）。

A. 审计工作可能因财务报表项目涉及主观决策而受到限制

B. 审计工作可能因审计收费过低而受到限制

C. 在合理的时间内以合理的成本完成审计工作

D. 审计工作可能因高级管理人员的舞弊行为而受到限制

【解析】审计的固有限制源于财务报告的性质（选项A）、审计程序的性质（选项D）、在合理的时间内以合理的成本完成审计的需要（选项C）。

【答案】ACD

【相关链接】

1.《中国注册会计师鉴证业务基本准则》

2.《中国注册会计师鉴证业务基本准则》指南

3.《中国注册会计师审计准则第1101号——注册会计师的总体目标和审计工作的基本要求》

4.《中国注册会计师审计准则第1101

号—注册会计师的总体目标和审计工作的基本要求》应用指南

5.《中国注册会计师审计准则第 1211 号—通过了解被审计单位及其环境识别和评估重大错报风险》应用指南

6.《中国注册会计师审计准则问题解答第 1 号—职业怀疑》

7.《中国注册会计师职业判断指南》

第六节　审计过程（略）

扫一扫　“码”上做题、看解析

1004275

本书历年经典试题均配备二维码，使用“会计云课堂”App 扫码，即可线上做题、看解析。

【“会计云课堂”App 下载二维码见封底页】

历年经典试题回顾

（一）财务报表审计的含义

【例题 1 · 单选题】 下列有关财务报表审计的说法中，错误的是（　　）。（2020 年网络回忆版）

A. 财务报表审计的目的是发现所有由于错误或舞弊导致的重大错报

B. 财务报表审计能够提高财务报表的可信度

C. 财务报表审计能够提供高水平的保证

D. 财务报表审计的基础是独立性和专业性

【例题 2 · 单选题】 下列有关财务报表审计的说法中，错误的是（　　）。（2019 年）

A. 审计的目的是增强除管理层之外的预期使用者对财务报表的信赖程度

B. 审计只提供合理保证，不提供绝对保证

C. 审计不涉及为如何利用信息提供建议

D. 审计的最终产品是审计报告和已审计财务报表

【例题 3 · 单选题】 下列有关财务报表审计的说法中，错误的是（　　）。（2018 年）

A. 财务报表审计的目的是改善财务报表的质量或内涵

B. 财务报表审计的基础是独立性和专业性

C. 财务报表审计可以有效满足财务报表预期使用者的需求

D. 财务报表审计提供的合理保证意味着注册会计师可以通过获取充分、适当的审计证据消除审计风险

【例题 4 · 单选题】 下列有关审计业务的说法中，正确的是（　　）。（2016 年）

A. 审计业务的最终产品是审计报告和后附财务报表

B. 如果不存在除责任方之外的其他预期使用者，则该项业务不属于审计业务

C. 审计的目的是改善财务报表质量，因此，审计可以减轻被审计单位管理层对财务报表的责任

D. 执行审计业务获取的审计证据大多数是结论性而非说服性的

（二）保证程度

【例题 1 · 多选题】 下列各项中，属于合理保证鉴证业务的有（　　）。（2020 年网络回忆版）

A. 内部控制审计业务

B. 财务报表审阅业务

C. 审计和审阅以外的其他鉴证业务
D. 财务报表审计业务

【例题2·多选题】下列各项中，不属于鉴证业务的有（　　）。（2019年）
A. 财务报表审计
B. 代编财务信息
C. 对财务信息执行商定程序
D. 财务报表审阅

【例题3·多选题】下列有关鉴证业务保证程度的说法中，正确的有（　　）。（2018年网络回忆版）
A. 审计提供合理保证，审阅和其他鉴证业务提供有限保证
B. 合理保证是高水平的保证、有限保证是中等水平的保证
C. 合理保证以积极方式得出结论，有限保证以消极方式得出结论
D. 合理保证所需证据数量较多，有限保证所需证据数量较少

【例题4·单选题】下列有关财务报表审计和财务报表审阅的区别的说法中，错误的是（　　）。（2017年）
A. 财务报表审计所需证据的数量多于财务报表审阅
B. 财务报表审计提出结论的方式与财务报表审阅不同
C. 财务报表审计采用的证据收集程序少于财务报表审阅
D. 财务报表审计提供的保证水平高于财务报表审阅

（三）审计要素

【例题·单选题】下列各项中，不属于审计业务要素的是（　　）。（2020年网络回忆版）
A. 财务报告编制基础
B. 审计报告
C. 财务报表
D. 审计准则

（四）审计业务的三方关系人

【例题1·单选题】下列有关审计报告预期使用者的说法中，错误的是（　　）。（2020年网络回忆版）
A. 预期使用者不包括被审计单位的管理层
B. 预期使用者可能不是审计业务的委托人
C. 预期使用者不包括执行审计业务的注册会计师
D. 注册会计师可能无法识别所有的预期使用者

【例题2·单选题】下列各方中，通常不属于审计报告预期使用者的是（　　）。（2018年）
A. 被审计单位的股东
B. 被审计单位的管理层
C. 对被审计单位财务报表执行审计的注册会计师
D. 向被审计单位提供贷款的银行

（五）审计证据

【例题1·单选题】下列有关审计证据的说法中，错误的是（　　）。（2020年网络回忆版）
A. 审计证据可能包括与管理层认定相矛盾的信息
B. 在某些情况下，信息的缺乏本身也构成审计证据
C. 审计证据可能包括被审计单位聘请的专家编制的信息
D. 审计证据不包括以前审计中获取的信息

【例题2·多选题】下列各项中，可能构成审计证据的有（　　）。（2018年）
A. 注册会计师在本期审计中获取的信息
B. 被审计单位聘请的专家编制的信息
C. 注册会计师在以前审计中获取的信息
D. 会计师事务所接受业务时实施质量管理程序获取的信息

（六）审计基本要求

【例题·多选题】下列各项中，属于审计基本要求的有（ ）。（2018年）

A. 遵守审计准则

B. 遵守职业道德守则

C. 保持职业怀疑

D. 合理运用职业判断

（七）保持职业怀疑

【例题1·多选题】下列有关职业怀疑的说法中，正确的有（ ）。（2020年网络回忆版）

A. 职业怀疑要求注册会计师质疑相互矛盾的审计证据的可靠性

B. 职业怀疑要求注册会计师对舞弊风险因素保持警觉

C. 职业怀疑要求注册会计师鉴定文件记录的真伪

D. 职业怀疑要求注册会计师质疑管理层的诚信

【例题2·单选题】下列有关职业怀疑的说法中，错误的是（ ）。（2018年）

A. 保持职业怀疑是注册会计师的必备技能

B. 注册会计师应当在整个审计过程中保持职业怀疑

C. 保持职业怀疑是保证审计质量的关键要素

D. 保持职业怀疑可以使注册会计师发现所有由于舞弊导致的错报

【例题3·单选题】下列有关职业怀疑的说法中，错误的是（ ）。（2017年）

A. 职业怀疑要求注册会计师摒弃“存在即合理”的逻辑思维

B. 职业怀疑要求注册会计师对引起疑虑的情形保持警觉

C. 职业怀疑要求注册会计师审慎评价审计证据

D. 职业怀疑要求注册会计师假定管理层和治理层不诚信、并以此为前提计划审计工作

（八）合理运用职业判断

【例题1·多选题】注册会计师需要对职业判断作出适当的书面记录。下列各项记录内容中，有利于提高职业判断的可辩护性的有（ ）。（2018年网络回忆版）

A. 注册会计师得出的结论及理由

B. 注册会计师解决职业判断相关问题的思路

C. 注册会计师收集到的相关信息

D. 注册会计师就决策结论与被审计单位进行沟通的方式和时间

【例题2·多选题】下列各项中，通常需要注册会计师运用职业判断的有（ ）。（2017年）

A. 确定财务报表整体的重要性

B. 确定审计工作底稿归档的最晚日期

C. 确定是否利用被审计单位的内部审计工作

D. 评价审计抽样的结果

【例题3·单选题】下列有关职业判断的说法中，错误的是（ ）。（2017年）

A. 职业判断能力是注册会计师胜任能力的核心

B. 注册会计师应当书面记录其在审计过程中作出的所有职业判断

C. 注册会计师保持独立有助于提高职业判断质量

D. 注册会计师工作的可辩护性是衡量职业判断质量的重要方面

【例题4·单选题】下列有关职业判断的说法中，错误的是（ ）。（2016年）

A. 如果有关决策不被该业务的具体事实和情况所支持，职业判断并不能作为注册会计师作出不恰当决策的理由

B. 注册会计师恰当记录与被审计单位就相关决策结论进行沟通的方式和时间，有利于提高职业判断的可辩护性

C. 保持职业怀疑有助于注册会计师提高职业判断质量

D. 职业判断涉及与具体会计处理和审计程序相关的决策，但不涉及与遵守职业道德要求相关的决策

（九）审计风险模型相关概念

【例题1·单选题】下列有关重大错报风险的说法中，错误的是（ ）。（2020年网络回忆版）

A. 财务报表层次的重大错报风险通常是舞弊导致的，认定层次的重大错报风险通常是错误导致的

B. 财务报表层次的重大错报风险增大了认定层次发生重大错报的可能性

C. 财务报表层次的重大错报风险和认定层次的重大错报风险可能构成特别风险

D. 所有被审计单位的财务报表都可能存在财务报表层次的重大错报风险和认定层次的重大错报风险

【例题2·单选题】下列有关重大错报风险的说法中，错误的是（ ）。（2019年）

A. 重大错报风险是指财务报表在审计前存在重大错报的可能性

B. 重大错报风险可进一步细分为固有风险和检查风险

C. 注册会计师应当从财务报表层次和各类交易、账户余额和披露认定层次考虑重大错报风险

D. 注册会计师可以定性或定量评估重大错报风险

【例题3·单选题】下列有关固有风险和控制风险的说法中，正确的是（ ）。（2018年）

A. 固有风险和控制风险与被审计单位的风险相关，独立于财务报表审计而存在

B. 财务报表层次和认定层次的重大错报风险可以细分为固有风险和控制风险

C. 注册会计师无法单独对固有风险和控制风险进行评估

D. 固有风险始终存在，而运行有效的内部控制可以消除控制风险

【例题4·多选题】下列关于重大错报风险的说法中，正确的有（ ）。（2016年）

A. 重大错报风险包括固有风险和检查风险

B. 注册会计师应当将重大错报风险与特定的交易、账户余额和披露的认定相联系

C. 在评估一项重大错报风险是否为特别风险时，注册会计师不应考虑控制对风险的抵销作用

D. 注册会计师对重大错报风险的评估，可能随着审计过程中不断获取审计证据而做出相应的变化

（十）审计风险模型因素分析

【例题·单选题】下列有关检查风险的说法中，错误的是（ ）。（2017年）

A. 检查风险是指注册会计师未能通过审计程序发现错报，因而发表不恰当审计意见的风险

B. 检查风险取决于审计程序设计的合理性和执行的有效性

C. 检查风险通常不可能降低为零

D. 保持职业怀疑有助于降低检查风险

（十一）审计的固有限制

【例题1·单选题】下列各项中，不属于审计的固有限制来源的是（ ）。（2020年网络回忆版）

A. 管理层可能不提供注册会计师要求的全部信息

B. 注册会计师在合理的时间内以合理的成本完成审计的需要

C. 注册会计师对重大错报风险的评估可能不恰当

D. 管理层编制财务报表时需要作出判断

【例题2·单选题】下列各项中，不属于审计固有限制的来源的是（ ）。（2019年）

A. 注册会计师可能满足于说服力不足的审计证据

B. 管理层可能不提供与财务报表编制相关的全部信息

C. 注册会计师获取审计证据的能力受到

法律上的限制

D. 管理层在编制财务报表的过程中需要运用判断

【例题3·多选题】下列各项中，导致审计固有限制的有（　　）。(2018年)

A. 许多财务报表项目涉及主观决策、评估或一定程度的不确定性

B. 注册会计师的胜任能力可能不足够

C. 注册会计师获取审计证据的能力受到实务和法律上的限制

D. 注册会计师只能在合理的时间内以合理的成本完成审计工作

历年经典试题回顾参考答案及解析

“扫码看解析”

使用“微信”或“会计云课堂”App扫码，即可线上对答案、看解析，错题随手收藏，及时巩固复习。

（一）财务报表审计的含义

【例题1·单选题】

【答案】A

【解析】财务报表审计是指注册会计师对财务报表是否不存在重大错报提供合理保证，以积极方式提出意见，增强除管理层之外的预期使用者对财务报表信赖的程度，选项A错误。

【例题2·单选题】

【答案】D

【解析】审计的最终产品是审计报告，不包括财务报表，故选项D错误。

【例题3·单选题】

【答案】D

【解析】由于审计的固有限制，注册会计师据以得出结论和形成审计意见的大多数审计证据是说服性的而非结论性的，因此，审计只能提供合理保证，不能提供绝对保证，注册会计师不可能将审计风险降至零，财务报表审计无法消除审计风险，选项D错误。

【例题4·单选题】

【答案】B

【解析】审计业务的最终产品是审计报告，不包括财务报表，故选项A错误。审计的目的是改善财务报表的质量或内涵，增强除管理层之外的预期使用者对财务报表的信赖程度，但是并不能减轻被审计单位管理层对财务报表的责任，故选项C错误。执行审计业务获取的审计证据大多数是说服性而非结论性的，故选项D错误。

（二）保证程度

【例题1·多选题】

【答案】AD

【解析】鉴证业务的保证程度分为合理保证和有限保证。审计属于合理保证（高水平保证）的鉴证业务（选项A、D正确）。审阅属于有限保证（低于审计业务的保证水平）的鉴证业务（选项B错误），除审计、审阅以外的其他鉴证业务，有的提供合理保证，有的提供有限保证，不能一概而论（选项C错误）。

【例题2·多选题】

【答案】BC

【解析】财务报表审计（选项A）、财务报表审阅（选项D）均属于鉴证业务；代编财务信息（选项B）、对财务信息执行商定程序（选项C）均属于相关服务。

【例题3·多选题】

【答案】CD

【解析】其他鉴证业务可能是合理保证的鉴证业务，也可能是有限保证的鉴证业务，故选项A错误；有限保证是低于高水平的保证，并非中等水平的保证，故选项B错误。

【例题4·单选题】

【答案】C

【解析】财务报表审计是合理保证的鉴证业务，注册会计师需要将检查风险降至可接受的低水平，需要实施的审计程序和获取的审计证据比其执行财务报表审阅业务时更多，其所采用的证据收集程序多于财务报表审阅，故选项C错误。

（三）审计要素

【例题·单选题】

【答案】D

【解析】对财务报表审计而言，审计业务要素包括审计业务的三方关系人、财务报表（选项C）、财务报表编制基础（选项A）、审计证据和审计报告（选项B）。

（四）审计业务的三方关系人

【例题1·单选题】

【答案】A

【解析】由于审计有利于提高财务报表的可信性，有可能对管理层有用，因此，在这种情况下，管理层也会成为预期使用者之一（选项A错误），但不是唯一的预期使用者。

【例题2·单选题】

【答案】C

【解析】选项C不属于，预期使用者是指预期使用审计报告和财务报表的组织或人员。注册会计师应独立于被审计单位和预期使用者，不是审计报告的预期使用者。

（五）审计证据

【例题1·单选题】

【答案】D

【解析】审计证据可能包括从其他来源获取的信息，如以前审计中获取的信息（前提是注册会计师已确定自上次审计后是否已发生变化，这些变化可能影响这些信息对本期审计的相关性）或会计师事务所接受与保持客户或业务时实施质量管理程序获取的信息，故选项D错误。

【例题2·多选题】

【答案】ABCD

【解析】选项A正确，审计证据主要是在审计过程中通过实施审计程序获取的；选项B正确，注册会计师可能需要利用他人工作，包括利用专家的工作获取审计证据，典型的是审计会计估计（教材17.1）；选项C、D均正确，除实施审计程序外，审计证据还可以从其他来源获取，比如以前审计中获取的信息，或会计师事务所接受与保持客户或业务时实施质量管理程序获取的信息。

（六）审计基本要求

【例题·多选题】

【答案】ABCD

【解析】在财务报表审计中，注册会计师为了实现合理保证的审计目标应当遵守审计准则（选项A）、遵守职业道德守则（选项B）、保持职业怀疑（选项C）、合理运用职业判断（选项D）四个审计基本要求。

（七）保持职业怀疑

【例题1·多选题】

【答案】AB

【解析】职业怀疑应当从下列方面理解：（1）职业怀疑在本质上要求秉持一种质疑的理念。（2）职业怀疑要求对引起疑虑的情形保持警觉。这些情形包括但不限于：相互矛盾的审计证据；引起对文件记录、对询问的答复的可靠性产生怀疑的信息；表明可能存在舞弊的情况（选项B正确）；表明需要实施除审计准则规定外的其他审计程序的情形。（3）职业怀疑要求审慎评价审计证据。审计证据包括支持和印证管理层认定的信息，也包括与管理层认定相互矛盾的信息。审慎评价审计证据是指质疑相互矛盾的审计证据的可靠性（选项A正确）。（4）职业怀疑要求客观评价管理层和治理层（选项D错误）。注册会计师没有接受文件真伪鉴定方面的培训，不应被期望成为鉴定文件真伪的专家（选项C错误）。

【例题2·单选题】

【答案】D

【解析】选项D错误，保持职业怀疑有助于使注册会计师认识到存在由于舞弊导致的重大错报的可能性，但是不能使注册会计师发现所有由于舞弊导致的错报。

【例题3·单选题】

【答案】D

【解析】选项D错误，注册会计师应当客观评价管理层和治理层，注册会计师不应依赖以往对管理层和治理层诚信形成的判断，也不能直接假定管理层和治理层缺乏诚信。

（八）合理运用职业判断

【例题1·多选题】

【答案】ABCD

【解析】注册会计师需要对职业判断作出适当的书面记录，对下列事项进行书面记录，有利于提高职业判断的可辩护性：（1）对职业判断问题和目标的描述；（2）解决职业判断相关问题的思路（选项B）；（3）收集到的相关信息（选项C）；（4）得出的结论以及得出结论的理由（选项A）；（5）就决策结论与被审计单位进行沟通的方式和时间（选项D）。

【例题2·多选题】

【答案】ACD

【解析】选项A正确，确定重要性需要运用职业判断（链接教材2.3）。选项B错误，审计准则对审计工作底稿的归档期限有原则要求，即为审计报告日后60天内。选项C正确，注册会计师确定是否利用被审计单位的内部审计工作应当评价内部审计在被审计单位的地位，以及相关政策和程序支持内部审计人员客观性的程度，内部审计人员的胜任能力和内部审计是否采用系统、规范化的方法（链接教材15.1），而在这一过程中需要运用职业判断。选项D正确，注册会计师在审计抽样（统计抽样和非统计抽样）中，设计样本、选取样本和评价样本时（链接教材第四章）均需要运用职业判断。

【例题3·单选题】

【答案】B

【解析】注册会计师需要对职业判断作出适当的书面记录，并非对其在审计过程中作出的所有职业判断均进行书面记录，选项B错误。

【例题4·单选题】

【答案】D

【解析】在运用职业道德概念框架识别、评估和应对对职业道德基本原则的不利影响时，涉及职业判断，选项D错误。

（九）审计风险模型相关概念

【例题1·单选题】

【答案】A

【解析】舞弊导致的重大错报风险既可能是财务报表层次的也可能是认定层次的，选项A错误。

【例题2·单选题】

【答案】B

【解析】重大错报风险分为财务报表层次和

认定层次，固有风险和控制风险针对的是认定层次的重大错报风险，选项 B 错误。

【例题 3·单选题】

【答案】A

【解析】选项 B 错误，认定层次的重大错报风险可细分为固有风险和控制风险；选项 C 错误，注册会计师既可以对固有风险和控制风险进行单独评估，也可以对其进行合并评估；选项 D 错误，内部控制具有固有局限性，不能消除控制风险。

【例题 4·多选题】

【答案】CD

【解析】选项 A 错误，认定层次的重大错报风险包括固有风险和控制风险；选项 B 错误，财务报表层次的重大错报风险无法与特定的交易、账户余额和披露的认定相联系。

（十）审计风险模型因素分析

【例题·单选题】

【答案】A

【解析】选项 A 错误，注册会计师发表不恰当审计意见的风险属于审计风险，检查风险讨论的是审计程序设计的合理性和执行的有效性。

（十一）审计的固有限制

【例题 1·单选题】

【答案】C

【解析】审计的固有限制源于：（1）财务报告的性质（选项 D）；（2）审计程序的性质（选项 A）；（3）在合理的时间内以合理的成本完成审计的需要（选项 B）。

【例题 2·单选题】

【答案】A

【解析】选项 A 错误，审计中的困难、时间或成本等事项本身，不能作为注册会计师省略不可替代的审计程序或满足于说服力不足的审计证据的正当理由。审计的固有限制源于：（1）财务报告的性质（选项 D）；（2）审计程序的性质（选项 B、C）；（3）在合理的时间内以合理的成本完成审计的需要。

【例题 3·多选题】

【答案】ACD

【解析】审计的固有限制源于：（1）财务报告的性质（选项 A）；（2）审计程序的性质（选项 C）；（3）在合理的时间内以合理的成本完成审计的需要（选项 D）。

1004276

扫一扫　“码”上做题、看解析

本书同步强化练习题均配备二维码，使用“会计云课堂”App 扫码，即可线上做题、看解析。

【“会计云课堂”App 下载二维码见封底页】

同步强化练习题

一、单项选择题

1. 下列有关财务报表审计的说法中，错误的是（　　）。（★★★）*

A. 审计能够改善财务报表的质量或内涵

B. 审计能够增强除管理层之外的预期使

* 为了便于您识别重要题目，本书中针对重点题目通过标注星级的方式进行体现。

用者对财务报表的信赖程度

C. 审计能够满足除管理层之外的预期使用者的所有需求

D. 审计不涉及为预期使用者如何利用信息提供建议

2. 下列有关注册会计师执行的业务中，无须提供保证的是(　　)。

A. 财务报表审阅

B. 财务报表审计

C. 对财务信息执行商定程序

D. 预测性财务信息审核

3. 下列有关保证程度的说法中，正确的是(　　)。

A. 其他鉴证业务更多的是提供有限保证

B. 代编财务信息提供有意义的保证

C. 内部控制审计是合理保证的鉴证业务

D. 对财务信息执行商定程序提供低水平保证

4. 关于财务报表审计，下列针对责任方的说法中，错误的是(　　)。(★★★)

A. 责任方对财务报表承担完全责任

B. 责任方与预期使用者可能来自同一企业，但并不意味着两者就是同一方

C. 注册会计师的审计意见主要为责任方提供

D. 责任方不是唯一的预期使用者

5. 下列有关审计业务三方关系人的说法中，错误的是(　　)。(★★★)

A. 在审计业务的三方关系人中，管理层也可能是预期使用者之一

B. 在财务报表审计中，责任方和预期使用者是同一方

C. 在某些情况下，管理层和预期使用者可能来自同一企业，但并不意味着两者就是同一方

D. 注册会计师通过对财务报表发表审计意见，以增强除管理层之外的预期使用者对财务报表的信赖程度

6. 下列有关审计证据的说法中，错误的是(　　)。(★★★)

A. 被审计单位聘请的专家编制的信息也可以作为审计证据

B. 审计证据包括从公开渠道获取的与管理层认定相矛盾的信息

C. 审计证据在性质上具有累积性，主要是注册会计师在审计过程中通过实施审计程序获取的

D. 审计证据是指注册会计师获取的与管理层认定相矛盾的信息

7. 关于保持职业怀疑的作用，注册会计师的下列说法中，错误的是(　　)。

A. 在评估舞弊导致的重大错报风险时，不应受到以前对管理层、治理层正直和诚信形成的判断的影响

B. 针对文件中的某些条款可能已被篡改时，注册会计师应当考虑发表非无保留意见

C. 针对可能存在由于舞弊导致的重大错报风险始终保持警惕

D. 对已获取的审计证据表明可能存在未识别的重大错报风险的情形保持警觉，并作出进一步调查

8. 关于保持职业怀疑，评价审计证据的下列说法中，错误的是(　　)。

A. 注册会计师应当评价会计估计的管理层偏向

B. 注册会计师应当从定性和定量角度评价未更正错报是否重大

C. 注册会计师应当考虑未能获取充分、适当的审计证据的情况对审计意见的影响

D. 注册会计师应当评价财务报表是否实现了公允反映，无需考虑相关附注是否公允反映

9. 关于保持职业怀疑在设计和实施审计程序方面的下列说法中，错误的是(　　)。

A. 设计和实施实质性分析程序，注册会计师对异常波动或关系保持警觉，并跟进调查

B. 对于风险较高的领域，注册会计师应当考虑是否需要获取更多的审计证据或获取更为相关或可靠的审计证据

C. 针对管理层不允许寄发询证函的情况，注册会计师应当视为审计范围受到限制发表非无保留意见

D. 针对回函可靠性产生疑虑的情况，注册会计师应当制定恰当的应对措施，以获取充分、适当的审计证据

10. 关于保持职业怀疑的下列说法中，错误的是(　　)。

A. 注册会计师在承接业务时应当保持职业怀疑，考虑被审计单位的主要股东、实际控制人、治理层和管理层是否诚信

B. 如果被审计单位管理层没有变动，注册会计师评估重大错报风险时可以直接依赖上期审计获取的信息

C. 注册会计师在审计过程中需要考虑是否需要修正风险评估结果，并相应修改原计划实施的进一步审计程序

D. 注册会计师不能以书面声明替代其本应获取的其他审计证据

11. 下列关于保持职业怀疑在评估重大错报风险方面的说法中，错误的是(　　)。

A. 注册会计师不能仅将通过询问程序获取的审计证据作为评估财务报表重大错报风险充分、适当的审计证据

B. 注册会计师可以与内部审计部门共享某些信息

C. 注册会计师需要运用职业判断，确定所获得的了解是否足以对财务报表中的交易类别、账户余额和披露建立预期

D. 注册会计师应当主要从被审计单位内部获取相关信息，评估财务报表重大错报风险

12. 下列关于职业判断的说法中，错误的是(　　)。(★★★)

A. 同一注册会计师针对同一项目的不同判断问题，所作出的判断之间是否符合应有的内在逻辑，是职业判断决策一贯性和稳定性的特点

B. 同一注册会计师针对相同的职业判断问题，在不同时点所作出的判断矛盾，是职业判断准确性或意见一致性的例外情形

C. 不同注册会计师针对同一职业判断问题所作判断彼此认同的程度，说明的是职业判断准确性或意见一致性

D. 注册会计师是否能够证明自己的工作具有理由的充分性、思维的逻辑性和程序的合规性是可辩护性的基础

13. 下列有关审计风险模型因素分析的表述中，正确的是(　　)。

A. 注册会计师通过控制重大错报风险来降低检查风险，从而将审计风险控制在可接受的低水平

B. 在既定的审计风险水平下，注册会计师应当实施审计程序，将重大错报风险降至可接受的低水平

C. 注册会计师应当合理设计审计程序的性质、时间安排和范围，并有效执行审计程序，以降低检查风险，满足提供合理保证的要求

D. 注册会计师不能降低检查风险

14. 下列关于重大错报风险的说法中，错误的是(　　)。(★★★)

A. 重大错报风险是指如果存在某一错报，该错报单独或连同其他错报可能是重大的，注册会计师为将审计风险降至可接受的低水平而实施程序后没有发现这种错报的风险

B. 财务报表层次重大错报风险增大了认定层次发生重大错报的可能性，与注册会计师考虑由舞弊引起的风险尤其相关

C. 财务报表层次重大错报风险通常与控制环境有关，但也可能与其他因素有关，如经济萧条

D. 注册会计师在各类交易、账户余额和披露认定层次获取审计证据，以便能够

在审计工作完成时，以可接受的低审计风险水平对财务报表整体发表审计意见

15. 注册会计师为了在合理的时间内以合理的成本形成审计意见，下列做法中，错误的是(　　)。

A. 将审计资源投向最可能存在重大错报风险的领域，并相应地在其他领域减少审计资源

B. 运用测试和其他方法检查总体中存在的错报

C. 将审计资源投向所有错报风险的领域以合理保证查出所有错报

D. 计划审计工作，以使审计工作以有效的方式得到执行

二、多项选择题

1. 下列关于财务报表审计的说法中，正确的有(　　)。(★★★)

A. 审计业务的最终产品是审计报告，不包括后附的财务报表

B. 审计的目的是改善财务报表的质量，消除使用财务报表的信息风险

C. 审计的用户是包括管理层在内的财务报表预期使用者

D. 审计的基础是独立性和专业性，注册会计师应当独立于被审计单位和预期使用者

2. 下列有关保证程度的说法中，正确的有(　　)。

A. 其他鉴证业务可能是合理保证

B. 财务报表审阅是有限保证的鉴证业务，注册会计师不应当以积极方式提出结论

C. 对财务信息执行商定程序无需提供任何保证

D. 有限保证的鉴证业务所需证据数量比合理保证的鉴证业务所需证据数量少

3. 下列有关财务报表审计与财务报表审阅的说法中，错误的有(　　)。

A. 在财务报表审计中，注册会计师通过调低审计风险满足检查风险的低水平

B. 在财务报表审阅中，注册会计师以积极方式提出结论，提供有限保证

C. 在财务报表审计中，注册会计师应当将审计风险降至可接受的低水平

D. 在财务报表审阅中，注册会计师应当将审阅风险降至有意义的可接受的水平

4. 下列关于保持职业怀疑的作用的说法中，正确的有(　　)。

A. 对引起疑虑的情形保持警觉，充分考虑错报发生的可能性和重大程度

B. 对已获取的审计证据表明可能存在未识别的重大错报风险的情形保持警觉，并作出进一步调查

C. 审慎评价审计证据，纠正仅获取最容易获取的审计证据而忽视相互矛盾的审计证据的倾向

D. 根据管理层提供的书面声明，认为被审计单位不存在舞弊导致的重大错报风险

5. 关于保持职业怀疑要求，注册会计师的下列做法中，正确的有(　　)。

A. 质疑相互矛盾的审计证据

B. 即使注册会计师认为管理层和治理层是正直、诚实的，也不能降低保持职业怀疑的要求

C. 如果承接审计业务时间太晚，则可选择性实施审计程序

D. 不应依赖以往对管理层和治理层诚信形成的判断

6. 下列情形中，注册会计师应当合理运用职业判断的有(　　)。(★★★)

A. 识别、评估和应对对职业道德基本原则产生不利影响的情形

B. 确定所需实施的审计程序的性质、时间安排和范围

C. 识别和评估重大错报风险

D. 确定重要性

7. 下列有关审计风险模型的表述中，错误的有(　　)。

A. 在既定的审计风险水平下，注册会计师应当实施审计程序，将重大错报风险降至可接受的低水平

B. 注册会计师应当合理设计审计程序的性质、时间安排和范围，并有效执行审计程序，以控制重大错报风险

C. 注册会计师应当合理设计审计程序的性质、时间安排和范围，并有效执行审计程序，以消除检查风险

D. 注册会计师应当获得充分、适当的审计证据，以便在完成审计工作时，能够以可接受的低水平的审计风险对财务报表整体发表意见

8. 下列有关审计风险模型的表述中，正确的有(　　)。

A. 注册会计师无法控制重大错报风险

B. 评估的重大错报风险越高，可接受的检查风险越低

C. 可接受的检查风险影响了实质性程序的性质、时间安排和范围

D. 保持职业怀疑有助于降低重大错报风险

9. 下列与重大错报风险相关的表述中，错误的有(　　)。(★★★)

A. 重大错报风险可以通过合理实施审计程序予以控制

B. 重大错报风险是由于固有风险和控制风险导致的

C. 重大错报风险包括财务报表层次和认定层次

D. 重大错报风险独立于注册会计师审计而存在

10. 下列有关审计固有限制的说法中，正确的有(　　)。(★★★)

A. 审计工作可能因审计收费过低而受到限制

B. 审计工作可能因项目组成员素质和能力的不足而受到限制

C. 审计工作可能因财务报表项目涉及主观决策而受到限制

D. 审计工作可能因高级管理人员的舞弊行为而受到限制

11. 关于审计固有限制的下列说法中，正确的有(　　)。

A. 注册会计师获取审计证据的能力受到实务和法律上的限制

B. 在合理的时间内以合理的成本完成审计工作

C. 会计师事务所同时承接太多项目而受到时间压力

D. 审计工作受到管理层诚信的重大疑虑的影响

同步强化练习题参考答案及解析

“扫码看解析”

使用“微信”或“会计云课堂”App扫码，即可线上对答案、看解析，错题随手收藏，及时巩固复习。

一、单项选择题

1. 【答案】C

解析： 审计的目的是改善财务报表的质量或内涵，增强除管理层之外的预期使用者对财务报表的信赖程度，有效满足财务报表预期使用者的需求，不能满足财务报表预期使用者的所有需求，选项C错误。

2. 【答案】C

解析： 对财务信息执行商定程序属于相关

服务，不属于鉴证业务，注册会计师无须提供保证，选项C正确。选项A、B、D均属于鉴证业务，注册会计师应当提供合理保证或有限保证。

3.【答案】C

解析：代编财务信息（选项B）和对财务信息执行商定程序（选项D）均属于相关服务，无需提供保证。其他鉴证业务（选项A）有可能提供合理保证，也可能是有限保证，选项A、B、D错误。

4.【答案】C

解析：选项C错误，注册会计师的审计意见主要是向除管理层之外的预期使用者提供。

5.【答案】B

解析：选项B错误，在财务报表审计中，责任方与预期使用者可能是同一方，也可能不是同一方。

6.【答案】D

解析：选项D错误，审计证据既包括支持和佐证管理层认定的信息，也包括与管理层认定相矛盾的信息。

7.【答案】B

解析：选项B错误，注册会计师针对文件可能是伪造的或文件中的某些条款可能已被篡改时，应当作出进一步调查，并确定需要修改哪些审计程序或追加实施哪些审计程序。

8.【答案】D

解析：注册会计师应当考虑相关附注是否公允反映，选项D错误。

9.【答案】C

解析：针对诸如管理层不允许寄发询证函的情况，注册会计师应当制定恰当的应对措施，以获取充分、适当的审计证据，选项C错误。

10.【答案】B

解析：注册会计师评估重大错报风险时需要在本期审计中了解被审计单位及其环境，不能仅仅依赖从以前审计或为被审计单位提供的其他服务中获取的信息，选项B错误。

11.【答案】D

解析：注册会计师应当从不同来源获取相关信息评估财务报表重大错报风险，选项D错误。

12.【答案】B

解析：同一注册会计师针对相同的职业判断问题，在不同时点所作出的判断，其结论应当相同或相似，是职业判断决策一贯性和稳定性的特点，选项B错误。

13.【答案】C

解析：注册会计师只能通过了解被审计单位及其环境，评估重大错报风险，不能降低或控制重大错报风险，选项A、B均错误；注册会计可以通过适当计划、在项目组成员之间进行恰当的职责分配、保持职业怀疑态度以及指导、监督和复核项目组成员执行的审计工作降低检查风险，选项D错误。

14.【答案】A

解析：选项A错误，选项A讨论的是检查风险，不是重大错报风险。

15.【答案】C

解析：选项C错误，注册会计师需要在合理的时间内以合理的成本完成审计工作，既不可能也没有必要查出财务报表所有错报，注册会计师应当将审计资源投向最可能存在重大错报风险的领域，并相应地在其他领域减少审计资源。

二、多项选择题

1. 【答案】ACD

解析：选项B错误，财务报表审计的目的是改善财务报表的质量或内涵，增强除管理层之外的预期使用者对财务报表的信赖程度，不能消除使用财务报表的信息风险。

2. 【答案】ABCD

解析：选项A正确，其他鉴证业务可能是合理保证的鉴证业务，也可能是有限保证的鉴证业务；选项B正确，有限保证的鉴证业务，注册会计师应当以消极方式提出结论；选项C正确，对财务信息执行商定程序不属于鉴证业务，无需提供任何保证；选项D正确，合理保证的鉴证业务所需证据数量较多，有限保证的鉴证业务所需证据数量较少。

3. 【答案】AB

解析：选项A错误，注册会计师通过合理设计和有效实施审计程序降低检查风险，从而使审计风险处在可接受的低水平，满足合理保证的审计目标，而不是降低审计风险去满足检查风险的要求；选项B错误，财务报表审阅是有限保证的鉴证业务，注册会计师应当以消极方式提出结论。

4. 【答案】ABC

解析：选项D错误，管理层书面声明本身并不为所涉及的任何事项提供充分、适当的审计证据。

5. 【答案】ABD

解析：选项C错误，审计中的困难、时间或成本等事项本身，不能作为注册会计师省略不可替代的审计程序或满足于说服力不足的审计证据的正当理由。

6. 【答案】ABCD

解析：注册会计师需要运用职业判断的重要领域包括：（1）确定重要性，识别和评估重大错报风险（选项C、D）；（2）为满足审计准则的要求和收集审计证据的需要，确定所需实施的审计程序的性质、时间安排和范围（选项B）；（3）为实现审计准则规定的目标和注册会计师的总体目标，评价是否已获取充分、适当的审计证据以及是否还需执行更多的工作；（4）评价管理层在运用适用的财务报告编制基础时作出的判断；（5）根据已获取的审计证据得出结论，如评价管理层在编制财务报表时作出的会计估计的合理性；（6）运用职业道德概念框架识别、评估和应对对职业道德基本原则的不利影响（选项A）。

7. 【答案】ABC

解析：注册会计师只能评估重大错报风险，不能降低或控制重大错报风险，选项A、B均错误；由于审计固有限制，注册会计师可以降低检查风险，但不能消除检查风险，选项C错误。

8. 【答案】ABC

解析：选项A正确，注册会计师只能通过了解被审计单位及其环境，评估重大错报风险，无法控制重大错报风险；选项B正确，根据审计风险模型，评估的重大错报风险的高低决定了检查风险的可接受程度；选项C正确，注册会计师根据确定的可接受检查风险水平设计审计程序的性质、时间安排和范围；选项D错误，保持职业怀疑有助于降低检查风险，而非降低重大错报风险。

9. 【答案】AB

解析：选项A错误，注册会计师通过实施风险评估程序，评估重大错报风险，而不是控制重大错报风险；选项B错误，认定层次的重大错报风险可以细分为固有风险和控制风险。

10. 【答案】CD

解析：审计的固有限制源于财务报告的性质（选项 C）、审计程序的性质（选项 D）、在合理的时间内以合理的成本完成审计的需要。

11. 【答案】AB

解析：审计中的困难、时间或成本等事项本身，不能作为注册会计师省略不可替代的审计程序或满足于说服力不足的审计证据的正当理由，会计师事务所承接项目太多不构成审计的固有限制，选项 C 错误；如果管理层缺乏诚信，注册会计师应当考虑与适当层级的管理层和治理层讨论解除业务约定的决定和理由，选项 D 错误。审计的固有限制源于财务报告的性质、审计程序的性质（选项 A）、在合理的时间内以合理的成本完成审计的需要（选项 B）。

第二章　审计计划

本章考情分析

本章是比较重要的考试章节，最近五年平均考试分值超过 6 分。本章知识点主要在选择题和简答题中考查，其中，重要性的知识点在各种题型中均会涉及。

本章需要大家重点掌握的知识点（含可能题型及难易程度），归纳如下表。

序号	知识点	题型	难易程度
1	初步业务活动（目的和内容）	单选、多选	易
2	审计的前提条件	单选、多选	中
3	审计业务约定书（包括约定条款变更）	单选、多选	中
4	总体审计策略和具体审计计划	单选、多选	中
5	重要性“杯子”	单选、多选	难
6	重要性概念	单选、多选	难
7	财务报表整体的重要性	单选、多选、综合	难
8	基准	单选、多选	中
9	特定类别交易、账户余额或披露的重要性水平	单选、多选	中
10	实际执行的重要性	单选、多选、简答、综合	难
11	明显微小错报的临界值	单选、多选	难
12	审计过程中修改重要性	单选、多选	中
13	错报	单选、多选	中

2021 年教材主要变化

对个别文字修订。

本章考点框架

- 第二章
  - 初步业务活动
    - 计划审计工作【易/低频】
    - 初步业务活动【易/中频】
    - 审计的前提条件【中/高频】
    - 审计业务约定书【中/中频】
  - 总体审计策略和具体审计计划
    - 审计计划的内容【易/低频】
    - 总体审计策略【中/低频】
    - 具体审计计划【中/低频】
    - 审计过程中对计划的更改【中/低频】
    - 指导、监督与复核【易/低频】
  - 重要性
    - 重要性"杯子"【难/高频】
    - 重要性概念【难/中频】
    - 财务报表整体的重要性【难/高频】
    - 特定类别交易、账户余额或披露的重要性水平【中/中频】
    - 实际执行的重要性【难/高频】
    - 明显微小错报的临界值【难/中频】
    - 审计过程中修改重要性【中/低频】
    - 错报【中/高频】

本章重难点精讲

第一节　初步业务活动

1004180

本节视频详解

使用"会计云课堂" App/ 微信扫码听课

01 考点1 计划审计工作（★）❶

（一）计划审计工作的性质

计划审计工作是一项持续的过程，注册会计师通常在前一期审计工作结束后即开始开展本期的审计计划工作，并直到本期审计工作结束为止。

（二）计划审计工作的内容

在计划审计工作时，注册会计师需要进行初步业务活动、制定审计计划。其中，审计计划分为总体审计策略和具体审计计划两个层次，如图 2-1 所示。

❶ 为方便您在学习中可以快速了解知识点的重要程度，本书中将知识点进行分类。★★★代表重要知识点，★★代表次重要知识点，★代表非重要知识点。

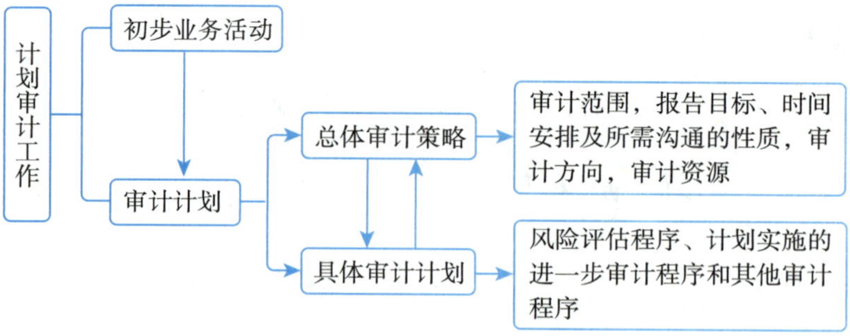

图 2-1 计划审计工作

【看图说话】计划审计工作包括初步业务活动和审计计划。其中，初步业务活动解决的是业务承接（或保持）问题，以签订审计业务约定书（或续约）为完成的标志；审计计划是业务承接后的工作。

【易错易混】计划审计工作与审计计划是两个角度“完全不同”的概念，前者讨论的是审计过程，后者是指审计计划的内容。

02 考点2 初步业务活动（★★）

在本期审计业务开始时，注册会计师需要开展初步业务活动（“how”），以实现初步业务活动的目的（“what”）。“初步业务活动的目的和内容”二者之间的逻辑关系，归纳如下表。

初步业务活动的目的（“what”）	初步业务活动的内容（“how”）
（1）具备执行业务所需的独立性和能力 （2）不存在因管理层诚信问题而可能影响注册会计师保持该项业务的意愿的事项 （3）与被审计单位之间不存在对业务约定条款的误解	（1）针对保持客户关系和具体审计业务实施相应的质量管理程序 （2）评价遵守相关职业道德要求的情况 （3）就审计业务约定条款与被审计单位达成一致意见

经典题解

【例题1·单选题】注册会计师应当在审计业务开始时开展初步业务活动。下列各项中，不属于初步业务活动的是（　）。

A. 就审计业务约定条款与被审计单位达成一致意见

B. 在执行首次审计业务时，查阅前任注册会计师的审计工作底稿

C. 评价遵守相关职业道德要求的情况

D. 针对保持客户关系和具体审计业务实施相应的质量管理程序

【解析】选项B错误，查阅前任注册会计师的审计工作底稿属于承接业务委托后的工作，不属于初步业务活动。

【答案】B

03 考点3 审计的前提条件（★★★）

【易错易混】与“审计的前提条件”相关联的还有两个概念，即“执行审计工作的前提”、“确定审计的前提条件”，请大家理解掌握这三个概念及其关系。

（一）执行审计工作的前提

执行审计工作的前提是指管理层和治理层（如适用）认可并理解其对财务报表的责任。

【提示】这里的“责任”是指“管理层责任”，可以总结为“编报表、建内控和提供条件”，请结合本书第一章第二节【考点2】审计业务的三方关系人学习。

（二）审计的前提条件

审计包含两个必不可少的“前提条件”，即：

（1）管理层在编制财务报表时采用可接受的财务报告编制基础（简称条件A）。

在确定编制财务报表所采用的财务报告编制基础的可接受性时，注册会计师需要考虑下列相关因素：

①被审计单位的性质。

②财务报表的目的。

③财务报表的性质。

④法律法规是否规定了适用的财务报告编制基础。

（2）就管理层的责任达成一致意见（简称条件B）。

（三）确定审计的前提条件

“确定审计的前提条件”是指注册会计师通过实施审计程序确定审计的两个“前提条件”是否同时满足，如果不能同时满足，则注册会计师不能承接该业务。如图2-2所示。

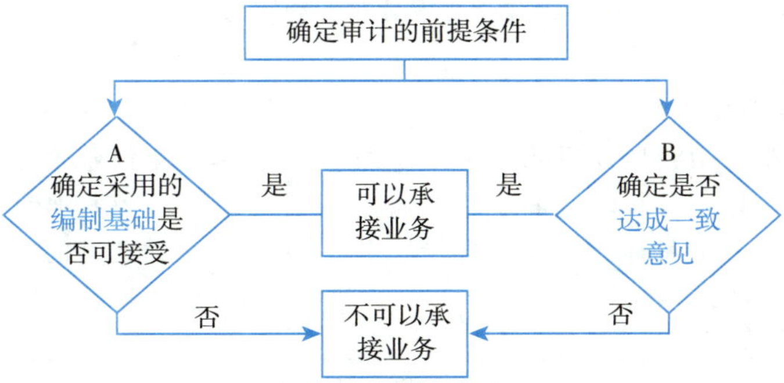

图2-2 确定审计的前提条件

【看图说话】注册会计师应当确定管理层采用的财务报告编制基础是否可接受（条件A）、确定是否与管理层达成一致意见（条件B）。如果两个条件同时满足，则注册会计师可以承接该业务；反之，不应承接。

经典题解

【例题2·多选题】为了确定审计的前提条件是否存在，注册会计师应当就管理层认可并理解其责任与管理层达成一致意见。下列有关管理层责任的说法中，正确的有(　　)。

A. 管理层应当按照适用的财务报告编制基础编制财务报表，并使其实现公允反映

B. 管理层应当设计、执行和维护必要的内部控制，以使财务报表不存在由于舞弊或错误导致的重大错报

C. 管理层应当向注册会计师提供必要的工作条件，包括允许注册会计师接触与编制财务报表相关的所有信息

D. 管理层应当允许注册会计师在获取审计证据时不受限制地接触其认为必要的内部人员和其他相关人员

【解析】管理层认可并理解其对财务报表的责任包括：(1)按照适用的财务报告编制基础编制财务报表，并使其实现公允反映(选项A正确)；(2)设计、执行和维护必要的内部控制，以使财务报表不存在由于舞弊或错误导致的重大错报(选项B正确)；(3)向注册会计师提供必要的工作条件，包括允许注册会计师接触与编制财务报表相关的所有信息(选项C正确)，向注册会计师提供审计所需要的其他信息，允许注册会计师在获取审计证据时不受限制地接触其认为必要的内部人员和其他相关人员(选项D正确)。

【答案】ABCD

04 考点4 审计业务约定书(★★)

【导航】请从以下三个方面展开本知识点的学习，如图2-3所示。

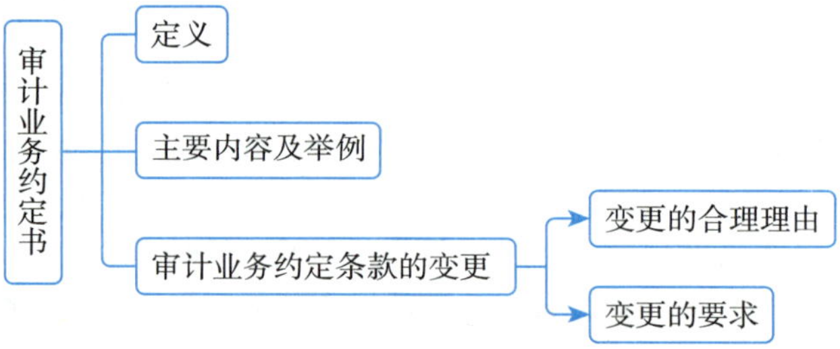

图2-3　审计业务约定书

(一)审计业务约定书的定义

审计业务约定书是指会计师事务所与被审计单位签订的，用以记录和确认审计业务的委托与受托关系、审计目标和范围、双方的责任以及报告的格式等事项的书面协议。会计师事务所承接任何审计业务，都应与被审计单位签订审计业务约定书。

(二)审计业务约定书主要内容及举例

审计业务约定书的主要内容可以从甲方和乙方两个角度理解，归纳如下表。

主要内容	甲方(被审计单位)	乙方(会计师事务所)
(1)财务报表审计的目标与范围	—	①按照适用的财务报告编制基础审计财务报表 ②对财务报表在所有重大方面不存在重大错报提供合理保证

续表

主要内容	甲方（被审计单位）	乙方（会计师事务所）
（2）双方责任	管理层的责任（“编报表、建内控和提供条件”）	注册会计师的责任（对财务报表发表审计意见）
（3）财务报告编制基础	指出适用的财务报告编制基础	评估财务报告编制基础可接受与否
（4）审计报告的预期形式和内容	提及拟出具的审计报告的预期形式和内容	

【举例】假定××会计师事务所审计ABC股份有限公司20×1年度财务报表，针对审计业务约定书的主要内容，举例如下：

审计业务约定书

甲方：ABC股份有限公司

乙方：××会计师事务所

兹由甲方委托乙方对20×1年度财务报表进行审计，经双方协商，达成以下约定：

一、审计的目标和范围

1. 乙方接受甲方委托，对甲方按照企业会计准则编制的20×1年12月31日的资产负债表，20×1年度的利润表、股东权益变动表和现金流量表以及财务报表附注（以下统称财务报表）进行审计。

2. 乙方审计工作的目标是对财务报表整体是否不存在由于舞弊或错误导致的重大错报获取合理保证，并出具包含审计意见的审计报告。合理保证是高水平的保证，但并不能保证按照审计准则执行的审计在某一重大错报存在时总能发现。错报可能由于舞弊或错误导致，如果合理预期错报单独或汇总起来可能影响财务报表使用者依据财务报表作出的经济决策，则通常认为错报是重大的。

3. 乙方通过执行审计工作，对财务报表的下列方面发表审计意见：（1）财务报表是否在所有重大方面按照企业会计准则的规定编制；（2）财务报表是否在所有重大方面公允反映了甲方20×1年12月31日的财务状况以及20×1年度的经营成果和现金流量。

二、甲方的责任（部分内容）

1. 根据《中华人民共和国会计法》及《企业财务会计报告条例》，甲方及甲方负责人有责任保证会计资料的真实性和完整性。因此，甲方管理层有责任妥善保存和提供会计记录（包括但不限于会计凭证、会计账簿及其他会计资料），这些记录必须真实、完整地反映甲方的财务状况、经营成果和现金流量。

2. 按照企业会计准则的规定编制和公允列报财务报表是甲方管理层的责任，这种责任包括：（1）按照企业会计准则的规定编制财务报表，并使其实现公允反映；（2）设计、执行和维护必要的内部控制，以使财务报表不存在由于舞弊或错误导致的重大错报。

3. 及时为乙方的审计工作提供与审计有关的所有记录、文件和所需的其他的信息（在20×2年×月×日之前提供审计所需的全部资料，如果在审计过程中需要补充资料，亦应及时提供），并保证所提供资料的真实性和完整性。

4. 确保乙方不受限制地接触其认为必要的甲方内部人员和其他相关人员。

三、乙方的责任（部分内容）

1. 乙方的责任是在执行审计工作的基础上对甲方财务报表发表审计意见。乙方根据中国注册会计师审计准则（以下简称审计准则）的规定执行审计工作。审计准则要求注册会计师遵守中国注册会计师职业道德守则，计划和执行审计工作以对财务报表是否不存在重大错报获取合理保证。

2. 审计工作涉及实施审计程序，以获取有关财务报表金额和披露的审计证据。选择的审计程序取决于乙方的判断，包括对由于舞弊或错误导致的财务报表重大错报风险的评估。在进行风险评估时，乙方考虑与财务报表编制和公允列报相关的内部控制，以设计恰当的审计程序，但目的并非对内部控制的有效性发表意见。审计工作还包括评价管理层选用会计政策的恰当性和作出会计估计的合理性，以及评价财务报表的总体列报。

四、审计收费（部分内容）

1. 本次审计服务的收费是以乙方各级别工作人员在本次工作中所耗费的时间为基础计算的。乙方预计本次审计服务的费用总额为人民币××万元。

2. 甲方应于本约定书签署之日起××日内支付×%的审计费用，其余款项于［审计报告草稿完成日］结清。

五、审计报告和审计报告的使用（部分内容）

1. 乙方按照中国注册会计师审计准则规定的格式和类型出具审计报告。

2. 乙方向甲方致送审计报告一式×份。

六、本约定书的有效期间（略）

七、约定事项的变更（略）

八、终止条款（略）

九、违约责任（略）

十、适用法律和争议解决（略）

十一、双方对其他有关事项的约定（略）

本约定书一式两份，甲、乙双方各执一份，具有同等法律效力。

ABC股份有限公司	××会计师事务所
（盖章）	（盖章）
授权代表：	授权代表：
（签名并盖章）	（签名并盖章）
二〇×二年×月×日	二〇×二年×月×日

（三）审计业务约定条款的变更

审计业务约定条款的变更涉及诸多细节问题，大家可以通过下表“一问一答”展开学习。

问	答	
	审计语言	关键点
（1）“变更业务约定条款”是指什么？	已经承接的审计业务（合理保证）变更为审阅业务（有限保证）或相关服务业务（无需保证）	审计业务做不了，换成其他业务
（2）导致变更业务的原因是什么？	①环境变化对审计服务的需求产生影响 ②对原来要求的审计业务的性质存在误解 ③审计范围受到限制（无论是管理层施加的还是其他情况引起的）	审计范围受到限制时更多考虑的不是变更业务，可能是替代程序，也可能是保留意见甚至是无法表示意见（法律法规允许的情况下，也可能解除业务约定）
（3）变更业务的合理理由是什么？	①环境变化对审计服务的需求产生影响 ②对原来要求的审计业务的性质存在误解	本就不应该实施审计，而不是审计不可行
（4）变更前需要考虑的事项有哪些？	①变更的理由是否合理 ②评估变更业务对法律责任或业务约定的影响	为什么变？有什么影响？

续表

问	答	
	审计语言	关键点
(5) 变更为审阅业务时能否在报告中提及原审计业务和在原审计业务中已执行的程序？	不应提及	避免误导
(6) 变更为执行商定程序业务时能否在报告中提及原审计业务和在原审计业务中已执行的程序？	可以提及已执行的程序	执行商定程序时，注册会计师利用的就是审计取证功能，只是不提供合理保证和出具审计报告
(7) 变更为执行商定程序业务以外的其他相关服务时能否在报告中提及原审计业务和在原审计业务中已执行的程序？	不应提及	避免误导

经典题解

【例题3·多选题】在注册会计师完成审计业务前，被审计单位提出将审计业务变更为保证程度较低的业务。下列各项变更理由中，注册会计师通常认为合理的有(　　)。

A. 环境变化对审计服务的需求产生影响

B. 对原来要求的审计业务的性质存在误解

C. 管理层对审计范围施加限制

D. 由于超出被审计单位控制的情形导致审计范围受到限制

【解析】下列原因通常被认为是变更业务的合理理由：(1) 环境变化对审计服务的需求产生影响（选项A正确）；(2) 对原来要求的审计业务的性质存在误解（选项B正确）。选项C和D中，管理层对审计范围施加的限制以及其他情况引起的审计范围受到限制通常不被认为是变更业务的合理理由。

【答案】AB

本节视频详解

使用"会计云课堂"App/微信扫码听课

第二节　总体审计策略和具体审计计划

01 考点1 审计计划的内容（★）

审计计划的内容包括两个层次，即总体审计策略和具体审计计划，如图2-4所示。

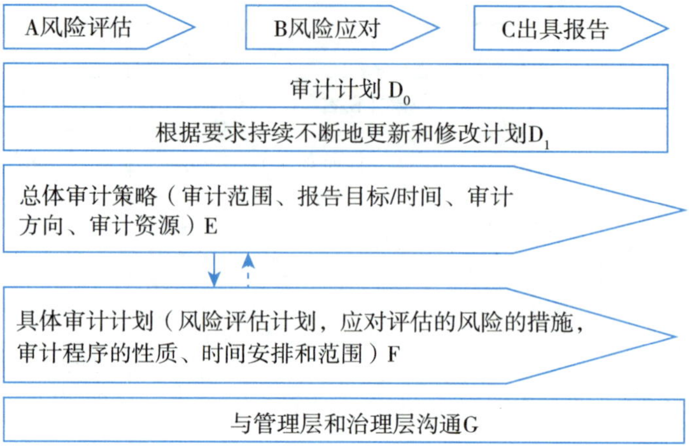

图2-4　审计计划的内容

【看图说话】

（1）审计计划（D_0）需要根据风险评估和应对过程持续不断的更新和修改（D_1），并且贯穿于整个审计业务的始终。

（2）注册会计师根据总体审计策略中所识别的不同事项，制定具体审计计划，并考虑通过有效利用审计资源以实现审计目标。

（3）制定总体审计策略的过程通常在具体审计计划之前，但二者不是孤立的，而是具有内在紧密联系的，对其中一项的决定可能会影响、甚至改变对另外一项的决定。

经典题解

【例题4·单选题】 下列有关审计计划的说法中，正确的是(　　)。

A. 总体审计策略不受具体审计计划的影响

B. 具体审计计划的核心是确定审计的范围和审计方案

C. 制定审计计划的工作应当在实施进一步审计程序之前完成

D. 制定总体审计策略的过程通常在具体审计计划之前

【解析】 选项A错误，总体审计策略和具体审计计划具有内在紧密联系，对其中一项的决定可能会影响甚至改变对另外一项的决定；选项B错误，具体审计计划的核心是确定审计程序的性质、时间安排和范围；选项C错误，审计计划包括总体审计策略和具体审计计划两个层次，同时，具体审计计划的变化影响总体审计策略的调整，审计计划的修改贯穿于整个审计过程始终；选项D正确，总体审计策略用以确定审计范围、时间安排和方向，并指导具体审计计划的制定，制定总体审计策略的过程通常在具体审计计划之前。

【答案】 D

02　考点2　总体审计策略（★）

（一）总体审计策略的含义

总体审计策略用以确定审计范围、时间安排和方向，并指导具体审计计划的制定。

（二）制定总体审计策略应当考虑的事项

注册会计师制定总体审计策略时应当考虑的主要事项如下表所示。

考虑事项	要点（审计语言）	关键点
审计范围	管理层编制财务报表的标准（如企业会计准则等） 注册会计师审计的标准（中国注册会计师审计准则等）	“左手”编报表的依据 “右手”审报表的依据
报告目标、时间安排及所需沟通的性质	总体审计策略的制定应当包括明确审计业务的报告目标，以及审计的时间安排和所需沟通的性质，包括提交审计报告的时间要求，预期与管理层和治理层沟通的重要日期等	让审计报告“落地”
审计方向	对重要性的评估方面（结合本章图2-5重要性“杯子”中的A、B、C、D理解）、重大错报风险较高的审计领域等	明确“重大”和“三高”（高风险、高金额、高判断）
审计资源	注册会计师应当在总体审计策略中清楚地说明审计资源的规划和调配，包括确定执行审计业务所必需的审计资源的性质、时间安排和范围	调配“人、财、物”

【提示】注意关键词：审计范围、审计方向、审计资源。

(1)审计范围，结合审计业务的三方关系人的角度理解，审计范围包括管理层（“左手”）编制财务报表的标准（企业会计准则）和注册会计师（“右手”）审计财务报表的标准（审计准则）。

(2)审计方向，结合合理保证的目标理解，审计方向聚焦在“重大错报风险领域”。其中，“重大”与重要性水平有关（教材2.3展开）、“错报”与管理层认定有关（教材2.3、18.1展开）。

(3)审计资源，结合项目质量复核要求，事务所对项目合伙人和项目质量复核人员的委派，以及实施审计的性质、时间安排和范围理解。

03 考点3 具体审计计划（★）

（一）制定要求

具体审计计划比总体审计策略更加详细，其内容包括注册会计师为获取充分、适当的审计证据以将审计风险降至可接受的低水平，项目组成员拟实施的审计程序的性质、时间安排和范围。

（二）具体审计计划的内容

具体审计计划包括风险评估程序、计划实施的进一步审计程序和其他审计程序，归纳如下表。

程序类别	程序内容	程序目的（证据相关性）
风险评估程序（教材7.2）	风险评估程序的性质、时间安排和范围	识别和评估财务报表重大错报风险
进一步审计程序（教材8.2）	控制测试（教材8.3）	确认控制运行是否有效
	实质性程序（教材8.4）	确定某一认定是否存在错报

续表

程序类别	程序内容	程序目的（证据相关性）
其他审计程序	与舞弊相关的责任（教材13.1）	舞弊风险的识别、评估与应对
	对法律法规的考虑（教材13.2）	考虑被审计单位违反法律法规行为对财务报表重大错报风险的影响
	关联方的审计（教材17.2）	确定关联方关系及其交易是否已按照适用的财务报告编制基础得到恰当识别、会计处理和披露

04 考点4 审计过程中对计划的更改（★）

（一）总体要求

计划审计工作并非审计业务的一个孤立阶段，而是一个持续的、不断修正的过程，贯穿于整个审计业务的始终。

（二）导致审计计划更改的特别事项

导致审计计划更改的特别事项，归纳如下表。

特别事项	具体内容	
	审计语言	关键点
（1）重要性水平	对重要性水平的修改	需要调低重要性水平
（2）重大错报风险	重大错报风险评估的更新和修改	评估出更高的风险
（3）进一步审计程序	审计程序的更新和修改	需要扩大审计范围

05 考点5 指导、监督与复核（★）

项目组成员的指导、监督以及对其工作进行复核的性质、时间安排和范围主要取决于下列因素，归纳如下表：

影响因素	关键点
（1）被审计单位的规模和复杂程度	项目总体角度
（2）审计领域	
（3）评估的重大错报风险	具体执行角度
（4）执行审计工作的项目组成员的专业素质和胜任能力	

第三节　重要性

01 考点 1 重要性“杯子”(★★★)

【导航】建立重要性概念需要理解重要性的要素，大家可以结合重要性“杯子”理解，如下图所示。

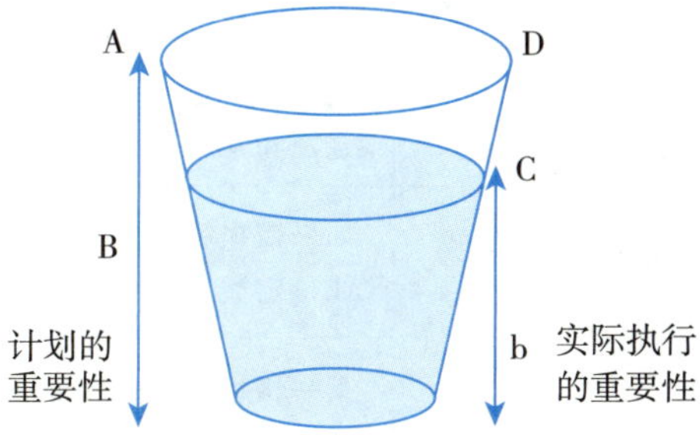

图 2-5　重要性“杯子”

【看图说话】重要性“杯子”包含的要素（ABCD），归纳如下表。

“杯子”	重要性要素	BCD 与 A 的关系（数量关系举例）	可能包含金额（1 个或多个）
A	财务报表整体的重要性	500 万元	1 个
B	特定类别交易、账户余额或披露的一个或多个的重要性（如适用）	<500 万元	1 个或多个
C	实际执行的重要性	通常为 A 的 50%-75%	1 个或多个
b	与特定类别交易、账户余额或披露的重要性相关的实际执行的重要性（如适用）	通常为 B 的 50%-75%	1 个或多个
D	明显微小错报的临界值	通常为 A 的 3%-5%，不超过 10%	1 个或多个

02 考点 2 重要性概念(★★)

重要性概念可以从以下方面理解：

（1）如果合理预期错报（包括漏报）单独或汇总起来可能影响财务报表使用者依据财务报表作出的经济决策，则通常认为错报是重大的。

（2）对重要性的判断是根据具体环境作出的，并受错报的金额或性质的影响，或受两者共同作用的影响。

（3）判断某事项对财务报表使用者是否重大，是在考虑财务报表使用者整体共同的财务信息需求的基础上作出的。

重要性概念的表述非常抽象，大家可以通过下表“一问一答”展开学习。

问	答
(1) 重要性本质是什么？	判断错报的重大程度
(2) “谁”来判断重要性？	注册会计师
(3) 注册会计师确定重要性是“为了谁”？	财务报表预期使用者
(4) 是否需要考虑个别“财务报表使用者”的信息需求？	不需要，注册会计师针对的是财务报表使用者整体共同的财务信息需求
(5) 注册会计师通常在审计的哪个环节确定重要性？	制定总体审计策略时确定重要性
(6) 从哪些“维度”确定重要性？	金额和性质（两个维度）
(7) 怎么从金额上理解错报是“重大”的？	如果错报超过了重要性水平（财务报表整体的重要性或特定类别的重要性），则可以认为错报是重大的
(8) 怎么从性质上理解错报是“重大”的？	某一错报，其金额可能没有超过财务报表整体的重要性（图2-5“杯子”容量），但是性质上对财务报表预期使用者决策有很大影响时，该错报也是重大的。比如，金额小于财务报表整体的重要性，但能够实现“扭亏为盈”的少计费用或者多计收入的错报
(9) 连续审计某一公司财务报表时，各年度确定的重要性水平是否相同？	很可能不同，注册会计师需要考虑具体环境来确定重要性水平
(10) 从审计过程看，重要性运用在哪些环节？	2个环节： ①计划（教材2.3）和执行（教材7-17章）审计工作 ②完成审计工作（教材18.1）
(11) 重要性运用于“计划和执行审计工作”时，其主要作用是什么？	主要作用有三个方面： ①决定风险评估程序的性质、时间安排和范围 ②识别和评估重大错报风险 ③确定进一步审计程序的性质、时间安排和范围
(12) 重要性运用于“完成审计工作”时，其主要作用是什么？	主要作用有两个方面： ①评价识别出的错报对财务报表的影响 ②评价未更正错报对审计意见的影响

03 考点3 财务报表整体的重要性（★★★）

【导航】财务报表整体的重要性包含总体要求、含义和方法。其中，方法为基准乘以百分比。如图2-6所示。

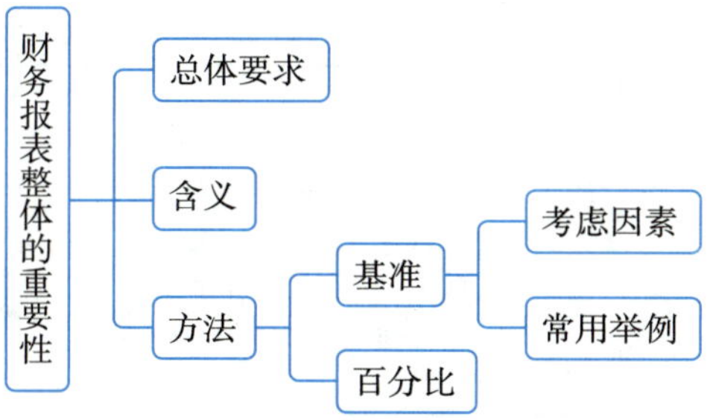

图 2-6　财务报表整体的重要性

（一）总体要求

注册会计师在制定总体审计策略时，应当确定财务报表整体的重要性。

（二）含义

如果一项错报单独或连同其他错报可能影响财务报表使用者依据财务报表作出的经济决策，则该项错报是重大的。这里的判断标准即财务报表整体的重要性。

经典题解

【例题 5 · 单选题】 下列各项中，不属于注册会计师使用财务报表整体重要性的目的的是(　　)。

A. 确定进一步审计程序的性质、时间安排和范围

B. 确定审计中识别出的错报是否需要累积

C. 评价已识别的错报对审计意见的影响

D. 识别和评估重大错报风险

【解析】 选项 B 错误，注册会计师确定审计中识别的错报是否需要累积时需要考虑的是该错报是否超过明显微小错报的临界值，而不是财务报表整体的重要性。

【答案】 B

（三）方法

确定重要性需要运用职业判断。注册会计师通常先选定一个基准，再乘以某一百分比，得到一个恰当的金额，将其作为“财务报表整体的重要性”。如图 2-7 所示。

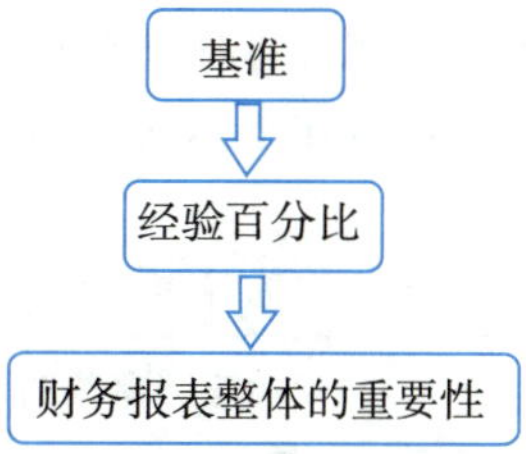

图 2-7　确定财务报表整体的重要性方法

（四）基准

1. 注册会计师选择基准时需要考虑的因素，如下表所示

基准的影响因素	说明或举例
（1）财务报表要素	如资产、负债、所有者权益、收入和费用
（2）是否存在特定会计主体的财务报表使用者特别关注的项目	如为了评价财务业绩，使用者可能更关注利润、收入或净资产
（3）被审计单位的性质、所处的生命周期阶段以及所处行业和经济环境	—

续表

基准的影响因素	说明或举例
（4）被审计单位的所有权结构和融资方式	例如，如果被审计单位仅通过债务而非权益进行融资，财务报表使用者可能更关注资产及资产的索偿权，而非被审计单位的收益
（5）基准的相对波动性	—

【提示】注册会计师选择基准时需要考虑的因素可以概括为“1+4”（如上表）。其中，第1个考虑因素即财务报表要素，是最基本因素，其他4个考虑因素是从不同角度对“财务报表要素”的调整。本知识点需要“守株待兔”，并且无条件掌握。

经典题解

【例题6·单选题】下列各项因素中，在选择财务报表整体重要性的基准时不需要考虑的是(　　)。

A. 财务报表使用者特别关注的项目

B. 前期审计工作中识别出的错报的性质

C. 被审计单位的所有权结构和融资方式

D. 财务报表要素

【解析】注册会计师选择基准时需要考虑的因素包括：（1）财务报表要素（选项D）；（2）是否存在特定会计主体的财务报表使用者特别关注的项目（选项A）；（3）被审计单位的性质、所处的生命周期阶段以及所处行业和经济环境；（4）被审计单位的所有权结构和融资方式（选项C）；（5）基准的相对波动性。选项B是注册会计师确定实际执行的重要性时应当考虑的因素，注册会计师在选择财务报表整体重要性的基准时无需考虑。

【答案】B

2. 审计实务中较为常用的基准举例，如下表所示

被审计单位的情况	可能选择的基准
（1）企业的盈利水平保持稳定	经常性业务的税前利润
（2）企业近年来经营状况大幅度波动，盈利和亏损交替发生，或者由正常盈利变为微利或微亏，或者本年度税前利润因情况变化而出现意外增加或减少	过去3~5年经常性业务的平均税前利润或亏损（取绝对值），或其他基准，例如营业收入
（3）企业为新设企业，处于开办期，尚未开始经营，目前正在建造厂房及购买机器设备	总资产
（4）企业处于新兴行业，目前侧重于抢占市场份额、扩大企业知名度和影响力	营业收入
（5）开放式基金，致力于优化投资组合、提高基金净值、为基金持有人创造投资价值	净资产
（6）国际企业集团设立的研发中心，主要为集团下属各企业提供研发服务，并以成本加成的方式向相关企业收取费用	成本与营业费用总额
（7）公益性质的基金会	捐赠收入或捐赠支出总额

经典题解

【例题7·单选题】 针对被审计单位的下列情形，注册会计师选择的基准不恰当的是(　　)。

A. 被审计单位目前侧重于抢占市场份额、扩大企业知名度和影响力，注册会计师将营业收入作为基准

B. 被审计单位处于开办期，目前正在建造厂房、购买机器设备，注册会计师将总资产作为基准

C. 被审计单位属于经营管理开放式基金的公司，注册会计师将净资产作为基准

D. 被审计单位最近三年盈利水平波动较大，注册会计师应当将最近三年平均税前利润作为基准

【解析】 选项D错误，注册会计师可能选择最近三年经常性业务的平均税前利润作为基准。

【答案】 D

（五）百分比

在确定百分比时，除了考虑被审计单位是否为上市公司或公众利益实体外，其他因素也会影响注册会计师对百分比的选择，这些因素包括但不限于：

（1）财务报表使用者的范围，是否分发给广大范围的使用者。

（2）被审计单位是否由集团内部关联方提供融资或是否有大额对外融资（如债券或银行贷款）。

（3）财务报表使用者是否对基准数据特别敏感（如具有特殊目的财务报表的使用者）。

04 考点4 特定类别交易、账户余额或披露的重要性水平（★★）

（一）确定特定类别交易、账户余额或披露的重要性水平的要求

根据被审计单位的特定情况，如果存在一个或多个特定类别的交易、账户余额或披露，其发生的错报金额虽然低于财务报表整体的重要性，但合理预期可能影响财务报表使用者依据财务报表作出的经济决策，注册会计师还应当确定适用于这些交易、账户余额或披露的一个或多个重要性水平。

【看图说话】结合图2-5（重要性“杯子”）理解并掌握以下要点：

（1）“特定类别的”重要性是注册会计师根据被审计单位的特定情况判断的，在某次审计中可能存在，也可能不存在。

（2）注册会计师判断存在“特定类别的”重要性（如图2-5“杯子”左边的B），则存在对应的“特定类别的”实际执行的重要性（如图2-5“杯子”右边的b）。

（3）从理论上说，“特定类别的”重要性可能不止一个。

（二）确定特定类别交易、账户余额或披露的重要性水平的影响因素

可能表明存在一个或多个特定类别的交易、账户余额或披露的影响因素，归纳如下表。

影响因素	应用举例
（1）法律法规或适用的财务报告编制基础是否影响财务报表使用者对特定项目计量或披露的预期	关联方交易、管理层和治理层的薪酬及对具有较高估计不确定性的公允价值会计估计的敏感性分析
（2）与被审计单位所处行业相关的关键性披露	制药企业的研究与开发成本
（3）财务报表使用者是否特别关注财务报表中单独披露的业务的特定方面	关于分部或重大企业合并的披露

05 考点5 实际执行的重要性（★★★）

【导航】实际执行的重要性需要大家从其含义理解、考虑因素、选择经验值和在审计中的运用四个方面展开，如图2-8所示。

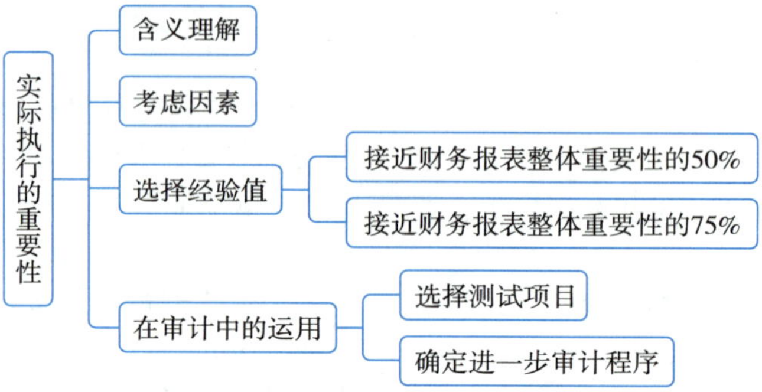

图2-8　实际执行的重要性

（一）含义理解

实际执行的重要性，是指注册会计师确定的低于财务报表整体重要性的一个或多个金额，旨在将未更正和未发现错报的汇总数超过财务报表整体的重要性的可能性降至适当的低水平。如果适用，实际执行的重要性还指注册会计师确定的低于特定类别的交易、账户余额或披露的重要性水平的一个或多个金额。

实际执行的重要性包括两种情形，如下表所示。

情形	实际执行的重要性
（1）针对财务报表整体重要性	低于财务报表整体重要性的一个或多个金额，如图2-5中“C”
（2）针对特定类别交易、账户余额或披露的重要性水平（如适用）	低于特定类别交易、账户余额或披露的重要性水平的一个或多个金额，如图2-5中“b”

（二）考虑因素

注册会计师无须通过将财务报表整体的重要性平均分配或按比例分配至各个报表项目的方法来确定实际执行的重要性，而是根据对报表项目的风险评估结果确定。

确定实际执行的重要性并非简单机械的计算，需要注册会计师运用职业判断，并考虑下列因素的影响：

（1）对被审计单位的了解（这些了解在实施风险评估程序的过程中得到更新）；

（2）前期审计工作中识别出的错报的性质和范围；

（3）根据前期识别出的错报对本期错报作出的预期。

经典题解

【例题8·多选题】下列各项中，注册会计师在确定实际执行的重要性时应当考虑的因素包括（　　）。

A. 对被审计单位的了解

B. 财务报表整体的重要性

C. 前期审计工作中识别出的错报的性质和范围

D. 被审计单位治理层和管理层对注册会计师与其沟通错报的期望

【解析】注册会计师根据财务报表整体的重要性（选项B）确定实际执行的重要性，同时需要考虑下列因素的影响：（1）对被审计单位的了解（这些了解在实施风险评估程序的过程中得到更新）（选项 A）；（2）前期审计工作中识别出的错报的性质和范围（选项 C）；（3）根据前期识别出的错报对本期错报作出的预期。选项 D 属于注册会计师确定明显微小错报的临界值时可能考虑的因素，故选项 D 错误。

【答案】 ABC

（三）选择实际执行的重要性的经验值

通常而言，实际执行的重要性通常为财务报表整体重要性的50%～75%。经验值（较低或较高）的影响因素如下表所示。

选取经验值	影响因素
接近财务报表整体重要性50%（较低）	（1）首次接受委托的审计项目 （2）连续审计项目，以前年度审计调整较多 （3）项目总体风险较高，例如处于高风险行业、管理层能力欠缺、面临较大市场竞争压力或业绩压力等 （4）存在或预期存在值得关注的内部控制缺陷
接近财务报表整体重要性75%（较高）	（1）连续审计项目，以前年度审计调整较少 （2）项目总体风险为低到中等，例如处于非高风险行业、管理层有足够能力、面临较低的市场竞争压力和业绩压力等 （3）以前期间的审计经验表明内部控制运行有效

经典题解

【例题 9·多选题】 下列情形中，注册会计师通常应当采用较低的百分比确定实际执行的重要性的有（　　）。

A. 以前期间的审计经验表明被审计单位的内部控制运行有效

B. 注册会计师首次接受委托

C. 被审计单位面临较大的市场竞争压力

D. 被审计单位管理层能力欠缺

【解析】 在选项 A 的情形中，注册会计师可以采用较高的百分比确定实际执行的重要性；选项 B、C、D 均适用较低的百分比确定实际执行的重要性。

【答案】 BCD

（四）实际执行的重要性在审计中的运用

实际执行的重要性在审计中的运用（结合教材），归纳如下表。

运用环节	与实际执行的重要性的关系（超过/等于/低于）	具体考虑	典型应用举例
选取测试项目	超过	金额超过实际执行的重要性的财务报表项目应当实施进一步审计程序	函证应收账款（教材 9.5）
	低于	（1）单个金额低于实际执行的重要性的财务报表项目汇总起来可能金额重大（可能远远超过财务报表整体的重要性），注册会计师需要考虑汇总后的潜在错报风险	存货监盘（教材 11.5）
		（2）对于存在低估风险的财务报表项目，不能仅仅因为其金额低于实际执行的重要性而不实施进一步审计程序	应付账款、管理费用、销售费用（教材 10.5）

续表

运用环节	与实际执行的重要性的关系（超过/等于/低于）	具体考虑	典型应用举例
选取测试项目	低于	（3）对于识别出存在舞弊风险的财务报表项目，不能因为其金额低于实际执行的重要性而不实施进一步审计程序	收入确认（教材13.1）
实质性分析程序	通常不超过	在实施实质性分析程序时，注册会计师确定的已记录金额与预期值之间的可接受差异额通常不超过实际执行的重要性，如果错报超过可接受差异额，则应当考虑扩大审计范围或修改审计程序	对收入实施实质性分析程序（教材9.5）
细节测试中采用审计抽样	等于或低于	在运用审计抽样实施细节测试时，注册会计师可以将可容忍错报的金额设定为等于或低于实际执行的重要性，如果推断的总体错报大于（含等于）可容忍错报，注册会计师应当拒绝接受总体	审计抽样在细节测试中的运用（教材4.3）

【提示】本知识点是典型的跨章节考点，需要大家结合上表的章节提示学习掌握。

经典题解

【例题10·单选题】注册会计师可能需要对金额低于实际执行的重要性的财务报表项目实施进一步审计程序。下列说法中，错误的是（　　）。

A. 对于存在低估风险的财务报表项目，不能仅仅因为其金额低于实际执行的重要性而不实施进一步审计程序

B. 对于识别出存在舞弊风险的财务报表项目，不能因为其金额低于实际执行的重要性而不实施进一步审计程序

C. 由于低于实际执行重要性的错报不会导致财务报表产生重大错报，因此注册会计师无需考虑针对低于实际执行重要性的财务报表项目实施进一步审计程序

D. 单个金额低于实际执行的重要性的财务报表项目汇总起来可能金额重大，注册会计师需要考虑汇总后的潜在错报风险

【解析】选项C错误，注册会计师在计划审计工作时通常选取金额超过实际执行的重要性的财务报表项目，因为这些财务报表项目有可能导致财务报表出现重大错报。但是，这不代表注册会计师可以对所有金额低于实际执行的重要性的财务报表项目不实施进一步审计程序。

【答案】C

06 考点6 明显微小错报的临界值（★★）

【导航】明显微小错报的临界值需从确定要求、考虑因素、“明显微小”不等同于“不重大”三个方面展开，如图2-9所示。

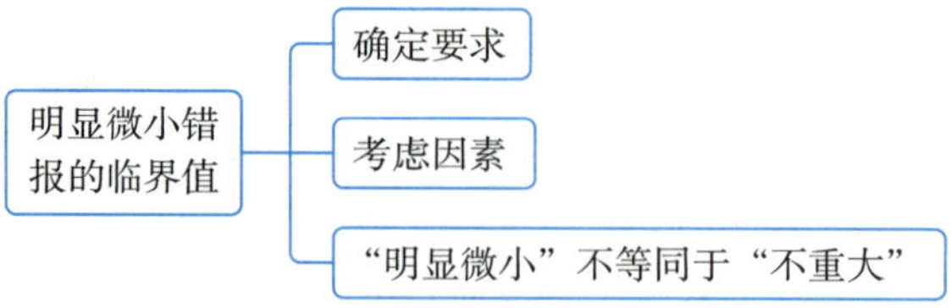

图2-9　明显微小错报的临界值

（一）确定要求

注册会计师需要在制定审计计划时，确定一个明显微小错报的临界值，低于该临界值的错报视为明显微小的错报，可以不累积。

（二）考虑因素

在确定明显微小错报的临界值时，注册会计师可能考虑的因素归纳如下表。

考虑因素（审计语言）	关键点	确定百分比
(1) 以前年度审计中识别出的错报（包括已更正和未更正错报）的数量和金额	以前已经识别的（yesterday）	错报越多，百分比越低
(2) 重大错报风险的评估结果	本期审计评估的（today）	风险越高，百分比越低
(3) 被审计单位治理层和管理层对注册会计师与其沟通错报的期望	期望的（tomorrow）	期望错报越少，百分比越低
(4) 被审计单位的财务指标是否勉强达到监管机构的要求或投资者的期望	勉强达标（tomorrow）	越勉强达标，百分比越低

经典题解

【例题 11·单选题】 下列各项因素中，注册会计师在确定明显微小错报的临界值时，通常无须考虑的是（　　）。

A. 重大错报风险的评估结果

B. 以前年度审计中识别出的错报

C. 被审计单位的财务报表是否分发给广大范围的使用者

D. 被审计单位治理层和管理层对注册会计师与其沟通错报的期望

【解析】 在确定明显微小错报的临界值时，注册会计师可能考虑的因素包括：(1) 以前年度审计中识别出的错报（包括已更正和未更正错报）的数量和金额（选项 B）；(2) 重大错报风险的评估结果（选项 A）；(3) 被审计单位治理层和管理层对注册会计师与其沟通错报的期望（选项 D）；(4) 被审计单位的财务指标是否勉强达到监管机构的要求或投资者的期望。选项 C 是注册会计师在确定财务报表整体重要性的百分比时需要考虑的因素。

【答案】 C

（三）"明显微小"不等同于"不重大"

"明显微小"与"不重大"的关系，大家可以通过下表"一问一答"展开学习。

问	答
(1) 明显微小错报与明显微小错报临界值是什么关系？	低于明显微小错报临界值的错报视为明显微小错报
(2) 明显微小错报临界值（"杯子"中的 D）与财务报表整体重要性（"杯子"中的 A）的数量关系是什么？	D 是 A 的 3%～5%，一般不超过 A 的 10%

续表

问	答
（3）“不重大”有几种情形？	一般有两种情形： ①识别的某一特定认定存在的错报低于特定类别的重要性水平（如适用）（“杯子”中的 B） ②评价财务报表整体存在的错报低于财务报表整体的重要性水平（“杯子”中的 A）
（4）错报“明显微小”与错报“不重大”的数量关系？	“明显微小”的数量级要小于“不重大”的数量级

07 考点 7 审计过程中修改重要性（★）

可能导致修改财务报表整体的重要性和特定类别的交易、账户余额或披露的重要性水平（如适用）的原因：

（1）审计过程中情况发生重大变化（如决定处置被审计单位的一个重要组成部分）。

（2）获取新信息。

（3）通过实施进一步审计程序，注册会计师对被审计单位及其经营所了解的情况发生变化。

08 考点 8 错报（★★★）

【导航】错报需从定义、导致错报的事项、错报的类别以及对识别出的错报的考虑四个方面展开，如图 2-10 所示。

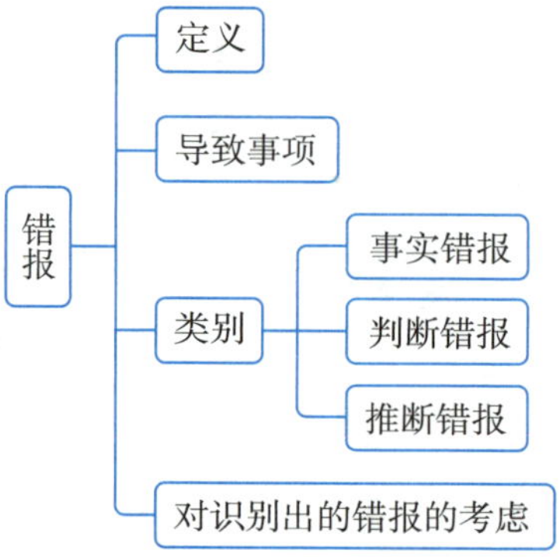

图 2-10　错报

（一）错报的定义

错报包括两种情形，如下表所示。

情形	具体内容
（1）财务报表项目的金额、分类或列报	某一财务报表项目的金额、分类或列报，与按照适用的财务报告编制基础应当列示的金额、分类或列报之间存在的差异
（2）对金额、分类或列报作出的必要调整	根据注册会计师的判断，为使财务报表在所有重大方面实现公允反映，需要对金额、分类或列报作出的必要调整

（二）可能导致错报的事项

可能导致错报的事项，如下表所示。

情形	具体内容
（1）数据	收集或处理用以编制财务报表的数据时出现错误
（2）遗漏	遗漏某项金额或披露，包括不充分或不完整的披露，以及为满足特定财务报告编制基础的披露目标而被要求作出的披露（如适用）
（3）疏忽或明显误解	由于疏忽或明显误解有关事实导致作出不正确的会计估计
（4）会计估计或会计政策	管理层对会计估计作出不合理的判断或对会计政策作出不恰当的选择和运用
（5）信息	信息的分类、汇总或分解不恰当

（三）错报类别

错报可区分为三种类别，归纳如下表。

错报类别	含义	
	审计语言	关键点
事实错报	事实错报是毋庸置疑的错报	得到"实锤"证据的错报（结论性证据）
判断错报	判断错报是由于注册会计师认为管理层对财务报表中的确认、计量和列报（包括对会计政策的选择或运用）作出不合理或不恰当的判断而导致的差异	注册会计师不能认可管理层的判断（说服性证据）
推断错报	推断错报是注册会计师对总体存在的错报作出的最佳估计数，涉及根据在审计样本中识别出的错报来推断总体的错报	"以偏概全"证据（说服性证据）

【提示】错报类别属于非常重要的"跨章节"知识点，需要大家跨章节学习和掌握。比如，推断总体错报（教材 4.3）、评价会计估计错报（教材 17.1）、评价未更正错报（教材 18.1）、评价未更正错报是否重大或重大并广泛（教材 19.5）。

（四）对审计过程识别出的错报的考虑

注册会计师对识别出的错报的考虑，归纳如下表。

情形	具体内容	举例
（1）可能存在其他错报	错报可能不会孤立发生，一项错报的发生还可能表明存在其他错报	注册会计师识别出由于内部控制失效而导致的错报，或被审计单位广泛运用不恰当的假设或评估方法而导致的错报，均可能表明还存在其他错报

续表

情形	具体内容	举例
(2) 可能存在未被发现错报	抽样风险和非抽样风险可能导致某些错报未被发现	—
(3) 考虑错报产生的原因	要求管理层检查某类交易、账户余额或披露，以使管理层了解注册会计师识别出的错报的产生原因，并要求管理层采取措施以确定这些交易、账户余额或披露实际发生错报的金额，以及对财务报表作出适当的调整	在从审计样本中识别出的错报推断总体错报时，注册会计师可能提出这些要求

【提示】“对识别出的错报的考虑”属于“跨章节”知识点，比如，考虑实施实质性程序的结果对控制测试结果的影响（教材8.3）；在评价未更正错报的影响之前，注册会计师可能有必要依据实际的财务结果对重要性作出修改（教材18.1）。

【相关链接】

1.《中国注册会计师审计准则第1111号—就审计业务约定条款达成一致意见》

2.《中国注册会计师审计准则第1111号—就审计业务约定条款达成一致意见》应用指南

3.《中国注册会计师审计准则第1201号—计划审计工作》

4.《中国注册会计师审计准则第1201号—计划审计工作》应用指南

5.《中国注册会计师审计准则第1221号—计划和执行审计工作时的重要性》

6.《中国注册会计师审计准则第1221号—计划和执行审计工作时的重要性》应用指南

7.《中国注册会计师审计准则第1251号—评价审计过程中识别出的错报》

8.《中国注册会计师审计准则第1251号—评价审计过程中识别出的错报》应用指南

9.《中国注册会计师审计准则问题解答第8号—重要性及评价错报》

1004277

扫一扫 “码”上做题、看解析

本书历年经典试题均配备二维码，使用“会计云课堂”App扫码，即可线上做题、看解析。

【“会计云课堂”App下载二维码见封底页】

历年经典试题回顾

(一) 初步业务活动

【例题·多选题】下列各项中，属于注册会计师应当开展的初步业务活动的有（　　）。(2019年)

A. 针对接受或保持客户关系实施相应的质量管理程序

B. 确定审计范围和项目组成员

C. 就审计业务约定条款与被审计单位达

成一致意见

D. 评价遵守相关职业道德要求的情况

（二）审计的前提条件

【例题1·单选题】下列各项因素中，注册会计师在确定财务报告编制基础的可接受性时通常无需考虑的是（　　）。（2020年网络回忆版）

A. 编制财务报表的目的

B. 注册会计师是否充分了解财务报告编制基础

C. 法律法规是否规定了适用的财务报告编制基础

D. 被审计单位的性质

【例题2·单选题】下列各项中，不属于财务报表审计的前提条件的是（　　）。（2018年）

A. 管理层设计、执行和维护必要的内部控制，以使财务报表不存在由于舞弊或错误导致的重大错报

B. 管理层按照适用的财务报表编制基础编制财务报表，并使其实现公允反映

C. 管理层承诺将更正注册会计师在审计过程中识别出的重大错报

D. 管理层向注册会计师提供必要的工作条件

（三）审计业务约定书

【例题·多选题】下列各项中，通常可以作为变更审计业务的合理理由的有（　　）。（2018年）

A. 环境变化对审计服务的需求产生影响

B. 客观因素导致审计范围受到限制

C. 委托方对原来要求的审计业务的性质存在误解

D. 管理层对审计范围施加限制

（四）总体审计策略和具体审计计划

【例题1·单选题】下列有关计划审计工作的说法中，错误的是（　　）。（2020年网络回忆版）

A. 在制定总体审计策略时，注册会计师应当考虑初步业务活动的结果

B. 注册会计师制定的具体审计计划应当包括风险评估程序、计划实施的进一步审计程序和其他审计程序

C. 注册会计师在制定审计计划时，应当确定对项目组成员的工作进行复核的性质、时间安排和范围

D. 具体审计计划通常不影响总体审计策略

【例题2·多选题】下列各项中，属于具体审计计划的活动的有（　　）。（2016年）

A. 确定重要性

B. 确定是否需要实施项目质量复核

C. 确定风险评估程序的性质、时间安排和范围

D. 确定进一步审计程序的性质、时间安排和范围

（五）财务报表整体的重要性

【例题1·单选题】下列有关财务报表整体的重要性的说法中，错误的是（　　）。（2020年网络回忆版）

A. 注册会计师应当从定性和定量两个方面考虑财务报表整体的重要性

B. 财务报表的审计风险越高，财务报表整体的重要性金额越高

C. 财务报表整体的重要性可能需要在审计过程中作出修改

D. 注册会计师应当在制定总体审计策略时确定财务报表整体的重要性

【例题2·多选题】下列各项审计工作中，注册会计师需要使用财务报表整体重要性的有（　　）。（2020年网络回忆版）

A. 识别和评估重大错报风险

B. 确定实际执行的重要性

C. 评价已识别的错报对财务报表的影响

D. 确定风险评估程序的性质、时间安排和范围

【例题3·多选题】下列各项中，注册会计师在所有审计业务中均应当确定的有(　　)。(2019年)

A. 财务报表整体的重要性

B. 可容忍错报

C. 明显微小错报的临界值

D. 实际执行的重要性

【例题4·多选题】下列各项中，注册会计师在执行一项财务报表审计业务时可以对其确定多个金额的有(　　)。(2017年网络回忆版)

A. 特定类别交易、账户余额或披露的重要性水平

B. 实际执行的重要性

C. 明显微小错报的临界值

D. 财务报表整体的重要性

(六) 基准

【例题1·单选题】下列有关在确定财务报表整体的重要性时选择基准的说法中，正确的是(　　)。(2016年)

A. 注册会计师应当充分考虑被审计单位的性质和重大错报风险，选取适当的基准

B. 对于以营利为目的的被审计单位，注册会计师应当选取税前利润作为基准

C. 基准一经选定，需在各年度中保持一致

D. 基准可以是本期财务数据的预算和预测结果

【例题2·多选题】下列各项因素中，注册会计师在确定财务报表整体重要性时通常需要考虑的有(　　)。(2019年网络回忆版)

A. 被审计单位所处的生命周期

B. 财务报表预期使用者的范围

C. 被审计单位所处的行业和经济环境

D. 以前年度是否存在审计调整

(七) 特定类别交易、账户余额或披露的重要性水平

【例题·多选题】下列各项因素中，可能表明注册会计师需要确定特定类别交易、账户余额或披露的重要性水平的有(　　)。(2020年网络回忆版)

A. 是否存在与被审计单位所处行业相关的关键性披露

B. 财务报表使用者是否特别关注财务报表中单独披露的业务的特定方面

C. 是否存在对特定财务报表使用者的决策可能产生影响的披露

D. 适用的财务报告编制基础是否影响财务报表使用者对特定项目计量或披露的预期

(八) 实际执行的重要性

【例题1·单选题】下列有关实际执行的重要性的说法中，错误的是(　　)。(2020年网络回忆版)

A. 实际执行的重要性应当低于财务报表整体的重要性

B. 在所有审计业务中，注册会计师都应当确定实际执行的重要性

C. 注册会计师可以确定一个或多个实际执行的重要性

D. 注册会计师无需对金额低于实际执行的重要性的财务报表项目实施进一步审计程序

【例题2·单选题】下列因素中，注册会计师在确定实际执行的重要性时无需考虑的是(　　)。(2019年网络回忆版)

A. 是否为首次接受委托的审计项目

B. 前期审计中识别出的错报的数量和性质

C. 是否存在值得关注的内部控制缺陷

D. 是否存在财务报表使用者特别关注的项目

【例题3·多选题】下列各项工作中，注册会计师通常要运用实际执行的重要性的有(　　)。(2018年网络回忆版)

A. 运用实质性分析程序时，确定已记录金额与预期值之间的可接受差异额

B. 确定需要对哪些类型的交易、账户余额或披露实施进一步审计程序

C. 运用审计抽样实施细节测试时，确定可容忍错报

D. 确定未更正错报对财务报表整体的影响是否重大

【例题4·简答题·部分】ABC会计师事务所首次接受委托，审计甲公司2014年度财务报表，甲公司处于新兴行业，面临较大竞争压力，目前侧重于抢占市场份额，审计工作底稿中与重要性和错报评价相关的部分内容摘录如下：

（5）在运用审计抽样实施细节测试时，考虑到评估的重大错报风险水平为低，审计项目组将可容忍错报的金额设定为实际执行的重要性的120%。

要求：

针对第（5）项，假定不考虑其他条件，指出审计项目组的做法是否恰当。如不恰当，简要说明理由。（2015年网络回忆版）

【例题5·综合题·部分】上市公司甲公司是ABC会计师事务所的常年审计客户，主要从事汽车零部件的研发、制造和销售。A注册会计师负责审计甲公司2018年度财务报表，确定财务报表整体的重要性为600万元，实际执行的重要性为450万元，明显微小错报的临界值为30万元。

资料三：

A注册会计师在审计工作底稿中记录了审计计划，部分内容摘录如下：

（3）针对管理费用的发生认定，A注册会计师拟对金额50万元以上的项目全部实施细节测试，对10万元至50万元的项目采用审计抽样实施细节测试。因10万元以下项目的合计金额低于实际执行的重要性，A注册会计师拟不对其实施审计程序。

要求：

针对资料三第（3）项，假定不考虑其他条件，指出A注册会计师的做法是否恰当。如不恰当，简要说明理由。（2019年网络回忆版）

【例题6·综合题·部分】上市公司甲公司是ABC会计师事务所的常年审计客户，主要从事汽车的生产和销售。A注册会计师负责审计甲公司2017年度财务报表。

资料三：

A注册会计师在审计工作底稿中记录了审计计划，部分内容摘录如下：

（4）因其他应收款和其他应付款的年初、年末余额均低于实际执行的重要性，A注册会计师拟不对其实施进一步审计程序。

要求：

针对资料三第（4）项，假定不考虑其他条件，指出审计计划的内容是否恰当。如不恰当，简要说明理由。（2018年）

【例题7·综合题·部分】上市公司甲公司是ABC会计师事务所的常年审计客户，主要从事汽车的生产和销售。A注册会计师负责审计甲公司2015年度财务报表。

资料三：

A注册会计师在审计工作底稿中记录了审计计划，部分内容摘录如下：

（1）拟实施的进一步审计程序的范围是：金额高于实际执行的重要性的财务报表项目；金额低于实际执行的重要性但存在舞弊风险的财务报表项目。

要求：

针对资料三第（1）项，假定不考虑其他条件，指出审计计划的内容是否恰当。如不恰当，简要说明理由。（2016年）

（九）明显微小错报的临界值

【例题·多选题】下列各项因素中，注册会计师在确定明显微小错报的临界值时通常需要考虑的有（　　）。（2018年）

A. 以前年度审计中识别出的错报的数量和金额

B. 财务报表使用者的经济决策受错报影响的程度

C. 重大错报风险的评估结果

D. 被审计单位的财务指标是否勉强达到监管机构的要求

历年经典试题回顾参考答案及解析

“扫码看解析”

使用“微信”或“会计云课堂”App扫码，即可线上对答案、看解析，错题随手收藏，及时巩固复习。

（一）初步业务活动

【例题·多选题】

【答案】ACD

【解析】注册会计师应当开展下列初步业务活动：（1）针对保持客户关系和具体审计业务实施相应的质量管理程序（选项A）；（2）评价遵守相关职业道德要求的情况（选项D）；（3）就审计业务约定条款达成一致意见（选项C）。

【名师点题】会计师事务所承接业务需要“三步走”：评估承接业务的事务所质量管理（第一步）、评估事务所和项目组遵守职业道德的情况（第二步）、与被审计单位就拟签订的审计业务约定条款达成一致（第三步）。

（二）审计的前提条件

【例题1·单选题】

【答案】B

【解析】在确定编制财务报表所采用的财务报告编制基础的可接受性时，注册会计师需要考虑下列相关因素：被审计单位的性质（选项D）、财务报表的目的（选项A）、财务报表的性质、法律法规是否规定了适用的财务报告编制基础（选项C）。

【例题2·单选题】

【答案】C

【解析】选项C是注册会计师承接业务后才需要考虑的，不属于审计的前提条件。审计的前提条件是指管理层在编制财务报表时采用可接受的财务报告编制基础以及就管理层的责任达成一致意见（编报表、建内控和提供条件）。

（三）审计业务约定书

【例题·多选题】

【答案】AC

【解析】无论是管理层施加的还是其他情况引起的审计范围受到限制都不认为是变更审计业务的合理理由，选项B、D错误。

（四）总体审计策略和具体审计计划

【例题1·单选题】

【答案】D

【解析】选项D错误，虽然制定总体审计策略的过程通常在具体审计计划之前，但是两项计划具有内在紧密联系，具体审计计划在实施过程中的调整可能会影响甚至改变对总体审计策略的调整。

【例题2·多选题】

【答案】CD

【解析】选项A、B均属于注册会计师制定总体审计策略时需要考虑的内容，不属于具体审计计划的活动。

（五）财务报表整体的重要性

【例题1·单选题】

【答案】B

【解析】选项B错误，如果注册会计师评估的财务报表的审计风险越高，则需要确定的财务报表整体的重要性金额越低，以将审计风险降低至可接受的低水平。

【例题2·多选题】

【答案】ABCD

【解析】注册会计师使用整体重要性水平（将财务报表作为整体）的目的有：

(1) 决定风险评估程序的性质、时间安排和范围（选项 D 正确）；(2) 识别和评估重大错报风险（选项 A 正确）；(3) 确定进一步审计程序的性质、时间安排和范围。在整个业务过程中，随着审计工作的进展，注册会计师应当根据所获得的新信息更新重要性。在形成审计结论阶段，要使用整体重要性水平和为了特定类别交易、账户余额和披露而确定的较低金额的重要性水平来评价已识别的错报对财务报表的影响（选项 C 正确）和对审计报告中审计意见的影响。通常而言，实际执行的重要性通常为财务报表整体重要性的 50%～75%（选项 B 正确）。

【例题 3 · 多选题】

【答案】ACD

【解析】选项 B 错误，可容忍错报是注册会计师在细节测试中采用审计抽样时需要确定的，也是实际执行的重要性在审计抽样中的运用，如果注册会计师不采用审计抽样，则无需确定可容忍错报。

【名师点题】本题考查对重要性要素（即“杯子”中的“ABCD”）的“归纳总结”，请大家结合重要性的“杯子”理解掌握。

【例题 4 · 多选题】

【答案】ABC

【解析】注册会计师根据被审计单位的特定情况可能确定一个或多个特定类别的交易、账户余额或披露的重要性水平，故选项 A 正确；实际执行的重要性是指注册会计师确定的低于财务报表整体重要性的一个或多个金额，故选项 B 正确；注册会计师可能将明显微小错报的临界值确定为财务报表整体重要性的 3% 至 5%，也可能低一些或高一些，但通常不超过财务报表整体重要性的 10%，除非注册会计师认为有必要单独为重分类错报确定一个更高的临界值，故选项 C 正确；在计划审计工作时，注册会计师应当确定一个合理的重要性水平，以发现金额上的重大错报，故选项 D 错误。

（六）基准

【例题 1 · 单选题】

【答案】D

【解析】选项 A 错误，注册会计师选择基准时应当考虑被审计单位的性质、所处的生命周期阶段以及所处行业和经济环境等，但此时还在确定重要性水平过程中，无法评估重大错报风险；选项 B 错误，对于以营利为目的的被审计单位，注册会计师可能考虑选取经常性业务的税前利润作为基准；选项 C 错误，注册会计师应当根据当年情况评估选择基准或者考虑基准是否合理，基准并非一成不变。

【例题 2 · 多选题】

【答案】ABC

【解析】注册会计师在确定财务报表整体的重要性时，通常先选定一个基准，再乘以某一百分比。选项 A、C 均属于影响基准的因素，选项 B 是影响选择百分比的因素。选项 D 与注册会计师确定实际执行的重要性水平有关，即如果被审计单位以前年度存在较多的审计调整，则注册会计师应当采用较低百分比来确定实际执行的重要性。

（七）特定类别交易、账户余额或披露的重要性水平

【例题 · 多选题】

【答案】ABD

【解析】可能表明注册会计师需要确定特定类别交易、账户余额或披露的重要性水平的有：(1) 法律法规或适用的财务报告编制基础是否影响财务报表使用者对特定项目（如关联方交易、管理层和治理层的薪酬及对具有较高估计不确定性的公允价值会计估计的敏感性分析）计量或披露的预期（选项 D 正确）；

(2) 与被审计单位所处行业相关的关键性披露（如制药企业的研究与开发成本）（选项A正确）；(3) 财务报表使用者是否特别关注财务报表中单独披露的业务的特定方面（如关于分部或重大企业合并的披露）（选项B正确）。

(八) 实际执行的重要性

【例题1·单选题】

【答案】D

【解析】选项D错误，注册会计师在计划审计工作时可能需要对金额低于实际执行的重要性的财务报表项目实施进一步审计程序，比如：(1) 单个金额低于实际执行的重要性的财务报表项目汇总起来可能金额重大（可能远远超过财务报表整体的重要性），注册会计师需要考虑汇总后的潜在错报风险；(2) 对于存在低估风险的财务报表项目，不能仅仅因为其金额低于实际执行的重要性而不实施进一步审计程序；(3) 对于识别出存在舞弊风险的财务报表项目，不能因为其金额低于实际执行的重要性而不实施进一步审计程序。

【例题2·单选题】

【答案】D

【解析】选项D属于选择财务报表整体重要性的基准时需要考虑的因素，注册会计师在确定实际执行的重要性时无需考虑。选项A、B、C属于确定实际执行的重要性时需要考虑的因素。

【例题3·多选题】

【答案】ABC

【解析】选项A正确，在实施实质性分析程序时，注册会计师确定的已记录金额与预期值之间的可接受差异额通常不超过实际执行的重要性；选项B正确，注册会计师在计划审计工作时通常选取金额超过实际执行的重要性的财务报表项目实施进一步审计程序；选项C正确，在运用审计抽样实施细节测试时，注册会计师可以将可容忍错报的金额设定为等于或低于实际执行的重要性；选项D错误，注册会计师确定未更正错报对财务报表整体的影响是否重大时需要运用财务报表整体的重要性。

【例题4·简答题·部分】

【答案】不恰当。在运用审计抽样实施细节测试时，注册会计师可以将可容忍错报的金额设定为等于或低于实际执行的重要性。

【例题5·综合题·部分】

【答案】

事项序号	是否恰当（是/否）	理由
(3)	是	—

【例题6·综合题·部分】

【答案】

事项序号	是否恰当（是/否）	理由
(4)	否	其他应付款存在低估风险/还应当考虑舞弊风险，不能仅因为其金额低于实际执行的重要性而不实施进一步审计程序

【例题 7·综合题·部分】

【答案】

事项序号	是否恰当（是/否）	理由
（1）	否	单个金额低于实际执行的重要性的项目汇总起来金额可能重大，需要考虑汇总后的潜在风险；对存在低估风险的财务报表项目，不能因为其金额低于实际执行的重要性而不实施进一步审计程序

（九）明显微小错报的临界值

【例题·多选题】

【答案】ACD

【解析】在确定明显微小错报的临界值时，注册会计师可能考虑以下因素：（1）以前年度审计中识别出的错报（包括已更正和未更正错报）的数量和金额（选项 A）；（2）重大错报风险的评估结果（选项 C）；（3）被审计单位治理层和管理层对注册会计师与其沟通错报的期望；（4）被审计单位的财务指标是否勉强达到监管机构的要求或投资者的期望（选项 D）。

扫一扫 “码”上做题、看解析

本书同步强化练习题均配备二维码，使用“会计云课堂”App 扫码，即可线上做题、看解析。

【“会计云课堂”App 下载二维码见封底页】

同步强化练习题

一、单项选择题

1. 下列关于初步业务活动的说法中，错误的是（ ）。

A. 在计划审计工作时，注册会计师需要进行初步业务活动、制定审计计划

B. 评价遵守相关职业道德要求的情况属于初步业务活动的内容

C. 注册会计师在审计业务开始后，需要与被审计单位就业务约定条款达成一致意见

D. 注册会计师在实施初步业务活动时应当就审计业务约定条款与被审计单位达成一致意见

2. 下列关于执行审计工作的前提的说法中，正确的是（ ）。（★★★）*

A. 执行审计工作的前提是指管理层对审计的前提条件的认同

B. 执行审计工作的前提是指管理层在编制财务报表时采用可接受的财务报告编制基础编制财务报表，并使其在所有重大方面实现公允反映

C. 执行审计工作的前提是指管理层认可并理解其对财务报表承担的责任

D. 执行审计工作的前提是指管理层允许注册会计师接触与编制财务报表相关的所有信息，包括财务信息和非财务信息

3. 下列关于审计业务约定条款变更的说法中，错误的是（ ）。

* 为了便于您识别重要题目，本书中针对重点题目通过标注星级的方式进行体现。

A. 如果注册会计师认为将审计业务变更为相关服务业务具有合理理由，截至变更日已执行的审计工作可能与变更后的业务相关
B. 如果将审计业务变更为审阅业务，注册会计师不应在审阅报告中提及原审计业务和在原审计业务中已执行的程序
C. 如果将审计业务变更为代编财务信息业务，注册会计师不应在报告中提及已执行的审计程序
D. 如果将审计业务变更为执行商定程序业务，注册会计师不应在报告中提及已执行的审计程序

4. 针对总体审计策略和具体审计计划，下列说法中，错误的是(　　)。(★★★)
A. 总体审计策略不包含风险评估程序
B. 总体审计策略不包含进一步审计程序和其他审计程序
C. 具体审计计划不包含确定财务报表整体的重要性
D. 具体审计计划不包含确定审计程序的性质、时间安排和范围

5. 下列有关重要性水平的说法中，正确的是(　　)。(★★★)
A. 注册会计师应当在制定具体审计计划时确定财务报表整体的重要性
B. 注册会计师可以通过调低重要性水平，降低评估的重大错报风险
C. 在确定重要性水平时，应当考虑对被审计单位及其环境的了解，并随着审计工作的进程评估对重要性水平的判断是否依然适当
D. 在确定实际执行的重要性时，应当考虑实施实质性程序的结果

6. 注册会计师在确定财务报表整体的重要性时通常先选定一个基准。下列各项因素中，在选择基准时不需要考虑的是(　　)。
A. 基准的重大错报风险
B. 基准的相对波动性
C. 被审计单位所处的生命周期阶段
D. 被审计单位的所有权结构和融资方式

7. 针对选择的基准，下列情形中，错误的是(　　)。
A. 针对从事开放式基金的被审计单位，注册会计师应当以营业收入为基准
B. 针对目前侧重于抢占市场份额、扩大企业知名度和影响力的被审计单位，注册会计师可以以营业收入为基准
C. 在被审计单位盈利水平保持稳定时，注册会计师可以以经常性业务的税前利润为基准
D. 针对目前正在建造厂房及购买机器设备的开办期的被审计单位，注册会计师可以以总资产为基准

8. 下列情形或因素中，注册会计师确定实际执行的重要性时通常无须考虑的是(　　)。
A. 首次接受委托执行审计
B. 被审计单位管理层对注册会计师与其沟通错报的期望
C. 连续审计项目，以前年度审计调整较少
D. 本年被审计单位面临较大的市场竞争压力

9. 针对实际执行的重要性，下列说法中，错误的是(　　)。
A. 以前年度审计调整越多，评估的项目总体风险越高，实际执行的重要性越接近财务报表整体重要性的75%
B. 实际执行的重要性是指注册会计师确定的低于财务报表整体重要性的一个或多个金额
C. 确定实际执行的重要性，旨在将未更正和未发现错报的汇总数超过财务报表整体重要性的可能性降至适当的低水平
D. 注册会计师可以根据实际执行的重要性确定对哪些类型的交易、账户余额和披

露实施进一步审计程序及运用实际执行的重要性确定进一步审计程序的性质、时间安排和范围

10. 注册会计师在审计过程中运用实际执行的重要性，下列说法中，错误的是（　　）。（★★★）
A. 对于存在低估风险的财务报表项目，不能仅仅因为其金额低于实际执行的重要性而不实施进一步审计程序
B. 对于识别出存在舞弊风险的财务报表项目，不能因为其金额低于实际执行的重要性而不实施进一步审计程序
C. 由于低于实际执行的重要性的错报不会导致财务报表产生重大错报，因此注册会计师无需考虑针对低于实际执行的重要性的财务报表项目实施进一步审计程序
D. 单个金额低于实际执行的重要性的财务报表项目汇总起来可能金额重大，注册会计师需要考虑汇总后的潜在错报风险

11. 对于审计过程中累积的错报，下列做法中，正确的是（　　）。
A. 如果错报单独或汇总起来未超过财务报表整体的重要性，注册会计师可以不要求管理层更正
B. 如果错报单独或汇总起来未超过实际执行的重要性，注册会计师可以不要求管理层更正
C. 如果错报不影响确定财务报表整体的重要性时选定的基准，注册会计师可以不要求管理层更正
D. 管理层通常无需更正注册会计师识别的所有错报

12. 下列关于错报的说法中，错误的是（　　）。
A. 明显微小的错报可以不累积
B. 注册会计师应当要求管理层更正审计过程中识别的所有错报
C. 除非法律法规禁止，注册会计师应当及时将审计过程中累积的所有错报与适当层级的管理层进行沟通
D. 管理层对财务报表中会计估计作出不恰当的判断而导致的错报属于判断错报

二、多项选择题

1. 为确定审计的前提条件是否存在，下列各项中，注册会计师应当执行的工作有（　　）。
A. 确定管理层在编制财务报表时采用的财务报告编制基础是否是可接受的
B. 确定管理层是否认可并理解其与财务报表相关的责任
C. 确定被审计单位是否存在违反法律法规行为
D. 确定被审计单位的内部控制是否有效

2. 下列关于审计业务约定条款变更的说法中，正确的有（　　）。
A. 在完成审计业务前，如果被审计单位要求将审计业务变更为保证程度较低的业务，注册会计师应当确定是否存在合理理由予以变更
B. 在完成审计业务前，如果被审计单位要求变更业务约定条款，但注册会计师认为缺乏合理理由，此时，注册会计师不应同意变更审计业务约定条款
C. 在财务报表审计中，注册会计师根据管理层的要求考虑如何变更审计业务约定条款
D. 如果注册会计师不同意变更审计业务约定条款，而管理层又不允许继续执行原审计业务，注册会计师应当在适用的法律法规允许的情况下，解除审计业务约定，同时确定是否有约定义务或其他义务向治理层、所有者或监管机构等报告该事项

3. 下列各项中，属于注册会计师制定总体审计策略应当考虑的有（　　）。
A. 确定组成部分重要性
B. 了解采购业务流程
C. 特定行业的报告要求
D. 与治理层沟通舞弊嫌疑和舞弊指控

4. 在运用重要性概念时，下列属于注册会计师应当确定的有(　　)。(★★★)

A. 财务报表整体的重要性

B. 明显微小错报的临界值

C. 实际执行的重要性

D. 特定类别的交易、账户余额或披露的重要性水平（如适用）

5. 关于实际执行的重要性的运用，下列说法中，正确的有(　　)。(★★★)

A. 实施实质性分析程序时，注册会计师确定的已记录金额与预期值之间的可接受差异额通常不超过实际执行的重要性

B. 在运用审计抽样实施细节测试时，注册会计师可以将可容忍错报的金额设定为等于或低于实际执行的重要性

C. 在计划审计工作时，注册会计师可以根据实际执行的重要性确定需要对哪些类型的交易、账户余额和披露实施进一步审计程序

D. 在计划审计工作时，针对低于实际执行的重要性的财务报表项目，注册会计师无须实施进一步审计程序

6. 注册会计师确定明显微小错报的临界值时可能考虑的因素有(　　)。

A. 以前年度审计中识别出的已更正错报的数量和金额

B. 被审计单位的财务报表是否分发给广大范围的使用者

C. 被审计单位治理层和管理层对注册会计师与其沟通错报的期望

D. 被审计单位的财务指标是否勉强达到监管机构的要求或投资者的期望

三、简答题

上市公司甲公司是 ABC 会计师事务所的常年审计客户，A 注册会计师负责审计甲公司 2020 年度财务报表，审计工作底稿中与确定重要性和错报评价相关的部分内容摘录如下：

金额单位：万元

项目	2020 年	2019 年	备注
营业收入	10000 （未审数）	9500 （已审数）	2020 年，竞争对手推出新产品抢占市场，甲公司通过降价和增加广告投放促销
税前利润	50 （未审数）	3000 （已审数）	2020 年，降价及销售费用增长导致盈利大幅下降
财务报表整体的重要性	100	150	—
实际执行的重要性	75	112.5	—
明显微小错报的临界值	15	5	—

（1）2019 年度财务报表整体的重要性以税前利润的 5%计算。2020 年，由于甲公司处于盈亏临界点，A 注册会计师将当年营业收入作为基准，按照 1%确定财务报表整体的重要性。

（2）由于 2019 年度审计中提出的多项审计调整建议金额均不重大，A 注册会计师确定 2020 年度实际执行的重要性为财务报表整体重要性的 75%，与 2019 年度保持一致。

（3）A 注册会计师确定 2020 年度明显微小错报的临界值为 15 万元。

（4）甲公司 2020 年年末非流动负债余额中包括一年内到期的长期借款 2500

万元，占非流动负债总额的50%，A注册会计师认为，该错报对利润表没有影响，不属于重大错报，同意管理层不予调整。

(5) A注册会计师仅发现一笔影响利润表的错报，即管理费用少计60万元，A注册会计师认为，该错报金额小于财务报表整体的重要性，不属于重大错报，同意管理层不予调整。

要求：

针对上述第（1）至（5）项，假定不考虑其他条件，逐项指出A注册会计师的做法是否恰当。如不恰当，简要说明理由。(★★★)

同步强化练习题参考答案及解析

"扫码看解析"

使用"微信"或"会计云课堂"App扫码，即可线上对答案、看解析，错题随手收藏，及时巩固复习。

一、单项选择题

1. 【答案】C

解析：选项C错误，注册会计师与被审计单位就业务约定条款达成一致意见属于初步业务活动的内容，需在开展具体某项审计业务之前实施。

2. 【答案】C

解析：执行审计工作的前提是指管理层认可并理解其对财务报表承担的责任，故选项C正确。

3. 【答案】D

解析：选项D错误，如果将审计业务变更为执行商定程序业务，注册会计师可以在报告中提及已执行的审计程序。

4. 【答案】D

解析：具体审计计划的核心是确定审计程序的性质、时间安排和范围，故选项D错误。

5. 【答案】C

解析：选项A错误，注册会计师在制定总体审计策略时应当确定财务报表整体的重要性；选项B错误，注册会计师通过实施风险评估程序了解被审计单位及其环境后评估重大错报风险，不能通过调低重要性水平，降低评估的重大错报风险；选项D错误，注册会计师先确定实际执行的重要性，后实施进一步审计程序。

6. 【答案】A

解析：注册会计师选定基准时不需要考虑基准的重大错报风险，故选项A错误。

7. 【答案】A

解析：选项A错误，针对从事开放式基金的被审计单位，注册会计师可以以净资产为基准。

8. 【答案】B

解析：选项B是注册会计师确定明显微小错报的临界值时考虑的因素，注册会计师在确定实际执行的重要性时无须考虑。

9. 【答案】A

解析：选项A错误，以前年度审计调整越多，评估的项目总体风险越高，实际执行的重要性越接近财务报表整体重要性的50%。

10. 【答案】C

解析：选项C错误，注册会计师在计划审计工作时通常选取金额超过实际执行的重要性的财务报表项目，因为这些财务报表项目有可能导致财务报表出现重大错报。但是，这不代表注册会计师可以对所有金额低于实际执行的重要性的财务报表项目不实施进一步审计程序。

11. 【答案】D

解析：选项D正确，低于明显微小错报的临界值的错报，管理层可以不更正。

12. 【答案】B

解析：选项B错误，注册会计师应当要求管理层更正审计过程中累积的所有错报，低于明显微小错报临界值的错报可以不累积。

二、多项选择题

1. 【答案】AB

解析：为确定审计的前提条件是否存在，注册会计师应当执行以下工作：(1) 确定管理层在编制财务报表时采用的财务报告编制基础是否是可接受的（选项A正确）；(2) 就管理层认可并理解其责任与管理层达成一致意见（选项B正确）。选项C、D均不正确，二者均属于注册会计师承接审计业务委托后的相关工作，与注册会计师“确定审计的前提条件是否存在”不相关。

2. 【答案】ABD

解析：选项C错误，在完成审计业务前，如果管理层缺乏变更审计业务约定条款的合理理由，注册会计师不应同意变更审计业务约定条款。

3. 【答案】AC

解析：选项A属于总体审计策略中确定审计方向时应考虑的事项，选项C属于总体审计策略中确定审计范围时应考虑的事项。选项B、D均属于具体审计计划的内容。

4. 【答案】ABCD

解析：在计划审计工作时，注册会计师应当确定一个合理的重要性水平，以发现在金额上重大的错报（选项A），适用的情况下，应当确定特定类别交易、账户余额或披露的重要性水平（选项D）；为将未更正和未发现错报的汇总数超过财务报表整体的重要性的可能性降至适当的低水平，注册会计师应当确定低于财务报表整体重要性的一个或多个金额，即实际执行的重要性（选项C）；注册会计师需要在制定审计策略和审计计划时，确定一个明显微小错报的临界值（选项B）。

5. 【答案】ABC

解析：选项D错误，注册会计师通常选取金额超过实际执行的重要性的财务报表项目实施进一步审计程序，但是，这不代表注册会计师可以对所有金额低于实际执行的重要性的财务报表项目不实施进一步审计程序，这主要出于以下考虑：(1) 单个金额低于实际执行的重要性的财务报表项目汇总起来可能金额重大，注册会计师需要考虑汇总后的潜在错报风险；(2) 对于存在低估风险的财务报表项目，不能仅仅因为其金额低于实际执行的重要性而不实施进一步审计程序；(3) 对于识别出存在舞弊风险的财务报表项目，不能因为其金额低于实际执行的重要性而不实施进一步审计程序。

6. 【答案】ACD

解析：在确定明显微小错报的临界值时，注册会计师可能考虑以下因素：(1) 以前年度审计中识别出的错报（包括已更正和未更正错报）的数量和金额（选项A）；(2) 重大错报风险的评估结果；(3) 被审计单位治理层和管理层对注册会计师与其沟通错报的期望（选项C）；(4) 被审计单位的财务指标是否勉强达到监管机构的要求或投资者的期望（选项D）。选项B属于在确定财务报表整体重要性的百分比时需要考虑的因素。

三、简答题

【答案】

（1）恰当。

（2）不恰当。2019 年度有多项审计调整，且甲公司在 2020 年面临较大市场竞争压力，表明项目总体风险较高，将实际执行的重要性确定为财务报表整体重要性的 75%不恰当。

（3）不恰当。明显微小错报的临界值一般是财务报表整体的重要性的 3%至 5%，通常不超过 10%。

（4）不恰当。该分类错报对其所影响的账户重大/很可能影响关键财务指标（如营运资本），应作为重大错报，要求管理层调整。

（5）不恰当。该错报虽然小于财务报表整体的重要性，但如果更正该错报会使甲公司税前利润由盈利转为亏损，属于重大错报。

第三章 审计证据

本章考情分析

本章是最重要的考试章节之一，最近五年平均考试分值超过8分。本章知识点在各种题型中均涉及，其中函证知识点需要大家在简答题中“严防死守”，分析程序的知识点属于应对综合题的必备考点。

本章需要大家重点掌握的知识点（含可能题型），归纳如下表。

序号	知识点	题型	难易程度
1	审计证据的含义	单选	易
2	审计证据的特征	单选	易
3	审计证据的相关性	单选	中
4	审计证据的可靠性	单选	中
5	评价审计证据的特殊考虑	单选	难
6	审计程序	单选、多选	中
7	函证决策考虑因素	单选、多选、简答、综合	易
8	函证特定项目	简答	易
9	管理层要求不实施函证	简答	易
10	询证函发出前的控制	单选、简答	中
11	发出询证函（邮寄和跟函）控制	单选、简答、综合	中
12	评价回函的可靠性	单选、多选、简答、综合	难
13	影响回函可靠性的限制性条款	单选、简答	中
14	回函差异	单选、多选、简答、综合	中
15	积极式询证函未收回时的处理	单选、简答	中
16	函证过程的舞弊风险迹象及应对措施	单选、简答	中
17	分析程序的含义	单选	易
18	用作风险评估程序的分析程序	单选、多选	中

续表

序号	知识点	题型	难易程度
19	用作实质性程序的分析程序	单选、简答、综合	难
20	用作总体复核的分析程序	单选、简答、综合	中

2021 年教材主要变化

对个别文字修订。

本章考点框架

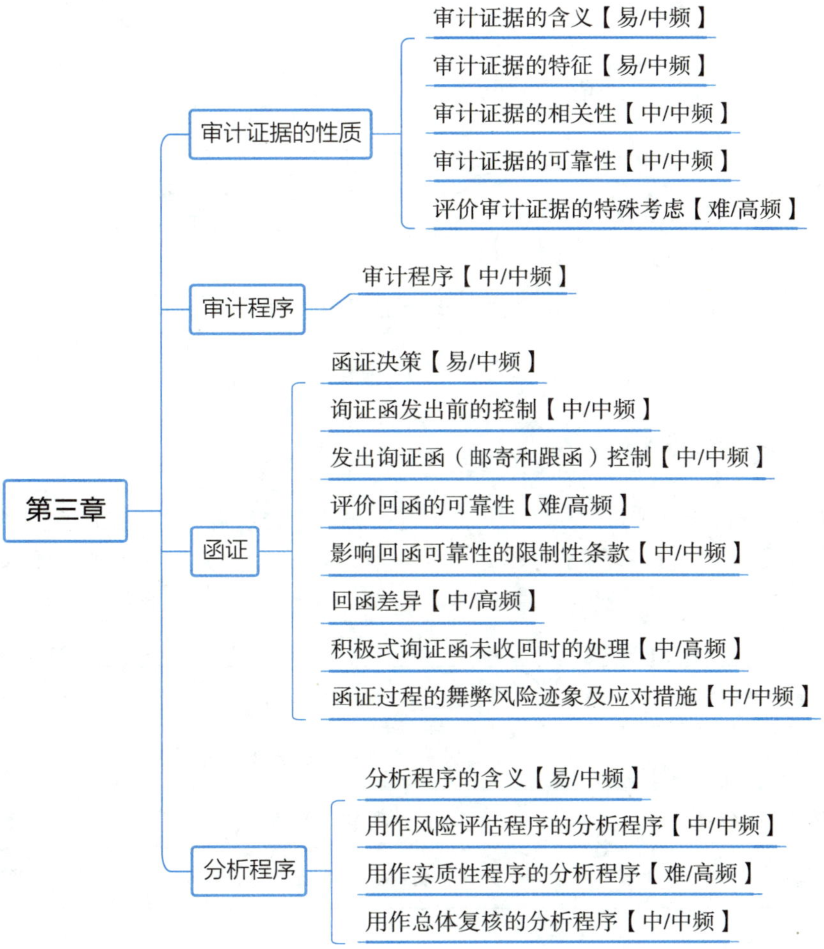

本章重难点精讲

提示	获取审计证据是审计工作中非常重要的一环，贯穿了审计的全过程，通过本章的学习，您会对审计证据的不同形式有一个深刻的认知，学好本章是了解审计全过程的基石。快扫听课二维码，助您“码”上通关

第一节　审计证据的性质

本节视频详解
1003675
使用“会计云课堂”App/微信扫码听课

【导航】本节内容围绕审计证据的含义和特征展开，如图 3-1 所示。

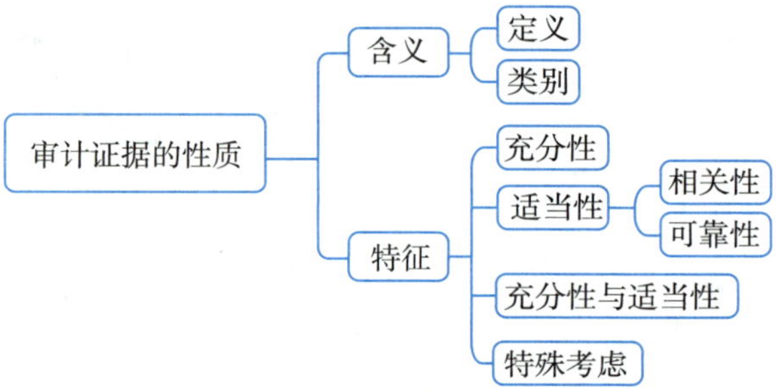

图 3-1　审计证据的性质

01 考点 1 审计证据的含义（★★）❶

（一）审计证据的定义

审计证据是指注册会计师为了得出审计结论、形成审计意见而使用的**所有信息**。

【易错易混】“所有信息”是与**审计过程**对应的概念，贯穿在“业务承接、取证和报告”全过程中，如下表所示。

审计过程	审计证据目的	教材章节
初步业务活动	决定是否承接业务	2.1
风险识别、评估与应对	审计测试流程	第 7、8 章
完成审计工作与出具审计报告	评价错报、形成结论、出具报告	第 18、19 章

❶ 为方便您在学习中可以快速了解知识点的重要程度，本书中将知识点进行分类。★★★代表重要知识点，★★代表次重要知识点，★代表非重要知识点。

（二）审计证据的类别

审计证据包含“会计记录所含有的信息”和“其他的信息”，归纳如下表。

审计证据	具体内容
会计记录所含有的信息（简称会计信息）	主要包括原始凭证、记账凭证、总分类账和明细分类账、未在记账凭证中反映的对财务报表的其他调整，以及支持成本分配、计算、调节和披露的手工计算表和电子数据表（简称“账证表”）
其他的信息	（1）从被审计单位内部或外部获取的会计记录以外的信息，如被审计单位会议记录、内部控制手册、询证函的回函、分析师的报告、与竞争者的比较数据等 （2）通过询问、观察和检查等审计程序获取的信息，如通过检查存货获取存货存在的证据等 （3）自身编制或获取的可以通过合理推断得出结论的信息，如注册会计师编制的各种计算表、分析表等
会计信息与其他的信息之间的关系	（1）没有会计记录中包含的信息，审计工作将无法进行 （2）没有其他的信息，可能无法识别重大错报风险 （3）只有将二者结合在一起，才能将审计风险降至可接受的低水平，为发表审计意见提供合理基础

经典题解

【例题1·单选题】下列关于审计证据的说法中，错误的是（　　）。

A. 注册会计师仅仅依靠会计记录不能有效形成结论，还应当获取其他的信息

B. 会计记录中含有的信息是注册会计师对财务报表发表审计意见的基础，注册会计师只需要收集充分、适当的会计记录信息

C. 如果会计记录是电子数据，注册会计师为了获取电子数据的会计记录的真实性、准确性和完整性，应当对内部控制予以充分关注

D. 如果注册会计师没有获取其他的信息，则可能无法识别重大错报风险

【解析】选项B错误，会计记录中含有的信息本身并不足以提供充分的审计证据作为对财务报表发表审计意见的基础，注册会计师还应当获取用作审计证据的其他的信息。

【答案】B

02 考点2 审计证据的特征（★★）

为了“合理保证”财务报表不存在重大错报，注册会计师需要获取充分、适当的审计证据。充分性（数量要求）和适当性（质量要求）是审计证据的两大特征，如图3-2所示。

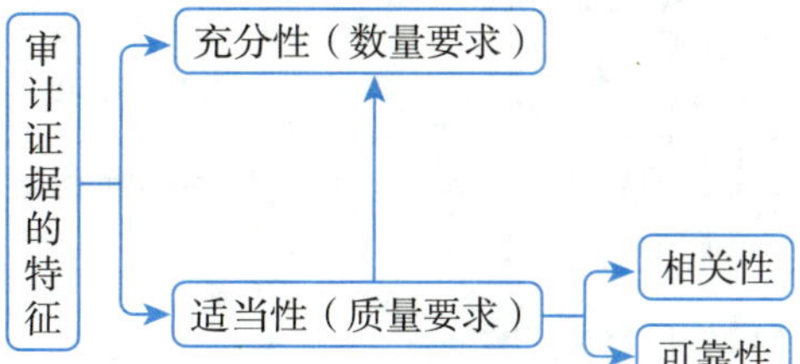

图3-2 审计证据的特征

审计证据的充分性和适当性的含义及其影响因素，归纳如下表。

审计证据的特征	含义	影响因素
充分性	对审计证据数量的衡量	（1）确定的样本量 （2）评估的重大错报风险，即评估的重大错报风险越高，所需的审计证据可能越多 （3）审计证据质量，即审计证据质量越高，所需的审计证据可能越少
适当性	对审计证据质量的衡量	相关性和可靠性是审计证据适当性的核心内容，只有相关且可靠的审计证据才是高质量的
充分性与适当性之间的关系	（1）审计证据质量越高，需要的审计证据数量可能越少 （2）仅靠获取更多的审计证据可能无法弥补其质量上的缺陷 （3）只有充分且适当的审计证据才有证明力	

经典题解

【例题2·单选题】下列有关审计证据充分性的说法中，错误的是(　　)。

A. 初步评估的控制风险越低，需要通过控制测试获取的审计证据可能越少

B. 计划从实质性程序中获取的保证程度越高，需要的审计证据可能越多

C. 评估的重大错报风险越高，需要的审计证据可能越多

D. 审计证据质量越高，需要的审计证据可能越少

【解析】选项A错误，初步评估的控制风险越低，注册会计师需要通过控制测试获取的审计证据可能越多，其目的是确认预期有效的内部控制是否运行有效。

【答案】A

03 考点3 审计证据的相关性（★★）

审计证据的相关性比较抽象，大家可以通过下表“一问一答”展开学习。

问	答	
	审计语言	关键点
（1）证据相关性的本质是什么?	相关性指的是与认定相关，其基本逻辑是“认定、目标、程序与证据”中的“认定与证据”，详见本书1.3知识点	认定→程序→证据
（2）证据相关性受到审计测试方向的影响吗?	证据的相关性可能受到控制测试或细节测试方向的影响	顺查（顺藤摸瓜，查漏记） 逆查（秋后算账，查多记）
（3）举例说明，控制测试中证据的相关性可能受测试方向的影响	以现金支付授权控制测试为例，为了测试现金支付授权控制运行有效，注册会计师应当从已经支付的项目中抽取样本，追查到现金审批与复核	钱已经付了，领导审批了吗?

续表

问	答	
	审计语言	关键点
（4）举例说明，细节测试中证据的相关性可能受测试方向的影响	以营业收入的实质性程序为例，注册会计师以营业收入明细账为起点追查至客户签收单、销售发票和发运凭证等凭证（“逆查”），获取的审计证据与当期营业收入的发生认定有关；相反，注册会计师以发运凭证为起点追查至销售发票、客户签收单及营业收入明细账（“顺查”），获取的审计证据与当期营业收入的完整性认定有关	收入多记了吗？（逆查，秋后算账） 收入少记了吗？（顺查，顺藤摸瓜）
（5）评价证据相关性时应当考虑哪些因素？	①特定的审计程序可能只为某些认定提供相关的审计证据，而与其他认定无关 ②有关某一特定认定（如存货存在认定）的审计证据，不能替代与其他认定（如该存货的完整性认定）相关的审计证据 ③不同来源或不同性质的审计证据可能与同一认定相关	认定 → 程序 → 证据 （种瓜得瓜）

04 考点 4 审计证据的可靠性（★★）

注册会计师判断审计证据可靠性时通常从以下五个原则考虑，归纳如下表。

判断原则	具体内容	
	审计语言	关键点
（1）证据来源	从外部独立来源获取的审计证据比从其他来源获取的审计证据更可靠	没有经过被审计单位“之手”
（2）内部控制有效与否	内部控制有效时内部生成的审计证据比内部控制薄弱时内部生成的审计证据更可靠	内部控制过程的作用
（3）获取方式	直接获取的审计证据比间接获取或推论得出的审计证据更可靠	“实锤”证据
（4）存在形式	以文件、记录形式（无论是纸质、电子或其他介质）存在的审计证据比口头形式的审计证据更可靠	空口无凭
（5）获取途径	从原件获取的审计证据比从传真件或复印件获取的审计证据更可靠	传真件或复印件容易被“动手脚”

05 考点5 评价审计证据的特殊考虑（★★★）

注册会计师评价审计证据的充分性和适当性需要特别考虑以下四个方面，具体内容归纳如下表。

考虑事项	考虑要点
（1）文件记录可靠性	如果认为文件记录可能是伪造的，或文件记录中的某些条款已发生变动，注册会计师应当作出进一步调查，包括直接向第三方询证，或考虑利用专家的工作以评价文件记录的真伪
（2）内部生成信息	被使用的内部生成的信息需要足够完整和准确；在某些情况下，注册会计师可能打算将被审计单位生成的信息用于其他审计目的，此时还应当考虑内部生成信息是否足够精确和详细
（3）审计证据不一致	如果从不同来源获取的审计证据或获取的不同性质的审计证据不一致，表明某项审计证据可能不可靠，注册会计师应当追加必要的审计程序
（4）成本与信息有用性	控制成本是事务所增强竞争能力和获利能力所必需的，注册会计师可以考虑成本与所获取信息的有用性之间的关系，但不应以获取审计证据的困难和成本为由减少不可替代的审计程序

【提示】如何理解文件记录可靠性、内部生成信息、审计证据不一致以及如何考虑获取审计证据的成本与信息有用性，建议大家按照“审计语言”掌握。

经典题解

【例题3·单选题】下列有关审计证据的说法中，错误的是(　　)。

A. 从外部独立来源获取的审计证据比从其他来源获取的审计证据更可靠

B. 口头证据与书面证据矛盾时，注册会计师应当采用书面证据

C. 审计证据的相关性可能受测试方向的影响

D. 相关性和可靠性是审计证据适当性的核心

【解析】选项B错误，当口头证据与书面证据矛盾时表明某项审计证据可能不可靠，注册会计师应当实施必要的审计程序予以调查或者确认。

【答案】B

【例题4·单选题】下列有关审计证据的说法中，正确的是(　　)。

A. 审计证据不包括会计师事务所接受与保持客户或业务时实施质量管理程序获取的信息

B. 注册会计师无需鉴定作为审计证据的文件记录的真伪

C. 注册会计师可以考虑获取审计证据的成本与所获取信息的有用性之间的关系

D. 外部证据与内部证据矛盾时，注册会计师应当采用外部证据

【解析】选项A错误，审计证据在性质上具有累积性，除了主要在审计过程中通过实施审计程序获取外，还可能包括从其他来源获取的信息，比如以前审计中获取的信息或会计师事务所接受与保持客户或业务时实施质量管理程序所获取的信息；选项B错误，虽然审计工作通常不涉及鉴定文件记录的真伪，但是如果注册会计师在审计过程中识别出的情况使其认为文件记录可能是伪造的，或文件记录中的某些条款已发生变动，则应

当作出进一步调查，包括直接向第三方询证，或考虑利用专家的工作以评价文件记录的真伪；选项D错误，如果从不同来源获取的审计证据或获取的不同性质的审计证据不一致，表明某项审计证据可能不可靠，注册会计师应当追加必要的审计程序，而不是直接采用外部证据。

【答案】C

第二节 审计程序

本节视频详解
使用“会计云课堂” App/ 微信扫码听课

01 考点 审计程序（★★）

（一）总体审计程序（补充知识点）

总体审计程序是与“审计测试流程”（教材第二编）相对应的概念，包括风险评估程序、控制测试（必要时）和实质性程序，如图3-3所示。

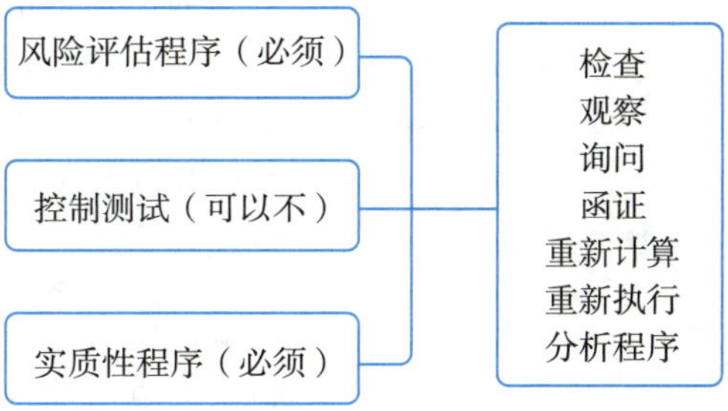

图3-3 总体审计程序与具体审计程序

【看图说话】

（1）总体审计程序体现在审计测试流程（第7至8章）中，并且运用于业务循环审计（第9至12章）和特殊事项审计（第13至17章）当中。

（2）具体审计程序是“认定、目标、程序与证据”（本书1.3）中的审计程序，用于获取认定的审计证据。

（3）具体审计程序具体运用于风险评估程序（包括了解内部控制）、控制测试（必要时）和实质性程序的适用情况，归纳如下表（打“√”表示适用、打“×”表示不适用）。

总体审计程序（结合审计测试流程）	具体审计程序（7种程序）						
	检查	观察	询问	函证	重新计算	重新执行	分析程序
风险评估程序（不包括了解内部控制）	√	√	√	×	×	×	√

续表

总体审计程序（结合审计测试流程）	具体审计程序（7 种程序）						
	检查	观察	询问	函证	重新计算	重新执行	分析程序
风险评估程序（了解内部控制）	√	√	√	×	×	×	×
控制测试	√	√	√	×	×	√	×
实质性程序	√	√	√	√	√	×	√
（1）实质性分析程序	×	×	×	×	×	×	√
（2）细节测试	√	√	√	√	√	×	×

【提示】依据上表归纳总结：

（1）风险评估程序有两种情形，即了解被审计单位及其环境（不包括内部控制）（教材 7.3 展开）和了解内部控制（教材 7.4 展开）；

（2）实质性程序分为实质性分析程序和细节测试（教材 8.4 展开），实质性分析程序是指将分析程序用于实质性程序；

（3）重新执行仅用于控制测试；

（4）重新计算和函证仅用于细节测试；

（5）分析程序不用于了解内部控制、控制测试和细节测试；

（6）检查、观察和询问可用于所有的总体审计程序，即在风险评估程序、控制测试和实质性程序中均适用。

（二）具体审计程序

具体审计程序包括检查、观察、询问、函证、重新计算、重新执行以及分析程序，其含义和特征归纳如下表。

程序类别	含义	特征或局限性	
		审计语言	关键点
检查	对被审计单位内部或外部生成的，以纸质、电子或其他介质形式存在的记录和文件进行审查，或对资产进行实物审查	检查程序具有方向性，如细节测试中的“顺查”或“逆查”	顺查（顺藤摸瓜），查低估 逆查（秋后算账），查高估
观察	查看相关人员正在从事的活动或实施的程序	观察提供的审计证据仅限于观察发生的时点，而且被观察人员的行为可能因被观察而受到影响，这也会使观察提供的审计证据受到限制	—

续表

程序类别	含义	特征或局限性	
		审计语言	关键点
询问	以书面或口头方式，向被审计单位内部或外部的知情人员获取财务信息和非财务信息，并对答复进行评价的过程	（1）知情人员对询问的答复可能为注册会计师提供尚未获悉的信息或佐证证据 （2）对询问的答复也可能提供与注册会计师已获取的其他信息存在重大差异的信息 （3）在某些情况下，对询问的答复为注册会计师修改审计程序或实施追加的审计程序提供了基础 （4）在询问管理层意图时，获取的支持管理层意图的信息可能是有限的 （5）针对某些事项，注册会计师可能认为有必要向管理层和治理层（如适用）获取书面声明，以证实对口头询问的答复	—
函证	直接从第三方（被询证者）获取书面答复以作为审计证据的过程，书面答复可以采用纸质、电子或其他介质等形式	（1）当针对的是与特定账户余额及其项目相关的认定时，函证常常是相关的程序 （2）函证不必仅仅局限于账户余额，还适用于被审计单位与第三方之间的协议和交易条款 （3）函证程序还可以用于获取不存在某些情况的审计证据	函证得到的证据属于外部独立来源的证据，未经被审计单位"之手"
重新计算	对记录或文件中的数据计算的准确性进行核对	可通过手工方式或电子方式进行	确定金额的精准度（元角分都正确）
重新执行	独立执行原本作为被审计单位内部控制组成部分的程序或控制	仅适用于控制测试	测试控制的有效性
分析程序	通过分析不同财务数据之间以及财务数据与非财务数据之间的内在关系，对财务信息作出评价	在必要时对已识别出的、与其他相关信息不一致或与预期值差异重大的波动或关系进行调查	与了解内部控制、控制测试"无缘"

经典题解

【例题5·单选题】下列有关审计程序的说法中，错误的是（　　）。

A. 观察适用于风险评估、控制测试和实质性程序

B. 重新计算适用于获取与准确性（或准确性、计价和分摊）认定相关的审计证据

C. 分析程序适用于了解内部控制，但不适用于控制测试

D. 重新执行仅适合在控制测试中使用

【解析】 选项 C 错误，分析程序是对财务信息作出评价，不适用于了解内部控制和控制测试。

【答案】 C

【名师点题】 本题知识点需要大家理解具体审计程序（每一种）的含义、特征以及与认定的相关性，建议大家按照以上归纳总结的内容掌握。

第三节　函　证

本节视频详解
使用"会计云课堂"App/微信扫码听课

【导航】本节内容包括函证决策、询证函发出（发出前、发出中）、询证函收回与否、舞弊风险迹象的评估与应对措施，如图 3-4 所示。

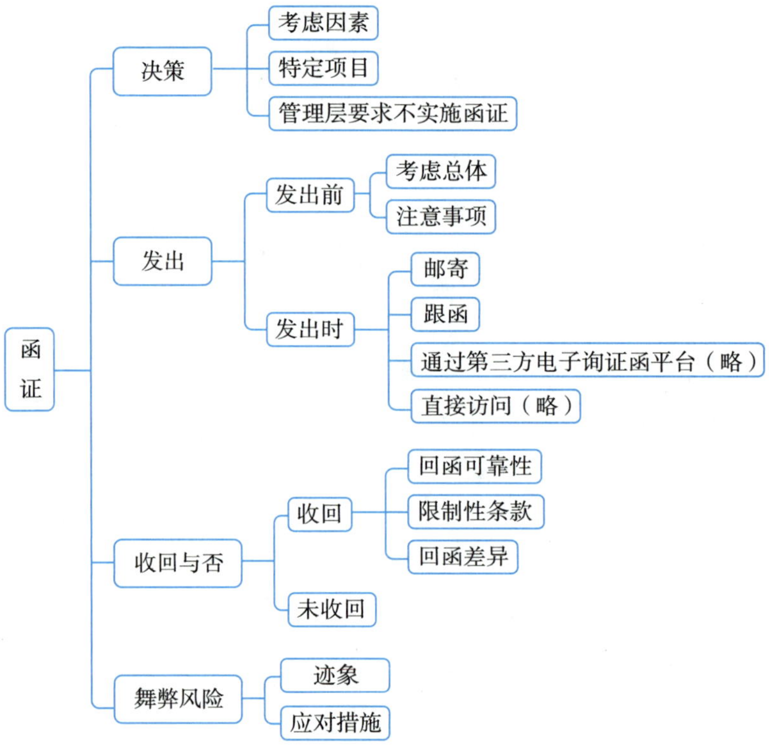

图 3-4　函证

01 考点 1 函证决策（★★）

【导航】函证决策包括函证决策的考虑因素、需要实施函证的特定项目、管理层要求不实施函证三个层面的内容，如图 3-5 所示。

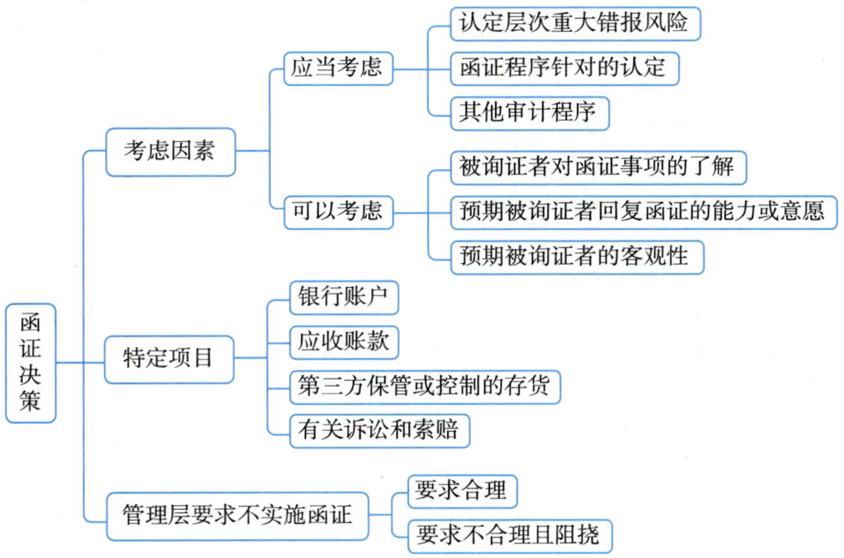

图 3-5　函证决策

（一）函证决策考虑因素

注册会计师决定是否实施函证程序考虑的因素（应当考虑和可以考虑），归纳如下表。

函证决策考虑因素	内容	要点及举例
应当考虑	（1）评估的认定层次重大错报风险	评估的认定层次重大错报风险水平越高，注册会计师通过实质性程序获取的审计证据的相关性和可靠性要求越高 询证函回函属于外部独立来源的审计证据，比被审计单位内部生成的审计证据更可靠（审计证据“可靠性”）
	（2）函证程序针对的认定	在函证应收账款时可能为存在、权利和义务认定提供相关可靠的审计证据，但是不能为准确性、计价和分摊认定（其中与应收账款坏账准备计提相关）提供证据
	（3）其他审计程序（即函证以外的审计程序）	为了查找财务报表日未入账的应付账款，通过函证程序很难实现，注册会计师应当实施函证以外的审计程序
可以考虑	（1）被询证者对函证事项的了解	被询证者对所函证的信息具有必要的了解，则其回函可靠性更高
	（2）预期被询证者回复询证函的能力或意愿	被询证者的能力、担心或顾虑影响其回函，比如： ①不愿承担回复的责任 ②回函成本太高或消耗太多时间 ③可能承担的法律责任 ④可能以不同币种核算交易 ⑤回函不是被询证者日常经营的重要部分
	（3）预期被询证者的客观性	如果被询证者是关联方，则其回复的可靠性会降低

（二）函证特定项目

针对银行账户、应收账款以及存货等事项，函证审计准则提出了明确要求，具体内容如下表所示。

特定项目	函证内容和要求	不实施函证时的要求
银行账户（银行存款、借款及与金融机构往来的其他重要信息）	应当对银行存款（包括零余额账户和在本期内注销的账户）、借款及与金融机构往来的其他重要信息实施函证程序，除非有充分证据表明某一银行存款、借款及与金融机构往来的其他重要信息对财务报表不重要且与之相关的重大错报风险很低	如果不对这些项目实施函证程序，则应当在底稿中说明理由
应收账款	应当对应收账款实施函证程序，除非有充分证据表明应收账款对财务报表不重要，或函证很可能无效	如果认为函证很可能无效，则应当实施替代审计程序，获取相关、可靠的审计证据；如果不对应收账款实施函证，则应当在审计工作底稿中说明理由
由第三方保管或控制的存货	实施下列一项或两项审计程序： （1）向第三方函证存货的数量和状况 （2）实施检查或其他适合具体情况的审计程序	如果预期不能通过函证获取相关审计证据，可以事先计划和安排存货监盘等工作
有关诉讼和索赔	与被审计单位外部法律顾问进行直接沟通	—

经典题解

【例题6·单选题】下列有关注册会计师是否实施应收账款函证程序的说法中，正确的是（　　）。

A. 对上市公司财务报表执行审计时，注册会计师应当实施应收账款函证程序

B. 对小型企业财务报表执行审计时，注册会计师可以不实施应收账款函证程序

C. 如果有充分证据表明函证很可能无效，注册会计师可以不实施应收账款函证程序

D. 如果在收入确认方面不存在由于舞弊导致的重大错报风险，注册会计师可以不实施应收账款函证程序

【解析】选项C正确，注册会计师应当对应收账款实施函证程序，除非有充分证据表明应收账款对财务报表不重要，或函证很可能无效。

【答案】C

【例题7·单选题】关于对特定项目实施函证程序的下列说法中，错误的是（　　）。

A. 除非有充分证据表明某一银行存款、借款及与金融机构往来的其他重要信息对财务报表不重要且与之相关的重大错报风险很低，否则应当实施函证

B. 除非有充分证据表明应收账款对财务报表不重要且函证很可能无效，否则应当实施函证

C. 如果不对应收账款实施函证，注册会计师应当在审计工作底稿中说明理由

D. 如果不对某一银行存款账户实施函证，注册会计师应当在审计工作底稿中说明理由

【解析】除非有充分证据表明应收账款对财务报表不重要，或函证很可能无效，否则应当实施函证，故选项B错误。

【答案】B

（三）管理层要求不实施函证

针对拟函证的某些账户余额或其他信息，如果管理层要求不实施函证时，注册会计师应当考虑该项要求是否合理，并获取审计证据予以支持，归纳如下表。

分析管理层要求不函证的原因	管理层要求不函证的理由	注册会计师分析原因及应对措施	链接本节考点
分析原因时，保持职业怀疑，并考虑以下因素： （1）管理层是否诚信 （2）是否可能存在重大的舞弊或错误 （3）替代程序能否提供与这些账户余额或其他信息相关的充分、适当的审计证据	合理	应当实施替代程序	【考点7】积极式询证函未收回时的处理 【考点8】函证过程的舞弊风险迹象及应对措施
	不合理，并被阻挠而无法函证	应当视为审计范围受到限制，并考虑对审计报告可能产生的影响	

02 考点2 询证函发出前的控制（★★）

在询证函发出前，注册会计师需要恰当地设计询证函（包括函证方式），并对询证函上的各项信息进行充分核对，归纳如下表。

考虑事项	具体内容
总体完整性	确保总体的完整性，并选择恰当的方法以确定样本规模和选取样本项目
从总体中选取项目测试	（1）金额较大的 （2）账龄较长的 （3）交易频繁但期末余额较小的 （4）重大关联方交易 （5）重大或异常的交易 （6）可能存在争议以及产生舞弊或错误的交易
选择函证方式（积极方式和消极方式）	（1）积极的方式 ①列明拟函证的信息，即在询证函中列明拟函证的账户余额或其他信息，要求被询证者确认所函证款项是否正确 ②不列明拟函证的信息，即在询证函中不列明账户余额或其他信息，而是要求被询证者填写或提供有关信息 【提示】无论是列明拟函证的信息还是不列明拟函证的信息，积极式询证函未收回时，注册会计师均应当采取进一步措施，包括跟进或实施替代程序 （2）消极的方式 注册会计师在询证函中列明求证的信息，只要求被询证者在不同意询证函列示的信息时回函。消极式函证须同时满足的条件： ①重大错报风险评估为低水平 ②涉及大量余额较小的账户 ③预期不存在大量的错误 ④没有理由相信被询证者不认真对待函证

续表

考虑事项	具体内容
发出前核对信息	需要被询证者确认的信息是否与被审计单位账簿及其他文件中的有关记录保持一致，比如，针对银行存款的询证函，需要银行确认的信息是否与银行对账单或其他相关文件中的信息保持一致
被询证者适当性	被询证者对所函证信息是否知情、是否具有客观性、是否拥有回函的授权等
被询证者的单位名称、地址	与通过电话、网站等渠道获取的信息和被审计单位持有的相关信息（例如，客户或供应商清单、相关销售或采购合同、被审计单位收到或开具的增值税发票等）中的对方单位名称、地址等信息核对
直接向注册会计师回函	采用直接向注册会计师回函的方式，比如邮寄方式回函时，回函直接指向事务所的邮寄地址

经典题解

【例题8·单选题】 询证函发出前，下列有关询证函设计与核对的说法中，错误的是（　　）。

A. 在询证函中填列被询证者直接向注册会计师回函的方式或通过被审计单位转交给注册会计师

B. 可以通过拨打公共查询电话核对被询证者的名称和地址

C. 可以将被询证者的名称和地址信息与被审计单位收到或开具的增值税发票中的对方单位名称、地址等信息核对

D. 可以将被询证者的名称和地址信息与相关销售或采购合同中的对方单位名称、地址等信息核对

【解析】 询证函中应当正确填列被询证者直接向注册会计师回函的方式，不能通过被审计单位转交给注册会计师，故选项A错误。

【答案】 A

03 考点3 发出询证函（邮寄和跟函）控制（★★）

针对邮寄和跟函方式发出询证函的具体要求和防范风险，归纳如下表。

询证函发出方式	具体要求	防范的风险
邮寄	（1）在核实被询证者的联系方式后自行独立寄发询证函，不使用被审计单位本身的邮寄设施或交由被审计单位代发 （2）如果采用快递方式发送时，警惕被审计单位通过快递员拦截询证函的风险 （3）可以考虑在所发出的询证函上添加不易复制的特定标识，以便在收到回函时与注册会计师事先留存的复印件或扫描件比对以辨别真伪	避免询证函被拦截、篡改等舞弊风险

续表

询证函发出方式	具体要求	防范的风险
跟函	(1) 如果被询证者同意注册会计师独自前往被询证者执行函证程序，注册会计师可以独自前往 (2) 如果被审计单位员工陪同前往，注册会计师需要确保在整个过程中保持对询证函的控制，观察函证的实地场所及被询证者实施核对的全过程 (3) 如果注册会计师以跟函方式向银行送去并收回询证函，可以考虑采用非预约方式按照相应银行的通用受理流程在相应柜台现场办理	被审计单位和被询证者之间串通舞弊风险

【提示】

(1) 针对邮寄方式，添加不易复制的特定标识是一种有效的防范舞弊风险的措施。

(2) 跟函是指注册会计师独自或在被审计单位员工的陪同下亲自将询证函送至被询证者，在被询证者核对并确认回函后，亲自将回函带回的方式。这里特别强调注册会计师亲自将询证函带回。

04 考点4 评价回函的可靠性（★★★）

注册会计师需要验证回函的可靠性，验证的内容和要求，归纳如下表。

回函方式	验证内容和要求	特别考虑
邮寄	(1) 回函是否是原件 (2) 回函是否由被询证者直接寄给注册会计师 (3) 信封中记录的发件方名称、地址是否与询证函中记载的被询证者名称、地址一致 (4) 邮戳显示发出城市或地区是否与被询证者的地址一致，是否存在多封回函同时或自同一地址发出的情况；如果回函使用快递方式，可查看收件网点的城市或地区是否与被询证者所在的城市或地区一致，是否存在多封回函同时或自同一收件网点发出的情况 (5) 印章以及签名中显示的被询证者名称是否与询证函中记载的被询证者名称一致，加盖的印章以及签名是否清晰可辨认，是否有必要进一步与被审计单位持有的其他文件中的被询证者印章及签名进行核对或亲自前往被询证者进行核实等	由被审计单位转交给注册会计师的回函不能视为可靠的审计证据，注册会计师可以要求被询证者直接书面回复
跟函	(1) 了解被询证者处理函证的通常流程和人员 (2) 确认处理询证函人员的身份和处理询证函的权限，如索要名片、观察员工卡或姓名牌等 (3) 观察处理询证函的人员是否按照正常流程认真处理询证函	观察被询证者是否在其计算机系统或相关记录中核对相关信息

续表

回函方式	验证内容和要求	特别考虑
电子邮件或传真	可与被询证者联系以核实回函的来源及内容。例如，当被询证者通过电子邮件回函时，注册会计师可以通过电话联系被询证者，确定被询证者是否发送了回函	回函可靠性存在风险，必要时，要求被询证者提供回函原件
口头回复	可以要求被询证者提供直接书面回复，如果仍未收到书面回函，则需要实施替代程序，寻找其他审计证据以支持口头回复中的信息	口头回复不符合函证的要求，不能作为可靠的审计证据

05 考点 5 影响回函可靠性的限制性条款（★★）

一些限制性条款可能使注册会计师对回函中所包含信息的完整性、准确性或注册会计师能够信赖其所含信息的程度产生怀疑。实务中常见的限制性条款举例及应对措施，归纳如下表。

常见举例	应对措施	特别考虑
（1）“本信息从电子数据库中取得，可能不包括被询证者所拥有的全部信息” （2）“既不保证本信息准确也不保证其是最新的，其他方可能会持有不同意见” （3）“接收人不能依赖函证中的信息”	可能需要执行额外的或替代审计程序	在特殊情况下，注册会计师可能要求被询证者澄清或寻求法律意见

06 考点 6 回函差异（★★★）

注册会计师应当调查不符事项产生的原因，不符事项是否属于错报甚至是否属于舞弊；在审计抽样的情况下，注册会计师还应当考虑函证测试未覆盖的剩余部分，归纳如下表。

回函差异	相关内容
不符事项的定义	指被询证者提供的信息与询证函要求确认的信息不一致，或与被审计单位记录的信息不一致
警惕小额差异	某些小额差异可能是方向相反的大额差异正负相抵的结果
检查差异	（1）被询证者的记录错误 （2）需要被审计单位调整的错误 （3）可能显示舞弊的迹象

续表

回函差异	相关内容
评价错报	不符事项可能显示财务报表存在错报或潜在错报，需评价该错报是否表明存在舞弊
抽样方式函证，考虑样本中的错报	（1）调查样本错报的原因，并根据样本错报推断总体中存在的错报 （2）针对函证测试未覆盖的剩余部分中可能存在的错报单独或连同其他错报是否可能导致财务报表整体存在重大错报
某些不符事项并不表明存在错报	注册会计师可能认为询证函回函的差异是由于函证程序的时间安排、计量或书写错误造成的，该种情况下，并不表明存在错报
应收账款登记入账的时间不同举例	（1）询证函发出时，债务人已经付款，而被审计单位尚未收到货款 （2）询证函发出时，被审计单位的货物已经发出并已作销售记录，但货物仍在途中，债务人尚未收到货物 （3）债务人由于某种原因将货物退回，而被审计单位尚未收到 （4）债务人对收到的货物的数量、质量及价格等方面有异议而全部或部分拒付货款等

【提示】

（1）“小额差异”大家可以结合银行账户回函理解，注册会计师需要进一步调查，其理由是“可能是方向相反的大额差异正负相抵的结果”。

（2）针对回函“样本中的错报”的每一错报均需要进一步调查，有可能需要扩大函证范围。

（3）“应收账款登记入账的时间”（教材9.5），需要结合销售合同条款，确认营业收入入账是否正确。

07 考点7 积极式询证函未收回时的处理（★★★）

如果在合理的时间内未收到回函，注册会计师可以联系被询证者予以跟进，必要时再次发出询证函，如仍未收到回函，应当实施替代程序，归纳如下表。

考虑事项	相关内容
跟进	（1）重新核实原地址的准确性并再次发出询证函 （2）如果仍未收到回函，则应当实施替代程序
替代程序	应对所有未回函的样本项目实施替代程序，而不能选取部分未回函样本项目实施替代程序

续表

考虑事项	相关内容
函证应收账款的替代程序	在考虑实施营业收入截止测试基础上，根据相关收入确认政策，将应收账款余额所涵盖的交易核对至期后的相应收款单据或记录（例如现金收据、银行进账单、银行对账单等）、销售合同、销售订单、销售发票、提单（装运单或发货单）、客户签收和验收记录等一项或多项文件 【提示】与教材9.5“前后呼应”
函证应付账款的替代程序	在考虑实施存货监盘和存货采购截止测试的基础上，检查期后付款记录、与供应商的往来函件、其他文件或记录［例如采购合同、采购订单、采购发票、入库单、提单（装运单或收货单）和验收记录等］一项或多项文件 【提示】与教材10.5“前后呼应”
替代程序的局限性	在某些情况下，取得积极式询证函回函可能是获取充分、适当的审计证据的必要程序，替代程序不能提供注册会计师所需要的审计证据，这些情况可能包括： （1）可获取的佐证管理层认定的信息只能从被审计单位外部获得 （2）存在特定舞弊风险因素。例如，管理层凌驾于内部控制之上，员工和（或）管理层串通舞弊使注册会计师不能信赖从被审计单位获取的审计证据 在这种情况下，如果未获取回函，注册会计师应当确定其对审计工作和审计意见的影响
考虑舞弊迹象	注重第三方证据（外部证据），不能仅仅依赖内部支持文件。例如，以应收账款函证的替代程序为例，注册会计师可以获取外部物流单位开具的物流或货运单据（如适用）、经被审计单位的客户签字确认的签收单（如适用）或其他外部支持性文件等审计证据，而不能仅依赖被审计单位内部的出库单或发票等内部支持性文件

经典题解

【例题9·单选题】下列有关积极式函证的说法中，错误的是（　　）。

A. 注册会计师在发出询证函后予以跟进，必要时再次向被询证者寄发询证函

B. 如果管理层不允许寄发函证，注册会计师可以发表非无保留意见

C. 如果注册会计师认为取得积极式函证回函是获取充分、适当的审计证据的必要程序，则替代程序不能提供注册会计师所需要的审计证据

D. 为保证回函率，注册会计师应当要求被审计单位安排专人催收函证

【解析】选项D错误，为了确保对函证过程的控制，防止被审计单位与被询证者串通舞弊，不应由被审计单位催收询证函。

【答案】D

08 考点8 函证过程的舞弊风险迹象及应对措施（★★）

在函证过程中，注册会计师需要始终保持职业怀疑，对舞弊风险迹象保持警觉。具体内容如下表所示。

舞弊风险迹象（"左手"）	应对措施（"右手"）
(1) 管理层不允许寄发询证函 (2) 管理层过度热情配合函证程序，如希望提前获悉函证样本，帮助催促回函等 (3) 管理层试图干预、拦截、篡改询证函或回函，如坚持以特定的方式发送询证函 (4) 管理层提供的函证相关信息含糊、矛盾、不完整或有缺失 (5) 被询证者将回函寄至被审计单位，被审计单位将其转交注册会计师 (6) 注册会计师跟进访问被询证者，发现回函信息与被询证者记录不一致。例如，对银行的跟进访问表明提供给注册会计师的银行函证结果与银行的账面记录不一致；又如，从银行分支机构获取的信息和银行总行提供的信息不一致 (7) 从私人电子信箱发送的回函 (8) 收到同一日期发回的、相同笔迹的多份回函 (9) 不同被询证者回函信封上的联系方式（地址、电话等）相同或相近；位于不同地址的多家被询证者的回函邮戳显示的发函地址相同 (10) 回函上的印章和签名与被询证者的印章和签名不符，或印章模糊不清难以核对，或印章存在明显瑕疵 (11) 收到不同被询证者用快递寄回的回函，但快递的交寄人或发件人是同一个人或是被审计单位的员工（或关联方），或者虽然寄件人名字不同，但手机号或其他联系方式相同，或者不同被询证者回函单号相连或相近 (12) 回函邮戳显示的发函地址与被审计单位记录的被询证者的地址不一致 (13) 不正常的回函率。例如：银行函证未回函；与以前年度相比，回函率异常偏高或回函率重大变动；向被审计单位的债权人发送的询证函回函率很低；过于完美的回函，所有回函均能收回且回函没有差异 (14) 被询证者缺乏独立性。例如：被审计单位及其管理层具有强大的背景和地位，能够对被询证者（包括银行和其他第三方）施加重大影响以使其向注册会计师提供虚假或误导信息（如被审计单位是被询证者唯一或重要的客户或供应商）；被询证者既是被审计单位资产的保管人又是资产的管理者 (15) 管理层为掩盖财务报告的舞弊而不愿及时（例如在财务报表截止日前）整改值得关注的内部控制缺陷 (16) 管理层不愿意提高函证所涉及信息（如抵押、担保等信息）的披露质量，使财务报表更为完整透明，但又不能提供合理解释	(1) 验证被询证者是否存在、是否与被审计单位之间缺乏独立性，其业务性质和规模是否与被询证者和被审计单位之间的交易记录相匹配 (2) 将被审计单位档案中有关被询证者的签名样本、公司公章与回函核对 (3) 要求与被询证者相关人员直接沟通并讨论询证事项，考虑是否有必要前往被询证者工作地点以验证其是否存在，并进一步了解相关回函信息的真实性和准确性 (4) 分别在期中和期末寄发询证函，并使用被审计单位账面记录和其他相关信息核对相关账户的期间变动 (5) 考虑从人民银行征信中心、被审计单位开户行等相关机构直接获取被审计单位的信用报告，并与被审计单位会计记录相核对，以证实是否存在被审计单位没有记录的贷款、担保、开立银行承兑汇票、信用证、保函等事项；根据金融机构的要求，注册会计师获取信用记录时可以考虑由被审计单位人员陪同前往。在此过程中，注册会计师需要注意确认该信用记录没有被篡改

第四节　分析程序

本节视频详解
使用"会计云课堂"App/微信扫码听课

【导航】本节"分析程序"在明确其定义的基础上，围绕"目的"展开。分析程序的目的包括用作风险评估程序、用作实质性程序和用作总体复核三大环节，如图 3-6 所示。

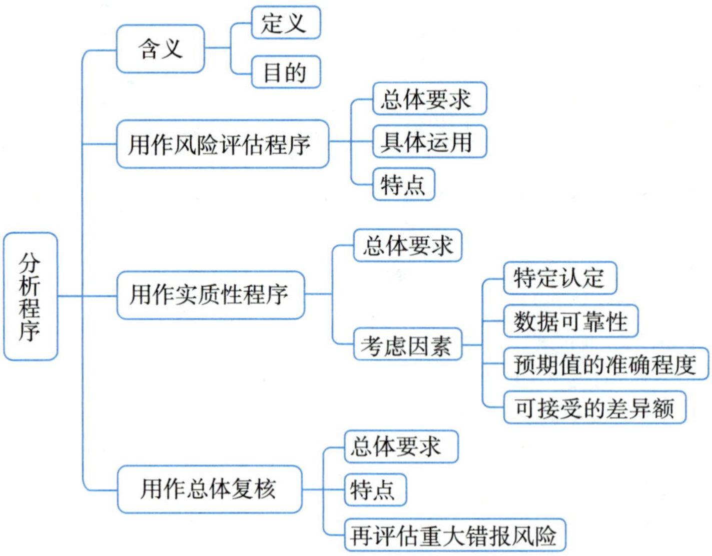

图 3-6　分析程序

01 考点 1 分析程序的含义（★★）

（一）分析程序的定义

分析程序是指注册会计师通过分析不同财务数据之间以及财务数据与非财务数据之间的内在关系，对财务信息作出评价，包括两种情形，如下表所示。

情形	关键点
（1）研究不同财务数据之间的关系，评价财务信息	找偏离数据或趋势（偏离过去的/预期的/预算的）
（2）研究财务数据与非财务数据之间的关系，评价财务信息	找“矛盾证据”（与行业的/投入产出的/其他相关信息的）

分析程序的对象、考虑关系和比较信息形成的预期值，如图 3-7 所示。

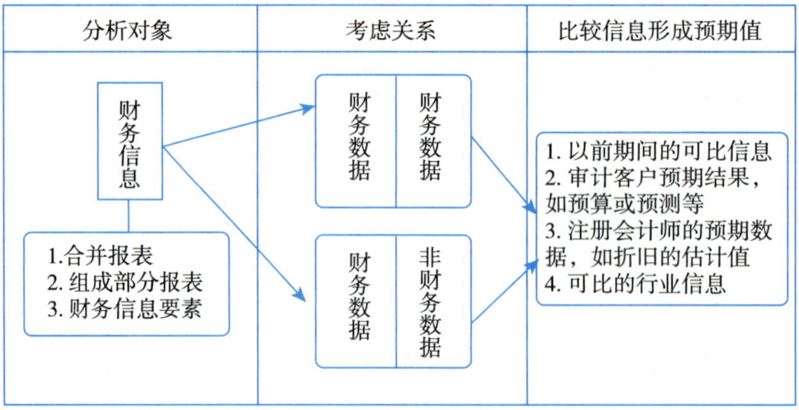

图 3-7　分析程序的定义

【看图说话】

（1）分析程序评价的是财务信息，适用于风险评估程序和实质性程序，不适用于了解内部控制和控制测试。

（2）分析程序除了考虑财务数据之间的内在关系，同时也适用于财务数据与非财务数据之间的关系（不一致、严重偏离或矛盾）。如果识别到“财务数据与非财务数据”之间的不一致，即发现存在矛盾证据，则应当设计进一步审计程序，这个知识点属于综合题“必考”内容。

（3）分析程序需要与预期数据进行比较和分析，包括与前期的、管理层预期的、注册会计师预期的以及行业信息（外部信息）的比较分析。

（二）分析程序的目的

在财务报表审计中，分析程序运用于三个环节，每一个环节获取的审计证据达到的目的不同，归纳如下表。

运用环节	运用目的	
	审计语言	关键点
用作风险评估程序（必须）	了解被审计单位及其环境（不用于了解内部控制），评估财务报表重大错报风险（教材 7.2）	诊断“病情”
用作实质性程序（可以）	如果比细节测试能更有效地将认定层次的检查风险降至可接受的水平时，用作实质性程序（教材 8.4）	应对“病情”
用于总体复核（必须）	审计结束或临近结束时对财务报表进行总体复核，考虑是否需要追加审计程序（教材 18.1）	“病情”解决了吗？

【提示】分析程序属于典型跨章节知识点。注册会计师并非单独通过分析程序实现其目的，而是结合其他审计程序。比如，在风险评估阶段，分析程序需要结合询问、观察和检查程序；用于实质性程序时，分析程序常常结合细节测试（包括重新计算）。

经典题解

【例题 10 · 单选题】下列有关分析程序的说法中，错误的是（　　）。

A. 注册会计师在了解被审计单位及其环境的各个环节均应当实施分析程序

B. 实质性分析程序和细节测试均可用于收集审计证据，以识别认定层次重大错报

C. 分析程序不仅通过分析不同财务数据之间内在关系评价财务信息，还包括通过分析财务数据与非财务数据之间的内在关系，对财务信息作出评价

D. 在审计结束或临近结束时，注册会计师运用分析程序的目的是确定财务报表整体是否与其对被审计单位的了解一致

【解析】选项 A 错误，注册会计师了解被审计单位内部控制时不适合采用分析程序。

【答案】A

【例题 11 · 多选题】分析程序按注册会计师实施的目的不同可分为（　　）。

A. 用作风险评估程序，以了解被审计单位及其环境

B. 用作风险评估程序，以了解被审计单位内部控制

C. 当使用分析程序比细节测试能更有效地将认定层次的检查风险降至可接受的水平时，分析程序可以用作实质性程序

D. 在审计结束或临近结束时对财务报表进行总体复核

【解析】选项 B 错误，分析程序不适用于了解内部控制。

【答案】ACD

02 考点 2 用作风险评估程序的分析程序（★★）

用作风险评估程序的分析程序，其总体要求、具体运用及特点，归纳如下表。

事项	要求与内容
总体要求	注册会计师实施风险评估程序时应当运用分析程序了解被审计单位及其环境，评估财务报表重大错报风险（教材 7.2）
具体运用	（1）分析程序常常与询问、检查和观察程序结合运用 （2）重点关注关键的账户余额、趋势和财务比率关系等方面，对其形成一个合理的预期，并与被审计单位记录的金额、依据记录金额计算的比率或趋势相比较
特点	（1）识别那些可能表明财务报表存在重大错报风险的异常变化 （2）所使用的数据汇总性比较强，其对象主要是财务报表中账户余额及其相互之间的关系 （3）通常包括对账户余额变化的分析，并辅之以趋势分析和比率分析 （4）与实质性分析程序相比，在风险评估过程中使用的分析程序所进行比较的性质、预期值的精确程度，以及所进行的分析和调查的范围都并不足以提供充分、适当的审计证据

【提示】分析程序无法用于了解内部控制和控制测试，其原因是分析程序最终评价的是财务数据，而内部控制的本质内容是政策和制度，分析程序“鞭长莫及”。

03 考点 3 用作实质性程序的分析程序（★★★）

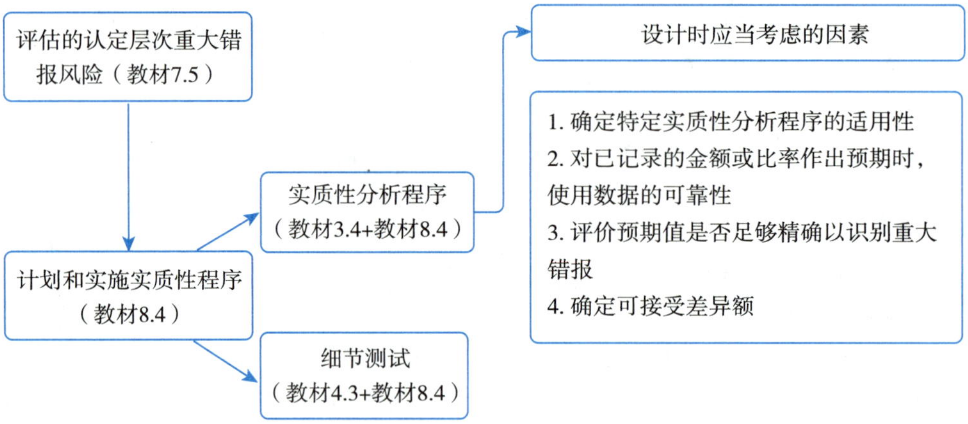

图 3-8　用作实质性程序的分析程序

【看图说话】如图 3-8 所示，“直观”理解实质性分析程序：

（1）实质性分析程序对应于“细节测试”；

（2）实质性分析程序“应对”认定层次重大错报风险；

（3）用作实质性程序的分析程序需要考虑的四个因素。

实质性分析程序的总体要求、运用条件、局限性、考虑因素等内容归纳如下表。

事项	要求与内容
总体要求	应当针对评估的认定层次重大错报风险设计和实施实质性程序（教材 8.4）
运用条件（相对于细节测试）	（1）当使用分析程序比细节测试能更有效地将认定层次的检查风险降至可接受的水平时，注册会计师可以考虑单独或结合细节测试，运用实质性分析程序 （2）实质性分析程序不仅仅是细节测试的一种补充，在某些审计领域，如果重大错报风险较低且数据之间具有稳定的预期关系，注册会计师可以单独使用实质性分析程序获取充分、适当的审计证据
局限性（相对于细节测试）	（1）并不适用于所有的财务报表认定 （2）实质性分析程序能够达到的精确度可能受到种种限制，所提供的证据在很大程度上是间接证据，证明力相对较弱
考虑因素	（1）对特定认定的考虑（1/4） （2）对使用数据可靠性的要求（2/4） （3）评价预期值的准确程度（3/4） （4）对可接受的差异额的考虑（4/4）
对特定认定的考虑（1/4）	（1）评估的重大错报风险水平越高，注册会计师越应当谨慎使用 （2）在针对同一认定实施细节测试时，特定的实质性分析程序可能视为是适当的。例如，注册会计师在对应收账款余额的计价认定获取审计证据时，除了对期后收到的现金实施细节测试外，也可以对应收账款的账龄实施实质性分析程序，以确定应收账款的可收回性
对使用数据可靠性的要求（2/4）	在确定数据的可靠性是否能够满足实质性分析程序的需要时，下列因素是相关的： （1）可获得信息的来源。数据来源的客观性或独立性越强，所获取数据的可靠性将越高；不同来源的数据相互印证比单一来源的数据更可靠 （2）可获得信息的可比性。实施分析程序使用的相关数据必须具有可比性 （3）可获得信息的性质和相关性 （4）与信息编制相关的控制，用以确保信息完整、准确和有效
评价预期值的准确程度（3/4）	（1）对预期结果作出预测的准确性。例如，与各年度的研究开发和广告费用支出相比，通常预期各期的毛利率更具有稳定性 （2）信息可分解的程度。通常，数据的可分解程度越高，预期值的准确性越高，注册会计师将相应获取较高的保证水平 （3）财务和非财务信息的可获得性。在设计实质性分析程序时，注册会计师应考虑是否可以获得财务信息（如预算和预测）以及非财务信息（如已生产或已销售产品的数量），以有助于运用分析程序
对可接受的差异额的考虑（4/4）	（1）考虑重要性和计划的保证水平。重要性水平越低，可接受的差异额越小；计划的保证水平越高，可接受的差异额越小 （2）考虑更多的审计证据。可接受的差异额越小，注册会计师需要收集的审计证据越多，以尽可能发现财务报表中的重大错报，获取计划的保证水平

【提示】 用作实质性程序的分析程序需要考虑的因素（如上表 1/4 至 4/4）属于非常重要的考点，在各种题型中均可能涉及，需要大家按照“审计语言”学习掌握。

04 考点 4 用作总体复核的分析程序（★★）

用作总体复核的分析程序的总体要求、特点和对重大错报风险的再评估归纳如下表。

事项	要求与内容
总体要求	在审计结束或临近结束时，应当运用分析程序（教材 18.1）
特点（相对于风险评估程序、实质性分析程序）	（1）与风险评估程序相比，使用手段基本相同，但两者的目的不同 （2）在总体复核阶段主要强调并解释财务报表项目自上个会计期间以来发生的重大变化，以证实财务报表中列报的所有信息与注册会计师对被审计单位及其环境的了解一致，与注册会计师取得的审计证据一致 （3）在总体复核阶段和风险评估程序中，使用分析程序的时间和重点不同，以及所取得的数据的数量和质量不同 （4）在总体复核阶段实施的分析程序往往集中在财务报表层次，并非为了对特定账户余额和披露提供实质性的保证水平，因此并不如实质性分析程序那样详细和具体
再评估重大错报风险	如果识别出以前未识别的重大错报风险，注册会计师应当重新考虑对全部或部分各类交易、账户余额和披露评估的风险是否恰当，并在此基础上重新评价之前计划的审计程序是否充分，是否有必要追加审计程序

【提示】如上表，用作总体复核的分析程序的"特点"需要大家对比"风险评估程序、实质性分析程序"跨章节理解，同时尽可能按照"审计语言"掌握。

经典题解

【例题 12·单选题】在审计结束或临近结束时，使用分析程序对财务报表进行总体复核的目的是(　　)。

A. 针对自上年以来尚未发生变化的账户余额收集证据

B. 再次测试认为有效的内部控制，评估控制风险

C. 确定财务报表整体是否与其对被审计单位的了解一致

D. 确定实质性分析程序对特定认定的适用性

【解析】选项 C 正确。注册会计师在审计结束或临近结束时，使用分析程序的目的在于证实财务报表中列报的所有信息与注册会计师对被审计单位及其环境的了解一致，与注册会计师取得的审计证据一致。

【答案】C

【相关链接】

1.《中国注册会计师审计准则第 1301 号——审计证据》

2.《中国注册会计师审计准则第 1301 号——审计证据》应用指南

3.《中国注册会计师审计准则第 1312 号——函证》

4.《中国注册会计师审计准则第 1312 号——函证》应用指南

5.《中国注册会计师审计准则问题解答第 2 号——函证》

6.《中国注册会计师审计准则第 1313 号——分析程序》

7.《中国注册会计师审计准则第 1313 号——分析程序》应用指南

扫一扫 "码"上做题、看解析

本书历年经典试题均配备二维码，使用"会计云课堂"App扫码，即可线上做题、看解析。

【"会计云课堂"App下载二维码见封底页】

历年经典试题回顾

（一）审计证据的特征

【例题1·单选题】下列有关审计证据的充分性和适当性的说法中，错误的是（ ）。（2019年）

A. 审计证据的充分性和适当性分别是对审计证据数量和质量的衡量

B. 审计证据的充分性会影响审计证据的适当性

C. 只有充分且适当的审计证据才有证明力

D. 审计证据的适当性会影响审计证据的充分性

【例题2·单选题】下列有关审计证据的适当性的说法中，错误的是（ ）。（2018年）

A. 审计证据的适当性不受审计证据的充分性的影响

B. 审计证据的适当性包括相关性和可靠性

C. 审计证据的适当性影响审计证据的充分性

D. 审计证据的适当性是对审计证据质量和数量的衡量

【例题3·单选题】下列有关审计证据质量的说法中，错误的是（ ）。（2017年）

A. 审计证据的适当性是对审计证据质量的衡量

B. 审计证据的质量与审计证据的相关性和可靠性有关

C. 注册会计师可以通过获取更多的审计证据弥补审计证据质量的缺陷

D. 在既定的重大错报风险水平下，需要获取的审计证据的数量受审计证据质量的影响

【例题4·单选题】下列有关审计证据可靠性的说法中，正确的是（ ）。（2016年）

A. 可靠的审计证据是高质量的审计证据

B. 审计证据的充分性影响审计证据的可靠性

C. 内部控制薄弱时内部生成的审计证据是不可靠的

D. 从独立的外部来源获得的审计证据可能是不可靠的

（二）审计程序

【例题1·单选题】下列审计程序中，不适用于细节测试的是（ ）。（2019年）

A. 函证　　B. 重新执行

C. 检查　　D. 询问

【例题2·单选题】下列有关询问程序的说法中，错误的是（ ）。（2018年）

A. 询问适用于风险评估、控制测试和实质性程序

B. 询问可以以口头或书面方式进行

C. 注册会计师应当就管理层对询问作出的口头答复获取书面声明

D. 询问是指注册会计师向被审计单位内部或外部的知情人员获取财务信息和非财务信息，并对答复进行评价的过程

（三）函证决策考虑因素

【例题1·多选题】下列各项因素中，通常影

响注册会计师是否实施函证的决策的有（　）。（2017年）

A. 评估的认定层次重大错报风险

B. 被审计单位管理层的配合程度

C. 函证信息与特定认定的相关性

D. 被询证者的客观性

【例题2·简答题·部分】 ABC会计师事务所的A注册会计师负责审计甲公司2017年度财务报表，审计工作底稿中与函证相关的部分内容摘录如下：

（3）A注册会计师对应收乙公司的款项实施了函证程序，因回函显示无差异，A注册会计师认可了管理层对应收乙公司款项不计提坏账准备的处理。

要求：

针对上述第（3）项，指出A注册会计师的做法是否恰当。如不恰当，简要说明理由。（2018年）

（四）函证特定项目

【例题1·简答题·部分】 ABC会计师事务所的A注册会计师负责审计甲公司2018年度财务报表。审计工作底稿中与函证相关的部分内容摘录如下：

（1）A注册会计师对甲公司年内已注销的某人民币银行账户实施函证，银行表示无法就已注销账户回函。A注册会计师检查了该账户的注销证明原件，核对了亲自从中国人民银行获取的《已开立银行结算账户清单》中的相关信息，结果满意。

要求：

针对上述第（1）项，指出A注册会计师的做法是否恰当。如不恰当，简要说明理由。（2019年）

【例题2·简答题·部分】 ABC会计师事务所的A注册会计师负责审计甲公司2018年度财务报表。审计工作底稿中与函证相关的部分内容摘录如下：

（1）甲公司2018年末存款余额最小的5个银行账户合计金额小于实际执行的重要性，A注册会计师认为这些银行存款余额对财务报表不重要，决定不对其实施函证程序，并在审计工作底稿中记录了理由。

要求：

针对上述第（1）项，指出A注册会计师的做法是否恰当。如不恰当，简要说明理由。（2019年网络回忆版）

【例题3·简答题·部分】 ABC会计师事务所的A注册会计师负责审计甲公司2017年度财务报表。审计工作底稿中与函证相关的部分内容摘录如下：

（1）甲公司2017年末的一笔大额银行借款已于2018年初到期归还。A注册会计师检查了还款凭证等支持性文件，结果满意，决定不实施函证程序，并在审计工作底稿中记录了不实施函证程序的理由。

（2）A注册会计师评估认为应收账款的重大错报风险较高，为尽早识别可能存在的错报，在期中审计时对截至2017年9月末的余额实施了函证程序，在期末审计时对剩余期间的发生额实施了细节测试，结果满意。

要求：

针对上述第（1）、（2）项，逐项指出A注册会计师的做法是否恰当。如不恰当，简要说明理由。（2018年）

【例题4·简答题·部分】 ABC会计师事务所的A注册会计师负责审计甲公司2017年度财务报表。审计工作底稿中与函证相关的部分内容摘录如下：

（2）A注册会计师评估认为应收账款的重大错报风险为低水平，在期中审计时对截至2017年9月末的余额实施了函证程序。在期末审计时对剩余期间的销售和收款交易实施了控制测试，结果满意。

要求：

针对上述第（2）项，指出A注册会计师的做法是否恰当。如不恰当，简要说明理由。（2018年网络回忆版）

（五）管理层要求不实施函证

【例题·简答题·部分】 ABC会计师事务所的A注册会计师负责审计甲公司2017年度财务报表。审计工作底稿中与函证相关的部分内容摘录如下：

（4）A注册会计师拟对甲公司应付丙公司的款项实施函证程序，因甲公司与丙公司存在诉讼纠纷，管理层要求不实施函证程序，A注册会计师认为其要求合理，实施了替代审计程序，结果满意。

要求：

针对上述第（4）项，指出A注册会计师的做法是否恰当。如不恰当，简要说明理由。（2018年）

（六）询证函发出前的控制

【例题1·简答题·部分】 ABC会计师事务所的A注册会计师负责审计甲公司2018年度财务报表。审计工作底稿中与函证相关的部分内容摘录如下：

（2）在实施应收账款函证程序时，A注册会计师将财务人员在发函信封上填写的客户地址与销售部门提供的客户清单中的地址进行核对后，亲自将询证函交予快递公司发出。

（5）甲公司未对货到票未到的原材料进行暂估。A注册会计师从应付账款明细账中选取90%的供应商实施函证程序，要求供应商在询证函中填列余额信息。

要求：

针对上述第（2）、（5）项，逐项指出A注册会计师的做法是否恰当。如不恰当，简要说明理由。（2019年）

【例题2·简答题·部分】 ABC会计师事务所的A注册会计师负责审计甲公司2018年度财务报表。审计工作底稿中与函证相关的部分内容摘录如下：

（2）A注册会计师填制了应收账款询证函电子版，由甲公司财务人员核对信息、打印并加盖甲公司印章，由A注册会计师装函并寄发。

要求：

针对上述第（2）项，指出A注册会计师的做法是否恰当。如不恰当，简要说明理由。（2019年网络回忆版）

【例题3·简答题·部分】 ABC会计师事务所的A注册会计师负责审计甲公司2017年度财务报表，审计工作底稿中与函证相关的部分内容摘录如下：

（5）A注册会计师评估认为应付账款存在低估风险，因此，在询证函中未填列甲公司账面余额，而是要求被询证者提供余额信息。

要求：

针对上述第（5）项，指出A注册会计师的做法是否恰当。如不恰当，简要说明理由。（2018年）

（七）发出询证函（邮寄和跟函）控制

【例题1·简答题·部分】 ABC会计师事务所的A注册会计师负责审计甲公司2018年度财务报表。审计工作底稿中与函证相关的部分内容摘录如下：

（5）A注册会计师在甲公司销售人员陪同下实地走访其客户丁公司，并现场函证应收账款余额及本年销售额。在丁公司财务人员与甲公司销售人员对账并办理回函手续时，A注册会计师前往采购部门访谈了采购经理，结果满意。

要求：

针对上述第（5）项，指出A注册会计师的做法是否恰当。如不恰当，简要说明理由。（2019年网络回忆版）

【例题2·综合题·部分】 ABC会计师事务所首次接受委托，审计上市公司甲公司2016年度财务报表，委派A注册会计师担任项目合伙人。A注册会计师确定财务报表整体的重要性为1200万元。甲公司主要提供快递物流服务。

资料四：

A注册会计师在审计工作底稿中记录了实

施的进一步审计程序，部分内容摘录如下：

（4）甲公司的某企业客户利用甲公司的快递服务，向A注册会计师寄回了询证函回函，A注册会计师认为回函可靠性受到影响，重新发函并要求该客户通过其他快递公司寄回询证函。

要求：

针对资料四第（4）项，假定不考虑其他条件，指出A注册会计师的做法是否恰当。如不恰当，简要说明理由。（2017年）

（八）评价回函的可靠性

【例题1·多选题】下列有关询证函回函可靠性的说法中，错误的有（ ）。（2016年）

A. 被询证者对于函证信息的口头回复是可靠的审计证据

B. 询证函回函中的免责条款削弱了回函的可靠性

C. 由被审计单位转交给注册会计师的回函不是可靠的审计证据

D. 以电子形式收到的回函不是可靠的审计证据

【例题2·简答题·部分】ABC会计师事务所的A注册会计师负责审计甲公司2018年度财务报表。审计工作底稿中与函证相关的部分内容摘录如下：

（4）甲公司国内供应商丙公司的回函未加盖印章，A注册会计师与丙公司财务人员电话核实了回函信息，据此认可了回函结果，并在审计工作底稿中记录了电话沟通情况。

要求：

针对上述第（4）项，指出A注册会计师的做法是否恰当。如不恰当，简要说明理由。（2019年网络回忆版）

【例题3·简答题·部分】ABC会计师事务所的A注册会计师负责审计甲公司2017年度财务报表。审计工作底稿中与函证相关的部分内容摘录如下：

（5）A注册会计师在甲公司现场执行期末审计时，为及时获得回函，要求被询证方将回函寄至甲公司。A注册会计师作为收件人直接签收了回函。

要求：

针对上述第（5）项，指出A注册会计师的做法是否恰当。如不恰当，简要说明理由。（2018年网络回忆版）

【例题4·简答题·部分】ABC会计师事务所的A注册会计师负责审计甲公司2016年度财务报表，与存货审计相关的部分事项如下：

（4）A注册会计师向乙公司函证由其保管的甲公司存货的数量和状况，收到的传真件回函显示，数量一致，状况良好。A注册会计师据此认可了回函结果。

要求：

针对上述第（4）项，指出A注册会计师的做法是否恰当。如不恰当，简要说明理由。（2017年）

【例题5·综合题·部分】ABC会计师事务所首次接受委托，审计上市公司甲公司2016年度财务报表，委派A注册会计师担任项目合伙人。A注册会计师确定财务报表整体的重要性为1200万元。甲公司主要提供快递物流服务。

资料五：

A注册会计师在审计工作底稿中记录了审计完成阶段的工作，部分内容摘录如下：

（2）因仅实施替代程序无法获取充分、适当的审计证据，A注册会计师就一份重要的询证函通过电话与被询证方确认了函证信息并被告知回函已寄出，于当日出具了审计报告。A注册会计师于次日收到回函，结果满意。

要求：

针对资料五第（2）项，假定不考虑其他

条件，指出A注册会计师的做法是否恰当。如不恰当，简要说明理由。（2017年）

（九）影响回函可靠性的限制性条款

【例题·简答题·部分】ABC会计师事务所的A注册会计师负责审计甲公司2016年度财务报表。与货币资金审计相关的部分事项如下：

（6）乙银行在银行询证函回函中注明："接收人不能依赖函证中的信息。"A注册会计师认为该条款不影响回函的可靠性，认可了回函结果。

要求：

针对上述第（6）项，指出A注册会计师的做法是否恰当。如不恰当，简要说明理由。（2017年）

（十）回函差异

【例题·简答题·部分】ABC会计师事务所负责审计甲公司2014年度财务报表。审计项目组确定财务报表整体的重要性为100万元，明显微小错报的临界值为5万元。审计工作底稿中与函证程序相关的部分内容摘录如下：

（4）客户丙公司年末应收账款余额100万元，回函金额90万元，因差异金额高于明显微小错报的临界值，审计项目组据此提出了审计调整建议。

要求：

针对上述第（4）项，指出审计项目组的做法是否恰当。如不恰当，简要说明理由。（2015年）

（十一）积极式询证函未收回时的处理

【例题·简答题·部分】ABC会计师事务所的A注册会计师负责审计甲公司2018年度财务报表。审计工作底稿中与函证相关的部分内容摘录如下：

（4）A注册会计师对应收账款余额实施了函证程序，有15家客户未回函。A注册会计师对其中14家实施了替代程序，结果满意；对剩余一家的应收账款余额，因其小于明显微小错报的临界值，A注册会计师不再实施替代程序。

要求：

针对上述第（4）项，指出A注册会计师的做法是否恰当。如不恰当，简要说明理由。（2019年）

（十二）函证过程的舞弊风险迹象及应对措施

【例题·简答题·部分】ABC会计师事务所负责审计甲公司2014年度财务报表。审计项目组确定财务报表整体的重要性为100万元，明显微小错报临界值为5万元。审计工作底稿中与函证程序相关的部分内容摘录如下：

（5）客户丁公司回函邮寄显示发函地址与甲公司提供的地址不一致，甲公司财务人员解释是由于丁公司有多处办公地址所致，审计项目组认为该解释合理，在审计工作底稿中记录了这一情况。

（6）客户戊公司为海外公司，审计项目组收到戊公司境内关联公司代为寄发的询证函回函，未发现差异，结果满意。

要求：

针对上述第（5）、（6）项，逐项指出审计项目组的做法是否恰当。如不恰当，简要说明理由。（2015年）

（十三）分析程序的含义

【例题1·单选题】下列有关分析程序的说法中，错误的是（　　）。（2020年网络回忆版）

A. 注册会计师不需要在所有审计业务中运用分析程序

B. 对某些重大错报风险，分析程序可能比细节测试更有效

C. 分析程序并不适用于所有财务报表认定

D. 分析程序所使用的信息可能包括非财务数据

【例题 2·单选题】下列有关分析程序的说法中，正确的是(　　)。(2016 年)

A. 分析程序是指注册会计师通过分析不同财务数据之间的内在关系对财务信息作出评价

B. 注册会计师无需在了解被审计单位及其环境的各个方面实施分析程序

C. 细节测试比实质性分析程序更能有效地将认定层次的检查风险降至可接受的水平

D. 用于总体复核的分析程序的主要目的在于识别那些可能表明财务报表存在重大错报风险的异常变化

(十四) 用作风险评估程序的分析程序

【例题·单选题】下列有关用作风险评估程序的分析程序的说法中，错误的是(　　)。(2018 年)

A. 此类分析程序所使用数据的汇总性较强

B. 此类分析程序的主要目的在于识别可能表明财务报表存在重大错报风险的异常变化

C. 此类分析程序通常不需要确定预期值

D. 此类分析程序通常包括对账户余额变化的分析，并辅之以趋势分析和比率分析

(十五) 用作实质性程序的分析程序

【例题 1·单选题】在实施实质性分析程序时，注册会计师需要对已记录的金额或比率作出预期。下列各项因素中，与作出预期所使用数据的可靠性无关的是(　　)。(2020 年网络回忆版)

A. 可获得信息的相关性

B. 信息的可分解程度

C. 可获得信息的可比性

D. 与信息编制相关的控制

【例题 2·单选题】下列有关实质性分析程序的说法中，错误的是(　　)。(2019 年)

A. 实质性分析程序达到的精确度低于细节测试

B. 实质性分析程序提供的审计证据是间接证据，因此无法为相关财务报表认定提供充分、适当的审计证据

C. 实质性分析程序并不适用于所有财务报表认定

D. 注册会计师可以对某些财务报表认定同时实施实质性分析程序和细节测试

【例题 3·单选题】下列有关实质性分析程序的适用性的说法中，错误的是(　　)。(2017 年)

A. 实质性分析程序通常更适用于在一段时间内存在预期关系的大量交易

B. 注册会计师无需在所有审计业务中运用实质性分析程序

C. 实质性分析程序不适用于识别出特别风险的认定

D. 对特定实质性分析程序适用性的确定，受到认定的性质和注册会计师对重大错报风险评估的影响

【例题 4·简答题·部分】甲公司是 ABC 会计师事务所的常年审计客户，A 注册会计师负责审计甲公司 2014 年度财务报表，审计工作底稿中与分析程序相关的部分内容摘录如下：

(4) A 注册会计师对运输费用实施实质性分析程序，确定已记录金额与预期值之间可接受的差异额为 150 万元，实际差异为 350 万元，A 注册会计师就超出可接受差异额的 200 万元询问了管理层，并对其答复获取了充分、适当的审计证据。

要求：

针对上述第 (4) 项，指出 A 注册会计师的做法是否恰当。如不恰当，简要说明理由。(2015 年)

【例题 5·综合题·部分】甲公司是 ABC 会计师事务所的常年审计客户，主要从事轨道交通车辆配套产品的生产和销售。A 注册会计师负责审计甲公司 2018 年度财务报表，确定财务报表整体的重要性为

1000 万元，实际执行的重要性为 500 万元。

资料四：

A 注册会计师在审计工作底稿中记录了实施进一步审计程序的情况，部分内容摘录如下：

（2）A 注册会计师采用实质性分析程序测试甲公司 2018 年度的借款利息支出，发现已记录金额与预期值之间存在 600 万元差异，因可接受差异额为 500 万元，A 注册会计师要求管理层更正了 100 万元的错报。

要求：

针对资料四第（2）项，假定不考虑其他条件，指出 A 注册会计师的做法是否恰当。如不恰当，简要说明理由。（2019 年）

【例题 6·综合题·部分】上市公司甲公司是 ABC 会计师事务所的常年审计客户，主要从事汽车的生产和销售。A 注册会计师负责审计甲公司 2017 年度财务报表，确定财务报表整体的重要性为 1000 万元，明显微小错报的临界值为 30 万元。

资料四：

A 注册会计师在审计工作底稿中记录了实施进一步审计程序的情况，部分内容摘录如下：

（3）A 注册会计师采用实质性分析程序测试甲公司 2017 年度的运输费用，已记录金额低于预期值 500 万元，因该差异低于实际执行的重要性，A 注册会计师认可了已记录金额。

要求：

针对资料四第（3）项，假定不考虑其他条件，指出 A 注册会计师的做法是否恰当。如不恰当，简要说明理由。（2018 年）

（十六）用作总体复核的分析程序

【例题 1·单选题】下列有关注册会计师在临近审计结束时运用分析程序的说法中，错误的是（　　）。（2017 年）

A. 注册会计师进行分析的重点通常集中在财务报表层次

B. 注册会计师进行分析的目的在于识别可能表明财务报表存在重大错报风险的异常变化

C. 注册会计师采用的方法与风险评估程序中使用的分析程序基本相同

D. 注册会计师进行分析并非为了对特定账户余额和披露提供实质性的保证水平

【例题 2·简答题·部分】甲公司是 ABC 会计师事务所的常年审计客户。A 注册会计师负责审计甲公司 2014 年度财务报表。审计工作底稿中与分析程序相关的部分内容摘录如下：

（5）A 注册会计师在审计过程中未提出审计调整建议，已审财务报表与未审财务报表一致，因此认为无需在临近审计结束时运用分析程序对财务报表进行总体复核。

要求：

针对上述第（5）项，指出 A 注册会计师的做法是否恰当。如不恰当，简要说明理由。（2015 年）

历年经典试题回顾参考答案及解析

"扫码看解析"

使用"微信"或"会计云课堂"App扫码，即可线上对答案、看解析，错题随手收藏，及时巩固复习。

（一）审计证据的特征

【例题1·单选题】

【答案】B

【解析】审计证据的充分性指的是审计证据的数量，审计证据的适当性指的是审计证据的质量，审计证据的数量无法弥补其质量的缺陷，故选项B错误。

【例题2·单选题】

【答案】D

【解析】审计证据的适当性是对审计证据质量的衡量（包括相关性和可靠性），不包括对审计证据数量的衡量，故选项D错误。

【例题3·单选题】

【答案】C

【解析】注册会计师仅靠获取更多的审计证据可能无法弥补审计证据质量上的缺陷，故选项C错误。

【例题4·单选题】

【答案】D

【解析】选项A错误，相关性和可靠性是审计证据适当性的核心内容，只有相关且可靠的审计证据才是高质量的审计证据；选项B错误，审计证据的可靠性受其来源和性质的影响，并取决于获取审计证据的具体环境，审计证据的可靠性不受充分性的影响；选项C错误，内部控制薄弱时生成的审计证据可能是不可靠的。

（二）审计程序

【例题1·单选题】

【答案】B

【解析】选项B，重新执行仅适用于控制测试，不适用于细节测试。

【例题2·单选题】

【答案】C

【解析】针对某些事项，注册会计师可能认为有必要向管理层和治理层（如适用）获取书面声明，以证实对口头询问的答复，并非应当对所有的口头答复获取书面声明，故选项C错误。

（三）函证决策考虑因素

【例题1·多选题】

【答案】ACD

【解析】函证决策时注册会计师应当考虑：(1)评估的认定层次重大错报风险(选项A)；(2)函证程序针对的认定(选项C)；(3)其他审计程序能否获取充分、适当的审计证据；除此之外，注册会计师还可以考虑：(1)被询证者对函证事项的了解；(2)预期被询证者回复询证函的能力或意愿；(3)预期被询证者的客观性(选项D)。

【名师点题】选项B存在"陷阱"，函证决策不能以"管理层是否配合"为依据，即使管理层不配合函证，甚至阻挠函证，也不构成注册会计师"可以不"函证的理由。此时，注册会计师应当保持职业怀疑并考虑：①管理层是否诚信；②是否可能存在重大的舞弊或错误；③替代程序能否提供与这些账户余额或其他信息相关的充分、适当的审计证据。

【例题2·简答题·部分】

【答案】不恰当。函证不能为准确性、计价和分摊认定/应收账款坏账准备的计提提供充分证据。

（四）函证的特定项目

【例题1·简答题·部分】

【答案】恰当。

【例题2·简答题·部分】

【答案】不恰当。注册会计师应当对银行存款（包括零余额账户和在本期内注销的账户）、借款及与金融机构往来的其他重要信息实施函证程序，除非有充分证据表明这些信息对财务报表不重要且与之相关的重大错报风险很低。

【例题3·简答题·部分】

【答案】

（1）不恰当。应当对重要的银行借款实施函证程序。

（2）不恰当。重大错报风险较高时，应在期末或接近期末实施函证/在期末审计时应再次发函。/只有重大错报风险评估为低水平，才可以在期中实施函证。

【例题4·简答题·部分】

【答案】不恰当。应当对剩余期间的销售和收款交易实施实质性程序或实质性程序与控制测试相结合。

（五）管理层要求不实施函证

【例题·简答题·部分】

【答案】不恰当。还应考虑可能存在重大的舞弊或错误，以及管理层的诚信度。

（六）询证函发出前的控制

【例题1·简答题·部分】

【答案】

（2）不恰当。客户清单属于内部信息/客户清单并不是用以验证发函地址准确性的适当证据/应当通过合同、公开网站等来源核对地址。

（5）不恰当。应当从供应商清单中选取函证对象/从应付账款明细账中选取函证对象不足以应对低估风险。

【名师点题】注册会计师需要恰当地设计询证函，确保总体的完整性，针对应付账款存在的低估风险，不能从应付账款明细账中选取函证对象。

【例题2·简答题·部分】

【答案】不恰当。在询证函发出前，注册会计师需要对询证函的各项内容进行充分核对。

【例题3·简答题·部分】

【答案】恰当。

（七）发出询证函（邮寄和跟函）控制

【例题1·简答题·部分】

【答案】不恰当。注册会计师应当对函证的全过程保持控制。

【例题2·综合题·部分】

【答案】

事项序号	是否恰当（是/否）	理由
（4）	是	—

（八）评价回函的可靠性

【例题1·多选题】

【答案】ABD

【解析】选项A错误，口头回复不符合函证的要求，不能作为可靠的审计证据，注册会计师可以要求被询证者直接书面回复；选项B错误，回函中格式化的免责条款可能并不会影响所确认信息的可靠性；选项D错误，针对电子形式的回函，确认程序安全并得到适当控制，则能够提高相关回函的可靠性。

【名师点题】注册会计师需要保持职业怀疑，验证不同方式下回函的可靠性。其中，由被审计单位转交给注册会计师的回函、对询证函的口头回复均不能视为可靠的审计证据，注册会计师可以要求被询证者直接书面回复。

【例题2·简答题·部分】

【答案】不恰当。应要求丙公司重新回函并在回函上加盖印章。

【例题3·简答题·部分】

【答案】不恰当。A注册会计师应要求被询证者将回函寄至会计师事务所。

【例题4·简答题·部分】

【答案】不恰当。注册会计师应当验证传真件回函的可靠性。

【例题5·综合题·部分】

【答案】

事项序号	是否恰当（是/否）	理由
(2)	否	口头回复不能作为可靠的审计证据/审计报告日前审计工作未完成/未获取充分、适当的审计证据

（九）影响回函可靠性的限制性条款

【例题·简答题·部分】

【答案】不恰当。该条款影响回函可靠性。

（十）回函差异

【例题·简答题·部分】

【答案】不恰当。审计项目组应当调查不符事项，以确定是否表明存在错报。

（十一）积极式询证函未收回时的处理

【例题·简答题·部分】

【答案】不恰当。应对所有未回函的余额实施替代程序。

（十二）函证过程的舞弊风险迹象及应对措施

【例题·简答题·部分】

【答案】

(5) 不恰当。审计项目组应当对该情况进行核实/口头解释证据不充分，还应实施其他审计程序/直接与丁公司联系核实/前往丁公司办公地点进行验证。

(6) 不恰当。未直接取得回函影响回函的可靠性/应取得戊公司直接寄发的询证函。

（十三）分析程序的含义

【例题1·单选题】

【答案】A

【解析】选项A错误，在财务报表审计中，注册会计师在风险评估程序和审计结束或临近结束时的总体复核阶段都应当运用分析程序。

【例题2·单选题】

【答案】B

【解析】选项B正确，分析程序评价的是财务信息，无法运用于了解内部控制和控制测试。选项A错误，分析程序还应当包括通过分析财务数据与非财务数据之间的内在关系，对财务信息作出评价；选项C错误，在某些情况下，实质性分析程序可能比细节测试能更有效地将认定层次的检查风险降低至可接受的水平；选项D错误，在审计结束或临近结束时，注册会计师运用分析程序的目的是确定财务报表整体是否与其对被审计单位的了解一致，并非识别那些可能表明财务报表存在重大错报风险的异常变化。

（十四）用作风险评估程序的分析程序

【例题·单选题】

【答案】C

【解析】选项 C 错误，风险评估程序中使用的分析程序需要确定预期值，只不过预期值的精确程度不如实质性分析程序。

【名师点题】用作风险评估程序的分析程序的特点，属于“恒考点”，请大家根据“异常变化、数据的汇总性、分析方法和预期值的精确程度”四个方面来进行掌握。

（十五）用作实质性程序的分析程序

【例题 1·单选题】

【答案】B

【解析】作出预期所使用数据的可靠性受到下列因素影响：（1）可获得信息的来源。（2）可获得信息的可比性（选项 C）。（3）可获得信息的性质和相关性（选项 A）。（4）与信息编制相关的控制，用以确保信息完整、准确和有效（选项 D）。

【例题 2·单选题】

【答案】B

【解析】选项 B 错误，实质性分析程序不仅仅是细节测试的一种补充，在某些审计领域，如果重大错报风险较低且数据之间具有稳定的预期关系，注册会计师可以单独使用实质性分析程序获取充分、适当的审计证据。

【例题 3·单选题】

【答案】C

【解析】选项 C 错误，如果针对特别风险实施的程序仅为实质性程序，这些程序应当包括细节测试，或将细节测试和实质性分析程序结合使用，只是不能仅仅依赖实质性分析程序予以应对。

【例题 4·简答题·部分】

【答案】不恰当。应当针对 350 万元的差异进行调查。

【例题 5·综合题·部分】

【答案】

事项序号	是否恰当（是/否）	理由
（2）	否	差异超过可接受的差异额，注册会计师应当调查该差异，而不是将超出部分直接作为错报

【例题 6·综合题·部分】

【答案】

事项序号	是否恰当（是/否）	理由
（3）	否	应将差异额与可接受差异额比较

（十六）用作总体复核的分析程序

【例题 1·单选题】

【答案】B

【解析】选项 B 错误，在审计结束或临近结束时，注册会计师运用分析程序的目的是确定财务报表整体是否与其对被审计单位的了解一致，而非识别那些可能表明财务报表存在重大错报风险的异常变化。

【例题 2·简答题·部分】

【答案】不恰当。在临近审计结束时，应当运用分析程序对财务报表进行总体复核/总体复核分析程序是必要程序。

扫一扫　“码”上做题、看解析

本书同步强化练习题均配备二维码，使用“会计云课堂”App扫码，即可线上做题、看解析。

【“会计云课堂”App下载二维码见封底页】

同步强化练习题

一、单项选择题

1. 下列关于审计证据的表述中，正确的是(　　)。
A. 审计工作无需鉴定用作审计证据的文件记录真伪
B. 会计记录中含有的信息不足以提供充分的审计证据作为对财务报表发表审计意见的基础
C. 注册会计师获取足够多的审计证据可以弥补审计证据质量上的缺陷
D. 注册会计师无需考虑获取审计证据的成本与获取信息的有用性之间的关系

2. 下列有关审计证据的说法中，错误的是(　　)。
A. 评估的重大错报风险越低，注册会计师需要的审计证据可能越少
B. 注册会计师评估的重大错报风险越高，则应当实施更多的控制测试
C. 如果拟信赖的内部控制越有效，则注册会计师应当实施更多的控制测试以获取控制运行是否有效的审计证据
D. 如果审计证据的质量存在缺陷，增加审计证据的数量可能无法弥补

3. 下列有关审计证据的说法中，正确的是(　　)。(★★★)*
A. 审计证据越相关，则审计证据的质量越高
B. 审计证据越可靠，则审计证据的质量越高
C. 审计证据数量越多，则审计证据质量越高
D. 审计证据质量越高，则审计证据的数量可以适当减少

4. 下列有关审计证据的适当性的说法中，错误的是(　　)。
A. 审计证据的适当性不受审计证据的充分性影响
B. 审计证据的适当性需要从审计证据的相关性和可靠性两方面考虑
C. 审计证据的质量越高，所需审计证据的数量可能越少
D. 在某些情形下，增加审计证据的数量，可以弥补审计证据质量的一般缺陷

5. 下列有关审计证据的说法中，正确的是(　　)。
A. 审计证据的可靠性越高，则需要的审计证据可能越少
B. 审计证据的充分性影响审计证据的适当性
C. 计划从实质性程序中获取的保证程度越高，则需要的审计证据可能越少
D. 初步评估的控制风险越低，则需要通过控制测试获取的审计证据可能越多

6. 下列关于审计证据相关性的表述中，错误的是(　　)。
A. 特定的审计程序可能只为某些认定提供相关的审计证据，而与其他认定无关

* 为了便于您识别重要题目，本书中针对重点题目通过标注星级的方式进行体现。

B. 只与特定认定相关的审计证据并不能替代与其他认定相关的审计证据

C. 针对某项认定从不同来源获取的审计证据存在矛盾，表明审计证据不存在说服力

D. 针对同一项认定可以从不同来源获取审计证据或获取不同性质的审计证据

7. 下列有关审计证据可靠性的说法中，错误的是(　　)。

A. 注册会计师直接获取的审计证据比其推论得出的审计证据更可靠

B. 以电子形式存在的审计证据比口头形式的审计证据更可靠

C. 从外部获取的审计证据比从被审计单位内部获取的审计证据更可靠

D. 从独立的外部来源获得的审计证据可能是不可靠的

8. 下列有关审计证据的说法中，错误的是(　　)。(★★★)

A. 注册会计师不应以获取审计证据的困难和成本为由减少不可替代的审计程序

B. 注册会计师可以考虑获取审计证据的成本与所获取信息的有用性之间的关系

C. 注册会计师无需对作为审计证据的文件记录的真伪实施审计程序

D. 会计师事务所接受与保持客户或业务时实施质量管理程序所获取的信息，也构成审计证据

9. 下列关于审计程序的说法中，错误的是(　　)。

A. 检查有形资产可提供与权利和义务认定相关的充分、适当的审计证据

B. 观察提供的审计证据仅限于观察发生的时点

C. 对于询问的答复，注册会计师应当通过获取其他证据予以佐证

D. 分析程序包括调查识别出的、与其他相关信息不一致或与预期数据严重偏离的波动和关系

10. 下列有关函证的说法中，错误的是(　　)。(★★★)

A. 如果认为管理层不允许寄发询证函的原因不合理，且被其阻挠而无法实施函证，注册会计师应当视为审计范围受到限制，并考虑对审计报告可能产生的影响

B. 如果认为取得积极式函证回函是获取充分、适当的审计证据的必要程序，则替代程序不能提供注册会计师所需要的审计证据

C. 如果被审计单位与银行存款存在认定有关的内部控制设计良好并有效运行，注册会计师可适当减少函证的样本量

D. 注册会计师应当对应收账款实施函证程序，除非有充分的证据表明应收账款对财务报表不重要或函证很可能无效

11. 通过邮寄方式发出询证函并收到回函后，注册会计师验证的以下信息中，错误的是(　　)。

A. 被询证者确认的询证函是否是原件，是否与注册会计师发出的询证函是同一份

B. 寄给注册会计师的回邮信封或快递信封中记录的发件方名称、地址是否与询证函中记载的被询证者名称、地址一致

C. 被询证者加盖在询证函上的印章以及签名中显示的被询证者名称是否与明细表一致

D. 回邮信封上寄出方的邮戳显示发出城市或地区是否与被询证者的地址一致

12. 关于函证程序是否用作实质性程序的下列说法中，错误的是(　　)。

A. 函证程序可以为某些认定提供具有相关性较高的审计证据

B. 通常情况下，函证获取的审计证据比被审计单位内部生成的审计证据更可靠

C. 注册会计师应当考虑评估的认定层次重大错报风险以确定是否有必要实施函证程序

D. 函证应收账款余额的存在认定提供的审计证据比函证应收账款余额可回收性提供的审计证据相关性低

13. 通过邮寄或跟函方式发出询证函时，注册会计师的下列措施中，错误的是(　　)。

A. 如果跟函时需要有被审计单位员工陪同，注册会计师只需观察被询证者实施核对的全过程，防范被审计单位和被询证者之间串通舞弊

B. 如果采用跟函方式，注册会计师可以考虑采用非预约方式按照相应银行的通用受理流程在相应柜台现场办理

C. 如果采用快递方式发送询证函，注册会计师不应交由被审计单位代发

D. 可以考虑在所发的询证函上添加不易复制的特定标识

14. 针对跟函方式收到的回函，注册会计师实施的下列审计程序中，错误的是(　　)。

A. 观察处理询证函的人员是否按照正常流程认真处理询证函

B. 未收到回函时实施替代程序

C. 确认处理询证函人员的身份和处理询证函的权限

D. 了解被询证者处理函证的通常流程和人员

15. 针对电子邮件或传真形式收到的回函，注册会计师下列做法中，错误的是(　　)。

A. 可与被询证者联系以核实电子邮件回函的来源及内容

B. 可以要求被询证者提供电子邮件回函的原件

C. 可以通过电话联系被询证者，确定被询证者是否发送了电子邮件回函

D. 传真形式回函不可靠，注册会计师不应采用传真形式收取回函

16. 关于分析程序在风险评估程序中的具体运用，下列说法中，错误的是(　　)。

A. 注册会计师可以将分析程序与函证和监盘程序结合运用，以获取对被审计单位及其环境的了解，识别和评估财务报表层次及认定层次的重大错报风险

B. 在运用分析程序时，注册会计师应重点关注关键的账户余额、趋势和财务比率关系等方面，对其形成一个合理的预期，并与被审计单位记录的金额、依据记录金额计算的比率或趋势相比较

C. 如果分析程序的结果显示的比率、比例或趋势与注册会计师对被审计单位及其环境的了解不一致，并且被审计单位管理层无法提出合理的解释，或者无法获得相关的支持性文件证据，注册会计师应当考虑其是否表明被审计单位的财务报表存在重大错报风险

D. 注册会计师无需在了解被审计单位及其环境的每一方面都实施分析程序

17. 注册会计师在风险评估程序中实施分析程序，以下说法中，错误的是(　　)。

A. 注册会计师常常将分析程序与询问、观察和检查程序结合使用

B. 运用分析程序的主要目的在于确定财务报表是否与注册会计师对被审计单位的了解一致

C. 风险评估程序中使用的分析程序也需要确定预期值，但其精确程度常常不如实质性分析程序

D. 在实施分析程序时通常包括对账户余额变化的分析，并辅之以趋势分析和比率分析

18. 下列关于注册会计师在审计结束或临近结束时实施分析程序的说法中，错误的是(　　)。(★★★)

A. 在审计结束或临近审计结束时，注册会计师应当运用分析程序对财务报表进行总体复核

B. 注册会计师实施分析程序并非为了对特定账户余额和披露提供实质性的保证水平

C. 实施分析程序的目的是确定财务报表整体是否与注册会计师对被审计单位的了解一致

D. 如果通过实施分析程序识别出以前未识别的重大错报风险，注册会计师应当修改原计划实施的进一步审计程序

二、多项选择题

1. 下列关于审计证据相关性的说法中，错误的有(　　)。

A. 用作审计证据的信息的相关性不受控制测试和细节测试方向的影响

B. 审计证据越可靠，则审计证据的相关性越高

C. 审计证据的相关性越高，则审计证据质量越高

D. 审计证据的相关性越高，则审计证据数量可以减少

2. 函证应付账款的替代程序的下列说法中，正确的有(　　)。

A. 检查期后付款记录

B. 考虑实施存货监盘和存货采购截止测试的基础上实施替代程序

C. 检查与供应商的往来函件

D. 检查与采购相关的其他文件或记录

3. 关于回函的不符事项，注册会计师的下列做法中，正确的有(　　)。(★★★)

A. 调查不符事项是被询证者的记录错误还是需要被审计单位调整的错误

B. 警惕某些小额差异可能是方向相反的大额差异正负相抵的结果

C. 如果注册会计师识别的不符事项属于错报，则应当评价该错报是否表明存在舞弊

D. 采用抽样方式实施函证时，注册会计师应当调整样本中识别出的错报，合理保证总体中不存在重大错报

4. 针对函证过程中可能表明的舞弊风险迹象，注册会计师的下列做法中，正确的有(　　)。

A. 由被审计单位人员陪同前往金融机构获取信用记录，并确认该信用记录没有被篡改

B. 将被审计单位档案中有关被询证者的签名样本、公司公章与明细账或日记账核对

C. 验证被询证者是否与被审计单位之间缺乏独立性

D. 验证业务性质和规模是否与被询证者和被审计单位之间的交易记录相匹配

三、简答题

1. ABC会计师事务所的A注册会计师负责审计甲公司2020年度财务报表。审计工作底稿中与函证相关的部分内容摘录如下：

(1) A注册会计师通过甲公司提供的某被询证者的网页、用户名、登录密码等信息直接登录查询，确认被询证事项。

(2) A注册会计师收到的一份应付账款回函显示存在1万元差异，甲公司管理层解释是供应商多发出原材料导致，由于回函差异较小，A注册会计师将询问结果记录于审计工作底稿，未实施其他审计程序。

(3) A注册会计师收到甲公司转交的一封同城询证函回函后进行了电话追查确认。

(4) A注册会计师对甲公司一笔大额应收账款发出积极式询证函，在合理的时间未收到回函后进行电话追查，得到了甲公司客户的回答，A注册会计师认可了该笔应收账款余额。

(5) A注册会计师收到某商业银行回函，发现回函中特别指明“接收人不能依赖函证中的信息”，A注册会计师电话联系该银行，确认了该笔银行存款的真实性。

要求：

针对上述第（1）至（5）项，逐项指出A注册会计师的做法是否恰当。如不恰当，简要说明理由。

2. A注册会计师是甲公司2020年度财务报表审计项目合伙人，A注册会计师确定的财务报表整体的重要性为500万元，实际执行的重要性为250万元，明显微小错报的临界值为15万元。审计工作底稿中与函证相关的部分内容摘录如下：

（1）A注册会计师负责填写询证函信息，甲公司业务员负责填写询证函信封，A注册会计师取得加盖公章的询证函及业务员填写的信封后，直接到邮局将询证函寄出。

（2）针对银行账户的函证，A注册会计师在填列银行询证函时将需要银行确认的信息与对应的银行存款日记账进行了核对。

（3）针对评估的应收账款可能存在的高估风险，A注册会计师将应收账款明细账中的账面金额高于250万元的项目作为总体采用审计抽样，选取样本实施函证。

（4）A注册会计师根据甲公司财务人员提供的电子邮箱地址，向甲公司境外客户丙公司发送了电子邮件，询证应收账款余额，并收到了电子邮件回复，丙公司确认余额准确无误。A注册会计师将电子邮件打印后归入审计工作底稿。

（5）针对管理层和员工串通从供应商获取佣金的舞弊嫌疑，A注册会计师向该供应商函证了合同条款、采购批次以及金额，在未收到积极式询证函回函情况下，实施了替代审计程序。

要求：

针对上述第（1）至（5）项，逐项指出A注册会计师的做法是否恰当。如不恰当，简要说明理由。

同步强化练习题参考答案及解析

“扫码看解析”

使用“微信”或“会计云课堂”App扫码，即可线上对答案、看解析，错题随手收藏，及时巩固复习。

一、单项选择题

1. 【答案】B

解析： 选项A错误，职业怀疑要求注册会计师对可能是伪造的或某些文件记录条款发生变动的情况作出进一步调查；选项B正确，会计记录中含有的信息本身并不足以提供充分的审计证据作为对财务报表发表审计意见的基础，注册会计师还应当获取用作审计证据的其他的信息；选项C错误，审计证据的数量不能弥补审计证据质量上的缺陷；选项D错误，注册会计师不应以获取审计证据的困难和成本为由减少不可替代的审计程序，但是可以考虑获取审计证据的成本与所获取信息的有用性之间的关系。

2. 【答案】B

解析： 选项B错误，注册会计师评估的重大错报风险越高，则应当通过实施更多的实质性程序获取更多的审计证据。

3. 【答案】D

解析： 审计证据的质量受到审计证据的相关性和可靠性的影响，相关且可靠的审计证据才是高质量的审计证据，故选项A、

B 均错误；审计证据的质量不受审计证据的数量影响，故选项 C 错误。

4.【答案】D

解析：选项 D 错误，审计证据的数量可能无法弥补审计证据质量上的缺陷。

5.【答案】D

解析：选项 A 错误，如果审计证据质量越高，则需要的审计证据可能越少；选项 B 错误，审计证据的适当性不受审计证据的充分性的影响；选项 C 错误，计划从实质性程序中获取的保证程度越高，则需要的审计证据可能越多；选项 D 正确，初步评估的控制风险越低，则需要通过控制测试获取的审计证据可能越多，以进一步证实预期有效的控制运行是否有效。

6.【答案】C

解析：选项 C 错误，注册会计师从不同来源获取的审计证据或获取的不同性质的审计证据不一致，则表明某项审计证据可能不可靠，注册会计师应当追加必要的审计程序，不能直接认为审计证据不存在说服力。

7.【答案】C

解析：选项 C 错误，从外部独立来源获取的审计证据比从其他来源获取的审计证据更可靠。

8.【答案】C

解析：选项 C 错误，虽然审计工作通常不涉及鉴定文件记录的真伪，但是如果注册会计师在审计过程中识别出的情况使其认为文件记录可能是伪造的，则应当作出进一步调查，包括直接向第三方询证，或考虑利用专家的工作以评价文件记录的真伪。

9.【答案】A

解析：在选项 A 中，检查有形资产主要是证实该项资产是否存在，直接证明的是“存在”认定，不能直接证明“权利和义务”认定。

10.【答案】C

解析：选项 C 错误，注册会计师应当对银行存款（包括零余额账户和在本期内注销的账户）、借款及与金融机构往来的其他重要信息实施函证程序，除非有充分证据表明某一银行存款、借款及与金融机构往来的其他重要信息对财务报表不重要且与之相关的重大错报风险很低。可见，与银行存款存在认定有关的内部控制设计良好并有效运行不构成注册会计师可适当减少函证的样本量的理由。

11.【答案】C

解析：通过邮寄方式发出询证函并收到回函后，注册会计师可以验证以下信息：（1）被询证者确认的询证函是否是原件，是否与注册会计师发出的询证函是同一份（选项 A 正确）；（2）回函是否由被询证者直接寄给注册会计师；（3）寄给注册会计师的回邮信封或快递信封中记录的发件方名称、地址是否与询证函中记载的被询证者名称、地址一致（选项 B 正确）；（4）回邮信封上寄出方的邮戳显示发出城市或地区是否与被询证者的地址一致（选项 D 正确）；（5）被询证者加盖在询证函上的印章以及签名中显示的被询证者名称是否与询证函中记载的被询证者名称一致（选项 C 错误）。

12.【答案】D

解析：函证可以针对某些认定提供具有相关性较高的审计证据，比如，函证应收账款余额的存在认定提供的审计证据比针对应收账款余额可回收性提供的审计证据相关性高，选项 D 错误。

13. 【答案】A

解析：如果跟函时需要有被审计单位员工陪同，注册会计师还应当观察函证的实地场所，故选项A错误。

14. 【答案】B

解析：对于通过跟函方式收到的回函，注册会计师可以实施以下审计程序：（1）了解被询证者处理函证的通常流程和人员（选项D）；（2）确认处理询证函人员的身份和处理询证函的权限（选项C）；（3）观察处理询证函的人员是否按照正常流程认真处理询证函（选项A）。跟函是注册会计师独自或在被审计单位员工的陪同下亲自将询证函送至被询证者，在被询证者核对并确认回函后，亲自将回函带回的方式，不存在未收到回函的情形，故选项B错误。

15. 【答案】D

解析：选项D错误，对以电子邮件或传真形式收到的回函，由于回函者的身份及其授权情况很难确定，对回函的更改也难以发觉，因此可靠性存在风险。但是注册会计师可以与被询证者联系以核实回函的来源及内容，必要时，注册会计师可以要求被询证者提供回函原件。

16. 【答案】A

解析：选项A错误，风险评估程序中，分析程序无法与函证和监盘等程序结合使用，常常是与询问、检查和观察程序结合运用，识别和评估重大错报风险。

17. 【答案】B

解析：选项B错误，风险评估程序中运用分析程序的主要目的在于识别可能表明财务报表存在重大错报风险的异常变化。

18. 【答案】D

解析：在运用分析程序进行总体复核时，如果识别出以前未识别的重大错报风险，注册会计师应当重新考虑对全部或部分各类交易、账户余额和披露评估的风险是否恰当，并在此基础上重新评价之前计划的审计程序是否充分，是否有必要追加审计程序。

二、多项选择题

1. 【答案】ABCD

解析：选项A错误，用作审计证据的信息的相关性可能受到测试方向的影响；选项B错误，审计证据的可靠性不影响审计证据的相关性；选项C错误，相关且可靠的审计证据才是高质量的审计证据；选项D错误，审计证据质量越高，则审计证据数量可以减少。

2. 【答案】ABCD

解析：对应付账款函证的替代程序，在考虑实施存货监盘和存货采购截止测试（选项B）等审计程序所获取审计证据的基础上，检查期后付款记录（选项A）、与供应商的往来函件（选项C）、其他文件或记录等一项或多项文件（选项D）。

3. 【答案】ABC

解析：如果以抽样方式实施函证，对样本中识别出的错报，注册会计师应当调查错报的原因，并根据样本错报推断总体中存在的错报，故选项D错误。

4. 【答案】ACD

解析：将被审计单位档案中有关被询证者的签名样本、公司公章与回函核对，故选项B错误。

三、简答题

1. 【答案】

（1）不恰当。A注册会计师还需要评估通过直接访问被询证者网站的方式所获取信息的完整性、可靠性，并考虑实施其他审计程序以获取被询证项目充分、适当的审计证据。

(2) 不恰当。仅实施询问不足以获取充分、适当的审计证据，还应当进一步调查差异的原因。

(3) 不恰当。通过被审计单位转交的回函不能作为可靠的审计证据，可以要求被询证者直接书面回复。

(4) 不恰当。口头回复不能作为可靠的审计证据，A 注册会计师可以要求被询证者提供直接书面回复。

(5) 不恰当。该限制性条款影响回函的可靠性，A 注册会计师应当执行额外的或替代审计程序。

2. 【答案】

(1) 不恰当。应当将被询证者的名称、地址与被审计单位有关记录进行核对。

(2) 不恰当。应当将需要银行确认的信息与银行对账单进行核对后填列银行询证函。

(3) 不恰当。账面金额等于或高于 250 万元的应收账款项目应当实施函证，账面金额低于 250 万元的应收账款项目采用审计抽样，选取样本实施函证。

(4) 不恰当。应当采用一定的程序为电子形式的回函创造安全环境。

(5) 不恰当。替代程序不能提供所需的充分、适当的审计证据，A 注册会计师应当考虑未收到积极式询证函对审计工作和审计意见的影响。

第四章　审计抽样方法

本章考情分析

本章是重要的考试章节之一，最近五年平均考试分值超过6分。本章知识点除了在客观题中考查外，综合题中也会涉及。

本章需要大家重点掌握的知识点（含可能题型），归纳如下表。

序号	知识点	题型	难易程度
1	选取测试项目的方法	单选	易
2	审计抽样概念	单选、多选	中
3	审计抽样基本特征	多选、综合	中
4	样本代表性	单选	中
5	审计抽样适用范围	单选、多选	中
6	抽样风险	单选、多选	中
7	非抽样风险	单选、多选	中
8	统计抽样和非统计抽样	单选、多选	中
9	样本设计（控制测试）	单选、多选、综合	中
10	影响样本规模因素（控制测试）	单选、多选	中
11	选取样本并对其实施审计程序（控制测试）	单选	难
12	评价样本结果（控制测试）	单选、多选、综合	难
13	样本设计（细节测试）	多选	中
14	分层	单选、综合	中
15	影响样本规模因素（细节测试）	单选、综合	中
16	评价样本结果（细节测试）	多选、综合	难
17	货币单元抽样	单选、综合	中
18	传统变量抽样	单选、综合	中

2021 年教材主要变化

对个别文字修订。

本章考点框架

- 第四章
  - 审计抽样的相关概念
    - 选取测试项目的方法【易/低频】
    - 审计抽样概念【中/高频】
    - 抽样风险【中/高频】
    - 非抽样风险【中/高频】
    - 统计抽样和非统计抽样【中/中频】
    - 属性抽样和变量抽样【中/中频】
  - 审计抽样在控制测试中的应用
    - 样本设计阶段【中/中频】
    - 选取样本阶段【难/中频】
    - 评价样本结果阶段【难/中频】
  - 审计抽样在细节测试中的运用
    - 样本设计阶段【中/中频】
    - 货币单元抽样【中/中频】
    - 传统变量抽样【中/中频】
    - 细节测试中影响样本规模的因素【中/中频】
    - 非统计抽样示例（教材举例）【中/低频】
    - 统计抽样示例（教材举例）【中/低频】

本章重难点精讲

提示	本章节与前面章节在审计地图中所处的位置有所不同，本章介绍的是注册会计师在审计过程中获取审计证据的一种方法，即审计抽样方法。在财务报表审计过程中，审计抽样被运用于控制测试和细节测试。快扫听课二维码，助您“码”上通关

第一节　审计抽样的相关概念

本节视频详解
使用“会计云课堂”App/微信扫码听课

01 考点1 选取测试项目的方法（★）[1]

注册会计师选取测试项目的方法包括选取全部项目测试、选取特定项目测试和审计抽样，如图4-1所示。

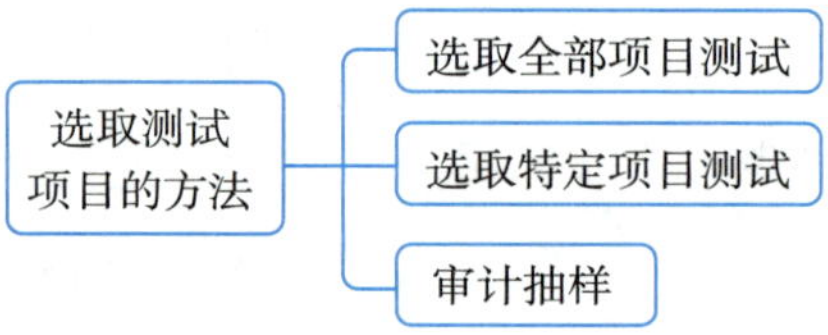

图4-1　选取测试项目的方法

选取测试项目的方法	适用类别	具体情形	主要特点
选取全部项目	细节测试	（1）总体由少量的大额项目构成，比如资本公积项目 （2）存在特别风险且其他方法未提供充分、适当的审计证据，比如期末人为调整的项目 （3）由于信息系统自动执行的计算或其他程序具有重复性，对全部项目进行检查符合成本效益原则，比如计算机辅助审计技术（教材5.4）选取全部项目进行测试	采用的是“一网打尽”方式，不属于审计抽样，不存在抽样风险
选取特定项目（有针对性）	控制测试和细节测试	（1）大额或关键项目，比如营业收入、商誉减值 （2）超过某一金额的全部项目，比如测试高估的应收账款时，选取超过实际执行重要性水平的应收账款明细账 （3）被用于获取某些信息的项目，比如关联方交易的营业收入 （4）被用于测试控制活动的项目，比如大额的支付审批	采用的是“有针对性”方式，不需要推断总体，不属于审计抽样，不存在抽样风险

[1] 为方便您在学习中可以快速了解知识点的重要程度，本书中将知识点进行分类。★★★代表重要知识点，★★代表次重要知识点，★代表非重要知识点。

续表

选取测试项目的方法	适用类别	具体情形	主要特点
审计抽样	控制测试和细节测试	测试总体中低于百分之百的项目（样本），得出总体的结论	存在抽样风险

经典题解

【例题 1·单选题】下列有关选取测试项目的方法的说法中，正确的是（　　）。

A. 从某类交易中选取特定项目进行检查构成审计抽样

B. 从总体中选取特定项目进行测试时，应当使总体中每个项目都有被选取的机会

C. 对全部项目进行检查，通常更适用于细节测试

D. 审计抽样更适用于控制测试

【解析】选项 A 错误，选取特定项目测试时，不能根据样本的结果推断总体，不属于审计抽样；选项 B 错误，选取特定项目测试是有针对性地选取项目，总体中并不是每个项目都有被选取的机会；选项 D 错误，审计抽样并非更适用于控制测试，审计抽样适用于控制测试或细节测试。

【答案】C

02 考点 2 审计抽样概念（★★★）

【导航】与“审计抽样”相关的有 5 组“彼此对应”的概念，即抽样风险与非抽样风险、信赖过度风险和信赖不足风险、误受风险和误拒风险、统计抽样和非统计抽样、属性抽样和变量抽样，如图 4-2 所示。

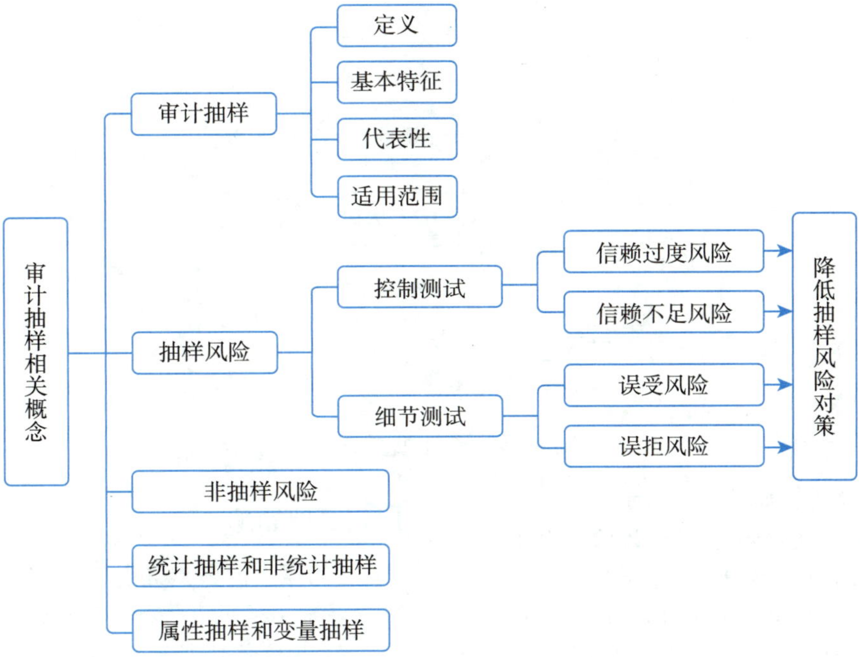

图 4-2　审计抽样相关概念

理解审计抽样的基础是其定义，同时需要从审计抽样基本特征展开，包括样本代表性及适用范围，归纳如下表。

审计抽样	具体内容	
	审计语言	关键点
定义	是指注册会计师对具有审计相关性的总体中低于百分之百的项目实施审计程序，使所有抽样单元都有被选取的机会，为注册会计师针对整个总体得出结论提供合理基础	审计相关性指与测试目标相关
基本特征	（1）对具有审计相关性的总体中低于百分之百的项目实施审计程序 （2）所有抽样单元都有被选取的机会 （3）可以根据样本项目的测试结果推断出有关抽样总体的结论	测试低于总体100%的项目但是得出总体项目的结论
代表性	代表性是指在既定的风险水平下，注册会计师根据样本得出的结论，与对整个总体实施与样本相同的审计程序得出的结论类似，具体包括： （1）样本具有代表性时，注册会计师才能根据样本项目的测试结果推断出有关总体的结论 （2）样本具有代表性并不意味着根据样本测试结果推断的错报一定与总体中的错报完全相同，如果样本的选取是无偏向的，该样本通常就具有了代表性 （3）代表性通常只与错报的发生率而非错报的特定性质相关	样本的代表性是审计抽样“浪漫的资本”
适用范围	（1）控制测试（控制的运行留下轨迹时） （2）细节测试	两种具体情形

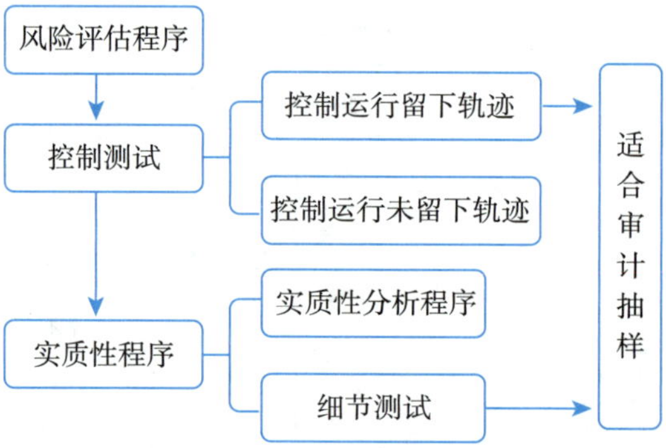

图4-3　审计抽样适用性

【看图说话】如图4-3所示：

（1）审计抽样不适用于风险评估程序，包括不适用于了解内部控制；

（2）不能简单地说审计抽样适用或不适用于“实质性程序”，审计抽样不适用于实质性分析程序，但适用于细节测试。

经典题解

【例题2·多选题】下列各项审计程序中，通常不采用审计抽样的有（　　）。

A. 风险评估程序

B. 控制测试

C. 实质性分析程序

D. 细节测试

【解析】审计抽样适用于控制测试（控制的运行留下轨迹时，即选项 B）和细节测试（选项 D），不适用于风险评估程序（选项 A 错误）和实质性分析程序（选项 C 错误）。

【答案】AC

03 考点 3 抽样风险（★★★）

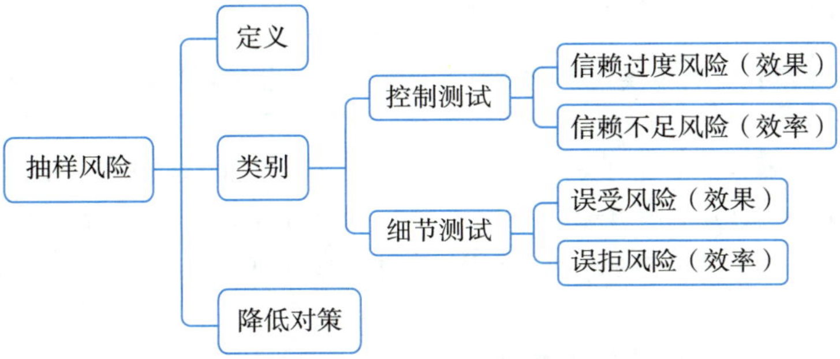

图 4-4 抽样风险

【看图说话】审计抽样测试目标（控制运行有效性和是否存在重大错报）决定控制测试和细节测试的抽样风险类别。抽样风险的定义、抽样风险的类别以及降低抽样风险的对策，归纳如下表。

抽样风险	具体内容	
	审计语言	关键点
定义	抽样风险是指注册会计师根据样本得出的结论，可能不同于如果对整个总体实施与样本相同的审计程序得出的结论的风险	“不靠谱”的成分不可避免
类别	控制测试中的抽样风险，包括： （1）信赖过度风险（推断的控制有效性高于其实际有效性的风险，影响审计效果） （2）信赖不足风险（推断的控制有效性低于其实际有效性的风险，影响审计效率）	“上当受骗”（信赖过度） “冤枉好人”（信赖不足）
	细节测试中的抽样风险，包括： （1）误受风险（推断某一重大错报不存在而实际上存在的风险，影响审计效果） （2）误拒风险（推断某一重大错报存在而实际上不存在的风险，影响审计效率）	“上当受骗”（误受） “冤枉好人”（误拒）
降低对策	注册会计师在控制测试或细节测试中，均可以通过扩大样本规模降低抽样风险	扩大范围降低“不靠谱”程度

【提示】归纳总结抽样风险对审计工作的影响。

审计测试类别	影响审计效果（“上当受骗”）	影响审计效率（“冤枉好人”）
控制测试	信赖过度风险	信赖不足风险
细节测试	误受风险	误拒风险

经典题解

【例题3·多选题】下列有关抽样风险的说法中，正确的有（　　）。

A. 误受风险和信赖不足风险影响审计效果

B. 误受风险和信赖过度风险影响审计效果

C. 误拒风险和信赖不足风险影响审计效率

D. 误拒风险和信赖过度风险影响审计效率

【解析】选项B正确，误受风险和信赖过度风险影响审计效果；选项C正确，误拒风险和信赖不足风险影响审计效率。

【答案】BC

04 考点4 非抽样风险（★★★）

（一）非抽样风险的定义

非抽样风险，是指注册会计师由于任何与抽样风险无关的原因而得出错误结论的风险。

【提示】非抽样风险是与“抽样风险”相对应的概念。抽样风险是由于注册会计师选取和测试低于总体100%项目导致的，而非抽样风险是人为因素造成的，与样本规模无关。

（二）可能导致非抽样风险的原因

导致原因	举例
选择了不适合于实现特定目标的审计程序	注册会计师通过实地查看固定资产来证实其所有权
选择的总体不适合于测试目标	确认应收账款的漏记（即完整性认定存在错报），注册会计师将应收账款明细账作为总体
未能适当地定义误差（包括控制偏差或错报），导致注册会计师未能发现样本中存在的偏差或错报	在测试现金支付授权控制的有效性时，未将签字人未得到适当授权的情况界定为控制偏差
未能适当地评价审计发现的情况	注册会计师错误解读审计证据可能导致没有发现误差；注册会计师对所发现误差的重要性的判断有误，从而忽略了性质十分重要的误差

（三）降低非抽样风险的对策

通过采取适当的质量管理政策和程序，对审计工作进行适当的指导、监督和复核，仔细设计审计程序，以及对审计实务的适当改进，注册会计师可以将非抽样风险降至可接受的水平。

【提示】非抽样风险与样本规模无关，不能通过扩大样本规模降低非抽样风险。

经典题解

【例题4·单选题】下列各项中，通常不会导致非抽样风险的是（　　）。

A. 注册会计师选择的总体不适合于测试目标

B. 注册会计师未能适当地定义误差

C. 注册会计师未对总体中的所有项目进行测试

D. 注册会计师未能适当地评价审计发现的情况

【解析】可能导致非抽样风险的原因主要包括下列情况：(1) 选择了不适合于实现特定目标的审计程序；(2) 选择的总体不适合于测试目标（选项 A）；(3) 未能适当地定义误差，导致注册会计师未能发现样本中存在的偏差或错报（选项 B）；(4) 未能适当地评价审计发现的情况（选项 D）。在审计抽样中，未对总体中的所有项目进行测试，属于导致抽样风险的原因（选项 C 错误）。

【答案】C

05 考点 5 统计抽样和非统计抽样（★★）

统计抽样和非统计抽样的比较

比较内容＼类型	统计抽样	非统计抽样
定义	统计抽样是指同时具备下列特征的抽样方法： (1) 随机选取样本项目 (2) 运用概率论评价样本结果，包括计量抽样风险	不同时具备统计抽样两个基本特征的抽样方法为非统计抽样
优点	(1) 客观地计量和精确地控制抽样风险 (2) 高效地设计样本 (3) 计量所获取证据的充分性 (4) 定量评价样本结果	(1) 操作简单，使用成本低 (2) 适合定性分析
缺点	(1) 需要特殊的专业技能，增加培训注册会计师的成本 (2) 单个样本项目要符合统计要求，可能需要支出额外的费用	无法量化抽样风险
相同点	(1) 选择统计抽样亦或是非统计抽样，主要考虑的是成本效益 (2) 在设计、选取和评价样本结果时均离不开职业判断 (3) 都是通过样本的结果（发现的错报或偏差率）推断总体的特征 (4) 只要运用得当，均能够获取充分、适当的审计证据 (5) 都能够通过扩大样本规模来降低抽样风险	

经典题解

【例题 5 · 单选题】下列有关统计抽样和非统计抽样的说法中，错误的是(　　)。

A. 注册会计师应当根据具体情况并运用职业判断，确定使用统计抽样或非统计抽样方法

B. 注册会计师在统计抽样与非统计抽样方法之间进行选择时主要考虑成本效益

C. 非统计抽样如果设计适当，也能提供

与统计抽样方法同样有效的结果

D. 注册会计师使用非统计抽样时，不需要考虑抽样风险

【解析】选项 D 错误，无论使用统计抽样还是非统计抽样均需要考虑抽样风险。

【答案】D

06 考点 6 属性抽样和变量抽样（★★）

属性抽样和变量抽样的比较

抽样方法	测试环节	测试特征和用途
属性抽样	控制测试	对总体中某一事件发生率得出结论的统计抽样方法，在审计中其最常见的用途是测试某一设定控制的偏差率
变量抽样	细节测试	对总体金额得出结论的统计抽样方法，在审计中其主要用途是测试错报金额

【提示】

（1）在控制测试中，注册会计师采用审计抽样得出的是控制运行偏差率，是属性抽样的本质特征。

（2）在细节测试中，注册会计师采用审计抽样得出的是总体错报金额，是变量抽样的本质特征。

（3）货币单元抽样是运用属性抽样的原理，得出总体错报金额的结论，不是单纯的属性抽样也不是单纯的变量抽样，属于综合属性变量抽样。

经典题解

【例题 6·单选题】下列抽样方法中，适用于控制测试的是（　　）。

A. 货币单元抽样　　B. 传统变量抽样

C. 属性抽样　　D. 变量抽样

【解析】选项 C 正确，属性抽样适用于控制测试；选项 B、D 均适用于细节测试；选项 A 中货币单元抽样是运用属性抽样原理得出总体错报金额的结论，适用于细节测试。

【答案】C

第二节　审计抽样在控制测试中的应用

本节视频详解

使用“会计云课堂” App/微信扫码听课

【导航】审计抽样在控制测试中的应用体现在“样本设计、选取样本和评价样本结果”3 大环节，如图 4-5 所示。

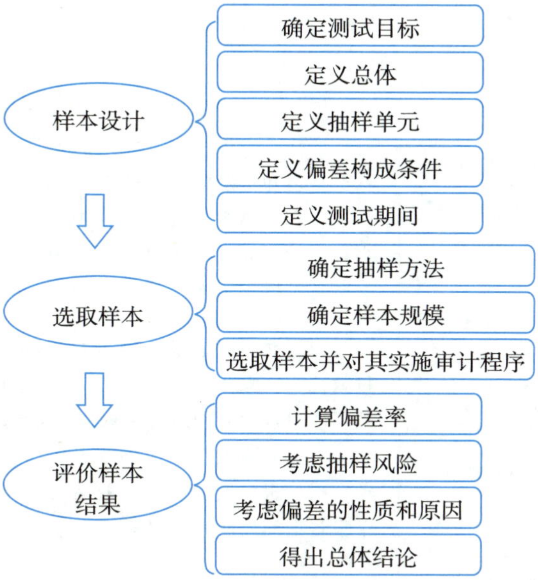

图 4-5　控制测试审计抽样“3 大环节、12 个步骤”

【看图说话】本节围绕“3 大环节”展开，分别回答审计抽样的三个核心问题，即抽什么（样本设计）？怎么抽（选取样本）？怎样通过样本得出总体结论（评价样本结果）？

01 考点 1 样本设计阶段（★★）

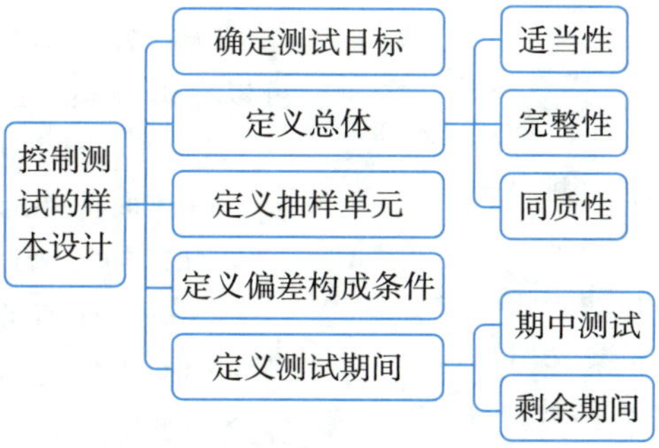

图 4-6　控制测试样本设计

【看图说话】控制测试中的样本设计解决的是“抽取什么样的样本”，包含上图的五个方面，其中重点是定义总体（适当性、完整性和同质性），难点是定义测试期间（跨章节，即教材 4.2 和教材 8.3）。

（一）确定测试目标

注册会计师实施控制测试的目标是提供关于控制运行有效性的审计证据，以支持计划的重大错报风险评估水平。

（二）定义总体

总体特征	相关含义	举例
适当性	总体应适合于特定的审计目标，包括适合于测试的方向	（1）为了测试所有发运商品均已开单的控制是否有效运行，注册会计师应当将所有已发运的项目作为总体，从发运凭证中追查至是否开具发票（教材9.2） （2）为了测试现金支付授权控制是否有效运行，注册会计师应当将已付款的现金支付凭证作为总体，从已经支付的凭证中追查至是否授权审批（教材12.3）
完整性	注册会计师应当从总体项目内容和涉及时间等方面确定总体的完整性	（1）从总体项目涉及内容来看，如果注册会计师从档案中选取付款证明，除非确信所有的付款证明都已归档，否则注册会计师不能对该期间的所有付款证明得出结论 （2）从总体项目涉及时间来看，如果注册会计师对某一控制活动在财务报告期间是否有效运行得出结论，总体应包括来自整个报告期间的所有相关项目
同质性	同质性是指总体中的所有项目应该具有同样的特征	如果被审计单位的出口和内销业务的处理方式不同，注册会计师应分别评价两种不同的控制情况，因此出现两个独立的总体

经典题解

【例题7·简答题·部分】 ABC会计师事务所负责审计甲公司2020年度财务报表，审计工作底稿中与内部控制相关的部分内容摘录如下：

（1）考虑到甲公司2020年机器设备的采购主要发生在12月份，审计项目组从12月固定资产采购中选取样本实施控制测试。

要求：

针对上述第（1）项指出审计项目组的做法是否恰当。如不恰当，简要说明理由。

【答案】 不恰当。控制测试的样本应当涵盖整个期间，否则抽样总体不完整。

（三）定义抽样单元

在控制测试中，抽样单元通常是能够提供控制运行证据的一份文件资料、一个记录或其中一行，每个抽样单元构成了总体中的一个项目。

（四）定义偏差构成条件

在控制测试中，偏差是指偏离对设定控制的预期执行。在评估控制运行的有效性时，注册会计师应当考虑其认为必要的所有环节。

（五）定义测试期间

注册会计师通常在期中实施控制测试。由于期中测试获取的证据只与控制截至期中测试时点的运行有关，注册会计师需要确定如何获取关于剩余期间的证据。注册会计师可以有两种做法：

1. 将测试扩展至在剩余期间发生的交易，以获取额外的证据

（1）初始测试。

注册会计师可能将总体定义为包括整个被审计期间的交易，但在期中实施初始测试。在这种情况下，注册会计师可能估计总体中剩余期间将发生的交易的数量，并在期末审计时对所有发生在期中测试之后的被选取交易进行检查。例如，如果被审计单位在当年的前10个月开具了编号从1到10000的发票，注册会计师可能估计，根据企业的经营周期，剩下两个月中将开具2500张发票；因此注册会计师在选取所需的样本时用1到12500作为编号。所选取的发票中，编号小于或等于10000的样本项目在期中审计时进

行检查，剩余的样本项目将在期末审计时进行检查。

（2）估计总体的特征。

在估计总体规模时，注册会计师可能考虑上年同期的实际情况、变化趋势以及经营性质等因素。在审计实务中，注册会计师可能高估或低估剩余项目的数量，如下表所示。

估计总体项目数量（编号从 1 到 12500）	高估或低估的特征	应对措施
高估剩余项目（编号未到 12500，比如，编号尾号是 12100）	年底时部分被选取的编号对应的交易没有发生	用其他交易代替
低估剩余项目（编号超过 12500，比如，编号尾号是 12580）	年底时一些交易将没有被选取的机会	重新定义总体，对未包含在重新定义总体中的项目，即对未包含的 80 笔实施替代程序

在许多情况下，注册会计师可能不需要等到被审计期间结束，就能得出关于控制的运行有效性是否支持其计划评估的重大错报风险水平的结论。在对选取的交易进行期中测试时，注册会计师发现的误差可能足以使其得出结论：即使在发生于期中测试以后的交易中未发现任何误差，控制也不能支持计划评估的重大错报风险水平。在这种情况下，注册会计师可能决定不将样本扩展至期中测试以后发生的交易，而是相应地修正计划的重大错报风险评估水平和实质性程序。

2. 不将测试扩展至在剩余期间发生的交易

在这种情况下，总体只包括从年初到期中测试日为止的交易，测试结果也只能针对这个期间进行推断，注册会计师可以使用替代方法测试剩余期间的控制有效性。

02 考点 2 选取样本阶段（★★）

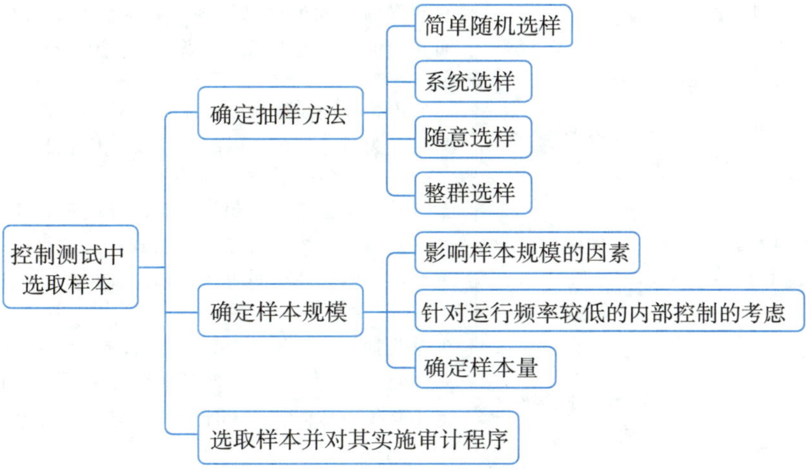

图 4-7　控制测试中选取样本

【看图说话】在控制测试中，注册会计师需要从确定抽样方法、确定样本规模以及对所选取样本实施审计程序三个方面来解决选取样本问题。其中，系统选样方法和影响样本规模的因素是考试重点。

（一）确定抽样方法

抽样方法的具体特点和适用要求，归纳如下表。

抽样方法	特点	适用要求
（1）简单随机选样	①相同数量的抽样单元组成的每种组合，被选取的概率都相等 ②使用计算机或随机数表获得所需的随机数，选取匹配的随机样本	在统计抽样和非统计抽样中均适用
（2）系统选样（考试重点）	需要确定选样间隔，每隔相同的间隔选取一个样本。步骤如下： ①计算选样间隔 选样间隔＝总体规模÷样本规模 ②在第1个间隔中确定选样随机起点 ③根据间隔顺序选取样本	在统计抽样（总体随机分布时）和非统计抽样中均适用
（3）随意选样	注册会计师要避免任何有意识的偏向或可预见性，从而保证总体中的所有项目都有被选中的机会，使选择的样本具有代表性	由于无法量化选取样本的概率，不适用于统计抽样，仅适用于非统计抽样
（4）整群选样	从总体中选取一群（或多群）连续的项目	通常不能在审计抽样中使用

（二）确定样本规模（控制测试中）

1. 影响样本规模的因素，归纳如下表

影响因素	与样本规模关系	具体内容
（1）可接受的信赖过度风险	反向	可接受的信赖过度风险越低，样本规模通常越大；反之，可接受的信赖过度风险越高，样本规模越小
（2）可容忍偏差率	反向	可容忍偏差率是注册会计师能够接受的最大偏差数量，如果偏差超过这一数量则减少或取消对内部控制的信赖
（3）预计总体偏差率	同向	预计总体偏差率不应超过可容忍偏差率，如果预期总体偏差率高得无法接受，意味着控制有效性很低，注册会计师通常决定不实施控制测试，而实施更多的实质性程序
（4）总体规模	影响几乎为零	通常将抽样单元超过2000个的总体视为大规模总体；对大规模总体而言，总体的实际容量对样本规模几乎没有影响，对小规模总体而言，审计抽样比其他选择测试项目的方法的效率低

续表

影响因素	与样本规模关系	具体内容
（5）其他因素		①控制运行的相关期间越长（年或季度），需要测试的样本越多 ②控制程序越复杂，测试的样本越多 ③通常对人工控制实施的测试要多过自动化控制 ④如果所测试的控制包含人工监督和参与，则通常比自动控制需要测试更多的样本

经典题解

【例题8·多选题】 下列各项中，直接影响控制测试样本规模的因素有（　　）。

A. 可容忍偏差率

B. 拟测试总体的预期偏差率

C. 控制所影响账户的可容忍错报

D. 可接受的信赖过度风险

【解析】 控制测试中直接影响样本规模的因素包括可接受的信赖过度风险（选项D）、可容忍偏差率（选项A）和预计总体偏差率等（选项B）。

【答案】 ABD

2. 针对运行频率较低的内部控制的考虑

注册会计师在测试控制运行频率较低的内部控制时，所需测试的样本数量可以借鉴下表所示的经验值。

控制运行频率和总体的规模	测试的样本数量
1次/季度（4）	2
1次/月度（12）	2~5
1次/半月（24）	3~8
1次/周（52）	5~15

如上表所示：

（1）一般情况下，样本规模接近表中样本数量区间的下限是适当的。

（2）如果控制发生变化，或曾经发现控制缺陷，样本规模更可能接近甚至超过表中样本数量区间的上限。

（3）如果拟测试的控制是针对相关认定的唯一控制，注册会计师往往可能需要测试比表中所列更多的样本。

3. 确定样本量

（1）使用统计抽样方法时，注册会计师必须对影响样本规模的因素进行量化，并利用根据统计公式开发的专门的计算机程序或专门的样本量表来确定样本规模。

（2）在非统计抽样中，注册会计师可以只对影响样本规模的因素进行定性的估计，并运用职业判断确定样本规模。

（三）选取样本并对其实施审计程序

在对选取的样本项目实施审计程序时可能出现以下几种情况：

样本情形	注册会计师采取的措施	理解要点
（1）无效单据	如果合理确信该单据无效是正常的，且不构成偏差，用另外的单据替代	如空白单据、作废单据
（2）未使用或不适用的单据	如果合理确信该单据未使用或该交易不适用且不构成控制偏差，要用另一笔交易替代该项目	类似无效单据
（3）对总体的估计出现错误	如果注册会计师高估了总体规模和编号范围，选取的样本中超出实际编号的所有数字都被视为未使用单据。在这种情况下，注册会计师要用额外的随机数代替这些数字，以确定对应的适当单据	由于高估总体，选取的样本超出了实际数据，单据未使用
（4）在结束之前停止测试	有时注册会计师可能在对样本的第一部分进行测试时发现大量偏差。注册会计师可能认为，即使在剩余样本中没有发现更多的偏差，样本的结果也不支持计划的重大错报风险评估水平。在这种情况下，注册会计师要重估重大错报风险并考虑是否有必要继续进行测试	对样本的第一部分进行测试时发现大量偏差
（5）无法对选取的项目实施检查	如果注册会计师无法对选取的项目实施计划的审计程序或适当的替代程序，就要考虑在评价样本时将该样本项目视为控制偏差。另外，注册会计师要考虑造成该限制的原因，以及该限制可能对其了解内部控制和评估重大错报风险产生的影响	被测试的控制只在部分样本单据上留下了运行证据，注册会计师无法对选取的项目实施计划的审计程序或适当的替代程序

03 考点3 评价样本结果阶段（★★）

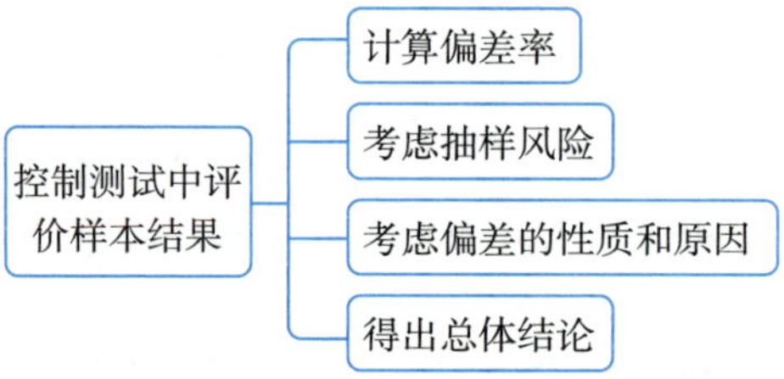

图4-8　控制测试中评价样本结果

【看图说话】在控制测试中，注册会计师需要根据样本的结果得出总体的结论，具体内容包括以下四个方面：

（一）计算偏差率

将样本中发现的偏差数量除以样本规模，就可以计算出样本偏差率。样本偏差率就是注册会计师对总体偏差率的最佳估计，因而在控制测试中无须另外推断总体偏差率，但注册会计师还必须考虑抽样风险。

（二）考虑抽样风险

1. 使用统计抽样方法

（1）使用统计公式评价样本结果。

总体偏差率上限＝风险系数（R）/样本量（n）

在统计抽样中，评价的标准是比较总体偏差率上限与可容忍偏差率的关系，如图 4-9 所示。

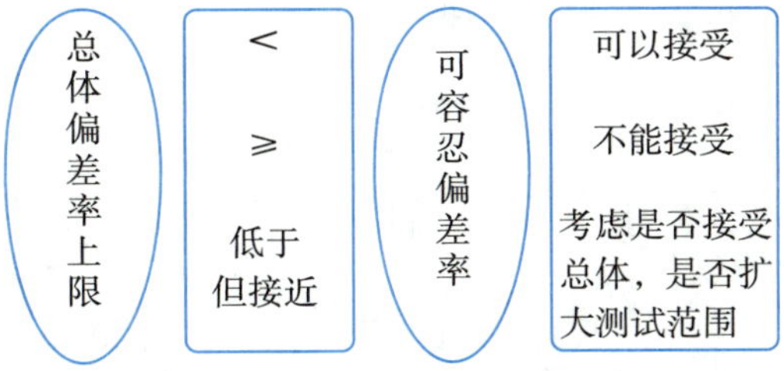

图 4-9 评价总体（统计抽样）

（2）控制测试时考虑抽样风险举例（统计抽样）。

情形一（结合教材举例的数据）：

注册会计师对 55 个样本项目实施了既定的审计程序，且未发现偏差，则在既定的可接受信赖过度风险（10%）下，根据样本结果计算总体偏差率上限如下：

总体偏差率上限 = 风险系数/样本量 = 2.3/55 = 4.18%

假设可容忍偏差率为 7%，注册会计师根据以上公式的计算结果（4.18% < 7%）可以得出以下结论：

①总体实际偏差率超过 4.18% 的风险为 10%，即有 90% 的把握保证总体实际偏差率不超过 4.18%；

②总体的实际偏差率超过可容忍偏差率的风险很小，总体可以接受；

③样本结果（4.18% < 7%）证实注册会计师对控制运行有效性的估计和评估的重大错报风险水平是适当的，因此注册会计师无需扩大实质性程序的范围，无需修改审计计划。

【提示】控制测试的目的是为了获取某项控制活动的运行是否有效的审计证据，以支持（或不支持）计划的重大错报风险评估水平。根据本例的结论（4.18%<7%），注册会计师可以形成以下判断，包括：

①所测试的该项控制运行是有效的；

②针对风险评估程序结论所设计的进一步审计程序（见教材 8.2）是恰当的，无需修改审计计划。

情形二（结合教材举例的数据）：

注册会计师对 55 个样本项目实施了既定的审计程序，发现 2 个偏差，则在既定的可接受信赖过度风险（10%）下，根据样本结果计算总体偏差率上限如下：

总体偏差率上限 = 风险系数/样本量 = 5.3/55 = 9.64%

假设可容忍偏差率为 7%，注册会计师根据以上公式的计算结果（9.64% > 7%）可以得出以下结论：

①总体实际偏差率超过 9.64% 的风险为 10%；

②在可容忍偏差率为 7% 的情况下，总体的实际偏差率超过可容忍偏差率的风险很大，总体不能接受；

③样本结果（9.64% > 7%）不支持注册会计师了解内部控制时预期控制运行有效性的结论，需要扩大实质性程序的范围，修改审计计划。

【提示】控制测试的目的是为了获取某项控制活动的运行是否有效的审计证据，以支持（或不支持）计划的重大错报风险评估水平。根据本例的结论（9.64%>7%），注册会计师可以形成以下判断，包括：

（1）所测试的该项控制运行是无效的；

（2）注册会计师可能扩大样本规模，测试替代控制或修改相关实质性程序（见教材 8.4），修改审计计划。

2. 使用非统计抽样方法

在非统计抽样中，样本偏差率等于样本中发现的偏差数量除以样本规模，即“总体偏差率的最佳点估计”。

在非统计抽样中，评价的标准是比较估计的总体偏差率（即样本偏差率）与可容忍偏差率的关系，如图4-10所示。

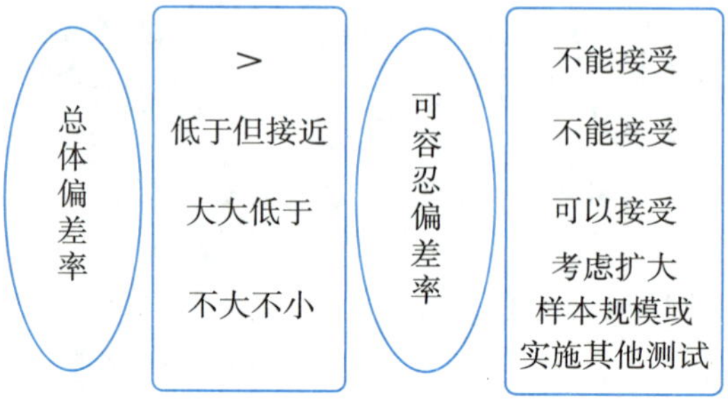

图4-10 评价总体（非统计抽样）

（三）考虑偏差的性质和原因

（1）除了关注偏差率和抽样风险之外，注册会计师还应当调查识别出的所有偏差的性质和原因，并评价其对审计程序的目的和审计的其他方面可能产生的影响。无论是统计抽样还是非统计抽样，对样本结果的定性评估和定量评估一样重要。即使样本的评价结果在可接受的范围内，注册会计师也应对样本中的所有控制偏差进行定性分析。

（2）如果注册会计师发现许多偏差具有相同的特征，如交易类型、地点、生产线或时期等，则应考虑该特征是不是引起偏差的原因，是否存在其他尚未发现的具有相同特征的偏差。此时，注册会计师应将具有该共同特征的全部项目划分为一层，并对层中的所有项目实施审计程序，以发现潜在的系统偏差。

（3）一般情况下，如果在样本中发现了控制偏差，注册会计师有两种处理办法：一是扩大样本规模，以进一步收集证据。二是认为控制没有有效运行，样本结果不支持计划的控制运行有效性和重大错报风险的评估水平，因而提高重大错报风险评估水平，增加对相关账户的实质性程序。

（4）分析偏差的性质和原因时，注册会计师还要考虑已识别的偏差对财务报表的直接影响。控制偏差虽然增加了金额错报的风险，但并不一定导致财务报表中的金额错报。如果某项控制偏差更容易导致金额错报，该项控制偏差就更加重要。

（四）得出总体结论

在计算偏差率，考虑抽样风险，分析偏差的性质和原因之后，注册会计师需要运用职业判断得出总体结论。如果样本结果及其他相关审计证据支持计划评估的控制有效性，从而支持计划的重大错报风险评估水平，注册会计师可能不需要修改计划的实质性程序。

如果样本结果不支持计划的控制运行有效性和重大错报风险的评估水平，注册会计师通常有两种选择：

（1）进一步测试其他控制（如补偿性控制），以支持计划的控制运行有效性和重大错报风险的评估水平；

（2）提高重大错报风险评估水平，并相应修改计划的实质性程序的性质、时间安排和范围。

第三节　审计抽样在细节测试中的运用

本节视频详解
使用“会计云课堂”App/微信扫码听课

【导航】审计抽样在细节测试中的运用体现在“样本设计、选取样本和评价样本结果”3大环节，如图4-11所示。

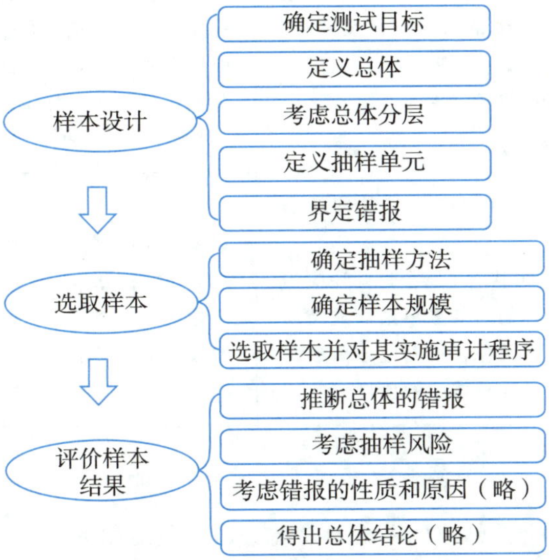

图4-11　细节测试审计抽样“3大环节、11个步骤”

【看图说话】本节围绕“3大环节”展开，分别回答审计抽样的三个核心问题，即抽什么（样本设计）？怎么抽（选取样本）？怎样通过样本得出总体结论（评价样本结果）？

01 考点1 样本设计阶段（★★）

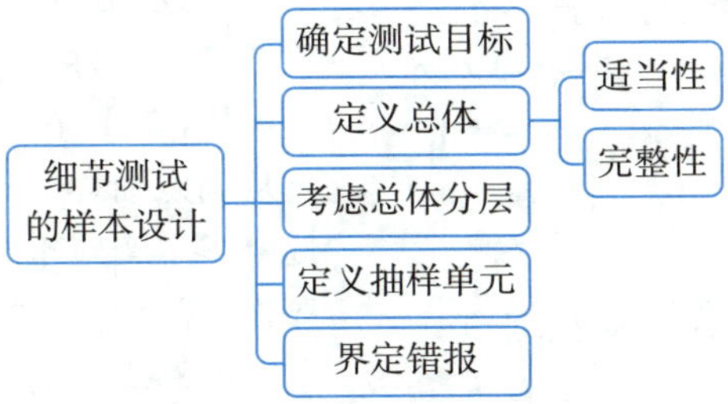

图4-12　细节测试的样本设计

【看图说话】细节测试中的样本设计解决的是“抽取什么样的样本”，包含上图的五个方面，其中重点是定义总体（适当性、完整性）。

（一）确定测试目标

从总体中选取样本，根据样本结果推断总体，提供有关财务报表金额的一项或多项认定是否存在重大错报的结论。

（二）定义总体

总体特征	相关含义	举例
适当性	（1）注册会计师应确信抽样总体适合于特定的审计目标（认定） （2）不同性质的交易可能导致借方余额、贷方余额和零余额多种情况并存，注册会计师需要根据风险、相关认定和审计目标进行不同的考虑	（1）测试应付账款的高估（与存在认定相关），注册会计师应将应付账款明细表定义为总体 （2）测试应付账款的低估（与完整性认定相关），注册会计师可以将期后付款记录、未付款的发票、供货商的对账单、没有销售发票对应的收货报告，或能提供低估应付账款的审计证据的其他项目定义为总体，而不应将应付账款明细表定义为总体
完整性	（1）总体的完整性包括代表总体的实物的完整性 （2）在细节测试中，注册会计师还应当运用职业判断，判断某账户余额或交易类型中是否存在及存在哪些应该单独测试而不能放在抽样总体中的项目	在审计抽样时，销售收入和销售成本通常被视为两个独立的总体。为了减少样本量而仅将毛利率作为一个总体是不恰当的，因为收入错报并非总能被成本错报抵销，反之亦然

（三）考虑总体分层

在细节测试中，注册会计师可能考虑对总体分层，归纳如下表。

考虑事项	具体要求和内容
适用情形	传统变量抽样需要考虑对总体分层，货币单元抽样无须再考虑对总体分层（因为货币单元构成的总体消除了变异性）
分层作用	降低总体变异性，在抽样风险没有成比例增加的前提下减小样本规模，提高审计效率

（四）定义抽样单元

在细节测试中，抽样单元可能是一个账户余额、一笔交易或交易中的一个记录（如销售发票中的单个项目），甚至是每个货币单元。

（五）界定错报

在细节测试中，注册会计师应根据审计目标界定错报。

02 考点 2 货币单元抽样（★★）

【导航】在细节测试中，注册会计师需要从确定抽样方法、确定样本规模以及对所选取样本实施审计程序三个方面来解决“选取样本问题”。如图 4-13 所示。

但是从备考学习的角度，重点内容包括：货币单元抽样【考点 2】、传统变量抽样【考点 3】和细节测试中影响样本规模的因素【考点 4】。

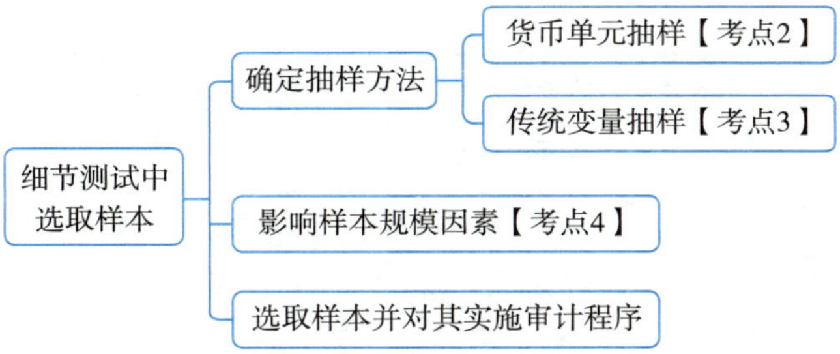

图 4-13　细节测试中选取样本

（一）货币单元抽样的定义

货币单元抽样是一种运用属性抽样原理对货币金额而不是对发生率得出结论的统计抽样方法，它是概率比例规模抽样方法的分支，有时也被称为金额单元抽样、累计货币金额抽样以及综合属性变量抽样等。

【举例】假定被审计单位有 12 个应收账款明细账，如下表所示。

应收账款总体表

金额单位：元

应收账款明细账项目（逻辑单元）	账面金额	累计合计数	相关的货币单元
1	357	357	1～357
2	1281	1638	358～1638
3	60	1698	1639～1698
4	573	2271	1699～2271
5	691	2962	2272～2962
6	143	3105	2963～3105
7	1425	4530	3106～4530
8	278	4808	4531～4808
9	942	5750	4809～5750
10	826	6576	5751～6576
11	404	6980	6577～6980
12	396	7376	6981～7376

【提示】在货币单元抽样中，将“应收账款明细账项目”称为“逻辑单元”，上表的 12 个逻辑单元账面金额累计数（7376）称为“总体”。

假如注册会计师采用计算机程序随机生成的 4 个数字是：6586、1756、856、6799，则包含这些随机金额的总体中的逻辑单元需由相关的货币单元栏确定。通过货币单元找到需要测试的逻辑单元，具体情况如下表。

金额单位：元

样本序号	随机数	包含随机数的货币单元	被选取的逻辑单元	需测试的账面金额
1	6586	6577～6980	11	404
2	1756	1699～2271	4	573
3	856	358～1638	2	1281
4	6799	6577～6980	11	404

如上表，有2个随机数6586和6799对应的项目均为11，但在统计上仍视为2个样本项目（仅需审计一次），样本中的项目总数也仍然是4个。

（二）货币单元抽样的优点

（1）货币单元抽样以属性抽样原理为基础，注册会计师可以很方便地计算样本规模和评价样本结果，因而通常比传统变量抽样更易于使用；

（2）货币单元抽样在确定所需的样本规模时无须直接考虑总体的特征（如变异性），因为总体中的每一个货币单元都有相同的规模，而传统变量抽样的样本规模是在总体项目共有特征的变异性或标准差的基础上计算的；

（3）货币单元抽样中，项目被选取的概率与其货币金额大小成比例，因而无需通过分层减少变异性，而传统变量抽样通常需要对总体进行分层以减小样本规模；

（4）在货币单元抽样中使用系统选样法选取样本时，如果项目金额等于或大于选样间距，货币单元抽样将自动识别所有单个重大项目，即该项目一定会被选中；

（5）如果注册会计师预计不存在错报，货币单元抽样的样本规模通常比传统变量抽样方法更小；

（6）货币单元抽样的样本更容易设计，且可在能够获得完整的最终总体之前开始选取样本。

（三）货币单元抽样的缺点

（1）货币单元抽样不适用于测试总体的低估，因为账面金额小但被严重低估的项目被选中的概率低，如果在货币单元抽样中发现低估，注册会计师在评价样本时需要特别考虑；

（2）对零余额或负余额的选取需要在设计时予以特别考虑，例如，如果准备对应收账款进行抽样，注册会计师可能需要将贷方余额分离出去，作为一个单独的总体，如果检查零余额的项目对审计目标非常重要，注册会计师需要单独对其进行测试，因为零余额的项目在货币单元抽样中不会被选取；

（3）当发现错报时，如果风险水平一定，货币单元抽样在评价样本时可能高估抽样风险的影响，从而导致注册会计师更可能拒绝一个可接受的总体账面金额；

（4）在货币单元抽样中，注册会计师通常需要逐个累计总体金额，以确定总体是否完整并与财务报表一致，不过如果相关会计数据以电子形式储存，就不会额外增加大量的审计成本；

（5）当预计总体错报的金额增加时，货币单元抽样所需的样本规模也会增加，这种情况下，货币单元抽样的样本规模可能大于传统变量抽样所需的规模。

经典题解

【例题9·综合题·部分】 上市公司甲集团公司是ABC会计师事务所的常年审计客户，主要从事化工产品的生产和销售。A注册会计师负责审计甲集团公司2020年度财务报表，集团财务报表整体的重要性为500万元。

资料四：

A注册会计师在审计工作底稿中记录了审计程序的执行情况，部分内容摘录如下：

（1）甲集团公司的销售费用存在低估风险，预计错报率低于10%，总体规模在2000以上，A注册会计师采用货币单元抽样方法对销售费用实施了细节测试。

要求：

针对资料四第（1）项，假定不考虑其他条件，指出A注册会计师的做法是否恰当。如不恰当，简要说明理由。

【答案】

事项序号	是否恰当（是/否）	理由
（1）	否	货币单元抽样不适用于测试低估

（四）采用系统选样法选取样本

【举例】在应收账款明细账户中，账户A1、A2、A3、A4、A5……的账面金额分别为200元、150元、350元、100元、700元……，如果注册会计师确定的选样间隔为300元，然后从1~300元（含300元）之间选择一个随机起点，比如选第150元为随机起点，则随后挑选出来的样本依次为：第450元（150+300）、第750元（450+300）、第1050元（750+300）、第1350元（1050+300）……注册会计师将对其实施检查的逻辑单元分别为账户A1（包含第150元）、A3（包含第450元）、A4（包含第750元）、A5（包含第1050元和第1350元）……，如下表所示。

系统选样法选取应收账款逻辑单元

金额单位：元

账户（逻辑单元）	账面金额	货币区间	选样间隔与随机起点	所选样本号码
A1	200	1~200	选样间隔为300元，随机起点为第150元	第150元（随机起点） 第450元（150+300） 第750元（450+300） 第1050元（750+300） 第1350元（1050+300）
A2	150	201~350		
A3	350	351~700		
A4	100	701~800		
A5	700	801~1500		
……				

【提示】如上表所示，我们可以归纳总结如下：

（1）如果逻辑单元的账面金额大于或等于选样间隔，该项目一定会被挑选出来，比如逻辑单元A3和A5，就一定会被挑选出来；

（2）如果逻辑单元的账面金额是选样间隔的数倍，该项目将不止一次地被挑选出来，比如逻辑单元A5，就有两次被选取的机会，这种情况下，最终选取的逻辑单元数量小于确定的样本规模；

（3）为简化样本评价工作，注册会计师可能对账面金额大于或等于选样间隔的项目实施100%的检查，而不将其纳入抽样总体。

（五）推断总体的错报

（1）如果逻辑单元的账面金额大于或等于选样间隔，推断的错报就是该逻辑单元的实际错报金额；

（2）如果逻辑单元的账面金额小于选样间隔，注册会计师首先计算存在错报的所有逻辑单元的错报百分比，这个百分比就是整个选样间隔的错报百分比（因为每一个被选取的货币单元都代表了整个选样间隔中的所有货币单元），再用这个错报百分比乘以选样间隔，得出推断错报的金额；

（3）将所有这些推断错报汇总后，再加上在金额大于或等于选样间隔的逻辑单元中发现的实际错报，注册会计师就能计算出总体的错报金额。

【举例】假如注册会计师确定的选样间隔是3000元，如果在样本中发现了3个高估错报，项目的账面金额分别为100元、200元和5000元，审定金额分别为0元、150元和4000元，相关情况如下表。

推断的错报

金额单位：元

账户（逻辑单元）	账面金额	审定金额	错报金额	错报百分比（%）	选样间隔	推断错报
A1	100	0	100	100	3000	3000（1）
A2	200	150	50	25	3000	750（2）
A3	5000	4000	1000	不适用	不适用	1000（3）
合计						4750（4）

【提示】如上表推断错报（最右栏）。

（1）逻辑单元（A1）的账面金额（100）小于选样间隔（3000），错报百分比为100%，推断的错报金额是3000元（100%×3000）；

（2）逻辑单元（A2）的账面金额（200）小于选样间隔（3000），错报百分比为25%，推断的错报金额是750元（25%×3000）；

（3）逻辑单元（A3）的账面金额（5000）大于选样间隔（3000），即推断的错报金额就是该逻辑单元的实际错报金额1000元（5000−4000）；

（4）注册会计师推断的错报金额为4750元（100%×3000+25%×3000+1000）。

（六）计算总体错报的上限（货币单元抽样）

在货币单元抽样中，注册会计师通常使用保证系数（查表，见教材表4-10），考虑抽样风险的影响，计算总体错报的上限。

货币单元抽样评价样本结果时的保证系数

高估错报的数量	误受风险								
	5%	10%	15%	20%	25%	30%	35%	37%	50%
0	3.00	2.31	1.90	1.61	1.39	1.21	1.05	1.00	0.70
1	4.75	3.89	3.38	3.00	2.70	2.44	2.22	2.14	1.68
2	6.30	5.33	4.73	4.28	3.93	3.62	3.35	3.25	2.68
3	7.76	6.69	6.02	5.52	5.11	4.77	4.46	4.35	3.68

计算总体错报的上限的具体情形如下：

（1）如果在样本中没有发现错报，总体错报的上限=保证系数×选样间隔。

例如，如果误受风险为5%，选样间隔为3000元，注册会计师没有在样本中发现错报，总体错报的上限为保证系数×选样间隔，即9000元（3×3000），此时总体错报的上限也被称作“基本精确度”。

（2）如果在账面金额大于或等于选样间隔的逻辑单元中发现了错报，无论该错报的百分比是否为100%，总体错报的上限=事实错报+基本精确度。

例如，如果误受风险为5%，选样间隔为3000元，注册会计师在样本中发现1个错报，该项目的账面金额为5000元，审定金额为4000元，总体错报的上限=事实错报+基本精确度=10000元（1000+3×3000）。

如果某一个项目（即逻辑单元）审计前的账面金额大于或等于选样间隔，该项目（即逻辑单元）存在的错报为“事实错报”。

（3）如果在样本（排除账面金额大于或等于选样间隔的逻辑单元）中发现了错报百分比为100%的错报，总体错报的上限=保证系数×选样间隔。

例如，如果误受风险为5%，选样间隔为3000元，注册会计师在样本中发现1个错报，该项目的账面金额为20元，审定金额为0元，此时错报百分比为100%，查表（教材表4-10）确定的保证系数为4.75，则总体错报的上限=保证系数×选样间隔=14250元（4.75×3000）。

（4）如果在样本（排除账面金额大于或等于选样间隔的逻辑单元）中发现了错报百分比低于100%的错报，注册会计师先计算推断错报，再将推断错报按金额降序排列后，分别乘以对应的保证系数增量（即在既定的误受风险水平下，特定数量的高估错报所对应的保证系数与上一行保证系数之间的差异），加上基本精确度之后，最终计算出总体错报的上限。总体错报的上限=推断错报×保证系数的增量+基本精确度。

例如，如果误受风险为5%，选样间隔为3000元，注册会计师在样本中发现2个错报，账户A的账面金额为2000元，审定金额为1500元，推断错报为750元（500÷2000×3000）；账户B的账面金额为1000元，审定金额为200元，推断错报为2400元（800÷1000×3000）。

如下表所示：注册会计师将推断错报按金额降序排列后，在5%的误受风险水平下（源自教材表4-10），账户A对应的保证系数增量为1.55，账户B对应的保证系数增量为1.75。因此，总体错报的上限为：（500÷2000×3000）×1.55+（800÷1000×3000）×1.75+3×3000=14363（元）（保留了整数）。

注册会计师发现了错报百分比低于100%的错报时，推断总体错报如下表（保留整数）。

推断总体错报上限

金额单位：元

账户（逻辑单元）	账面金额	审定金额	错报百分比（%）	保证系数增量（教材表4-10）	总体错报的上限
B	1000	200	80%	1.75（4.75-3.00）	4200（1）
A	2000	1500	25%	1.55（6.30-4.75）	1163（2）
基本精确度					9000（3）
总体错报的上限（合计）					14363（4）

【提示】如上表总体错报的上限（最右栏）。

（1）第1个错报对总体错报的增量：[（1000－200）÷1000]×3000×（4.75－3.00）＝4200（元）。

（2）第2个错报对总体错报的增量：[（2000－1500）÷2000]×3000×（6.30－4.75）＝1163（元）。

（3）基本精确度：3×3000＝9000（元）。

（4）总体错报的上限合计：4200+1163+9000＝14363（元）。

（七）评价样本结果

在货币单元抽样中，注册会计师将总体错报的上限与可容忍错报进行比较。如果总体错报的上限小于可容忍错报，注册会计师可以初步得出结论，样本结果支持总体的账面金额。

03 考点3 传统变量抽样（★★）

（一）传统变量抽样的定义

传统变量抽样运用正态分布理论，根据样本结果推断总体的特征。传统变量抽样涉及难度较大、较为复杂的数学计算，注册会计师通常使用计算机程序确定样本规模，一般不需懂得这些方法所用的数学公式。

（二）传统变量抽样的优点

（1）如果账面金额与审定金额之间存在较多差异，传统变量抽样可能只需较小的样本规模就能满足审计目标；

（2）注册会计师关注总体的低估时，使用传统变量抽样比货币单元抽样更合适；

（3）需要在每一层追加选取额外的样本项目时，传统变量抽样更易于扩大样本规模；

（4）对零余额或负余额项目的选取，传统变量抽样不需要在设计时予以特别考虑。

（三）传统变量抽样的缺点

（1）传统变量抽样比货币单元抽样更复杂，注册会计师通常需要借助计算机程序；

（2）在传统变量抽样中确定样本规模时，注册会计师需要估计总体特征的标准差，而这种估计往往难以作出，注册会计师可能利用以前对总体的了解或根据初始样本的标准差进行估计；

（3）如果存在非常大的项目，或者在总体的账面金额与审定金额之间存在非常大的差异，而且样本规模比较小，正态分布理论可能不适用，注册会计师更可能得出错误的结论；

（4）如果几乎不存在错报，传统变量抽样中的差额法和比率法将无法使用。

（四）传统变量抽样常见的方法

方法	计算公式
均值法	样本审定金额的平均值＝样本审定金额÷样本规模 估计的总体金额＝样本审定金额的平均值×总体规模 推断的总体错报＝总体账面金额－估计的总体金额
差额法	样本平均错报＝（样本账面金额－样本审定金额）÷样本规模 推断的总体错报＝样本平均错报×总体规模 估计的总体金额＝总体账面金额－推断的总体错报
比率法	比率＝样本审定金额÷样本账面金额 估计的总体金额＝总体账面金额×比率 推断的总体错报＝总体账面金额－估计的总体金额

【提示】关于均值法、差额法和比率法的适用条件需要大家归纳总结。

(1) 如果未对总体进行分层，注册会计师通常不使用均值法。

(2) 如果预计没有差异或只有少量差异，就不应使用差额法和比率法。

(3) 如果发现错报金额与项目金额紧密相关，注册会计师通常会选择比率法。

(4) 如果发现错报金额与项目数量紧密相关，注册会计师通常会选择差额法。

经典题解

【例题 10·简答题】A 注册会计师负责审计甲公司 2020 年度财务报表。在针对存货实施细节测试时，A 注册会计师决定采用传统变量抽样方法实施统计抽样。甲公司 2020 年 12 月 31 日存货账面余额合计为 15000 元。A 注册会计师确定的总体规模为 3000，样本规模为 200，样本账面余额合计为 1200 元，样本审定金额合计为 800 元。

要求：

如果 A 注册会计师分别采用均值法、差额法和比率法三种方法计算推断的总体错报金额，推断的总体错报分别是多少元。

【答案】

(1) 均值法。

样本审定金额的平均值 = 样本审定金额 ÷ 样本规模 = 800÷200 = 4（元）;

估计的总体金额 = 样本审定金额的平均值×总体规模 = 4×3000 = 12000（元）;

推断的总体错报 = 总体账面金额 − 估计的总体金额 = 15000 − 12000 = 3000（元）。

(2) 差额法。

样本平均错报 = (样本账面金额 − 样本审定金额) ÷ 样本规模 = (1200 − 800) ÷ 200 = 2(元);

推断的总体错报 = 样本平均错报×总体规模 = 2×3000 = 6000（元）。

(3) 比率法。

比率 = 样本审定金额 ÷ 样本账面金额 = 800÷1200 = 2/3;

估计的总体金额 = 总体账面金额×比率 = 15000×2/3 = 10000（元）;

推断的总体错报 = 总体账面金额 − 估计的总体金额 = 15000 − 10000 = 5000（元）。

04 考点 4 细节测试中影响样本规模的因素（★★）

细节测试中影响样本规模的因素，归纳如下表。

影响因素	与样本规模的关系
可接受的误受风险	反向变动
可容忍错报	反向变动
预计总体错报	同向变动
总体规模	影响很小
总体的变异性（货币单元抽样除外）	同向变动

【提示】在货币单元抽样中，每一个抽样单元是由每一元构成，总体不具有变异性，无须再考虑分层；但传统变量抽样中，总体具有变异性，需要考虑分层。

经典题解

【例题 11·单选题】下列有关样本规模的说法中，正确的是(　　)。

A. 在控制测试中，注册会计师确定的可

容忍偏差率越低，样本规模越小

B. 在细节测试中，总体规模越大，注册会计师确定的样本规模越大

C. 在既定的可容忍偏差率下，注册会计师预计总体偏差率越大，样本规模越大

D. 注册会计师通常愿意接受的抽样风险越高，样本规模越大

【解析】选项A错误，在控制测试中，可容忍偏差率与样本规模是反向变动的关系；选项B错误，在细节测试中，总体规模较大的情况下，对样本规模的影响很小；选项D错误，无论是控制测试还是细节测试，可接受的抽样风险越高，样本规模越小。

【答案】C

【例题12·单选题】下列有关细节测试样本规模的说法中，错误的是(　　)。

A. 总体项目的变异性越低，通常样本规模越小

B. 当总体被适当分层时，各层样本规模的汇总数通常等于在对总体不分层的情况下确定的样本规模

C. 当误受风险一定时，可容忍错报越低，所需的样本规模越大

D. 对于大规模总体，总体的实际规模对样本规模几乎没有影响

【解析】选项B错误，在实施细节测试时，当总体被适当分层，各层样本规模的汇总数通常小于不对总体分层确定的样本规模(分层可以降低每一层中项目的变异性，从而在抽样风险没有成比例增加的前提下减少样本规模，提高审计效率)。

【答案】B

05 考点5 非统计抽样示例（教材举例）（★）

A注册会计师负责审计甲公司2020年度财务报表。截至2020年12月31日，应收账款共有935个明细账户，其中：有期末借方余额的有905个明细账户，账面金额为4250000元；有期末贷方余额的有30个明细账户，账面金额为5000元。注册会计师计划采用非统计抽样方法，通过函证测试应收账款是否存在重大错报（与应收账款存在认定相关）。

（一）抽样总体

对应收账款项目实施抽样的总体为900个明细账户（单独测试30个贷方账户，另外5个借方账户被视为单个重大项目，账面金额共计500000元），审计前金额为3750000元，如下表所示。

应收账款项目分类

金额单位：元

项目分类	项目数量	总金额（元）
贷方账户（单独测试）	30	5000
单个重大项目（100%检查）	5	500000
抽样总体	900	3750000
合计	935	4250000

【提示】因为贷方账户涉及重分类调整，对应收账款的测试不需考虑，因此本表合计金额中不包含贷方账户金额。

（二）抽样单元

注册会计师定义的抽样单元是每个应收账款明细账户。

（三）分层

考虑到所测试的应收账款项目（即总体）的变异性，注册会计师根据应收账款各明细账账户的账面金额，将总体分成两层，如下表所示。

样本分层表

金额单位：元

层次	层账面总额（元）	层账户数量（个）	层样本规模（个）
第 1 层	2500000	250	58
第 2 层	1250000	650	28
合计	3750000	900	86

（四）确定样本量（运用“查表法”）

假设可接受的误受风险为 10%，可容忍的错报为 150000 元，预计的总体错报为 30000 元。根据教材表 4-8，当可接受的误受风险为 10%，可容忍的错报与总体账面金额之比为 4%，预计总体错报与可容忍错报之比为 20%时，样本量为 86。

样本规模（教材表 4-8）

误受风险	预计总体错报与可容忍错报之比	可容忍错报与总体账面金额之比									
		50%	30%	10%	8%	6%	5%	4%	3%	2%	1%
10%	—	5	8	24	29	39	47	58	77	116	231
10%	0.20	7	12	35	43	57	69	86	114	171	341
10%	0.30	9	15	44	55	73	87	109	145	217	433
10%	0.40	12	20	58	72	96	115	143	191	286	572

【提示】注册会计师运用职业判断和经验，认为 86 样本规模是适当的，不需要调整。注册会计师根据各层账面金额在总体账面金额中的占比大致分配样本，从第一层选取 58 个项目，从第二层选取 28 个项目。

（五）对样本实施函证

注册会计师对 91 个账户（86 个样本加上 5 个单个重大项目）逐一实施函证程序，收到了 80 个询证函回函。注册会计师对没有收到回函的 11 个账户实施了替代程序，认为能够合理保证这些账户不存在错报。在收到回函的 80 个账户中，有 4 个存在高估，注册会计师对其作了进一步调查，确定只是笔误导致，不涉及舞弊等因素。错报情况如下表所示。

错报汇总（教材表 4-11）

金额单位：元

账户	总体账面金额	样本账面金额	样本审定金额	样本错报金额
单个重大账户	500000	500000	499000	1000
第 1 层	2500000	739000	738700	300
第 2 层	1250000	62500	62350	150
合计	4250000	1301500	1300050	1450

【提示】为方便汇总错报，此表将单个重大账户一并纳入。但实际上，注册会计师需要对单个重大账户实施100%的检查。

（六）计算各层样本错报

根据各层的样本错报推断各层的错报金额，如下表所示（保留整数）。

样本错报汇总

金额单位：元

层	层账面总额	层样本账面总额	层样本错报额	层错报额
第1层	2500000	739000	300	1015
第2层	1250000	62500	150	3000
合计	3750000	801500	450	4015

【提示】层错报额＝层样本错报额÷层样本账面总额×层账面总额。

（七）推断总体错报

分层推断的错报，再加上实施100%检查的单个重大账户中发现的错报，注册会计师推断的应收账款期末高估错报总额为5015元（1000+1015+3000）。

（八）评价抽样结果

假设甲公司管理层同意更正1450元的事实错报，因此，剩余的推断错报为3565元（5015－1450）。剩余的推断错报（3565元）远远低于可容忍错报（150000元），注册会计师认为应收账款总体实际错报金额超过可容忍错报的抽样风险很低，因而总体可以接受。

注册会计师得出结论，样本结果支持应收账款账面金额。不过，注册会计师还应将剩余的推断错报与其他事实错报和推断错报汇总，以评价财务报表整体是否可能存在重大错报。

06 考点6 统计抽样示例（教材举例）（★）

A注册会计师负责审计甲公司2020年度财务报表。截至2020年12月31日，应收账款共有602个明细账户，其中：期末借方余额的有600个明细账户，账面金额为2300000元；期末贷方余额的有2个明细账户，账面金额为3000元。注册会计师计划采用货币单元抽样法，通过函证测试应收账款是否存在重大错报（与应收账款存在认定相关）。

（一）抽样总体

对应收账款项目实施抽样的总体为594个明细账户（单独测试2个贷方账户，另有6个借方账户被视为单个重大项目，账面金额共计300000元），审计前金额为2000000元，如下表所示。

应收账款项目分类

金额单位：元

项目分类	项目数量	总金额
贷方账户（单独测试）	2	3000
重大项目（100%检查）	6	300000
抽样总体	594	2000000
合计	602	2300000

【提示】因为贷方账户涉及重分类调整，对应收账款的测试不需考虑，因此本表合计金额中不包含贷方账户金额。

（二）抽样单元

注册会计师定义的抽样单元是每个货币单元。

（三）确定样本量（运用“查表法”）

假设可接受的误受风险为10%，可容忍的错报为40000元，预计的总体错报为8000元。根据教材表4-8，当可接受的误受风险为10%，可容忍的错报与总体账面金额之比为2%，预计总体错报与可容忍错报之比为20%时，样本量为171。

（四）选取样本（系统选样法）

选样间隔为：2000000÷171≈11695。

注册会计师对171个账户（上述6个单个重大项目和2个贷方账户已单独测试，未发现错报）逐一实施函证程序，收到了155个询证函回函。注册会计师对没有收到回函的16个账户实施了替代程序，认为能够合理保证这些账户不存在错报。在收到回函的155个账户中，有4个存在高估，注册会计师对其作了进一步调查，确定只是笔误导致，不涉及舞弊等因素。

（五）推断错报

根据样本的错报，推断错报汇总，如下表所示（保留整数）。

推断错报汇总（教材表4-12）

金额单位：元

账户（逻辑单元）	账面金额	审定金额	错报金额	错报百分比（%）	选样间隔	推断错报
A1	200	190	10	5	11695	585
A2	50	40	10	20	11695	2339
A3	3000	2700	300	10	11695	1170
A4	16000	15000	1000	不适用	不适用	1000
合计						5094

【提示】如果逻辑单元的账面金额大于或等于选样间隔，推断的错报就是该逻辑单元的实际错报金额，账户A4正是这种情况。

注册会计师使用教材表4-10中的保证系数，如下表所示。

保证系数（教材表4-10）

高估错报的数量	误受风险								
	5%	10%	15%	20%	25%	30%	35%	37%	50%
0	3.00	2.31	1.90	1.61	1.39	1.21	1.05	1.00	0.70
1	4.75	3.89	3.38	3.00	2.70	2.44	2.22	2.14	1.68
2	6.30	5.33	4.73	4.28	3.93	3.62	3.35	3.25	2.68
3	7.76	6.69	6.02	5.52	5.11	4.77	4.46	4.35	3.68

（六）计算总体错报的上限

注册会计师考虑抽样风险的影响，计算总体错报的上限，如下表所示（保留整数）。

计算总体错报上限（教材表 4-13）

金额单位：元

推断错报	保证系数的增量	推断错报×保证系数的增量
2339（账户 A2）	1.58（3.89-2.31）	3696
1170（账户 A3）	1.44（5.33-3.89）	1685
585（账户 A1）	1.36（6.69-5.33）	796
小计		6177
加上：基本精确度		2.31×11695=27015
加上：账户 A4 中的事实错报		1000
总体的错报上限		34192

【提示】

①由于总体错报上限（34192 元）小于可容忍错报（40000 元），注册会计师得出结论，样本结果支持应收账款账面金额。

②这里的可容忍错报（40000 元）等于或低于实际执行的重要性。在细节测试的审计抽样中，如果以样本的错报推断出的总体错报（比如这里的 34192 元）小于实际执行的重要性（40000 元），则说明被测试项目中不存在重大错报，注册会计师应当接受总体；相反，如果以样本的错报推断出的总体错报大于（含等于）实际执行的重要性，则说明被测试项目中存在重大错报，注册会计师应当拒绝总体。

【相关链接】

1.《中国注册会计师审计准则第 1314 号——审计抽样》

2.《中国注册会计师审计准则第 1314 号——审计抽样》应用指南

扫一扫　“码”上做题、看解析

1004281

本书历年经典试题均配备二维码，使用“会计云课堂”App 扫码，即可线上做题、看解析。

【“会计云课堂”App 下载二维码见封底页】

历年经典试题回顾

（一）审计抽样基本特征

【例题 1·多选题】下列各项中，属于审计抽样基本特征的有（　　）。（2017 年）

A. 对具有审计相关性的总体中低于百分之百的项目实施审计程序

B. 可以根据样本项目的测试结果推断出有关抽样总体的结论

C. 所有抽样单元都有被选取的机会

D. 可以基于某一特征从总体中选出特定项目实施审计程序

【例题 2·综合题·部分】上市公司甲公司是 ABC 会计师事务所的常年审计客户，主要从事药品的研发、生产和销售。A 注册会计师负责审计甲公司 2017 年度财务报表，确定财务报表整体的重要性为 300 万元，明显微小错报的临界值为 15 万元。

资料四：

A 注册会计师在审计工作底稿中记录了针对市场推广费实施的进一步审计程序，部分内容摘录如下：

（2）甲公司 2017 年度发生市场推广费 2 亿元。A 注册会计师选取单笔金额 100 万元以上，合计 1 亿元的市场推广费实施了细节测试，发现错报 250 万元，采用比率法推断市场推广费的总体错报为 500 万元。

要求：

针对资料四第（2）项，假定不考虑其他条件，指出 A 注册会计师的做法是否恰当。如不恰当，简要说明理由。（2018 年网络回忆版）

（二）样本代表性

【例题 1 · 单选题】下列有关审计抽样的样本代表性的说法中，错误的是（　　）。（2020 年网络回忆版）

A. 样本代表性与如何选取样本相关

B. 样本代表性与整个样本而非样本中的单个项目相关

C. 样本代表性通常与错报的发生率相关

D. 样本代表性与样本规模相关

【例题 2 · 单选题】下列有关审计抽样的样本代表性的说法中，错误的是（　　）。（2018 年）

A. 如果样本的选取是无偏向的，该样本通常具有代表性

B. 样本具有代表性意味着根据样本测试结果推断的错报与总体中的错报相同

C. 样本的代表性与样本规模无关

D. 样本的代表性通常只与错报的发生率而非错报的特定性质相关

（三）审计抽样适用范围

【例题 1 · 单选题】下列与内部控制有关的审计工作中，通常可以使用审计抽样的是（　　）。（2019 年）

A. 评价内部控制设计的合理性

B. 测试自动化应用控制的运行有效性

C. 确定控制是否得到执行

D. 测试留下运行轨迹的人工控制的运行有效性

【例题 2 · 多选题】下列审计程序中，通常不宜使用审计抽样的有（　　）。（2018 年）

A. 风险评估程序

B. 实质性分析程序

C. 对未留下运行轨迹的控制的运行有效性实施测试

D. 对信息技术应用控制的运行有效性实施测试

（四）抽样风险（定义、类别、降低对策）

【例题 · 单选题】下列有关信赖过度风险的说法中，正确的是（　　）。（2016 年）

A. 信赖过度风险属于非抽样风险

B. 信赖过度风险影响审计效率

C. 信赖过度风险与控制测试和细节测试均相关

D. 注册会计师可以通过扩大样本规模降低信赖过度风险

（五）非抽样风险（定义、类别、降低对策）

【例题 1 · 单选题】下列有关非抽样风险的说法中，错误的是（　　）。（2020 年网络回忆版）

A. 注册会计师未能适当地定义误差会导致非抽样风险

B. 非抽样风险可以量化

C. 非抽样风险在所有审计业务中均存在

D. 对总体中所有的项目实施测试无法消除非抽样风险

【例题2·单选题】下列有关非抽样风险的说法中，错误的是（ ）。（2018年）
A. 非抽样风险影响审计风险
B. 非抽样风险不能量化
C. 注册会计师可以通过采取适当的质量管理政策和程序降低非抽样风险
D. 注册会计师可以通过扩大样本规模降低非抽样风险

（六）统计抽样和非统计抽样

【例题·多选题】下列各项中，属于统计抽样特征的有（ ）。（2017年网络回忆版）
A. 评价非抽样风险
B. 运用概率论评价样本结果
C. 运用概率论计量抽样风险
D. 随机选取样本项目

（七）样本设计（控制测试）

【例题1·多选题】下列抽样方法中，通常可以用于统计抽样的有（ ）。（2018年网络回忆版）
A. 系统选样
B. 随机选样
C. 随意选样
D. 整群选样

【例题2·综合题·部分】上市公司甲公司是ABC会计师事务所的常年审计客户，主要从事药品的研发、生产和销售。A注册会计师负责审计甲公司2017年度财务报表，确定财务报表整体的重要性为300万元，明显微小错报的临界值为15万元。
资料三：
A注册会计师在审计工作底稿中记录了审计计划，部分内容摘录如下：
（3）A注册会计师确定对广告费交付审批控制的测试样本量为60个，拟在期中审计时测试从2017年4月至9月交易中选取的40个样本，期末审计时测试从2017年10月至12月交易中选取的20个样本。
要求：
针对资料三第（3）项，假定不考虑其他条件，指出A注册会计师的做法是否恰当。如不恰当，简要说明理由。（2018年网络回忆版）

【例题3·综合题·部分】ABC会计师事务所首次接受委托，审计上市公司甲公司2016年度财务报表，委派A注册会计师担任项目合伙人。A注册会计师确定财务报表整体的重要性为1200万元。甲公司主要提供快递物流服务。
资料四：
A注册会计师在审计工作底稿中记录了实施的进一步审计程序，部分内容摘录如下：
（1）在采用审计抽样测试甲公司付款审批控制时，A注册会计师确定总体为2016年度的所有付款单据，抽样单元为单张付款单据，选取2016年12月26日至12月31日的全部付款单据共计80张作为样本，测试结果满意。
要求：
针对资料四第（1）项，假定不考虑其他条件，指出A注册会计师的做法是否恰当。如不恰当，简要说明理由。（2017年）

（八）影响样本规模因素（控制测试）

【例题1·单选题】在运用审计抽样实施控制测试时，下列各项因素中，不影响样本规模的是（ ）。（2020年网络回忆版）
A. 控制的类型
B. 可容忍偏差率
C. 控制运行的相关期间的长短
D. 选取样本的方法

【例题2·单选题】下列有关控制测试的样本规模的说法中，错误的是（ ）。（2018年）
A. 预计总体偏差率与样本规模同向变动
B. 可容忍偏差率与样本规模反向变动
C. 信赖不足风险与样本规模反向变动

D. 总体规模对样本规模的影响几乎为零，除非总体非常小

【例题3·单选题】下列有关控制测试的样本规模的说法中，错误的是(　　)。(2017年)

A. 可接受的信赖过度风险与样本规模反向变动

B. 总体规模与样本规模反向变动

C. 可容忍偏差率与样本规模反向变动

D. 预计总体偏差率与样本规模同向变动

【例题4·多选题】下列有关控制测试的样本规模的说法中，错误的有(　　)。(2016年网络回忆版)

A. 对相关控制的依赖程度增加，所需的样本规模增大

B. 大规模总体中抽样单元的数量增加，所需的样本规模增大

C. 拟测试的总体预期偏差率增加，所需的样本规模增大

D. 可容忍偏差率增加，所需的样本规模增大

(九) 选取样本并对其实施审计程序(控制测试)

【例题·单选题】在使用审计抽样实施控制测试时，下列情形中，注册会计师不能另外选取替代样本的是(　　)。(2017年)

A. 单据丢失

B. 单据不适用

C. 单据无效

D. 单据未使用

(十) 评价样本结果(控制测试)

【例题·综合题·部分】上市公司甲公司是ABC会计师事务所的常年审计客户，主要从事汽车的生产和销售。A注册会计师负责审计甲公司2017年度财务报表，确定财务报表整体的重要性为1000万元，明显微小错报的临界值为30万元。

资料四：

A注册会计师在审计工作底稿中记录了实施进一步审计程序的情况，部分内容摘录如下：

(1) A注册会计师在测试与销售收款相关的内部控制时识别出一项偏差，经查系员工舞弊所致，因追加样本量进行测试后未再识别出偏差，A注册会计师认为相关内部控制运行有效，并向管理层通报了该项舞弊。

要求：

针对资料四第(1)项，假定不考虑其他条件，指出A注册会计师的做法是否恰当。如不恰当，简要说明理由。(2018年)

(十一) 样本设计(细节测试)

【例题·多选题】注册会计师运用审计抽样实施细节测试时，下列各项中，可以作为抽样单元的有(　　)。(2019年网络回忆版)

A. 一个账户余额

B. 交易中的一个记录

C. 每个货币单元

D. 一笔交易

(十二) 分层

【例题·单选题】在运用审计抽样实施细节测试时，下列情形中，对总体进行分层可以提高抽样效率的是(　　)。(2019年)

A. 总体规模较大

B. 预计总体错报较高

C. 总体变异性较大

D. 误拒风险较高

(十三) 影响样本规模因素(细节测试)

【例题1·单选题】下列有关细节测试的样本规模的说法中，错误的是(　　)。(2018年网络回忆版)

A. 总体的变异性与样本规模同向变动

B. 可容忍错报与样本规模反向变动

C. 总体规模对样本规模的影响很小

D. 可接受的误受风险与样本规模同向变动

【例题2·单选题】下列有关细节测试的样本规模的说法中，错误的是（　　）。（2017年网络回忆版）

A. 误拒风险与样本规模同向变动

B. 可容忍错报与样本规模反向变动

C. 总体项目的变异性越低，通常样本规模越小

D. 可接受的误受风险与样本规模反向变动

（十四）评价样本结果（细节测试）

【例题1·多选题】下列有关注册会计师在实施审计抽样时评价样本结果的说法中，正确的有（　　）。（2016年）

A. 在分析样本误差时，注册会计师应当对所有误差进行定性评估

B. 注册会计师应当实施追加的审计程序，以高度确信异常误差不影响总体的其余部分

C. 控制测试的抽样风险无法计量，但注册会计师在评价样本结果时仍应考虑抽样风险

D. 在细节测试中，如果根据样本结果推断的总体错报小于可容忍错报，则总体可以接受

【例题2·综合题·部分】甲公司是ABC会计师事务所的常年审计客户，主要从事轨道交通车辆配套产品的生产和销售。A注册会计师负责审计甲公司2018年度财务报表，确定财务报表整体的重要性为1000万元，实际执行的重要性为500万元。

资料三：

A注册会计师在审计工作底稿中记录了审计计划，部分内容摘录如下：

（2）甲公司供应商数量多，采购交易量大。A注册会计师拟对采购与付款循环相关的财务报表项目实施综合性方案，采用随意抽样测试相关内部控制的运行有效性，采用货币单元抽样测试应付账款的准确性和完整性。

资料四：

A注册会计师在审计工作底稿中记录了实施进一步审计程序的情况，部分内容摘录如下：

（4）甲公司原材料年末余额为10000万元，包括3000个项目，A注册会计师在实施计价测试时，抽样选取了50个项目作为测试样本，发现两个样本存在错报，这两个样本的账面金额为150万元和50万元，审定金额为120万元和40万元，A注册会计师采用比率法推断的总体错报为2400万元。

要求：

（1）针对资料三第（2）项，假定不考虑其他条件，指出A注册会计师的做法是否恰当。如不恰当，简要说明理由。

（2）针对资料四第（4）项，假定不考虑其他条件，指出A注册会计师的做法是否恰当。如不恰当，简要说明理由。（2019年）

历年经典试题回顾参考答案及解析

“扫码看解析”

使用“微信”或“会计云课堂”App扫码，即可线上对答案、看解析，错题随手收藏，及时巩固复习。

(一) 审计抽样基本特征

【例题1·多选题】

【答案】ABC

【解析】选项D错误，选取特定项目测试不是审计抽样，不能根据选取项目的测试结果推断总体。

【名师点题】审计抽样基本特征包括三个方面，测试的是低于总体100%的样本（选取样本时，所有抽样单元都有被选取的机会），得出的是总体100%的结论，这也是抽样风险存在的客观原因。

【例题2·综合题·部分】

【答案】

事项序号	是否恰当（是/否）	理由
(2)	否	选取特定项目进行审计不属于审计抽样，不能推断总体

(二) 样本代表性

【例题1·单选题】

【答案】D

【解析】选项D错误，样本代表性与样本规模无关。样本代表性与整个样本而非样本中的单个项目相关（选项B正确），与如何选取样本相关（选项A正确）。此外，代表性通常只与错报的发生率而非错报的特定性质相关（选项C正确），比如，异常情况导致的样本错报就不具有代表性。

【例题2·单选题】

【答案】B

【解析】选项B错误，样本具有代表性并不意味着根据样本测试结果推断的错报一定与总体中的错报完全相同，如果样本的选取是无偏向的，该样本通常就具有了代表性。

(三) 审计抽样适用范围

【例题1·单选题】

【答案】D

【解析】选项D正确，审计抽样适用于留有控制运行轨迹的控制测试与细节测试。

【例题2·多选题】

【答案】ABCD

【解析】审计抽样适用于留有运行轨迹的控制测试与细节测试。选项A、B、C均不适合采用审计抽样；选项D无须采用审计抽样。

【名师点题】针对信息技术应用控制，注册会计师通常会测试一般控制，并通过穿行测试选取一笔或几笔交易进行测试，无须使用审计抽样。

（四）抽样风险（定义、类别、降低对策）

【例题·单选题】

【答案】D

【解析】选项A错误，信赖过度风险属于控制测试中的抽样风险；选项B错误，信赖过度风险影响审计效果而非审计效率；选项C错误，信赖过度风险与控制测试相关，与细节测试无关；选项D正确，注册会计师可以通过扩大样本规模降低抽样风险，包括降低信赖过度风险。

（五）非抽样风险（定义、类别、降低对策）

【例题1·单选题】

【答案】B

【解析】选项B错误，非抽样风险是由人为因素造成的，可以降低但难以量化。

【例题2·单选题】

【答案】D

【解析】选项D错误，非抽样风险与样本规模无关，注册会计师扩大样本规模不能降低非抽样风险的影响。

（六）统计抽样和非统计抽样

【例题·多选题】

【答案】BCD

【解析】统计抽样，是指同时具备下列特征的抽样方法：（1）随机选取样本项目（选项D）；（2）运用概率论评价样本结果，包括计量抽样风险（选项B、C）。

（七）样本设计（控制测试）

【例题1·多选题】

【答案】AB

【解析】选项A、B正确，系统选样和随机选样既可用于统计抽样也可用于非统计抽样；选项C错误，随意选样仅适用于非统计抽样，不适用于统计抽样；选项D错误，整群选样通常不能在审计抽样中使用。

【例题2·综合题·部分】

【答案】

事项序号	是否恰当（是/否）	理由
（3）	否	应当从全年1至12月的交易中选取样本/总体不完整

【例题3·综合题·部分】

【答案】

事项序号	是否恰当（是/否）	理由
（1）	否	整群选样通常不适用于审计抽样/应当从全年的付款单据中选取样本

（八）影响样本规模因素（控制测试）

【例题1·单选题】

【答案】D

【解析】影响样本规模（控制测试）因素解决的是“抽多少”的问题，选样方法是解决“怎么抽”的问题，因此选项D不影响样本规模。在控制测试中影响样本规模的因素（“抽多少”的问题）包括：（1）可接受的信赖过度风险；（2）可容忍偏差率（选项B）；（3）预计总体偏差率；（4）总体规模；（5）其他因素，比如控制运行的相关期间越长（年或季度），需要测试的样本越多（选项C）；样本规模还取决于所测试控制的类型（选项A），通常对人工控制实施的测试要多过自动化控制。

【例题 2 · 单选题】

【答案】C

【解析】可接受的信赖过度风险与样本规模反向变动，选项 C 错误。

【名师点题】在控制测试中一般不予关注信赖不足风险，信赖不足风险影响审计效率、不影响审计效果。

【例题 3 · 单选题】

【答案】B

【解析】选项 B 错误，除非总体非常小，一般而言，总体规模对样本规模的影响几乎为零。控制测试中的样本规模主要受到可接受的信赖过度风险、可容忍偏差率和预计总体偏差率的影响，其中可接受的信赖过度风险、可容忍偏差率与样本规模反向变动（选项 A、C 正确），预计总体偏差率与样本规模同向变动（选项 D 正确）。

【例题 4 · 多选题】

【答案】BD

【解析】选项 B 错误，通常大规模总体中，总体的实际容量对样本规模的影响几乎为零；选项 D 错误，可容忍偏差率与样本规模是反向变动关系。

（九）选取样本并对其实施审计程序（控制测试）

【例题 · 单选题】

【答案】A

【解析】控制测试中，针对所选取的样本实施审计程序时，注册会计师应当分析选取的样本是否构成偏差，如果不构成偏差，注册会计师可以另外选取替代样本进行测试。相关情形包括：（1）无效单据（选项 C）；（2）未使用的单据（选项 D）；（3）不适用的单据（选项 B）。

【名师点题】针对单据丢失情形，注册会计师应当追查单据丢失的原因，不能简单的另外选取替代样本。

（十）评价样本结果（控制测试）

【例题 · 综合题 · 部分】

【答案】

事项序号	是否恰当（是/否）	理由
（1）	否	控制偏差系由舞弊导致，扩大样本规模通常无效/该内部控制无效

（十一）样本设计（细节测试）

【例题 · 多选题】

【答案】ABCD

【解析】在细节测试中，注册会计师应根据审计目标和所实施审计程序的性质定义抽样单元。抽样单元可能是一个账户余额（选项 A）、一笔交易（选项 D）或交易中的一个记录（选项 B），甚至是每个货币单元（选项 C）。

（十二）分层

【例题 · 单选题】

【答案】C

【解析】当总体变异性较大时，分层可以降低每一层中项目的变异性，从而在抽样风险没有成比例增加的前提下减小样本规模，提高审计效率。

（十三）影响样本规模因素（细节测试）

【例题 1 · 单选题】

【答案】D

【解析】选项 D 错误，可接受的误受风险与样本规模是反向变动关系。

【例题 2 · 单选题】

【答案】A

【解析】样本规模与可接受的误受、误拒风险反向变动。

（十四）评价样本结果（细节测试）

【例题1·多选题】

【答案】AB

【解析】选项C错误，在统计抽样中，控制测试的抽样风险可以计量；选项D错误，在细节测试中，如果使用非统计抽样根据样本结果推断的总体错报小于但接近可容忍错报时，总体不能接受，只有大大低于可容忍错报时，总体才可以接受。

【例题2·综合题·部分】

【答案】

针对要求（1）：

事项序号	是否恰当（是/否）	理由
（2）	否	货币单元抽样不适用于测试总体的低估/完整性

针对要求（2）：

事项序号	是否恰当（是/否）	理由
（4）	否	推断的总体错报应为2000万元

【提示】比率法下推断总体错报：

（1）比率=(120+40)/(150+50)=0.8；

（2）推断的总体金额=10000×0.8=8000（万元）；

（3）推断的总体错报=总体账面金额-推断的总体金额=10000-8000=2000（万元）。

扫一扫 “码”上做题、看解析

本书同步强化练习题均配备二维码，使用“会计云课堂”App扫码，即可线上做题、看解析。

【“会计云课堂”App下载二维码见封底页】

同步强化练习题

一、单项选择题

1. 下列有关审计抽样的说法中，错误的是（　　）。

A. 货币单元抽样运用的是属性抽样原理

B. 非统计抽样也能够客观地计量并精准地控制抽样风险

C. 当控制运行留下轨迹时，注册会计师可以采用审计抽样测试控制运行有效性

D. 风险评估程序通常不涉及审计抽样，但如果注册会计师在了解内部控制的同时对内部控制运行有效性进行测试可以运用审计抽样

2. 下列有关审计抽样的表述中，错误的是（　　）。

A. 审计抽样适合于对内部控制运行留下轨迹的控制进行测试

B. 统计抽样比非统计抽样更能有效获取审计证据

C. 传统变量抽样方法中的均值法需要对总体进行分层

D. 货币单元抽样适合细节测试中高估资产项目的测试

3. 下列有关抽样风险的说法中，错误的是(　　)。

A. 注册会计师未能恰当地定义误差将导致抽样风险

B. 注册会计师可以通过扩大样本规模降低误受风险

C. 在非统计抽样中，注册会计师可以对抽样风险进行定性的评价和控制

D. 无论是控制测试还是细节测试，注册会计师都可以通过扩大样本规模降低抽样风险

4. 下列有关抽样风险的说法中，错误的是(　　)。(★★★)*

A. 抽样风险是由于注册会计师选取和测试低于百分之百的项目导致的，而非抽样风险与样本规模没有关系

B. 在细节测试中，如果注册会计师推断某一重大错报存在而实际上不存在，则属于误拒风险

C. 误受风险可能会使注册会计师不适当地减少从实质性程序中获取的证据，影响审计效果

D. 信赖不足风险可能会使注册会计师不适当地减少从实质性程序中获取的证据，影响审计效果

5. 下列有关抽样风险的说法中，正确的是(　　)。(★★★)

A. 信赖不足风险属于非抽样风险

B. 误拒风险影响审计效果

C. 信赖过度风险影响审计效率和效果

D. 在细节测试中，无论是统计抽样还是非统计抽样，注册会计师均可以通过扩大样本规模降低抽样风险

6. 下列针对抽样风险和非抽样风险的说法中，错误的是(　　)。

A. 如果对总体中的所有项目实施审计程序，就不存在抽样风险

B. 审计抽样中注册会计师可以精准计量和控制抽样风险

C. 注册会计师通过扩大样本规模能够降低抽样风险

D. 通过采取适当的质量管理政策和程序，对审计工作进行适当的指导、监督和复核，仔细设计审计程序以及对审计实务的改进，可以将非抽样风险降至可接受的水平

7. 在控制测试中采用统计抽样，下列关于评价总体的说法中，错误的是(　　)。

A. 如果总体偏差率上限等于可容忍偏差率，则总体不能接受

B. 如果总体偏差率上限大于可容忍偏差率，则总体不能接受

C. 如果总体偏差率上限低于可容忍偏差率，总体不能接受，除非总体偏差率上限大大低于可容忍偏差率

D. 如果总体偏差率上限低于但接近可容忍偏差率，则注册会计师应当结合其他审计程序的结果考虑是否接受总体，并考虑是否需要扩大测试范围

8. 在传统变量抽样中，如果注册会计师未对总体进行分层，则不宜采用的抽样方法是(　　)。

A. 货币单元抽样

B. 比率法

C. 均值法

D. 差额法

9. 下列关于分层的说法中，正确的是(　　)。

A. 在传统变量抽样中，分层降低样本的非抽样风险

---

* 为了便于您识别重要题目，本书中针对重点题目通过标注星级的方式进行体现。

B. 可以使注册会计师无偏见地选取样本项目

C. 在抽样风险没有成比例增加的前提下减小样本规模

D. 在抽样风险没有成比例增加的前提下扩大样本规模

10. 注册会计师将统计抽样应用于控制测试时，如果推断的总体偏差率上限大于可容忍偏差率，则注册会计师不宜采用的是(　　)。

A. 扩大风险评估程序范围

B. 修改相关实质性程序

C. 提高重大错报风险评估水平

D. 测试补偿性控制

11. 下列有关货币单元抽样的说法中，错误的是(　　)。(★★★)

A. 货币单元抽样也被称为综合属性变量抽样

B. 货币单元抽样中，项目被选取的概率与其货币金额大小呈反向变动关系

C. 货币单元抽样在确定所需的样本规模时无须考虑总体的变异性

D. 在货币单元抽样中使用系统选样法选取样本时，如果项目金额等于或大于选样间距，该项目一定会被选中

12. 针对货币单元抽样的优缺点，下列说法中，正确的是(　　)。

A. 当预计总体错报的金额增加时，货币单元抽样的样本规模可能小于传统变量抽样所需的规模

B. 当发现错报时，如果风险水平一定，货币单元抽样在评价样本时可能低估抽样风险的影响，从而导致注册会计师更可能拒绝一个可接受的总体账面金额

C. 货币单元抽样中，针对负余额项目的选取需要在设计时予以特别考虑

D. 与传统变量抽样相比，货币单元抽样需要对总体进行分层以减小样本规模

二、多项选择题

1. 下列有关审计抽样的说法中，正确的有(　　)。(★★★)

A. 货币单元抽样也可以用于控制测试

B. 货币单元抽样属于统计抽样方法

C. 变量抽样在审计中的主要用途是确定总体发生率是否可接受

D. 属性抽样在审计中最常见的用途是测试某一设定控制的偏差率

2. 下列有关抽样单元的说法中，错误的有(　　)。(★★★)

A. 在货币单元抽样中，抽样单元是指货币单元

B. 在控制测试中，抽样单元通常指控制活动

C. 在细节测试中，抽样单元就是指认定层次的错报金额

D. 在细节测试中，抽样单元可能是一个账户余额、一笔交易或交易中的一个记录，也可能是一元

3. 下列有关非抽样风险的说法中，正确的有(　　)。

A. 注册会计师实施控制测试和实质性程序时均可能产生非抽样风险

B. 注册会计师保持职业怀疑有助于降低非抽样风险

C. 注册会计师可以通过扩大样本规模降低非抽样风险

D. 注册会计师可以通过加强对审计项目组成员的监督和指导降低非抽样风险

4. 下列有关抽样风险的说法中，正确的有(　　)。

A. 在使用统计抽样时，注册会计师可以准确地计量和控制抽样风险

B. 控制测试中的抽样风险包括误受风险和误拒风险

C. 注册会计师可以通过扩大样本规模降低抽样风险

D. 除非注册会计师对总体中所有的项目都实施检查，否则存在抽样风险

5. 下列有关统计抽样和非统计抽样的说法中，错误的有(　　)。

A. 无论是统计抽样还是非统计抽样，注册会计师均需要运用职业判断

B. 无论是统计抽样还是非统计抽样，只要运用得当，均能够获取充分、适当的审计证据

C. 注册会计师使用非统计抽样时，不需要考虑抽样风险

D. 注册会计师在统计抽样与非统计抽样方法之间进行选择时主要考虑项目组成员经验和能力

6. 下列有关审计抽样的表述中，不正确的有(　　)。

A. 审计抽样与其他行业的抽样一样，都不需要确定初始金额

B. 货币单元抽样不适用于测试总体的低估

C. 所有传统变量抽样方法均不需要对总体进行分层

D. 审计抽样适合于对内部控制运行留下轨迹的控制进行测试

7. 下列因素中，与控制测试样本规模反向变动的有(　　)。

A. 可容忍偏差率

B. 预计总体偏差率

C. 可接受的信赖过度风险

D. 可接受的误受风险

8. 针对传统变量抽样的优缺点的下列说法中，正确的有(　　)。

A. 在传统变量抽样中确定样本规模时，注册会计师需要估计总体特征的标准差

B. 对负余额项目的选取，传统变量抽样需要在设计时予以特别考虑

C. 注册会计师关注总体的低估时，使用传统变量抽样比货币单元抽样更合适

D. 如果几乎不存在错报，传统变量抽样中的均值法和差额法将无法使用

9. 下列有关货币单元抽样的优缺点的说法中，错误的有(　　)。

A. 货币单元抽样中，项目被选取的概率与其货币金额大小成比例，无需通过分层减少变异性

B. 在货币单元抽样中使用系统选样法选取样本时，如果项目金额等于或大于选样间距，货币单元抽样将自动识别所有单个重大项目

C. 如果注册会计师预计不存在错报，货币单元抽样的样本规模通常比传统变量抽样方法更大

D. 当预计总体错报的金额增加时，货币单元抽样的样本规模可能小于传统变量抽样所需的规模

10. 在货币单元抽样中考虑抽样风险的情形下，下列有关注册会计师计算总体错报的上限的说法中，正确的有(　　)。

A. 如果在样本中没有发现错报，总体错报的上限=保证系数×选样间隔

B. 如果在账面金额大于选样间隔的逻辑单元中发现了错报，总体错报的上限=事实错报+基本精确度

C. 如果在账面金额等于选样间隔的逻辑单元中发现了错报，总体错报的上限=事实错报+基本精确度

D. 如果在样本（排除账面金额大于或等于选样间隔的逻辑单元）中发现了错报百分比低于100%的错报，注册会计师先计算推断错报，再将推断错报按金额升序排列后，分别乘以对应的保证系数增量，加上基本精确度之后，最终计算出总体错报的上限

同步强化练习题参考答案及解析

“扫码看解析”

使用“微信”或“会计云课堂”App 扫码，即可线上对答案、看解析，错题随手收藏，及时巩固复习。

一、单项选择题

1.【答案】B

解析：选项 B 错误，非统计抽样不能客观地计量并精准地控制抽样风险。

2.【答案】B

解析：选项 B 错误，如果设计适当，非统计抽样也能提供与统计抽样方法同样有效的结果。

3.【答案】A

解析：选项 A 错误，注册会计师未能恰当地定义误差将导致非抽样风险。

4.【答案】D

解析：选项 D 错误，信赖不足风险可能会使注册会计师增加不必要的实质性程序，影响审计效率。

5.【答案】D

解析：选项 A 错误，信赖不足风险属于抽样风险；选项 B 错误，误拒风险影响审计效率；选项 C 错误，信赖过度风险影响审计效果。

6.【答案】B

解析：选项 B 错误，在统计抽样中，注册会计师可以精准计量和控制抽样风险，在非统计抽样中注册会计师不能量化抽样风险，只能根据职业判断对抽样风险进行定性的评价和控制。

7.【答案】C

解析：如果注册会计师在控制测试中采用统计抽样，总体偏差率上限低于可容忍偏差率，总体可以接受，故选项 C 错误。

8.【答案】C

解析：选项 C 正确，如果注册会计师未对总体进行分层，通常不采用均值法，因为在这种情况下，样本规模可能太大，不符合成本效益原则。

9.【答案】C

解析：选项 A 错误，在传统变量抽样中，分层能够降低总体的变异性，但不可能降低非抽样风险；选项 B 错误，分层是依据注册会计师的主观经验进行的，并不会导致无偏见地选取样本项目；选项 D 错误，注册会计师运用分层的主要目的是在抽样风险没有成比例增加的前提下减小样本规模，提高审计效率。

10.【答案】A

解析：选项 A 错误，如果样本结果不支持计划的控制运行有效性和重大错报风险的评估水平，注册会计师通常有两种选择：(1) 进一步测试其他控制（如补偿性控制），以支持计划的控制运行有效性和重大错报风险的评估水平（选项 D）；(2) 提高重大错报风险评估水平，并相应修改计划的实质性程序的性质、时间安排和范围（选项 B、C）。

11.【答案】B

解析：选项 B 错误，货币单元抽样中，项目被选取的概率与其货币金额大小呈正向变动关系。

12. 【答案】C

解析： 选项A错误，当预计总体错报的金额增加时，货币单元抽样所需的样本规模也会增加，这种情况下，货币单元抽样的样本规模可能大于传统变量抽样所需的规模；选项B错误，当发现错报时，如果风险水平一定，货币单元抽样在评价样本时可能高估抽样风险的影响，从而导致注册会计师更可能拒绝一个可接受的总体账面金额；选项D错误，货币单元抽样中，项目被选取的概率与其货币金额大小成比例，因而无需通过分层减少变异性，而传统变量抽样通常需要对总体进行分层以减小样本规模。

二、多项选择题

1. 【答案】BD

解析： 选项A错误，货币单元抽样用于细节测试，不用于控制测试；选项C错误，变量抽样在审计中的主要用途是确定记录金额是否合理。

2. 【答案】BC

解析： 选项B错误，控制测试中的抽样单元通常是能够提供控制运行证据的一份文件资料、一个记录或其中一行；选项C错误，在细节测试中，抽样单元可能是一个账户余额、一笔交易或交易中的一个记录，也可能是一元。

3. 【答案】ABD

解析： 注册会计师通过扩大样本规模能够降低的是抽样风险，故选项C错误。

4. 【答案】ACD

解析： 选项B错误，控制测试中的抽样风险包括信赖过度风险与信赖不足风险。

5. 【答案】CD

解析： 选项C错误，无论是统计抽样还是非统计抽样均需要考虑抽样风险；选项D错误，注册会计师在统计抽样与非统计抽样方法之间进行选择时主要考虑成本效益。

6. 【答案】AC

解析： 选项A错误，审计抽样不同于其他行业的抽样，例如，审计抽样可能为某账户余额的准确性提供进一步佐证证据，注册会计师通常只需要评价该账户余额是否存在重大错报，而不需要确定其初始金额，这些初始金额在审计抽样开始之前已由被审计单位记录并汇总完毕。而在运用抽样方法进行意见调查、市场分析或科学研究时，类似的初始数据在抽样开始之前通常并未得到累积、编制或汇总；选项C错误，传统变量抽样中的均值法通常应对总体进行分层。

7. 【答案】AC

解析： 控制测试中，可容忍偏差率（选项A）和可接受的信赖过度风险（选项C）与样本规模反向变动，预计总体偏差率（选项B）与样本规模同向变动。可接受的误受风险（选项D）属于细节测试中影响样本规模的因素。

8. 【答案】AC

解析： 选项B错误，对零余额或负余额项目的选取，货币单元抽样需要在设计时予以特别考虑；选项D错误，如果几乎不存在错报，传统变量抽样中的差额法和比率法将无法使用。

9. 【答案】CD

解析： 选项C错误，如果注册会计师预计不存在错报，货币单元抽样的样本规模通常比传统变量抽样方法更小；选项D错误，当预计总体错报的金额增加时，货币单元抽样所需的样本规模也会增加，这种情况下，货币单元抽样的样本规模可能大于传统变量抽样所需的规模。

10.【答案】ABC

解析：选项D错误，如果在样本（排除账面金额大于或等于选样间隔的逻辑单元）中发现了错报百分比低于100%的错报，注册会计师先计算推断错报，再将推断错报按金额降序排列后，分别乘以对应的保证系数增量，加上基本精确度之后，最终计算出总体错报上限。

第五章　信息技术对审计的影响

本章考情分析

本章重点内容是理解掌握公司层面控制、信息技术一般控制与应用控制三者之间的关系，信息技术对审计的影响，信息技术审计范围确定的考虑事项。

本章知识点除了在客观题中考查外，综合题中也会涉及，最近五年平均考试分值2分左右。

本章需要大家重点掌握的知识点（含可能题型），归纳如下表。

序号	知识点	题型	难易程度
1	信息技术对内部控制影响	单选	易
2	信息技术一般控制	单选	中
3	信息技术应用控制	单选	中
4	信息技术一般控制、应用控制与公司层面控制三者之间的关系	单选、综合	易
5	信息技术对审计的影响	单选、多选	中
6	信息技术审计范围的确定	单选、综合	中

2021年教材主要变化

对个别文字修订。

本章考点框架

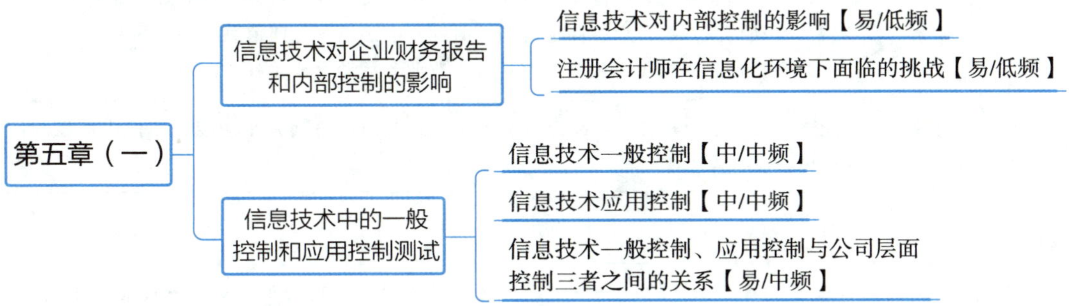

- 第五章（二）
  - 信息技术对审计过程的影响
    - 信息技术对审计的影响【中/低频】
    - 信息技术审计范围的确定【中/低频】
    - 信息技术一般控制对控制风险的影响【易/低频】
    - 信息技术应用控制对控制风险和实质性程序的影响【易/中频】
  - 计算机辅助审计技术和电子表格的运用
    - 计算机辅助审计技术【易/低频】
  - 数据分析
    - 数据分析的概念和作用【中/低频】
  - 不同信息技术环境下的问题（略）

本章重难点精讲

提示	本章在以往的考试中并未占据大量的分值，从考试的角度来考虑并非特别重要的章节，但它将审计工作与现代信息技术的发展结合起来，为审计的工作流程带来了创新，其影响和意义深远。快扫听课二维码，助您“码”上通关

第一节 信息技术对企业财务报告和内部控制的影响

本节视频详解

使用“会计云课堂”App/微信扫码听课

01 考点1 信息技术对内部控制的影响（★）❶

信息技术对内部控制的影响，归纳如下表。

影响	具体内容
自动控制带来的好处	（1）自动控制能够有效处理大流量交易及数据，因为自动信息系统可以提供与业务规则一致的系统处理方法 （2）自动控制比较不容易被绕过 （3）自动信息系统、数据库及操作系统的相关安全控制可以实现有效的职责分离 （4）自动信息系统可以提高信息的及时性、准确性，并使信息变得更易获取 （5）自动信息系统可以提高管理层对企业业务活动及相关政策的监督水平
信息技术没有改变内部控制的目标	随着信息技术的发展，内部控制虽然在形式及内涵方面发生了变化，但内部控制的目标并没有发生改变

❶ 为方便您在学习中可以快速了解知识点的重要程度，本书中将知识点进行分类。★★★代表重要知识点，★★代表次重要知识点，★代表非重要知识点。

02 考点 2
注册会计师在信息化环境下面临的挑战（★）

面临的挑战	具体内容
对业务流程开展和内部控制运作的理解	传统环境下，主要依赖人工处理；信息化环境下，转移到信息系统自动执行，或人工与信息系统结合而执行
对信息系统相关审计风险的认识	注册会计师在执行财务报表审计时，需要充分识别并评估与会计核算和财务报告编制相关的信息技术运用相伴而生的风险，如程序逻辑的错误、权限的不当授予等
审计范围的确定	往往受困于信息技术的复杂性和专业性
审计内容的变化	由于在信息化环境下，会计核算与财务报告是由信息系统通过程序进行自动处理的，因此审计内容很有可能包括对信息系统中的相关自动控制的测试
审计线索的隐性化	在信息加工处理方面，信息系统封装了信息处理的过程，其内部处理逻辑、运算的中间过程，往往对系统的用户而言是独立的，传统的审计线索全面隐性化
审计技术改进的必要性	面对海量的交易、数据和财务信息，传统的审计技术在抽样针对性和样本覆盖程度方面的局限性越来越突出
有待优化的知识结构	在信息化环境下，注册会计师必须熟悉信息技术的运用和信息系统的风险及控制，应对以上新的挑战，对审计的策略、范围、内容、方法和手段作出有针对性的调整，获取充分、适当的审计证据，从而发表恰当的审计意见
与专业团队的充分协同工作	从审计规划、审计执行到审计完成的各个阶段都应该积极引入专业人员参与，以确保相关的审计风险被合理识别和应对，保证审计过程的有效执行和审计效果的提升

第二节　信息技术中的一般控制和应用控制测试

01 考点 1
信息技术一般控制（★★）

信息技术一般控制的含义、作用和环节，归纳如下表。

信息技术一般控制	具体内容
含义	信息技术一般控制，是指为了保证信息系统的安全，对整个信息系统以及外部各种环境要素实施的、对所有的应用或控制模块具有普遍影响的控制措施
作用	信息技术一般控制通常会对实现部分或全部财务报表认定作出间接贡献。在有些情况下，信息技术一般控制也可能对实现信息处理目标和财务报表认定作出直接贡献

续表

信息技术一般控制	具体内容
环节	信息技术一般控制包括以下四个环节： （1）程序开发 （2）程序变更 （3）程序和数据访问 （4）计算机运行

02 考点2 信息技术应用控制（★★）

信息技术应用控制的含义、环节和要素，归纳如下表。

信息技术应用控制	具体内容
含义	信息技术应用控制，是设计在计算机应用系统中的、有助于达到信息处理目标的控制
环节	信息技术应用控制一般要经过输入、处理及输出等环节
要素	关注的要素包括： （1）完整性 （2）准确性 （3）存在和发生等

03 考点3 信息技术一般控制、应用控制与公司层面控制三者之间的关系（★★）

信息技术一般控制、应用控制与公司层面控制三者之间的关系，归纳如下表。

事项	具体内容	
	审计语言	关键点
总体关系	（1）公司层面信息技术控制是公司信息技术整体控制环境，决定了信息技术一般控制和信息技术应用控制的风险基调 （2）信息技术一般控制是基础，信息技术一般控制的有效与否会直接关系到信息技术应用控制的有效性是否能够信任 （3）公司层面信息技术控制要素会影响该公司信息技术一般控制和信息技术应用控制的部署和落实	（1）公司层面控制是基调 （2）一般控制是基础 （3）应用控制是“落地” （4）公司层面控制→一般控制→应用控制
具体执行	根据目前信息技术审计的业内最佳实践，注册会计师在执行信息技术一般控制和信息技术应用控制审计之前，会首先执行配套的公司层面信息技术控制审计，以了解公司的信息技术整体控制环境，并基于此识别出信息技术一般控制和信息技术应用控制的主要风险点以及审计重点	第1步：了解和评估公司层面控制 第2步：识别出信息技术一般控制和信息技术应用控制的主要风险点及审计重点

第三节 信息技术对审计过程的影响

本节视频详解
使用“会计云课堂”App/微信扫码听课

01 考点1 信息技术对审计的影响（★）

信息技术对审计的影响，归纳如下表。

影响事项	具体内容
对审计线索的影响	在信息技术环境下，从业务数据的具体处理过程到报表的输出都由计算机按照程序指令完成，数据均保存在磁性介质上，从而会影响到审计线索，如数据存储介质、存取方式以及处理程序等
对审计技术手段的影响	随着信息技术的广泛应用，注册会计师需要掌握相关信息技术，把信息技术当作一种有力的审计工具
对内部控制的影响	注册会计师会对被审计单位的内部控制进行审查与评价，以此作为制定审计方案（教材8.1中的综合性方案和实质性方案）和决定抽样范围的依据
对审计内容的影响	在信息化的会计系统中，各项会计事项都是由计算机按照程序进行自动处理的，信息系统的特点及固有风险决定了信息化环境下审计的内容，包括对信息化系统的处理和相关控制功能的审查。例如，在审计账龄分析表时，在信息技术环境下，我们必须考虑其数据准确性以支持相关审计结论，因而需要对其基于系统的数据来源及处理过程进行考虑
对注册会计师的影响	注册会计师不仅要有丰富的会计、审计、经济、法律、管理等方面的知识和技能，还需要熟悉信息系统的应用技术、结构和运行原理，有必要对信息化环境下的内部控制作出适当的评价

02 考点2 信息技术审计范围的确定（★）

信息技术审计范围确定的总体要求和评估复杂度时的考虑事项等，归纳如下表。

要求和事项	具体内容
总体要求	（1）如果注册会计师计划依赖自动控制或自动信息系统生成的信息，那么他们就需要适当扩大信息技术审计的范围 （2）注册会计师在确定审计策略时，需要结合被审计单位业务流程复杂度、信息系统复杂度、系统生成的交易数量和业务对系统的依赖程度、信息和复杂计算的数量、信息技术环境规模和复杂度五个方面，对信息技术审计范围进行适当考虑 （3）信息技术审计的范围与被审计单位在业务流程及信息系统相关方面的复杂度成正比

续表

要求和事项	具体内容
评估业务流程的复杂度	注册会计师可以通过考虑以下因素，对业务流程复杂度作出适当判断： （1）某流程是否涉及过多人员及部门，并且相关人员及部门之间的关系复杂且界限不清 （2）某流程是否涉及大量操作及决策活动 （3）某流程的数据处理过程是否涉及复杂的公式和大量的数据录入操作 （4）某流程是否需要对信息进行手工处理 （5）对系统生成的报告的依赖程度
评估信息系统的复杂度	对于自行研发系统复杂度的评估，应当考虑系统复杂程度、距离上一次系统架构重大变更的时间、系统变更对财务系统的影响结果，以及系统变更之后的系统运行情况及运行期间。同时，还需要考虑系统生成的交易数量、信息和复杂计算的数量，包括： （1）被审计单位是否存在大量交易数据，以至于用户无法识别并更正数据处理错误 （2）数据是否通过网络传输，如 EDI （3）是否使用特殊系统，如电子商务系统
信息技术环境的规模和复杂度	评估信息技术环境的规模和复杂度，主要应当考虑产生财务数据的信息系统数量、信息系统接口以及数据传输方式、信息部门的结构与规模、网络规模、用户数量、外包及访问方式
了解与审计相关的信息技术一般控制和应用控制的要求	无论被审计单位运用信息技术的程度如何，注册会计师均需了解与审计相关的信息技术一般控制和应用控制

【提示】信息技术环境复杂并不一定意味着信息系统是复杂的，反之亦然。

03 考点 3 信息技术一般控制对控制风险的影响（★）

信息技术一般控制对控制风险的影响，归纳如下表。

事项	具体内容	
	审计语言	关键点
普遍影响	无效的一般控制增加了应用控制不能防止或发现并纠正认定层次重大错报的可能性，即使这些应用控制本身得到了有效设计	一般控制是基础，“基础不牢，地动山摇”
更多信赖	如果一般控制有效，注册会计师可以更多地信赖应用控制，测试这些控制的运行有效性，并将控制风险评估为低于“最高”水平	一般控制有效，应用控制值得信赖
优先评估	公司层面信息技术控制是公司的整体控制环境，决定了信息技术的风险基调，注册会计师通常优先评估公司层面信息技术控制和信息技术一般控制的有效性	好基调（公司层面信息技术控制）和牢基础（信息技术一般控制）

04 考点4 信息技术应用控制对控制风险和实质性程序的影响（★★）

注册会计师对信息技术应用控制的了解和评估对控制风险和实质性程序的影响，归纳如下表。

事项	具体内容	
	审计语言	关键点
与认定相关	在评估应用控制对控制风险和实质性程序的影响时，注册会计师需要将控制与具体的审计目标相联系	应用控制→认定层面
减少实质性程序	如果识别出有效的应用控制，在通过测试确定其运行有效后，注册会计师能够减少实质性程序	了解应用控制→运行有效→减少实质性程序

第四节　计算机辅助审计技术和电子表格的运用

本节视频详解
使用“会计云课堂”App/微信扫码听课

01 考点 计算机辅助审计技术（★）

计算机辅助审计技术的定义、类别和应用，归纳如下表。

计算机辅助审计技术	具体内容
定义	指利用计算机和相关软件，使审计测试工作实现自动化的技术
类别	计算机辅助审计技术分为两类： （1）用来测试程序/系统的，即面向系统的计算机辅助审计技术 （2）用于分析电子数据的，即面向数据的计算机辅助审计技术
应用	（1）计算机辅助审计技术最广泛地应用于实质性程序中，特别是在与分析程序相关的方面。计算机辅助审计技术使得对系统中的每一笔交易进行测试成为可能，用于在交易样本量很大的情况下替代手工测试 （2）计算机辅助审计技术也可用于测试控制的有效性，选择少量的交易，并在系统中进行穿行测试，或是开发一套集成的测试工具，用于测试系统中的某些交易。在控制测试中使用计算机辅助审计技术的优势是，可以对每一笔交易进行测试（包括主文件和交易文件），从而确定是否存在控制失效的情况 （3）由于计算机辅助审计技术有助于详审海量数据，它也可用于辅助检查舞弊工作（如审计非正常的日记账）

第五节　数据分析

本节视频详解
使用“会计云课堂” App/ 微信扫码听课

01 考点 数据分析的概念和作用（★）

数据分析的概念、作用和应用，归纳如下表。

数据分析	具体内容
概念	指注册会计师在计划和执行审计工作时，通过对内部或外部数据进行分析、建模或可视化处理，以发现其中隐藏的模式、偏差或不一致，从而揭示出对审计有用的信息的方法
作用	（1）数据分析对审计而言，是注册会计师获取审计证据的一种手段 （2）数据分析质量的提高程度取决于必须以正确方式提取、分析和连接的基础数据 （3）审计质量不在于工具本身，而是在于分析和相应判断的质量。这种价值不在于数据转换，而是在于从分析产生的交谈和询问中提取的审计证据
应用	（1）数据分析通过基础数据结构中的字段来提取数据 （2）数据分析工具可用于风险分析、交易和控制测试、分析性程序，用于为判断提供支撑并提供见解 （3）一些常规分析工具可以提供审计证据，为会计估计的计算方法是否适当的判断提供支持

第六节　不同信息技术环境下的问题（略）

扫一扫　“码”上做题、看解析

本书历年经典试题均配备二维码，使用“会计云课堂”App 扫码，即可线上做题、看解析。

【“会计云课堂”App 下载二维码见封底页】

历年经典试题回顾

（一）信息技术一般控制

【例题·单选题】下列有关信息技术一般控制的说法中，错误的是（　　）。（2018 年）

A. 信息技术一般控制只能对实现部分或全部财务报表认定作出间接贡献

B. 信息技术一般控制对所有应用控制具有普遍影响

C. 信息技术一般控制包括程序开发、程序变更、程序和数据访问以及计算机运行四个方面

D. 信息技术一般控制旨在保证信息系统的安全

（二）信息技术一般控制、应用控制与公司层面控制三者之间的关系

【例题·综合题·部分】ABC 会计师事务所首次接受委托，审计上市公司甲公司

2016年度财务报表，委派A注册会计师担任项目合伙人。甲公司主要提供快递物流服务。

资料四：

A注册会计师在审计工作底稿中记录了实施的进一步审计程序，部分内容摘录如下：

（2）甲公司收入交易高度依赖信息系统。ABC事务所的信息技术专家对甲公司信息技术一般控制和与收入相关的信息技术应用控制进行了测试，结果满意。

要求：

针对资料四第（2）项，假定不考虑其他条件，指出A注册会计师的做法是否恰当。如不恰当，简要说明理由。（2017年）

（三）信息技术对审计的影响

【例题1·单选题】下列各项中，不受被审计单位信息系统的设计和运行直接影响的是（　　）。（2020年网络回忆版）

A. 审计风险的评估

B. 注册会计师对被审计单位业务流程的了解

C. 需要收集的审计证据的性质

D. 财务报表审计目标的制定

【例题2·单选题】下列有关信息技术对审计的影响的说法中，错误的是（　　）。（2019年）

A. 被审计单位对信息技术的运用不改变注册会计师制定审计目标，进行风险评估和了解内部控制的原则性要求

B. 被审计单位对信息技术的运用影响注册会计师需要获取的审计证据的性质

C. 被审计单位对信息技术的运用影响审计内容

D. 被审计单位对信息技术的运用不影响注册会计师需要获取的审计证据的数量

（四）信息技术审计范围的确定

【例题·单选题】下列有关注册会计师评估被审计单位信息系统的复杂度的说法中，错误的是（　　）。（2016年）

A. 信息技术环境复杂，意味着信息系统也是复杂的

B. 评估信息系统的复杂度，需要考虑系统生成的交易数量

C. 评估信息系统的复杂度，需要考虑系统中进行的复杂计算的数量

D. 对信息系统复杂度的评估，受被审计单位所使用的系统类型的影响

历年经典试题回顾参考答案及解析

“扫码看解析”

使用“微信”或“会计云课堂”App扫码，即可线上对答案、看解析，错题随手收藏，及时巩固复习。

（一）信息技术一般控制

【例题·单选题】

【答案】A

【解析】选项A错误，信息技术一般控制通常会对实现部分或全部财务报表认定作出间接贡献，在有些情况下，信息技术一般控制也可能对实现信息处理目标和财务报表认定作出直接贡献。

（二）信息技术一般控制、应用控制与公司层面控制三者之间的关系

【例题·综合题·部分】

【答案】

事项序号	是否恰当（是/否）	理由
（2）	是	—

（三）信息技术对审计的影响

【例题1·单选题】

【答案】D

【解析】注册会计师必须更深入了解企业的信息技术应用范围和性质，因为系统的设计和运行对审计风险的评价（选项A）、业务流程和控制的了解（选项B）、审计工作的执行以及需要收集的审计证据的性质（选项C）都有直接的影响。

【例题2·单选题】

【答案】D

【解析】选项D错误，被审计单位对信息技术的运用影响注册会计师需要获取的审计证据的数量。

（四）信息技术审计范围的确定

【例题·单选题】

【答案】A

【解析】信息技术环境复杂并不一定意味着信息系统是复杂的，反之亦然，选项A错误。

扫一扫　“码”上做题、看解析

1004284

本书同步强化练习题均配备二维码，使用“会计云课堂”App扫码，即可线上做题、看解析。

【“会计云课堂”App下载二维码见封底页】

同步强化练习题

一、单项选择题

1. 信息技术对内部控制影响的下列说法中，错误的是（　　）。（★★★）*
A. 信息技术导致内部控制的目标发生了改变
B. 信息技术改进了内部控制，同时也产生了特定的风险
C. 信息系统对控制的影响，取决于被审计单位对信息系统的依赖程度
D. 在基于信息技术的信息系统中，即使系统进行自动操作，相关控制活动也可能会涉及手工的部分

2. 关于信息技术对内部控制产生的特定风险，以下说法中，错误的是（　　）。
A. 信息技术会导致数据无法访问风险
B. 自动化控制能够消除不适当的人工干预
C. 信息系统可能会去处理那些本身就错误的数据
D. 自动信息系统、数据库及操作系统的相关安全控制如果无效，会增加对数据信息非授权访问的风险

* 为了便于您识别重要题目，本书中针对重点题目通过标注星级的方式进行体现。

3. 关于注册会计师在信息化环境下面临的挑战，以下说法中，错误的是（　　）。
A. 注册会计师在确定审计范围时，往往受困于信息技术的复杂性和专业性
B. 在信息化环境下，审计内容很有可能包括对信息系统中的相关自动控制的测试
C. 如果注册会计师对信息系统间的数据流向认识不清楚，往往会导致审计目标错误
D. 信息技术的运用改变了企业的运作模式和工作方式，注册会计师在非信息技术环境下的审计经验可能无法简单移植，从而丧失了针对性

4. 关于信息技术一般控制、应用控制与公司层面控制三者之间的关系，以下说法中，错误的是（　　）。（★★★）
A. 信息技术一般控制的有效与否会直接关系到信息技术应用控制的有效性是否能够信任
B. 信息技术一般控制的有效与否会直接影响公司层面信息技术控制
C. 公司层面信息技术控制决定信息技术一般控制和信息技术应用控制的风险基调
D. 公司层面信息技术控制影响信息技术一般控制和信息技术应用控制

5. 在被审计单位采用高度集成化信息技术系统时，无论被审计单位依赖信息系统的程度如何，注册会计师必须执行的审计工作是（　　）。
A. 了解和测试信息技术一般控制
B. 了解和测试信息技术应用控制
C. 了解与审计相关的信息技术一般控制和应用控制
D. 测试与审计相关的信息技术一般控制和应用控制

6. 关于计算机辅助审计技术的使用领域，应用最广泛的领域是（　　）。（★★★）
A. 了解内部控制
B. 控制测试
C. 实质性分析程序
D. 风险评估程序

7. 针对财务报表审计，下列有关数据分析的说法中，错误的是（　　）。
A. 数据分析可以合理保证财务报表不存在重大错报
B. 数据分析有助于注册会计师明确审计重点，提供审计证据和洞察力
C. 一些常规分析工具可以提供审计证据，为会计估计的计算方法是否适当的判断提供支持
D. 注册会计师通过对内部或外部数据进行分析、建模或可视化处理，揭示对审计有用的信息的方法

二、多项选择题

1. 关于信息技术对审计的影响，以下说法中，错误的有（　　）。
A. 信息技术在被审计单位的广泛应用使审计的内容扩大到对信息化系统的处理和相关控制功能的审查，对审计内容的影响越来越大
B. 信息技术使企业业务数据处理由计算机按照程序指令完成，影响审计线索
C. 信息技术的发展从根本上改变了内部控制目标
D. 信息技术的发展从根本上改变了审计目标

2. 下列各项中，属于信息技术一般控制程序的有（　　）。
A. 程序开发
B. 接口控制
C. 程序和数据访问
D. 程序变更

3. 以下事项属于公司层面的信息技术控制的有（　　）。
A. 程序和数据访问
B. 信息技术预算管理
C. 信息安全和风险管理
D. 信息技术应急预案的制定

4. 关于计算机辅助审计技术对审计的影响，以下说法中，正确的有(　　)。(★★★)

A. 使审计工作更具效率

B. 将现有手工执行的审计测试自动化

C. 在手工方式不可行的情况下执行测试或分析

D. 有效降低财务报表舞弊风险

同步强化练习题参考答案及解析

"扫码看解析"

使用"微信"或"会计云课堂"App扫码，即可线上对答案、看解析，错题随手收藏，及时巩固复习。

一、单项选择题

1. 【答案】A

解析：选项A错误，在信息技术环境下，内部控制虽然在形式及内涵方面发生了变化，但内部控制的目标并没有发生改变。

2. 【答案】B

解析：自动化控制不能消除不适当的人工干预，故选项B错误。

3. 【答案】C

解析：注册会计师对信息系统间的数据流向认识不清楚，往往会导致注册会计师在确定审计范围时产生遗漏问题，审计目标不会因为信息技术而改变，故选项C错误。

4. 【答案】B

解析：选项B错误，公司层面信息技术控制是公司信息技术整体控制环境，决定了信息技术一般控制和信息技术应用控制的风险基调。

5. 【答案】C

解析：选项C正确，无论被审计单位运用信息技术的程度如何，注册会计师均需了解与审计相关的信息技术一般控制和应用控制。

6. 【答案】C

解析：选项C正确，计算机辅助审计技术最广泛地应用于实质性程序中，特别是在与分析程序相关的方面。

7. 【答案】A

解析：审计质量不在于工具本身，而是在于分析和相应判断的质量，数据分析这种工具不可能直接合理保证财务报表不存在重大错报，故选项A错误。

二、多项选择题

1. 【答案】CD

解析：选项C错误，随着信息技术的发展，内部控制虽然在形式及内涵方面发生了变化，但内部控制的目标并没有发生改变；选项D错误，信息技术对注册会计师审计过程和审计范围有影响，但不会改变审计目标。

2. 【答案】ACD

解析：信息技术一般控制包括程序开发、程序变更、程序和数据访问以及计算机运行四个方面；选项B是信息技术应用控制审计需要关注的内容。

3. 【答案】BCD

解析：选项A程序和数据访问属于信息技术一般控制。常见的公司层面信息技术控制包括但不限于：①信息技术规划的制定；②信息技术年度计划的制定；③信息技术内部审计机制的建立；④信息技术外包管理；⑤信息技术预算管理（选项B正确）；⑥信息安全和风险管理（选项C正确）；⑦信息技术应急预案的制定（选项D正确）；⑧信息系统架构和信息技术复杂性。

4.【答案】ABC

解析：选项D不正确，计算机辅助审计技术不能降低舞弊风险，但通过高效率的数据分析和测试能够有效识别舞弊风险。

第六章　审计工作底稿

本章考情分析

本章是比较重要的章节，最近五年平均考试分值超过3分。本章知识点除了在客观题中考查外，简答题中也会涉及。

本章需要大家重点掌握的知识点（含可能题型），归纳如下表。

序号	知识点	题型	难易程度
1	审计工作底稿的含义	单选、简答	易
2	审计工作底稿的编制目的	单选、多选	易
3	审计工作底稿的编制要求	单选	易
4	审计工作底稿的性质	单选、多选、简答	中
5	确定审计工作底稿的格式、要素和范围时考虑的因素	单选、多选	易
6	审计工作底稿的内容	简答	中
7	识别特征	单选、多选、简答	中
8	记录重大事项与重大职业判断	简答	中
9	审计工作底稿归档工作的性质	单选、多选、简答	中
10	审计工作底稿的归档期限	单选、简答	中
11	审计工作底稿的归档后的变动	单选、简答	中
12	审计工作底稿的保存期限	单选、简答	难

2021年教材主要变化

对个别文字修订。

本章考点框架

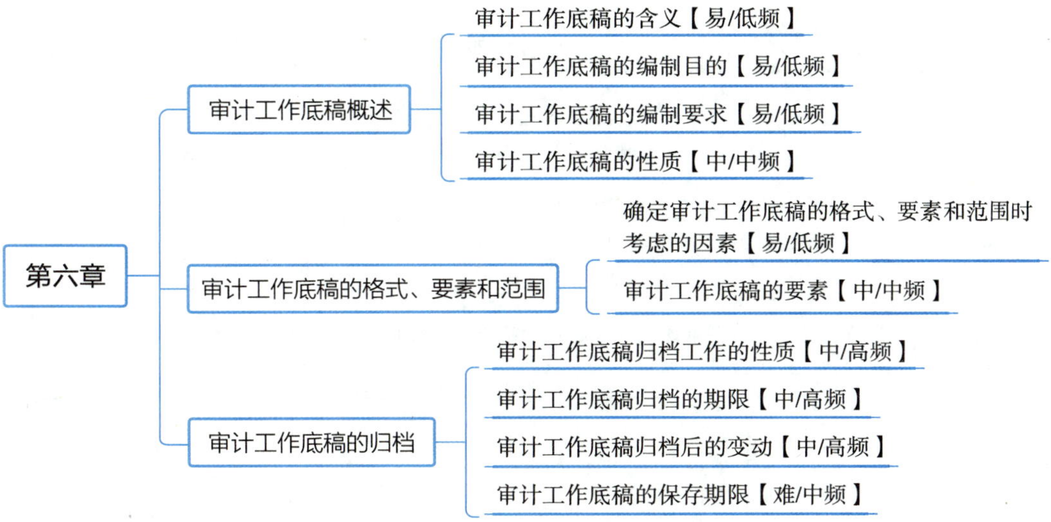

本章重难点精讲

提示	本章学习难度不大，但考点相对集中，所以在学习过程中可以进行有针对性的学习，重点掌握审计工作底稿的归档与保存。审计工作底稿的编制目的和要求以及审计工作底稿的性质，需掌握到能够熟练应对多选题的程度。快扫听课二维码，助您“码”上通关

第一节　审计工作底稿概述

本节视频详解
使用“会计云课堂”App/微信扫码听课

【导航】本节内容的学习请从以下四个方面展开，如图6-1所示。

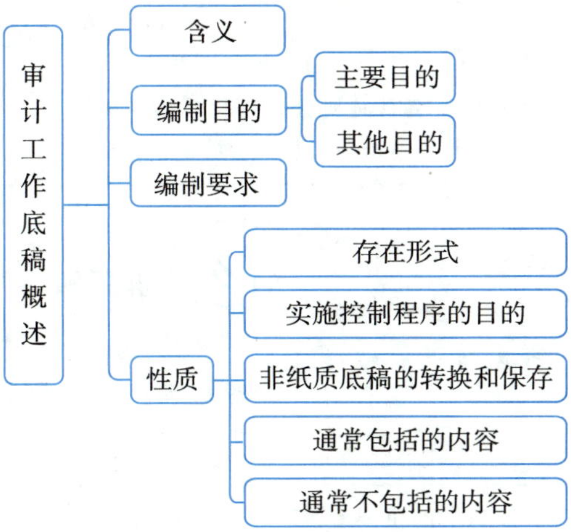

图6-1　审计工作底稿概述

01 考点1 审计工作底稿的含义（★）❶

审计工作底稿是对审计过程的记录，具体内涵如下表。

审计工作底稿	具体内容	
	审计语言	关键点
定义	指注册会计师对制定的审计计划、实施的审计程序、获取的相关审计证据，以及得出的审计结论作出的记录	反映整个审计过程：计划→程序→证据→结论
事务所质量管理要求	注册会计师应当在审计报告日后及时将审计工作底稿归档，形成审计档案	证据→底稿→档案（保存）

02 考点2 审计工作底稿的编制目的（★）

审计工作底稿的编制目的分为主要目的和其他目的，如下表所示。

编制目的(2+6)	具体内容	
	审计语言	关键点
主要目的（2个角度）	（1）提供充分、适当的记录，作为出具审计报告的基础 （2）提供证据，证明注册会计师已按照审计准则和相关法律法规的规定计划和执行了审计工作	记录→支持审计结论 证据→证明审计过程无过失（举证倒置）
其他目的（6个方面）	（1）有助于项目组计划和执行审计工作 （2）有助于负责督导的项目组成员按照审计准则的规定，履行指导、监督与复核审计工作的责任 （3）便于项目组说明其执行审计工作的情况 （4）保留对未来审计工作持续产生重大影响的事项的记录 （5）便于会计师事务所实施项目质量复核与检查 （6）便于监管机构和注册会计师协会根据相关法律法规或其他相关要求，对会计师事务所实施执业质量检查	（1）项目组：计划和执行→督导→说明 （2）项目组以外：对未来→项目质量复核→行业监管

【提示】及时编制审计工作底稿有助于提高审计工作的质量，便于在出具审计报告之前，对取得的审计证据和得出的审计结论进行有效复核和评价。

经典题解

【例题1·多选题】注册会计师应当及时编制审计工作底稿，其主要目的体现在（　　）。

❶为方便您在学习中可以快速了解知识点的重要程度，本书中将知识点进行分类。★★★代表重要知识点，★★代表次重要知识点，★代表非重要知识点。

A. 有助于项目组计划和执行审计工作

B. 提供复核和检查审计工作过程和审计结论的依据

C. 提供充分、适当的记录，作为出具审计报告的基础

D. 提供证据证明其按照中国注册会计师审计准则和相关法律法规的规定计划和执行了审计工作

【解析】注册会计师应当及时编制审计工作底稿，以实现下列主要目的：（1）提供充分、适当的记录，作为出具审计报告的基础（选项C）；（2）提供证据，证明其按照审计准则和相关法律法规的规定计划和执行了审计工作（选项D）。

【答案】CD

03 考点3 审计工作底稿的编制要求（★）

（一）编制要求

审计工作底稿的编制要求是站在“有经验的专业人士”角度，满足三个方面要求，归纳如下表。

编制要求	具体要求	
	审计语言	关键点
使未曾接触该项审计工作的有经验的专业人士（“裁判”）清楚了解	（1）按照审计准则和相关法律法规的规定实施的审计程序的性质、时间安排和范围 （2）实施审计程序的结果和获取的审计证据 （3）审计中遇到的重大事项和得出的结论，以及在得出结论时作出的重大职业判断	程序→证据→结论

【提示】“专业人士”可能来自事务所内部或外部。

（二）有经验的专业人士

有经验的“专业人士”满足的条件可以从两个层面理解，归纳如下表。

“专业人士”合理了解的内容	关键点
（1）审计过程（链接教材1.6）	从财务报表审计专业角度（共性）
（2）审计准则和相关法律法规的规定	
（3）被审计单位所处的经营环境（链接教材7.3）	从具体审计项目角度（个性）
（4）与被审计单位所处行业相关的会计和审计问题	

经典题解

【例题2·多选题】注册会计师编制的审计工作底稿应当使未曾接触该项审计工作的有经验的专业人士清楚了解审计程序、审计证据和重大审计结论。下列各项中，有经验的专业人士应当具备的条件有（　　）。

A. 了解注册会计师的审计过程

B. 了解与被审计单位所处行业相关的会计和审计问题

C. 长期在会计师事务所工作

D. 了解相关法律法规和审计准则的规定

【解析】选项A、B、D正确。“有经验的专业人士”是指会计师事务所内部或外部的具

有审计实务经验，并且对下列方面有合理了解的人士：(1) 审计过程（选项A）；(2) 审计准则和相关法律法规的规定（选项D）；(3) 被审计单位所处的经营环境；(4) 与被审计单位所处行业相关的会计和审计问题（选项B）。

【答案】ABD

04 考点4 审计工作底稿的性质（★★）

“审计工作底稿的性质”包含的具体内容，归纳如下表。

审计工作底稿的性质	具体内容	
	审计语言	关键点
存在形式	纸质、电子和其他介质形式	各种形式都可能存在
实施控制程序的目的	(1) 清晰地显示审计工作底稿的生成、修改及复核的时间和人员 (2) 保护信息的完整性和安全性，包括审计业务的所有阶段，尤其是在项目组成员共享信息或通过互联网将信息传递给其他人员时 (3) 防止未经授权改动审计工作底稿 (4) 接触审计工作底稿的要求，即允许项目组和其他经授权的人员为适当履行职责而接触审计工作底稿	底稿的“前世今生、继往开来”
非纸质底稿的转换和保存	(1) 转换要求。可以将以非纸质形式（即电子或其他介质形式）存在的底稿通过打印等方式转换成纸质形式的底稿，并与其他纸质形式的底稿一并归档 (2) 保存要求。单独保存非纸质形式的底稿	并非需要将“电子或其他介质形式”的底稿全部纸质化
底稿通常包括的内容	(1) 总体审计策略、具体审计计划、分析表、问题备忘录、重大事项概要、询证函回函和声明、核对表、有关重大事项的往来函件（包括电子邮件）	反映审计核心环节
	(2) 被审计单位文件记录的摘要或复印件（如重大的或特定的合同和协议）	摘要或复印审计客户资料
	(3) 业务约定书、管理建议书、项目组内部或项目组与被审计单位举行的会议记录、与其他人士（如其他注册会计师、律师、专家等）的沟通文件及错报汇总表等	会议记录或沟通文件
底稿通常不包括的内容	(1) 已被取代的审计工作底稿的草稿或财务报表的草稿 (2) 反映不全面或初步思考的记录 (3) 存在印刷错误或其他错误而作废的文本 (4) 重复的文件记录等	草稿、不全面的、作废的、重复的记录或文件

经典题解

【例题 3 · 单选题】 在编制审计工作底稿时，下列各项中，注册会计师通常认为不必形成最终审计工作底稿的是（　　）。

A. 注册会计师识别出的信息与针对重大事项得出的最终结论不一致的情形

B. 注册会计师取得的已被取代的财务报表草稿

C. 注册会计师不能实现相关审计准则规定的目标的情形

D. 注册会计师与被审计单位管理层对重大事项进行讨论的结果

【解析】 选项 B 正确，审计工作底稿不包括已被取代的财务报表草稿。

【答案】 B

【例题 4 · 多选题】 会计师事务所应当对审计工作底稿实施适当的控制，以下说法中，正确的有（　　）。

A. 保护底稿信息的完整性和安全性

B. 使底稿能够清晰地显示其生成、修改及复核的时间和人员

C. 非审计项目组成员不能接触底稿

D. 未经授权不能改动底稿

【解析】 选项 C 错误，除了审计项目组成员外，其他经授权的人员为适当履行职责也能够接触审计工作底稿。

【答案】 ABD

第二节 审计工作底稿的格式、要素和范围

01 考点 1
确定审计工作底稿的格式、要素和范围时考虑的因素（★）

审计工作底稿的格式、要素和范围取决于诸多因素，如下表所示。

影响因素	记忆“关键词”
（1）被审计单位的规模和复杂程度	大型/小型 业务复杂/业务简单
（2）拟实施审计程序的性质（比如函证程序底稿与存货监盘底稿在内容、格式及范围方面是不同的）	审计程序的性质
（3）识别出的重大错报风险	风险高/风险低
（4）已获取的审计证据的重要程度	证据的相关性和可靠性
（5）识别出的例外事项的性质和范围	需要追查程序或额外程序
（6）当从已执行审计工作或获取审计证据的记录中不易确定结论或结论的基础时，记录结论或结论基础的必要性	应当考虑是否需要进一步说明
（7）审计方法和使用的工具	计算机辅助审计技术/人工方式

02 考点 2 审计工作底稿的要素（★★）

【导航】通常，审计工作底稿包含 8 个基本要素，如图 6-2 所示。

图 6-2　审计工作底稿要素

【看图说话】"审计过程记录（2/8）"中的"识别特征"需要举例理解、"重大事项"有专门所指。

（一）底稿的标题（1/8）

底稿的标题包括被审计单位的名称、审计项目的名称以及资产负债表日或底稿覆盖的会计期间（如果与交易相关）。

【举例】下列应收账款实质性程序底稿中"表头"部分的"甲公司"、"2020 年 12 月 31 日"、"应收账款"就是"底稿的标题"。

应收账款实质性程序

被审计单位：甲公司	索引号：ZD
项目：应收账款	财务报表截止日/期间：2020/12/31
编制：A	复核：B
日期：2021/01/01	日期：2021/01/10

（二）审计过程记录（2/8）

审计过程记录应注意：识别特征、重大事项及相关重大职业判断、针对重大事项如何处理不一致的情况，具体内容如下：

（1）识别特征。

识别特征，是指被测试的项目或事项表现出的征象或标志。举例如下：

测试的项目或事项	识别特征（征象或标志）	测试程序
采购订购单	订购单的日期和其唯一的编号	检查
既定总体内一定金额以上的所有项目	实施程序的范围并指明该总体	选取或复核

续表

测试的项目或事项	识别特征（征象或标志）	测试程序
文件记录的总体	样本的来源、抽样的起点及抽样间隔	系统选样
特定人员	询问的时间、被询问人的姓名和职位	询问
事项或活动	观察的对象或观察过程、相关被观察人员及其各自的责任、观察的地点和时间	观察

（2）重大事项及相关重大职业判断。

判断某一事项是否属于重大事项，需要对具体事实和情况进行客观分析。重大事项通常包括：

<table>
<tr><th colspan="2">重大事项</th><th>链接相关章节</th></tr>
<tr><td colspan="2">（1）引起特别风险的事项</td><td>教材 7.5</td></tr>
<tr><td colspan="2">（2）可能存在重大错报的情形，或需要修正以前对重大错报风险的评估和针对这些风险拟采取的应对措施</td><td>教材 7.5、8.1、8.2</td></tr>
<tr><td colspan="2">（3）难以实施必要审计程序的情形</td><td>教材 19.5</td></tr>
<tr><td rowspan="5">（4）出具非无保留意见以及审计报告中可能包含的部分</td><td>与持续经营相关的重大不确定性</td><td>教材 17.3</td></tr>
<tr><td>关键审计事项</td><td>教材 19.4</td></tr>
<tr><td>强调事项段</td><td>教材 19.6</td></tr>
<tr><td>其他事项段</td><td>教材 19.6</td></tr>
<tr><td>其他信息</td><td>教材 19.8</td></tr>
</table>

（3）针对重大事项如何处理不一致的情况。

如果注册会计师识别出的信息与针对某重大事项得出的最终结论不一致，则应当记录如何处理不一致的情况。该情况包括但不限于：

①针对不一致情形需要执行的审计程序。

②项目组成员对某事项的职业判断不同而向专业技术部门的咨询情况。

③项目组成员和被咨询人员不同意见的解决情况。

（三）审计结论（3/8）

重点掌握：

（1）注册会计师需要根据所实施的审计程序及获取的审计证据得出结论，并以此作为对财务报表发表审计意见的基础。

（2）在记录审计结论时需注意，在审计工作底稿中记录的审计程序和审计证据是否足以支持所得出的审计结论。

（四）审计标识及其说明（4/8）

审计工作底稿中可使用各种审计标识，但应说明其含义，并保持前后一致。

（五）索引号及编号（5/8）

通常，审计工作底稿需要注明索引号及顺序编号，相关审计工作底稿之间需要保持清晰的勾稽关系。

（六）编制人员和复核人员及日期（6/8、7/8）

底稿的编制人员主要是实施审计程序环节，复核人员包括项目组内部复核，特定情形下还需要实施项目质量复核，归纳如下表。

环节	记录要求	不同环节底稿记录的共同要求
编制人员及日期、复核人员及日期（项目组实施审计程序环节）	（1）测试的具体项目或事项的识别特征 （2）审计工作的执行人员及完成审计工作的日期 （3）审计工作的复核人员及复核的日期和范围	（1）每一张审计工作底稿上需要注明执行审计工作的人员和复核人员、完成该项审计工作的日期以及完成复核的日期 （2）如果若干页底稿记录同一性质的具体审计程序或事项，并且编制在同一个索引号中，此时可以仅在底稿的第一页上记录审计工作的执行人员和复核人员并注明日期
项目质量复核	项目质量复核人员及复核的日期	

【举例】以下索引号CGL-3的审计工作底稿是以控制测试审计抽样的审计工作底稿为例，说明审计工作底稿的基本要素。

控制测试审计抽样

被审计单位：甲公司 项目：采购订单授权 编制：A 日期：2021/01/02	索引号：CGL-3 财务报表截止日/期间：2020年度 复核：B 日期：2021/01/03

（一）样本设计

（1）确定测试目标

拟测试的控制：甲公司2020年所有采购订单按照公司要求需要经总经理C或其授权人D签字确认

测试目标：确认在本期间内该项控制的运行是有效的

相关交易和账户与认定：存货、应付账款、预付账款等账户的存在认定

初步评估的控制运行有效性：预期有效

（2）定义总体与抽样单元

总体：2020年发生的所有采购业务

代表总体的实物：2020年签订的所有采购订单

抽样单元：每份采购订单

（3）定义偏差

采购订单上没有总经理C或其授权人D签字

（4）确定样本规模

总体规模：1000

样本规模：25（最低样本规模）

（二）选取样本并实施审计程序

（1）选取样本
选样方法：系统选样
计算选样间距（总体规模÷样本规模）：40
确定样本起点（在 1 到选样间距之间选择）：25
样本编号列表：
25，65，105，145，185，225，265，305，345，385，425，465，505，545，585，…

（2）实施审计程序
工作底稿索引号：CGL-3
样本中发现控制偏差数量：1

（三）评价样本结果

（1）分析控制偏差的原因和性质
原因：总经理 C 无意中漏签
性质：偶然偏差，不构成控制重大缺陷和舞弊

（2）得出总体结论
样本结果是否支持初步风险评估结果：否
控制是否运行有效：无效
修订后的重大错报风险评估水平：中
是否需要增加样本规模：否
工作底稿索引号：CGL-3-1
是否需要增加对相关账户的实质性程序：是
工作底稿索引号：CGL-4-1

第三节　审计工作底稿的归档

【导航】审计工作底稿归档工作包含四个方面的内容，请按照图 6-3 展开学习。

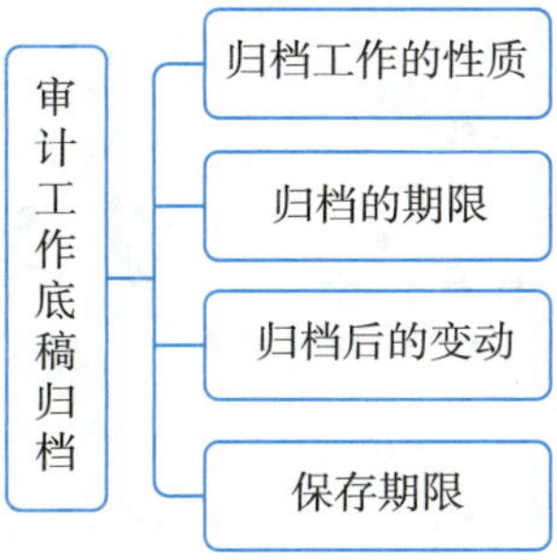

图 6-3　审计工作底稿归档

01 考点 1 审计工作底稿归档工作的性质（★★★）

“审计工作底稿归档工作的性质”的表述非常抽象，大家可以通过下表展开学习。

问	答
（1）归档工作在时间上有原则要求吗？	非常明确的原则要求，即审计报告日/业务中止日后 60 天内（完成底稿归档）
（2）归档期间是否涉及实施新的审计程序或得出新的审计结论？	不涉及
（3）归档期间可以对底稿作出变动吗？	可以作出事务性变动
（4）归档期间对底稿作出的事务性变动的情形有哪些？	①删除或废弃被取代的审计工作底稿 ②对审计工作底稿进行分类、整理和交叉索引 ③对审计档案归整工作的完成核对表签字认可 ④记录在审计报告日前获取的、与项目组相关成员进行讨论并达成一致意见的审计证据
（5）归档期间的底稿变动和归档后的底稿变动是一回事吗？	性质完全不同的两个问题
（6）在归档期间能够“删除”底稿吗？	能够删除的是“被取代的”底稿
（7）底稿归档后能够“删除”底稿吗？	万万不能，即不应在规定的保存期限届满前删除或废弃任何性质的审计工作底稿
（8）底稿归档后能够“增加或修改”底稿吗？	可以，即发现例外事项或记录不充分时

经典题解

【例题 5 · 单选题】 下列各情形中，不属于在归档期间对审计工作底稿作出事务性变动的是(　　)。

A. 记录在审计报告日后实施补充审计程序获取的审计证据

B. 删除被取代的审计工作底稿

C. 对审计工作底稿进行分类、整理和交叉索引

D. 对审计档案归整工作的完成核对表签字认可

【解析】 选项 A 涉及实施新的审计程序，不属于事务性变动。如果在归档期间对审计工作底稿作出的变动属于事务性的，注册会计师可以作出变动，主要包括：(1) 删除或废弃被取代的审计工作底稿（选项 B）；(2) 对审计工作底稿进行分类、整理和交叉索引（选项 C）；(3) 对审计档案归整工作的完成核对表签字认可（选项 D）；(4) 记录在审计报告日前获取的、与项目组相关成员进行讨论并达成一致意见的审计证据。

【答案】 A

02 考点 2 审计工作底稿归档的期限（★★★）

审计工作底稿的归档期限需要区分审计工作是否完成，归纳如下表。

是否完成审计业务、出具审计报告	归档期限	
（1）完成审计业务并出具审计报告	出具单一审计报告	审计报告日后60天内
	出具多份审计报告	在各自审计报告日后60天内分别归档
（2）业务中止、未出具审计报告	审计业务中止后的60天内	

经典题解

【例题6·单选题】下列有关审计工作底稿归档期限的表述中，正确的是(　　)。

A. 如果完成审计业务，归档期限为审计报告日后60天内

B. 如果完成审计业务，归档期限为外勤审计工作结束日后60天内

C. 如果未能完成审计业务，归档期限为外勤审计工作中止日后30天内

D. 如果未能完成审计业务，归档期限为审计业务中止日后30天内

【解析】审计工作底稿的归档期限为审计报告日后60天内或审计业务中止日后的60天内。

【答案】A

03 考点3 审计工作底稿归档后的变动（★★★）

（一）归档后需要变动底稿的情形

一般情况下，归档之后不需要对审计工作底稿进行修改或增加，有必要修改现有审计工作底稿或增加新的审计工作底稿的情形，归纳如下表。

归档后需要变动底稿的情形	跨章节知识点举例
（1）注册会计师已实施了必要的审计程序，取得了充分、适当的审计证据并得出了恰当的审计结论，但审计工作底稿的记录不够充分	审计报告日后收到询证函回函（教材3.3）
（2）审计报告日后，发现例外情况要求注册会计师实施新的或追加审计程序，或导致注册会计师得出新的结论	期后事项（教材18.2）、其他信息（教材19.8）

经典题解

【例题7·多选题】下列有关注册会计师在审计报告日后对审计工作底稿作出变动的做法中，正确的有(　　)。

A. 在归档期间删除或废弃被取代的审计工作底稿

B. 在归档期间记录在审计报告日前获取的、与项目组相关成员进行讨论并达成一致意见的审计证据

C. 以归档期间收到的询证函回函替换审计报告日前已实施的替代程序审计工作底稿

D. 在归档后由于实施追加的审计程序而修改审计工作底稿，并记录修改的理由、时间和人员，以及复核的时间和人员

【解析】归档期间收到的询证函回函不应替换审计报告日前已实施的替代程序的审计工作底稿，因为之前实施的替代程序也是有效程序，选项C错误。

【答案】ABD

（二）底稿归档后变动的记录要求

审计工作底稿归档后，注册会计师按照要求可能需要修改或增加底稿，但不能删除底稿。如果修改或增加底稿，注册会计师应当记录的事项如下表。

记录事项	提示
（1）修改或增加底稿的理由、人员及时间	有修改或增加底稿的人员，同时就有针对修改或增加底稿的复核人员
（2）复核的时间和人员	

04 考点 4 审计工作底稿的保存期限（★★）

审计工作底稿的保存期限需要区分审计工作是否完成，归纳如下表。

是否完成审计业务、出具审计报告	保存期限
（1）完成审计业务并出具审计报告	审计报告日起至少 10 年
（2）业务中止、未出具审计报告	审计业务中止日起至少 10 年

【举例】如果审计报告日是 2021 年 3 月 5 日，则底稿的归档期“最迟”是 2021 年 5 月 4 日，底稿保存期“至少”到 2031 年 3 月 4 日。

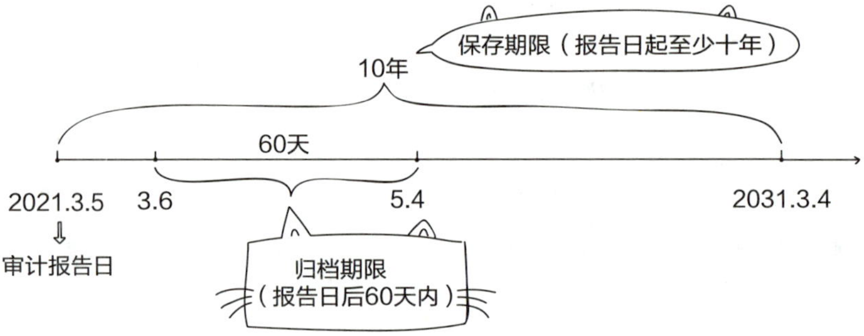

图 6-4　审计工作底稿的归档与保存期限

【提示】在完成最终审计档案的归整工作后，注册会计师不应在规定的保存期限届满前删除或废弃任何性质的审计工作底稿。

【相关链接】

1.《中国注册会计师审计准则第 1131 号——审计工作底稿》

2.《中国注册会计师审计准则第 1131 号——审计工作底稿》应用指南

扫一扫 “码”上做题、看解析

本书历年经典试题均配备二维码，使用“会计云课堂”App扫码，即可线上做题、看解析。

【“会计云课堂”App下载二维码见封底页】

历年经典试题回顾

（一）审计工作底稿的含义

【例题·简答题·部分】 ABC会计师事务所的A注册会计师负责审计多家被审计单位2016年度财务报表。与审计工作底稿相关的部分事项如下：

（4）A注册会计师对丁公司某张大额采购发票的真实性产生怀疑，通过税务机关的发票查询系统进行了验证，因未发现异常，未在审计工作底稿中记录查询过程。

要求：

针对上述第（4）项，指出A注册会计师的做法是否恰当。如不恰当，简要说明理由。（2017年网络回忆版）

（二）审计工作底稿的编制目的

【例题1·单选题】 下列各项中，不属于编制审计工作底稿目的的是（　　）。（2020年网络回忆版）

A. 有助于项目组计划和执行审计工作

B. 有助于为涉及诉讼的被审计单位提供证据

C. 便于监管机构对会计师事务所实施执业质量检查

D. 便于项目组说明执行审计工作的情况

【例题2·多选题】 下列各项中，属于注册会计师编制审计工作底稿的目的的有（　　）。（2016年）

A. 有助于项目组计划和执行审计工作

B. 保留对未来审计工作持续产生重大影响的事项的记录

C. 便于后任注册会计师的查阅

D. 便于监管机构对会计师事务所实施执业质量检查

（三）审计工作底稿的性质

【例题1·单选题】 会计师事务所应当针对审计工作底稿设计和实施适当的控制。下列各项中，通常不属于控制目的的是（　　）。（2020年网络回忆版）

A. 使审计工作底稿清晰显示其生成、修改及复核的时间和人员

B. 允许项目组以外的经授权的人员为适当履行职责而接触审计工作底稿

C. 防止在审计工作底稿归档后未经授权删除或增加审计工作底稿

D. 在审计业务的所有阶段保护信息的完整性和安全性

【例题2·简答题·部分】 ABC会计师事务所的质量管理体系部分内容摘录如下：

（5）如果审计工作底稿中的纸质记录经扫描后以电子形式归档，原纸质记录应销毁，以确保对客户信息的保密。

要求：

针对上述第（5）项，指出ABC会计师事务所的质量管理体系的内容是否恰当。如不恰当，简要说明理由。（2019年）

【例题3·简答题·部分】 ABC会计师事务所的A注册会计师负责审计甲公司2015年度财务报表，与审计工作底稿相关的部分事项如下：

（5）A注册会计师采用电子表格记录了对存货实施的审计程序，因页数较多未

打印成纸质工作底稿，直接将该电子表格归档。

要求：

针对上述第（5）项，指出A注册会计师的做法是否恰当。如不恰当，简要说明理由。（2016年网络回忆版）

（四）确定审计工作底稿的格式、要素和范围时考虑的因素

【例题·单选题】下列各项因素中，注册会计师在确定审计工作底稿的要素和范围时通常无需考虑的是（ ）。（2020年网络回忆版）

A. 审计程序的范围

B. 已获取的审计证据的重要程度

C. 识别出的例外事项的性质

D. 审计方法

（五）审计工作底稿的内容

【例题·简答题·部分】ABC会计师事务所的A注册会计师负责审计甲公司2015年度财务报表，与审计工作底稿相关的部分事项如下：

（4）A注册会计师就审计中发现的重大问题与甲公司审计委员会进行了会议沟通，并直接将审计委员会编制的会议纪要作为审计工作底稿。

要求：

针对上述第（4）项，指出A注册会计师的做法是否恰当。如不恰当，简要说明理由。（2016年网络回忆版）

（六）识别特征

【例题·简答题·部分】ABC会计师事务所的A注册会计师负责审计多家被审计单位2016年度财务报表。与审计工作底稿相关的部分事项如下：

（3）A注册会计师对丙公司发运单实施细节测试时，在审计工作底稿中记录了发运单上载明的发货日期和购货方作为识别特征。

要求：

针对上述第（3）项，指出A注册会计师的做法是否恰当。如不恰当，简要说明理由。（2017年网络回忆版）

（七）记录重大事项与重大职业判断

【例题·简答题·部分】ABC会计师事务所的A注册会计师负责审计甲公司2015年度财务报表，与审计工作底稿相关的部分事项如下：

（2）A注册会计师在审计过程中修订了计划阶段制定的财务报表整体的重要性，并在原审计工作底稿中添加新的重要性金额作为修订记录。

要求：

针对上述第（2）项，指出A注册会计师的做法是否恰当。如不恰当，简要说明理由。（2016年网络回忆版）

（八）审计工作底稿归档工作的性质

【例题1·单选题】下列各项中，不属于在审计工作底稿归档期间的事务性变动的是（ ）。（2019年）

A. 删除被取代的审计工作底稿

B. 将在审计报告日后获取的管理层书面声明放入审计工作底稿

C. 对审计工作底稿进行分类和整理

D. 将在审计报告日前获取的、与项目组相关成员进行讨论并达成一致意见的审计证据放入审计工作底稿

【例题2·多选题】注册会计师在审计工作底稿归档期间作出的下列变动中，属于事务性变动的有（ ）。（2018年）

A. 删除管理层书面声明的草稿

B. 对审计档案归整工作的完成核对表签字认可

C. 将审计报告日前已收回的询证函进行编号和交叉索引

D. 获取估值专家的评估报告最终版本并归入审计工作底稿

【例题3·简答题·部分】ABC会计师事务所的A注册会计师负责审计多家被审计单位2016年度财务报表。与审计工作底稿相关的部分事项如下：

（2）A注册会计师在出具乙公司2016年度审计报告日次日收到一份应收账款询证函回函，确认金额无误将其归入审计工作底稿，未删除记录替代程序的原审计工作底稿。

要求：

针对上述第（2）项，指出A注册会计师的做法是否恰当。如不恰当，简要说明理由。（2017年）

（九）审计工作底稿的归档期限

【例题1·单选题】下列有关审计工作底稿归档期限的说法中，正确的是（　　）。（2020年网络回忆版）

A. 注册会计师应当自财务报表批准日起60天内将审计工作底稿归档

B. 如对同一财务信息出具两份日期相近的审计报告，注册会计师应当在较早的审计报告日后60天内将审计工作底稿归档

C. 如注册会计师未能完成审计业务，应当自审计业务中止后的60天内将审计工作底稿归档

D. 注册会计师应当自财务报表报出日起60天内将审计工作底稿归档

【例题2·简答题·部分】ABC会计师事务所的A注册会计师负责审计多家被审计单位2016年度财务报表。与审计工作底稿相关的部分事项如下：

（1）因无法获取充分、适当的审计证据，A注册会计师在2017年2月28日中止了甲公司2016年度财务报表审计业务。考虑到该业务可能重新启动，A注册会计师未将审计工作底稿归档。

要求：

针对上述第（1）项，指出A注册会计师的做法是否恰当。如不恰当，简要说明理由。（2017年）

（十）审计工作底稿的保存期限

【例题·简答题·部分】ABC会计师事务所的A注册会计师负责审计多家被审计单位2016年度财务报表。与审计工作底稿相关的部分事项如下：

（3）在将丙公司2016年度财务报表审计工作底稿归档后，A注册会计师知悉丙公司已于2017年4月清算并注销，认为无须保留与丙公司相关的审计档案，决定销毁。

要求：

针对上述第（3）项，指出A注册会计师的做法是否恰当。如不恰当，简要说明理由。（2017年）

历年经典试题回顾参考答案及解析

（一）审计工作底稿的含义

【例题·简答题·部分】

【答案】不恰当。应当在审计工作底稿中记录查询过程。

（二）审计工作底稿的编制目的

【例题1·单选题】

【答案】B

【解析】编制审计工作底稿可以实现下列

目的：（1）有助于项目组计划和执行审计工作（选项A）；（2）有助于负责督导的项目组成员履行指导、监督与复核审计工作的责任；（3）便于项目组说明其执行审计工作的情况（选项D）；（4）保留对未来审计工作持续产生重大影响的事项的记录；（5）便于会计师事务所实施项目质量复核与检查；（6）便于监管机构和注册会计师协会根据相关法律法规或其他相关要求，对会计师事务所实施执业质量检查（选项C）。

【例题2·多选题】

【答案】ABD

【解析】选项C错误，如果被审计单位变更审计委托，前任注册会计师应当在被审计单位授权后才可能为后任注册会计师提供部分底稿，因此会计师事务所编制审计工作底稿的目的不包括便于后任注册会计师查阅底稿。

（三）审计工作底稿的性质

【例题1·单选题】

【答案】C

【解析】选项C错误，在完成最终审计档案的归整工作后，注册会计师不应在规定的保存期限届满前删除或废弃任何性质的审计工作底稿，但是可以修改或增加工作底稿。无论审计工作底稿以哪种形式存在，会计师事务所都应当针对审计工作底稿设计和实施适当的控制，以实现下列目的：（1）使审计工作底稿清晰地显示其生成、修改及复核的时间和人员（选项A）；（2）在审计业务的所有阶段，尤其是在项目组成员共享信息或通过互联网将信息传递给其他人员时，保护信息的完整性和安全性（选项D）；（3）防止未经授权改动审计工作底稿；（4）允许项目组和其他经授权的人员为适当履行职责而接触审计工作底稿（选项B）。

【例题2·简答题·部分】

【答案】不恰当。原纸质记录应当予以保留。

【例题3·简答题·部分】

【答案】恰当。

【名师点题】并非需要将“电子或其他介质形式”的底稿全部纸质化。

（四）确定审计工作底稿的格式、要素和范围时考虑的因素

【例题·单选题】

【答案】A

【解析】审计工作底稿的格式、要素和范围取决于诸多因素，例如：（1）被审计单位的规模和复杂程度；（2）拟实施审计程序的性质；（3）识别出的重大错报风险；（4）已获取的审计证据的重要程度（选项B）；（5）识别出的例外事项的性质和范围（选项C）；（6）当从已执行审计工作或获取审计证据的记录中不易确定结论或结论的基础时，记录结论或结论基础的必要性；（7）审计方法（选项D）和使用的工具。

【名师点题】审计程序的性质、时间安排和范围中，只有审计程序的性质影响审计工作底稿的格式、要素和范围。

（五）审计工作底稿的内容

【例题·简答题·部分】

【答案】不恰当。应当核对审计委员会编制的会议纪要，并将其副本作为口头沟通的记录，将其纳入审计工作底稿。

【名师点题】链接教材14.1：

注册会计师应当记录与治理层沟通的重大事项。针对被审计单位编制的会议纪要，注册会计师可以将其副本作为对口头沟通的记录，并作为审计工作底稿的一部分。如果发现这些记录不能恰当地反映沟通的内容，且有差别的事项比较重大，注册会计师一般会另行编制能恰当记录沟通内容的纪要，将其副本连同被审计单位编制的纪要一起致送治理层，提示两者的差别，以免引起不必要的误解。

（六）识别特征

【例题·简答题·部分】

【答案】不恰当。应当将发运单的编号作为识别特征。

（七）记录重大事项与重大职业判断

【例题·简答题·部分】

【答案】不恰当。还应当记录修改重要性的理由。

（八）审计工作底稿归档工作的性质

【例题1·单选题】

【答案】B

【解析】管理层书面声明应当在审计报告日前获取，故选项B错误。

【例题2·多选题】

【答案】ABC

【解析】选项D错误，选项D不属于归档期间的事务性变动。

【例题3·简答题·部分】

【答案】恰当。

【名师点题】审计工作底稿是对审计过程的记录，应当记录审计报告日前实施的替代程序，未删除记录是恰当的。

（九）审计工作底稿的归档期限

【例题1·单选题】

【答案】C

【解析】选项C正确，审计工作底稿的归档期限为审计报告日后（业务中止日后）60天内。

【例题2·简答题·部分】

【答案】不恰当。应当在业务中止后的60天内完成归档/业务中止也应归档。

（十）审计工作底稿的保存期限

【例题·简答题·部分】

【答案】不恰当。应当自审计报告日起至少保存10年/在规定保存期届满前，不应删除或废弃任何性质的审计工作底稿。

扫一扫 “码”上做题、看解析

本书同步强化练习题均配备二维码，使用“会计云课堂”App扫码，即可线上做题、看解析。

【“会计云课堂”App下载二维码见封底页】

同步强化练习题

一、单项选择题

1. 下列各项中，可以不作为审计工作底稿的是（　　）。
   A. 审计业务约定书
   B. 财务报表草稿
   C. 项目组内部会议记录
   D. 管理层签字确认的书面声明

2. 如果注册会计师获取的信息与针对某重大事项得出的最终结论不一致，并就此咨询会计师事务所专业技术部门，下列各项中，可以不纳入审计工作底稿的是（　　）。
   A. 根据不完整的信息作出的初步判断
   B. 项目组成员向专业技术部门咨询的情况
   C. 项目组和专业技术部门之间意见分歧的解决情况
   D. 项目组成员对该信息实施的审计程序

3. 关于以电子或其他介质形式存在的审计工作底稿，以下说法中，错误的是(　　)。
A. 以电子或其他介质形式存在的底稿转换成纸质形式的底稿后，除了要求与其纸质形式的底稿一并归档外，还应当单独保存这些以电子或其他介质形式存在的底稿
B. 以电子或其他介质形式存在的底稿应当能够通过打印等方式转换成纸质形式的底稿
C. 以电子或其他介质形式存在的底稿，如果通过打印转换成纸质形式的底稿后，没有必要再单独保存
D. 以电子或其他介质形式存在的底稿应当与其纸质形式的审计工作底稿一并归档

4. 下列关于审计工作底稿的格式、要素和范围的取决因素的说法中，错误的是(　　)。
A. 审计证据的重要程度对审计工作底稿的格式、要素和范围有直接影响
B. 不同的审计程序得到的审计证据不同，审计工作底稿的格式和内容可能也会有所不同
C. 针对识别的重大关联方交易，审计工作底稿中应当记录交易方名称及事项等内容，无须说明交易的商业理由
D. 如果从已执行审计工作或获取审计证据的记录中不易确定审计结论或结论的基础，需要记录结论或结论基础

5. 以下对识别特征的说法中，错误的是(　　)。
A. 底稿中记录的应收账款信用授权控制测试，以债务人名称、销售单编号、销售业务发生的时间为主要识别特征
B. 底稿中记录的销售合同和协议以合同编号为主要识别特征
C. 底稿中记录的销售发运单以发运单编号为主要识别特征
D. 底稿中记录的询问管理层存货出库控制执行情况以询问时间为主要识别特征

6. 会计师事务所在归档期间对审计工作底稿可以作出的事务性的变动不包括(　　)。(★★★)*
A. 删除审计工作底稿
B. 对审计工作底稿进行分类、整理和交叉索引
C. 对审计档案归整工作的完成核对表签字认可
D. 记录在审计报告日前获取的、与项目组相关成员进行讨论并达成一致意见的审计证据

7. 下列事项中，属于注册会计师在归档期间对审计工作底稿作出事务性变动的是(　　)。
A. 修改或增加审计工作底稿的理由
B. 修改或增加审计工作底稿的时间和人员，以及复核的时间和人员
C. 对底稿进行分类、整理和交叉索引
D. 记录在审计报告日后实施补充审计程序获取的审计证据

8. 关于审计工作底稿的归档和保存期限，以下说法中，正确的是(　　)。(★★★)
A. 在审计工作底稿归档之后不能对审计工作底稿进行增加
B. 审计报告日后，发现例外情况要求注册会计师追加审计程序，导致注册会计师得出新的结论时需要修改或增加审计工作底稿
C. 审计工作底稿的归档期限是财务报表公布日后60天内
D. 在完成最终审计档案的归整工作后，如果发现有必要修改现有审计工作底稿，注册会计师仅需要记录修改审计工作底稿对审计结论产生的影响

9. 下列有关审计工作底稿的归档和保存期限的说法中，错误的是(　　)。

---

* 为了便于您识别重要题目，本书中针对重点题目通过标注星级的方式进行体现。

A. 审计报告日后，如果注册会计师发现例外情况要求注册会计师实施新的或追加审计程序，或导致注册会计师得出新的结论时，则应当修改现有审计工作底稿或增加新的审计工作底稿

B. 如果完成审计业务，审计工作底稿的归档期限是审计报告日后60天内

C. 在审计工作底稿归档后不能对审计工作底稿进行删除、修改或增加

D. 在完成最终审计档案的归整工作后，如果注册会计师发现有必要修改现有审计工作底稿，则应当记录修改底稿的时间与人员，复核底稿的时间与人员以及修改底稿的理由

二、多项选择题

1. 关于编制审计工作底稿的主要目的，以下说法中，正确的有（　　）。

A. 提供充分、适当的记录，作为出具审计报告的基础

B. 便于审计项目组说明其执行审计工作的情况

C. 提供证据，证明注册会计师已经按照审计准则和相关法律法规的规定计划和执行了审计工作

D. 便于监管机构和注册会计师协会根据相关法律法规或其他相关要求，对会计师事务所实施执业质量检查

2. 在确定审计工作底稿的格式、要素和范围时，注册会计师应当考虑的主要因素有（　　）。

A. 已获取审计证据的重要程度

B. 审计工作底稿的归档期限

C. 编制审计工作底稿使用的文字

D. 拟实施审计程序的性质

3. 针对审计工作底稿中记录的识别特征，以下说法中，正确的有（　　）。

A. 针对询问程序，可能会以询问的时间、被询问人的姓名及职位作为识别特征

B. 针对检查销售合同和协议，可以以合同编号作为主要识别特征

C. 针对观察程序，可以以观察的对象或观察的过程、相关被观察人员及其各自的责任、观察的地点和时间作为识别特征

D. 针对被审计单位生成的采购订单进行细节测试，可以将订单的数量、单价和金额作为识别特征

4. 注册会计师在审计工作底稿中记录已实施审计程序的性质、时间安排和范围时，应当记录的内容有（　　）。（★★★）

A. 审计工作的执行人员及完成审计工作的日期

B. 审计工作的复核人员及复核的日期和范围

C. 测试的具体项目或事项的识别特征

D. 审计工作的监控人员及监控的日期和范围

5. 下列各项中，通常作为重大事项形成审计工作底稿的有（　　）。

A. 被审计单位管理层拒绝提供书面声明，确认其已履行对财务报表的责任

B. 会计师事务所与被审计单位就审计收费时间发生严重分歧

C. 注册会计师未能实现某项审计准则规定的“目标”

D. 注册会计师调整对舞弊导致的财务报表层次重大错报风险采取的总体应对措施

6. 针对审计工作底稿的归档或保存，下列表述中，正确的有（　　）。（★★★）

A. 在审计报告日后将审计工作底稿归整为最终审计工作档案是审计工作的组成部分，可能涉及实施新的审计程序或得出新的审计结论

B. 如果未能完成审计业务，审计工作底稿的归档期限为审计业务中止后的60天内

C. 未能完成审计业务，会计师事务所应当自审计业务中止日起，对审计工作底稿至少保存10年

D. 在完成最终审计档案的归整工作后，

不得修改现有审计工作底稿或增加新的审计工作底稿

7. 针对审计工作底稿归档后的变动，以下说法中，错误的有(　　)。(★★★)
A. 注册会计师在归档后发现，已实施了必要的审计程序，取得了充分、适当的审计证据并得出了恰当的审计结论，但审计工作底稿的记录不够充分
B. 删除或废弃被取代的审计工作底稿
C. 对审计工作底稿进行分类、整理和交叉索引
D. 审计报告日后，发现例外情况而追加审计程序，得出新的结论

三、简答题

1. 上市公司甲集团公司是 ABC 会计师事务所的常年审计客户。A 注册会计师是甲集团公司 2020 年财务报表审计的项目合伙人，B 注册会计师是项目质量复核人员。A 注册会计师于 2021 年 3 月 5 日签署甲集团公司审计报告。与审计工作底稿相关的部分事项如下：
(1) A 注册会计师在 2021 年 5 月 20 日完成了甲集团公司审计工作底稿归档工作。
(2) A 注册会计师在 2021 年 5 月 1 日收到了询证函回函，将其替换了应收账款函证替代程序的底稿。
(3) A 注册会计师于 2021 年 3 月 6 日对商誉减值实施追加审计程序，修改了审计工作底稿，A 注册会计师要求审计项目组记录修改的理由、时间和人员，以及复核的时间和人员。由于审计报告已经发布，B 注册会计师不再进行项目质量复核。
(4) A 注册会计师在完成了工作底稿的归档工作后，于 2021 年 5 月 25 日删除了被取代的预计负债的审计工作底稿。
(5) A 注册会计师在对营业收入进行细节测试时，对销售发票进行了检查，并将销售发票的开具人和时间作为识别特征记录于审计工作底稿。
(6) 甲集团公司的乙组成部分注册会计师针对乙组成部分财务信息出具审计报告的日期是 2021 年 3 月 2 日，A 注册会计师要求乙组成部分注册会计师的审计工作底稿自 2021 年 3 月 2 日起至少保存 10 年。
要求：
针对上述第（1）至（6）项，逐项指出注册会计师的做法是否恰当。如不恰当，并简要说明理由。(★★★)

2. A 注册会计师负责审计甲公司 2020 年度财务报表。与审计工作底稿相关的部分事项如下：
(1) A 注册会计师在具体审计计划中记录拟对固定资产采购与付款循环采用综合性方案，因在测试控制时发现相关控制运行无效，将其改为实质性方案，重新编制具体审计计划工作底稿，并替代原具体审计计划工作底稿。
(2) A 注册会计师拟利用 2019 年度审计中获取的有关存货和成本循环的控制运行有效性的审计证据，将信赖这些控制的理由和结论记录于审计工作底稿。
(3) A 注册会计师在对销售发票进行细节测试时，将相关销售发票所载明的发票日期以及商品的名称、规格和数量作为识别特征记录于审计工作底稿。
(4) 审计报告日后，A 注册会计师对在审计报告日前收到的应付账款询证函回函中存在的差异进行调查，确认其金额和性质均不重大，并记录于审计工作底稿。
(5) 在归整审计档案时，A 注册会计师删除了固定资产减值测试审计工作底稿初稿。
要求：
针对上述第（1）至（5）项，逐项指出 A 注册会计师的做法是否恰当。如不恰当，简要说明理由。

3. A 注册会计师负责对甲公司 2020 年度财务报表进行审计。与审计工作底稿相关的部分事项如下：

（1）由于在审计过程中识别出重大错报并提出审计调整建议，A注册会计师重新评估并修改了重要性，并将记录计划阶段评估的重要性的工作底稿删除，代之以记录重新评估的重要性的工作底稿。

（2）对于询问被审计单位特定人员的程序，A注册会计师在形成审计工作底稿时，以询问的时间、被询问人的姓名和职位名称作为识别特征。

（3）A注册会计师在审计过程中无法就关联方关系及交易获取充分、适当的审计证据，并因此出具了保留意见审计报告。A注册会计师将该事项作为重大事项记录在审计工作底稿中。

（4）审计报告日期为2021年4月18日。A注册会计师于2021年4月20日将审计报告提交给甲公司管理层，并于2021年6月19日完成审计工作底稿的归档工作。

（5）在对审计工作底稿进行归档的过程中，A注册会计师对审计工作底稿进行了分类、整理和交叉索引，并签署了审计档案归整工作核对表。

（6）A注册会计师在审计工作底稿归档之后收到了一份银行询证函回函原件，于是用原件替换审计档案中的回函传真件。

要求：

针对上述第（1）至（6）项，逐项指出A注册会计师的做法是否恰当。如不恰当，简要说明理由。

同步强化练习题参考答案及解析

“扫码看解析”

使用“微信”或“会计云课堂”App扫码，即可线上对答案、看解析，错题随手收藏，及时巩固复习。

一、单项选择题

1. 【答案】B

解析：审计工作底稿通常不包括已被取代的审计工作底稿的草稿或财务报表的草稿（选项B）、反映不全面或初步思考的记录、存在印刷错误或其他错误而作废的文本，以及重复的文件记录等。

2. 【答案】A

解析：审计工作底稿通常不包括已被取代的审计工作底稿的草稿或财务报表的草稿、反映不全面或初步思考的记录（选项A）、存在印刷错误或其他错误而作废的文本，以及重复的文件记录等。

3. 【答案】C

解析：选项C错误。关于以电子或其他介质形式存在的底稿控制要求主要有三个方面：（1）应当能够通过打印等方式转换成纸质形式的底稿；（2）应当与其纸质形式的底稿一并归档；（3）除了与其纸质形式的底稿一并归档外，还应当单独保存这些以电子或其他介质形式存在的底稿。

4. 【答案】C

解析：选项C错误，重大关联方交易属于注册会计师识别的重大错报风险较高的项目，注册会计师应当实施的审计程序中包括评价交易是否具有合理的商业理由，因此审计工作底稿中需要记录该交易是否具有合理的商业理由。

5. 【答案】D

解析：审计工作底稿中记录的某一个具体项目或事项的识别特征通常要求具有唯一

性。选项D中询问管理层存货出库控制执行情况要从询问时间、被询问人员的姓名及职位几个方面作为识别特征，仅以询问时间作为识别特征不恰当。

6. 【答案】A
解析：选项A错误，删除或废弃的只能是被取代的审计工作底稿，应当强调“被取代的”。

7. 【答案】C
解析：选项C属于归档期间对审计工作底稿作出的事务性变动；选项D属于归档后变动底稿的“例外情况”；选项A、B均属于归档后变动审计工作底稿时的记录要求。

8. 【答案】B
解析：选项A错误，审计工作底稿归档后，如果发现例外情况要求注册会计师追加审计程序，或者审计报告日前已实施了必要的审计程序，取得了充分、适当的审计证据并得出了恰当的审计结论，但底稿的记录不够充分，均需要修改或者增加底稿。选项C错误，审计工作底稿的归档期限是审计报告日后60天内或者审计业务中止后的60天内。选项D错误，注册会计师需要记录修改底稿的人员及时间、复核的人员及时间以及修改底稿的理由。

9. 【答案】C
解析：在完成最终审计档案的归整工作后，注册会计师不应在规定的保存期限届满前删除或废弃任何性质的审计工作底稿，但可能涉及修改或增加审计工作底稿的情况，故选项C错误。

二、多项选择题

1. 【答案】AC
解析：编制审计工作底稿的主要目的包括：（1）提供充分、适当的记录，作为出具审计报告的基础；（2）提供证据，证明注册会计师已经按照审计准则和相关法律法规的规定计划和执行了审计工作。选项B、D属于编制审计工作底稿的其他目的。

2. 【答案】AD
解析：注册会计师在确定审计工作底稿的格式、要素和范围时应当考虑下列因素：（1）被审计单位的规模和复杂程度；（2）拟实施审计程序的性质（选项D）；（3）识别出的重大错报风险；（4）已获取审计证据的重要程度（选项A）；（5）识别出的例外事项的性质和范围；（6）当从已执行审计工作或获取审计证据的记录中不易确定结论或结论的基础时，记录结论或结论基础的必要性；（7）审计方法和使用的工具。

3. 【答案】ABC
解析：选项D错误，针对采购订单，可以以采购订单的日期和其唯一编号作为识别特征。

4. 【答案】ABC
解析：在记录已实施审计程序的性质、时间安排和范围时，注册会计师应当记录以下三个方面的内容：(1)测试的具体项目或事项的识别特征(选项C)；(2)审计工作的执行人员及完成审计工作的日期(选项A)；(3)审计工作的复核人员及复核的日期和范围(选项B)。

5. 【答案】ACD
解析：选项B不属于重大事项。重大事项通常包括：（1）引起特别风险的事项；（2）实施审计程序的结果，该结果表明财务信息可能存在重大错报，或需要修正以前对重大错报风险的评估和针对这些风险拟采取的应对措施（选项D）；（3）导致注册会计师难以实施必要审计程序的情形（选项C）；（4）导致出具非无保留意见或者带强调事项段“与持续经营相关的重大不确定性”等段落的审计报告的事项（选项 A）。

6. 【答案】BC

解析：选项 A 错误，审计工作底稿归档不涉及实施新的审计程序或得出新的结论；选项 D 错误，审计档案归整工作完成后，如果有必要修改现有审计工作底稿或增加新的审计工作底稿，注册会计师需要对审计工作底稿进行修改或增加。

7. 【答案】BC

解析：一般情况下，在审计工作底稿归档之后不需要对审计工作底稿进行修改或增加，有必要修改现有审计工作底稿或增加新的审计工作底稿的情形主要有以下两种：（1）注册会计师已实施了必要的审计程序，取得了充分、适当的审计证据并得出了恰当的审计结论，但审计工作底稿的记录不够充分（选项 A）；（2）审计报告日后，发现例外情况要求注册会计师实施新的或追加审计程序，或导致注册会计师得出新的结论（选项 D）。选项 B、C 属于在归档期间对审计工作底稿作出的事务性变动，不属于归档后的变动。

三、简答题

1. 【答案】

（1）不恰当。底稿归档工作应当在审计报告日后 60 天内完成。

（2）不恰当。收到的询证函回函是审计报告日前已实施的替代程序的补充证据，应当与已实施的替代程序工作底稿一并归档。

（3）不恰当。B 注册会计师应当针对实施的追加审计程序的底稿进行复核，并记录复核的事项、理由、结论及复核的时间和人员。

（4）不恰当。A 注册会计师不应在规定的保存期限届满前删除或废弃任何性质的审计工作底稿。

（5）不恰当。识别特征应具有唯一性，应当将销售发票的编号作为识别特征记录于审计工作底稿。

（6）不恰当。基于集团审计目的，乙组成部分注册会计师的审计工作底稿应当自 2021 年 3 月 5 日起至少保存 10 年。

2. 【答案】

（1）不恰当。注册会计师应在审计工作底稿中记录在审计过程中对具体审计计划作出的任何重大修改和理由。

（2）恰当。

（3）不恰当。识别特征应当具有唯一性，发票日期以及商品的名称、规格和数量不具有唯一性/注册会计师应当将销售发票编号作为识别特征记录于审计工作底稿。

（4）不恰当。在出具审计报告前，注册会计师应当对收到的应付账款询证函回函中存在的差异进行调查，并记录于审计工作底稿。

（5）恰当。

3. 【答案】

（1）不恰当。应当记录对重要性作出的修改以及理由，因此应当保留对原重要性的记录。

（2）恰当。

（3）恰当。

（4）不恰当。应当在审计报告日后 60 天内将工作底稿归档，即 2021 年 6 月 17 日前。

（5）恰当。

（6）不恰当。在完成归档后，不应在规定的保存期限届满前删除或废弃任何性质的审计工作底稿。

第七章　风险评估

本章考情分析

本章与第八章属于教材第二编，共同构成财务报表审计的测试流程，其核心是对重大错报风险的识别、评估与应对。

本章是非常重要的考试章节，最近五年平均考试分值在6分左右。本章需要大家重点掌握的知识点（含可能题型），归纳如下表。

序号	知识点	题型	难易程度
1	风险识别和评估的作用和要求	单选、简答	中
2	风险评估程序和信息来源	多选	中
3	项目组内部的讨论	单选、简答	中
4	了解被审计单位及其环境的内容	单选	中
5	了解被审计单位的性质	单选、简答	易
6	了解被审计单位对会计政策的选择和运用	单选	易
7	了解被审计单位目标、战略与经营风险	单选、多选	易
8	了解被审计单位财务业绩衡量和评价情况	单选、多选	易
9	了解与审计相关的控制	单选、多选、简答、综合	难
10	对内部控制了解的深度	单选、简答	难
11	内部控制的局限性	单选	中
12	了解控制环境	单选、多选、简答	难
13	了解风险评估过程	单选、多选、简答	易
14	了解与财务报告相关的信息系统与沟通	单选	易
15	了解控制活动	单选、多选	难
16	了解被审计单位对控制的监督	单选、简答	易
17	在业务流程层面了解内部控制	单选	难
18	评估财务报表层次和认定层次的重大错报风险	单选、多选、综合	难
19	考虑可审计性	单选	难
20	特别风险	单选、多选、简答	难
21	仅通过实质性程序无法应对的重大错报风险	单选	中

2021 年教材主要变化

对个别文字修订。

本章考点框架

- 第七章
  - 风险识别和评估概述
    - 审计测试流程【易/低频】
    - 风险识别和评估框架【易/低频】
    - 风险识别和评估的作用和要求【中/中频】
  - 风险评估程序、信息来源以及项目组内部的讨论
    - 风险评估程序和信息来源【中/中频】
    - 其他审计程序和信息来源【易/低频】
    - 项目组内部的讨论【中/低频】
  - 了解被审计单位及其环境
    - 了解被审计单位及其环境的内容【中/低频】
    - 行业状况、法律环境和监管环境及其他外部因素【易/低频】
    - 被审计单位的性质【易/低频】
    - 被审计单位对会计政策的选择和运用【易/低频】
    - 被审计单位的目标、战略以及相关经营风险【易/低频】
    - 被审计单位财务业绩的衡量和评价【易/低频】
  - 了解被审计单位的内部控制
    - 内部控制的定义、目标和要素【中/中频】
    - 与审计相关的控制【难/高频】
    - 对内部控制了解的深度【难/高频】
    - 内部控制的人工和自动化成分【中/低频】
    - 内部控制的局限性【中/中频】
    - 控制环境【难/高频】
    - 风险评估过程【易/低频】
    - 与财务报告相关的信息系统与沟通【易/低频】
    - 控制活动【难/中频】
    - 对控制的监督【易/低频】
    - 在整体层面了解内部控制【中/中频】
    - 在业务流程层面了解内部控制【难/高频】
  - 评估重大错报风险
    - 评估财务报表层次和认定层次的重大错报风险【难/中频】
    - 需要特别考虑的重大错报风险【难/高频】
    - 仅通过实质性程序无法应对的重大错报风险【中/中频】
    - 对风险评估的修正【中/中频】

本章重难点精讲

提示	风险识别与评估类似于“老中医”的“望闻问切”和毛爷爷所说的“没有调查就没有发言权”，注册会计师通过实施风险评估程序，获取审计证据，“诊断”财务报表是否存在重大错报风险。快扫听课二维码，助您“码”上通关

第一节　风险识别和评估概述

本节视频详解
使用“会计云课堂”App/微信扫码听课

01 考点1 审计测试流程（★）❶

审计测试流程包括风险识别和评估（流程“上游”，教材第七章）和风险应对（流程“下游”，教材第八章），其核心是对重大错报风险的识别、评估与应对，可以简称为“审计测试流程ABC”，如图7-1所示。

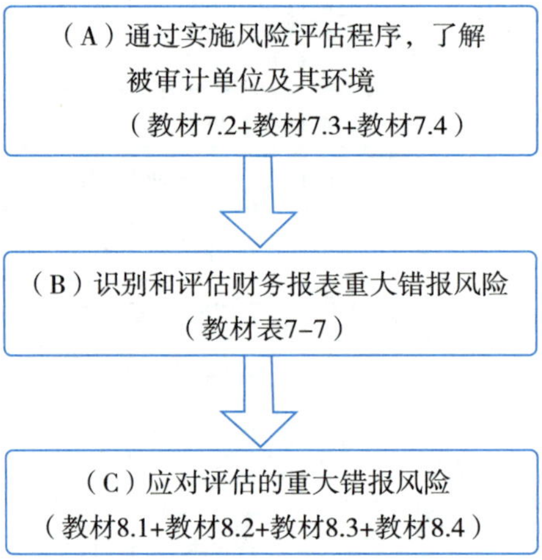

图7-1　审计测试流程ABC

【看图说话】第一，通过实施风险评估程序，了解被审计单位及其环境（上图中的A），识别和评估财务报表重大错报风险（上图中的B）；第二，针对评估的重大错报风险，制定总体应对措施、设计和实施进一步审计程序（上图中的C）。

02 考点2 风险识别和评估框架（★）

风险识别和评估是指注册会计师通过实施风险评估程序，识别和评估财务报表层次和认定层次的重大错报风险，如图7-2所示。

❶ 为方便您在学习中可以快速了解知识点的重要程度，本书中将知识点进行分类。★★★代表重要知识点，★★代表次重要知识点，★代表非重要知识点。

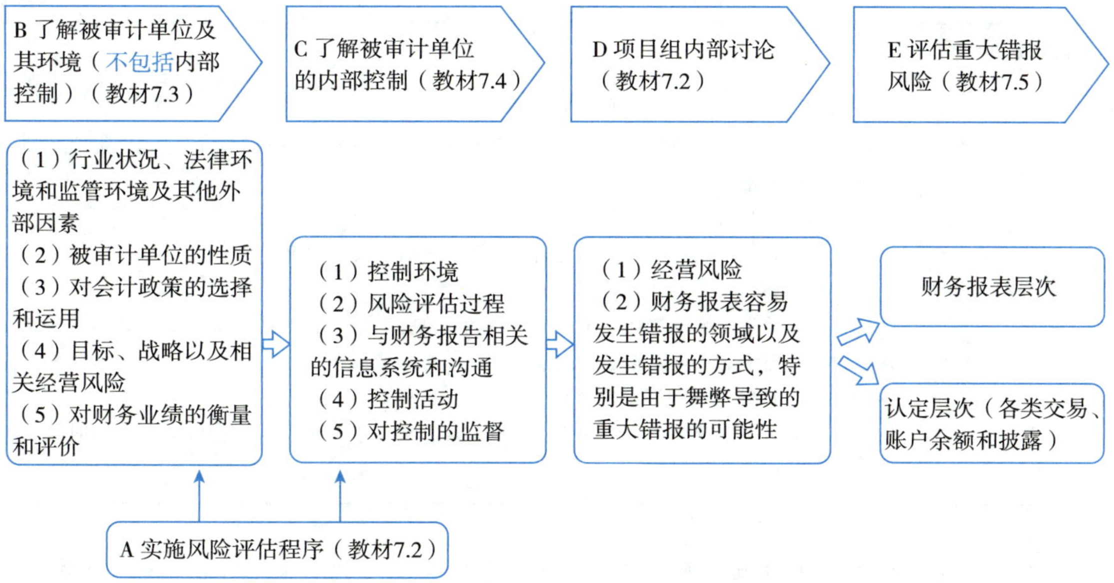

图 7-2　风险识别和评估框架

【看图说话】

（1）“风险识别和评估”的核心是重大错报风险，包括财务报表层次和认定层次（即图中的 E）。

（2）注册会计师通过实施风险评估程序（A）和项目组内部讨论（D），了解被审计单位及其环境（不包括内部控制，B）和了解被审计单位的内部控制（C），评估重大错报风险（E）。

03 考点 3 风险识别和评估的作用和要求（★★）

风险识别和评估的作用和要求，归纳如下表。

风险识别和评估	具体内容
作用	（1）确定重要性水平，并随着审计工作的进程评估对重要性水平的判断是否仍然适当 （2）考虑会计政策的选择和运用是否恰当，以及财务报表的列报是否适当 （3）识别与财务报表中金额或披露相关的需要特别考虑的领域，包括关联方交易、管理层运用持续经营假设的合理性，或交易是否具有合理的商业目的等 （4）确定在实施分析程序时所使用的预期值 （5）设计和实施进一步审计程序，以将审计风险降至可接受的低水平 （6）评价所获取审计证据的充分性和适当性

续表

风险识别和评估	具体内容
要求	（1）贯穿于整个审计过程的始终 了解被审计单位及其环境是一个连续和动态地收集、更新与分析信息的过程，贯穿于整个审计过程的始终 （2）恰当运用职业判断 注册会计师应当运用职业判断确定需要了解被审计单位及其环境的程度 （3）评价了解的程度是否恰当 评价注册会计师了解被审计单位及其环境的程度是否恰当，关键是看注册会计师对被审计单位及其环境的了解是否足以识别和评估财务报表的重大错报风险 （4）注册会计师与管理层了解的程度不同 注册会计师对被审计单位及其环境了解的程度，要低于管理层为经营管理企业而对被审计单位及其环境需要了解的程度

【提示】了解被审计单位及其环境是审计测试流程的必要程序，无论被审计单位规模大小。如果注册会计师没有了解被审计单位及其环境（获取审计证据），则不能评估财务报表重大错报风险，不能识别需要特别考虑的领域，不能确定在实施分析程序时所使用的预期值，不能设计和实施进一步审计程序，不能评价所获取审计证据的充分性和适当性等。

经典题解

【例题 1·简答题·部分】ABC 会计师事务所接受委托，负责审计上市公司甲公司 2020 年度财务报表，并委派 A 注册会计师担任审计项目合伙人。相关事项摘录如下：

（1）在制定审计计划时，A 注册会计师根据其审计甲公司的多年经验，认为甲公司 2020 年度财务报表不存在重大错报风险，应当直接实施进一步审计程序。

要求：

针对上述第（1）项，假定不考虑其他条件，指出 A 注册会计师的做法是否恰当。如不恰当，简要说明理由。

【答案】不恰当。注册会计师应当实施风险评估程序，了解甲公司及其环境，评估财务报表重大错报风险。

【名师点题】“没有调查就没有发言权”，注册会计师不实施风险评估程序，则不能评估财务报表重大错报风险。

第二节　风险评估程序、信息来源以及项目组内部的讨论

【导航】本节内容属于注册会计师识别和评估重大错报风险的“重要手段”，包括风险评估程序、信息来源以及项目组内部讨论，如图 7-3 所示。

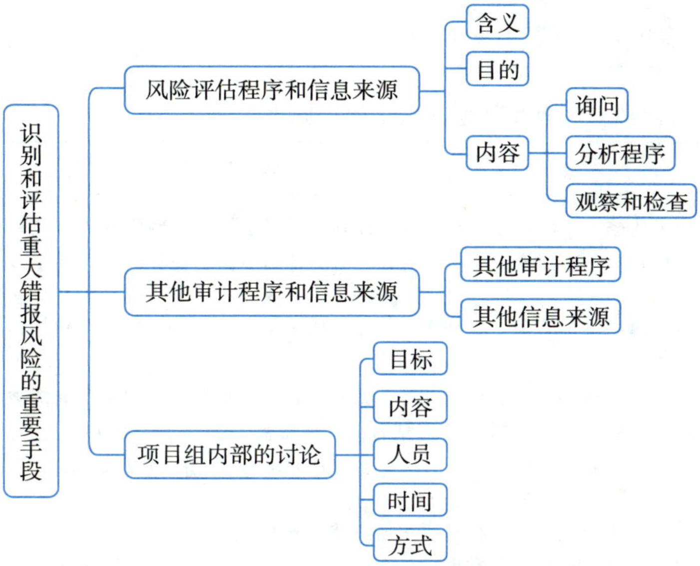

图 7-3 识别和评估重大错报风险的重要手段

01 考点 1 风险评估程序和信息来源（★★）

风险评估程序的含义、目的和内容，归纳如下表。

风险评估程序	具体内容
含义	了解被审计单位及其环境而实施的审计程序
目的	识别和评估财务报表重大错报风险，包括财务报表层次的重大错报风险和认定层次的重大错报风险
内容	了解被审计单位及其环境（不包括了解内部控制）的风险评估程序： （1）询问 （2）分析程序（不适用于了解内部控制） （3）观察和检查
	了解内部控制的风险评估程序： （1）询问 （2）观察和检查 （3）穿行测试（通常适用于了解内部控制）

02 考点 2 其他审计程序和信息来源（★）

其他审计程序的含义、内容和其他信息来源，归纳如下表。

项目	具体内容
含义	除了从被审计单位内部获取信息以外，如果根据职业判断认为从被审计单位外部获取的信息有助于识别重大错报风险，注册会计师应当实施其他审计程序以获取这些信息
内容	（1）询问外部人员，包括被审计单位聘请的外部法律顾问、专业评估师、投资顾问和财务顾问等 （2）阅读外部信息，包括证券分析师、银行、评级机构出具的有关被审计单位及其所处行业的经济或市场环境等状况的报告，贸易与经济方面的报纸期刊，法规或金融出版物，以及政府部门或民间组织发布的行业报告和统计数据等
其他信息来源	（1）在客户接受或保持过程中所获取的信息 （2）提供其他服务中获取的信息

【提示】其他审计程序强调从被审计单位外部获取信息，以了解被审计单位及其环境，识别和评估财务报表的重大错报风险。

03 考点 3 项目组内部的讨论（★）

项目组内部讨论的目标、内容、人员、时间以及方式，归纳如下表。

项目组内部讨论	具体内容	
	审计语言	关键点
目标	（1）了解在各自负责的领域中，由于舞弊或错误导致财务报表重大错报的可能性 （2）了解各自实施审计程序的结果如何影响审计的其他方面，包括对确定进一步审计程序的性质、时间安排和范围的影响	重大错报风险→进一步审计程序
内容	（1）被审计单位面临的经营风险 （2）财务报表容易发生错报的领域以及发生错报的方式，特别是由于舞弊导致重大错报的可能性	经营风险→重大错报的可能性
人员	项目组的关键成员应当参与讨论，如果项目组需要拥有信息技术或其他特殊技能的专家，这些专家根据需要参与讨论 【提示】项目合伙人应当确定向未参与讨论的项目组成员通报哪些事项	关键成员应当参加；专家根据需要确定是否参加

续表

项目组内部讨论	具体内容	
	审计语言	关键点
时间	在整个审计过程中持续交换有关财务报表发生重大错报可能性的信息	整个审计过程
方式	项目组在讨论时应当强调在整个审计过程中保持职业怀疑，警惕可能发生重大错报的迹象，并对这些迹象进行严格追踪	"排查"与追踪

第三节 了解被审计单位及其环境

本节视频详解
使用"会计云课堂"App/微信扫码听课

01 考点1 了解被审计单位及其环境的内容（★）

了解被审计单位及其环境的内容包括6个方面，即为图7-4中的1/6至6/6。

了解被审计单位及其环境
- 行业状况、法律环境和监管环境及其他外部因素（1/6，教材7.3）
- 被审计单位的性质（2/6，教材7.3）
- 被审计单位对会计政策的选择和运用（3/6，教材7.3）
- 被审计单位的目标、战略以及相关经营风险（4/6，教材7.3）
- 对被审计单位财务业绩的衡量和评价（5/6，教材7.3）
- 被审计单位的内部控制（6/6，教材7.4）

图7-4 了解被审计单位及其环境

【看图说话】

（1）1/6：被审计单位的外部环境，主要属于非财务信息。

（2）2/6至4/6以及6/6：被审计单位的内部因素。

（3）5/6：既有外部因素也有内部因素。

（4）1/6至6/6之间可能会互相影响，注册会计师应当考虑各因素之间的相互关系。

02 考点2 行业状况、法律环境和监管环境及其他外部因素（1/6，★）

了解被审计单位行业状况、相关法律环境与监管环境以及其他外部因素，归纳如下表。

了解事项	具体内容
行业状况	（1）所处行业的市场与竞争 （2）生产经营的季节性和周期性 （3）与被审计单位产品相关的生产技术 （4）能源供应与成本 （5）行业的关键指标和统计数据
相关法律环境与监管环境	（1）会计原则和行业特定惯例 （2）受管制行业的法规框架，包括披露要求 （3）对被审计单位经营活动产生重大影响的法律法规，包括直接的监管活动 （4）税收政策 （5）目前对被审计单位开展经营活动产生影响的政府政策，如货币政策、财政政策、财政刺激措施、关税或贸易限制政策等 （6）影响行业和被审计单位经营活动的环保要求
其他外部因素	（1）总体经济情况 （2）利率 （3）融资的可获得性 （4）通货膨胀水平或币值变动等

【提示】“行业状况、法律环境和监管环境及其他外部因素”更多属于“非财务信息”。注册会计师了解这些“非财务信息”，对比被审计单位的财务数据，“找”矛盾证据，“诊断”财务报表重大错报风险。该知识点常常在综合题中体现，请链接本书（第九章）“营业收入”实质性程序举例。

03 考点 3 被审计单位的性质（2/6，★）

了解被审计单位的性质，其内容归纳如下表。

了解被审计单位的性质	了解目的	了解内容
所有权结构	识别关联方关系并了解被审计单位的决策过程	（1）了解被审计单位识别关联方的程序，获取被审计单位提供的所有关联方信息 （2）考虑关联方关系是否已经得到识别，关联方交易是否得到恰当记录和充分披露
治理结构	良好的治理结构可以对被审计单位的经营和财务运作实施有效的监督，从而降低财务报表发生重大错报的风险	董事会的构成情况、董事会内部是否有独立董事；治理结构中是否设有审计委员会或监事会及其运作情况

续表

了解被审计单位的性质	了解目的	了解内容
组织结构	考虑复杂组织结构可能导致的重大错报风险	通过了解组织结构，考虑包括**财务报表合并、商誉减值**以及**长期股权投资核算**等问题可能导致的重大错报风险
经营活动	识别预期在财务报表中反映的**主要**交易类别、**重要**账户余额和列报	(1) 主营业务的性质 (2) 与生产产品或提供劳务相关的市场信息 (3) 业务的开展情况 (4) 联盟、合营与外包情况 (5) 从事电子商务的情况 (6) 地区分布与行业细分 (7) 生产设施、仓库和办公室的**地理位置**，存货存放地点和数量 (8) 关键客户 (9) 货物和服务的**重要供应商** (10) 劳动用工安排 (11) 研究与开发活动及其支出 (12) **关联方交易**
投资活动	关注被审计单位在**经营策略和方向上的重大变化**	(1) 近期拟实施或已实施的并购活动与资产处置情况，包括业务重组或某些业务的终止。注册会计师应当了解并购活动如何与被审计单位目前的经营业务相协调，并考虑它们是否会引发进一步的经营风险 (2) 证券投资、委托贷款的发生与处置 (3) 资本性投资活动，包括固定资产和无形资产投资，近期或计划发生的变动，以及重大的资本承诺等 (4) **不纳入**合并范围的投资。例如，联营、合营或其他投资，包括近期计划的投资项目
筹资活动	评估被审计单位在**融资方面的压力**，并进一步考虑被审计单位在可预见未来的**持续经营能力**	(1) 债务结构和相关条款，包括资产负债表外融资和租赁安排 (2) 主要子公司和联营企业（无论是否处于合并范围内）的重要融资安排 (3) 实际受益方及关联方 (4) 衍生金融工具的使用
财务报告	了解影响财务报告的**重要政策、交易或事项**	(1) 会计政策和行业特定**惯例**，包括特定行业各类重要的交易、账户余额及财务报表相关披露（如银行业的贷款和投资、医药行业的研究与开发活动） (2) **收入确认**惯例 (3) **公允价值**会计核算 (4) 外币资产、负债与交易 (5) **异常或复杂交易**（包括在有争议的或新兴领域的交易）的会计处理（如对股份支付的会计处理）

04 考点 4 被审计单位对会计政策的选择和运用（3/6，★）

了解被审计单位对会计政策的选择和运用的事项，其内容归纳如下表。

了解或关注的事项	具体内容
会计政策的选择和运用	（1）被审计单位对重大和异常交易的会计处理方法 （2）在缺乏权威性标准或共识、有争议的或新兴领域采用重要会计政策产生的影响 （3）会计政策的变更 （4）新颁布的财务报告准则、法律法规，以及被审计单位何时采用、如何采用这些规定
与会计政策运用相关的情况	（1）是否采用激进的会计政策、方法、估计和判断 （2）财会人员是否拥有足够的运用会计准则的知识、经验和能力 （3）是否拥有足够的资源支持会计政策的运用，如人力资源及培训、信息技术的采用、数据和信息的采集等

05 考点 5 被审计单位的目标、战略以及相关经营风险（4/6，★）

了解被审计单位目标、战略与经营风险，其内容归纳如下表。

事项	具体内容
目标、战略与经营风险的含义	（1）目标是企业经营活动的指针 （2）战略是管理层为实现经营目标采用的总体层面的策略和方法 （3）经营风险是指可能对被审计单位实现目标和实施战略的能力产生不利影响的重要状况、事项、情况、作为（或不作为）所导致的风险，或由于制定不恰当的目标和战略而导致的风险
导致经营风险因素	（1）行业发展（被审计单位不具备足以应对行业发展的人力资源和业务专长） （2）开发新产品或提供新服务（被审计单位产品责任增加） （3）业务扩张（被审计单位对市场需求的估计不准确） （4）新的会计要求（被审计单位不当执行相关会计要求，或会计处理成本增加） （5）监管要求（被审计单位法律责任增加） （6）本期及未来的融资条件（被审计单位由于无法满足融资条件而失去融资机会） （7）信息技术的运用（被审计单位信息系统与业务流程难以融合） （8）实施战略的影响，特别是由此产生的需要运用新的会计要求的影响（被审计单位执行新要求不当或不完整）
经营风险对重大错报风险的影响	（1）多数经营风险最终都会产生财务后果，从而影响财务报表 （2）经营风险可能对某类交易、账户余额和披露的认定层次重大错报风险或财务报表层次重大错报风险产生直接影响
注册会计师的责任	注册会计师没有责任识别或评估对财务报表没有重大影响的经营风险

06 考点6 被审计单位财务业绩的衡量和评价（5/6，★）

被审计单位管理层经常会衡量和评价关键业绩指标、预算及差异分析、分部信息和分支机构、部门或其他层次的业绩报告以及与竞争对手的业绩比较。此外，外部机构也会衡量和评价被审计单位的财务业绩，如分析师的报告和信用评级机构的报告。

了解被审计单位财务业绩的衡量和评价情况，其内容归纳如下表。

了解事项	具体内容
应当关注的信息	（1）关键业绩指标（财务的或非财务的）、关键比率、趋势和经营统计数据 （2）同期财务业绩比较分析 （3）预算、预测、差异分析，分部信息与分部、部门或其他不同层次的业绩报告 （4）员工业绩考核与激励性报酬政策 （5）被审计单位与竞争对手的业绩比较
关注内部财务业绩衡量的结果	（1）关注被审计单位内部财务业绩衡量所显示的未预期到的结果或趋势 （2）关注管理层的调查结果和纠正措施 （3）关注相关信息是否显示财务报表可能存在重大错报

经典题解

【例题2·多选题】 在了解被审计单位财务业绩的衡量和评价时，下列各项中，注册会计师可以考虑的信息有（　　）。

A. 信用评级机构报告

B. 证券研究机构的分析报告

C. 经营统计数据

D. 员工业绩考核与激励性报酬政策

【解析】 注册会计师在了解被审计单位财务业绩衡量和评价情况时，应当关注下列信息：（1）关键业绩指标（财务的或非财务的）、关键比率、趋势和经营统计数据（选项C）；（2）同期财务业绩比较分析；（3）预算、预测、差异分析，分部信息与分部、部门或其他不同层次的业绩报告；（4）员工业绩考核与激励性报酬政策（选项D）；（5）被审计单位与竞争对手的业绩比较。外部机构也会衡量和评价被审计单位的财务业绩，如分析师的报告和信用评级机构的报告（选项A、B）。

【答案】 ABCD

第四节　了解被审计单位的内部控制

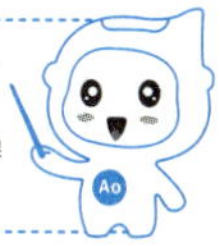

【导航】了解内部控制的内容包括以下12个方面，如图7-5所示。

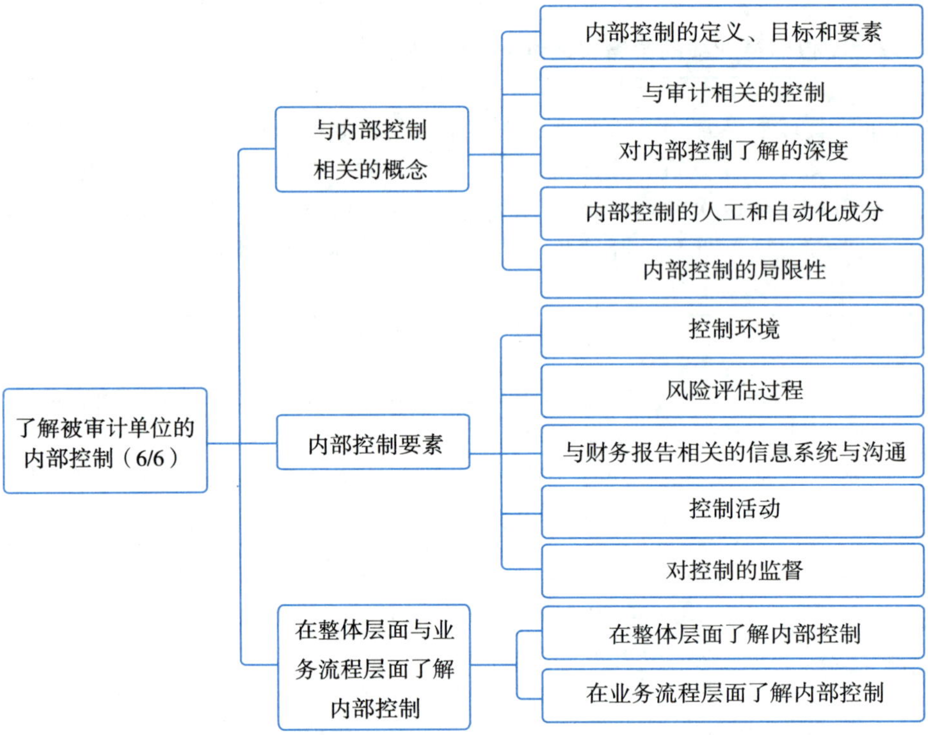

图 7-5　了解内部控制

01 考点 1 内部控制的定义、目标和要素（★★）

审计准则中的内部控制包括“三目标、五要素”，如图 7-6 所示。

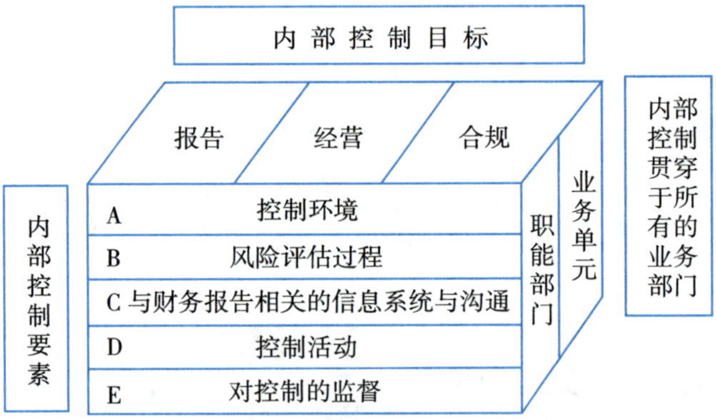

图 7-6　内部控制目标与要素

【看图说话】审计教材前十九章的内部控制概念（三目标、五要素）属于审计准则的范畴，不同于教材第二十章的企业内部控制概念（五目标、五要素）。内部控制五要素（上图的 ABCDE）需要大家精准掌握。

根据审计准则，内部控制的定义、目标和要素，归纳如下表。

内部控制	具体内容
定义	为了合理保证财务报告的可靠性、经营的效率和效果以及对法律法规的遵守，由治理层、管理层和其他人员设计与执行的政策及程序
三目标	（1）财务报告的可靠性（简称“报告”目标） （2）经营的效果和效率（简称“经营”目标） （3）遵守适用的法律法规的要求（简称“合规”目标）
五要素	（1）控制环境(图 7-6 中的 A) （2）风险评估过程（图 7-6 中的 B） （3）与财务报告相关的信息系统和沟通(图 7-6 中的 C) （4）控制活动（图 7-6 中的 D） （5）对控制的监督(图 7-6 中的 E)

【提示】内部控制设计、执行和维护的方式因被审计单位的规模与复杂程度的不同而不同。

02 考点 2 与审计相关的控制（★★★）

注册会计师应当了解与审计相关的控制，无须了解与审计无关的控制，相关要点归纳如下表。

事项	具体内容
并非需要了解所有的内部控制	注册会计师需要了解和评价的内部控制只是与财务报表审计相关的内部控制，并非被审计单位所有的内部控制
考虑被审计单位内部生成的信息	如果在设计和实施进一步审计程序时拟利用被审计单位内部生成的信息，针对该信息完整性和准确性的控制可能与审计相关
考虑与经营目标、合规目标相关的控制	如果与经营和合规目标相关的控制与注册会计师实施审计程序时评价或使用的数据相关，则这些控制也可能与审计相关
与财务报告和经营目标相关的控制	用以防止未经授权购买、使用或处置资产的内部控制，可能包括与财务报告和经营目标相关的控制。注册会计师对这些控制的考虑通常仅限于与财务报告可靠性相关的控制
与审计无关的控制	被审计单位通常有一些与内部控制目标相关但与审计无关的控制，注册会计师无须对其加以考虑。例如，被审计单位可能依靠某一复杂的自动化控制提高经营活动的效率和效果（如航空公司用于维护航班时间表的自动化控制系统），但这些控制通常与审计无关

【提示】“与审计相关的内部控制”需要大家从内部控制目标(三目标）角度，非内部控制要素(五要素）角度来进行理解。

经典题解

【例题 3 · 单选题】下列与审计相关的内

部控制的说法中，正确的是(　　)。

A. 与财务报告相关的内部控制均与审计相关

B. 与审计相关的内部控制并非均与财务报告相关

C. 与经营目标相关的内部控制与审计无关

D. 与合规目标相关的内部控制与审计无关

【解析】选项A错误，与财务报告相关的内部控制并非均与审计相关；选项B正确，注册会计师在财务报表审计中只需要了解与审计相关的内部控制，与审计相关的内部控制并非均与财务报告相关；如果与经营和合规目标相关的控制与注册会计师实施审计程序时评价或使用的数据相关，则这些控制也可能与审计相关，故选项C、D均错误。

【答案】B

03 考点3 对内部控制了解的深度(★★★)

【导航】“对内部控制了解的深度”包含两个层面。首先，评价控制的设计，第二，确定已设计的内部控制是否得到执行，如图7-7所示。

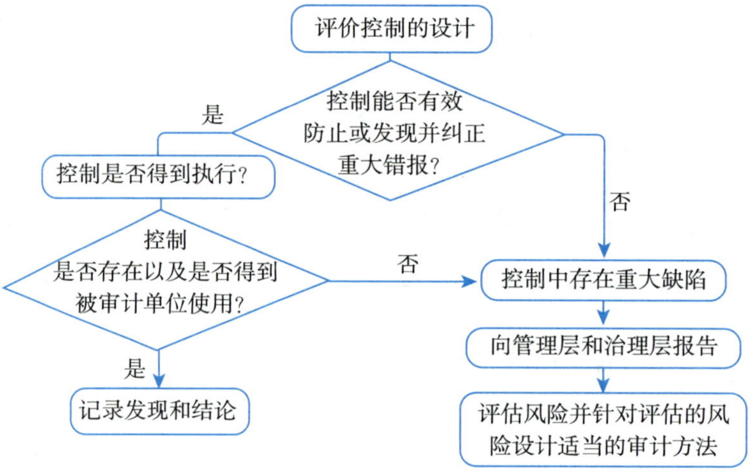

图7-7　了解内部控制的内容及流程

对内部控制了解的深度的相关知识点，归纳如下表。

对内部控制了解的深度	具体内容
了解内容	了解内部控制包括： (1)评价控制的设计。评价控制的设计涉及考虑该控制单独或连同其他控制，是否能够有效防止或发现并纠正重大错报 (2)确定控制是否得到执行。控制得到执行是指某项控制存在且被审计单位正在使用
了解程序	(1)询问被审计单位人员 (2)观察特定控制的运用 (3)检查文件和报告 (4)穿行测试(追踪交易在财务报告信息系统中的处理过程) 询问本身并不足以评价控制的设计以及确定其是否得到执行，注册会计师应当将询问与其他风险评估程序结合使用

续表

对内部控制了解的深度	具体内容
了解内部控制 不同于控制测试	（1）了解内部控制包含评价内部控制的设计并确定控制是否得到执行 （2）控制测试是确认控制运行有效性的审计程序 （3）除非存在某些可以使控制得到一贯运行的自动化控制，否则注册会计师对控制的了解并不足以测试控制运行的有效性

【提示】了解内部控制的程序不包括分析程序。了解内部控制的目的是评价控制的设计并确认控制是否得到执行，不涉及评价财务信息。

04 考点 4 内部控制的人工和自动化成分（★）

适合采用人工控制的情形	不适合采用人工控制的情形
（1）存在大额、异常或偶发的交易 （2）存在难以界定、预计或预测的错误的情况 （3）针对变化的情况，需要对现有的自动化控制进行人工干预 （4）监督自动化控制的有效性	（1）存在大量或重复发生的交易 （2）事先可预计或预测的错误能够通过自动化控制参数得以防止或发现并纠正 （3）用特定方法实施控制的控制活动可得到适当设计和自动化处理

05 考点 5 内部控制的局限性（★★）

内部控制实现目标的可能性受其固有限制的影响，导致内部控制固有限制的原因包括主要原因和其他原因，具体内容归纳如下表。

内部控制的固有限制	具体内容
主要原因 （2 个）	（1）在决策时人为判断可能出现错误和因人为失误而导致内部控制失效 （2）控制可能由于两个或更多的人员串通或管理层不当地凌驾于内部控制之上而被规避
其他原因 （3 个）	（1）被审计单位内部行使控制职能的人员素质不适应岗位要求，会影响内部控制功能的正常发挥 （2）被审计单位实施内部控制的成本效益问题会影响其效能 （3）内部控制一般都是针对经常而重复发生的业务设置的，如果出现不经常发生或未预计到的业务，原有控制就可能不适用

06 考点6 控制环境（1/5，★★★）

控制环境的含义、注册会计师了解控制环境的相关知识点，归纳如下表。

控制环境	具体内容
含义	控制环境包括**治理职能**和**管理职能**，以及治理层和管理层对内部控制及其重要性的**态度、认识和措施**。控制环境**设定**了被审计单位的内部控制**基调**，**影响**员工的内部控制意识
了解要求	应当了解管理层在治理层的监督下，是否营造并保持了**诚实守信**和**合乎道德**的文化，以及是否建立了**防止或发现并纠正**舞弊和错误的恰当控制
影响要素（6要素）	（1）对**诚信**和**道德价值观念**的沟通与落实，这是影响控制的设计、执行和监督有效性的重要因素 （2）对**胜任能力**的重视，包括对特定工作所需的胜任能力水平的设定，以及对达到该水平所必需的知识和能力的要求 （3）治理层的**参与程度** （4）管理层的**理念和经营风格** （5）**组织结构**及职权与责任的分配。其中组织结构，即被审计单位为实现目标而计划、运作、控制及监督其经营活动的框架；**职权与责任**的分配，包括如何分配经营活动的职权与责任，如何建立报告关系和职权等级 （6）**人力资源政策与实务**，包括与招聘、培训、考核、咨询、晋升、薪酬和补救措施等相关的政策与实务
对重大错报风险评估的影响	（1）控制环境的某些要素对重大错报风险评估具有**广泛影响** （2）令人满意的控制环境**有助于降低**发生舞弊的风险，但是**不能绝对防止**舞弊 （3）控制环境本身并不能防止或发现并纠正各类交易、账户余额和披露认定层次的重大错报，注册会计师在评估重大错报风险时，应当将控制环境连同其他内部控制要素产生的影响**一并考虑**

经典题解

【例题4·单选题】下列各项中，不属于控制环境要素的是(　　)。

A. 被审计单位的人力资源政策与实务

B. 被审计单位的组织结构

C. 被审计单位管理层的理念

D. 被审计单位的信息系统

【解析】选项D的信息系统属于信息系统与沟通要素，不属于控制环境要素。控制环境包括以下要素：（1）对诚信和道德价值观念的沟通与落实；（2）对胜任能力的重视；（3）治理层的参与程度；（4）管理层的理念和经营风格（选项C）；（5）组织结构及职权与责任的分配（选项B）；（6）人力资源政策与实务（选项A）。

【答案】D

【例题5·单选题】下列有关控制环境的说法中，错误的是(　　)。

A. 有效的控制环境本身可以防止、发现并纠正各类交易、账户余额和披露认定层次的重大错报

B. 控制环境对重大错报风险的评估具有广泛影响

C. 有效的控制环境可以降低舞弊发生的风险

D. 财务报表层次重大错报风险很可能源于控制环境存在缺陷

【解析】 控制环境本身并不能防止或发现并纠正各类交易、账户余额和披露认定层次的重大错报，故选项A错误。

【答案】 A

07 考点7 风险评估过程（2/5，★）

风险评估过程的含义、对风险评估过程的了解与评价，归纳如下表。

风险评估过程	具体内容
含义	被审计单位的风险评估过程包括识别与财务报告相关的经营风险，以及针对这些风险所采取的措施
了解与评价	（1）如果注册会计师发现了与财务报表有关的风险因素，可通过向管理层询问和检查有关文件确定被审计单位的风险评估过程是否也发现了该风险 （2）如果识别出管理层未能识别的重大错报风险，应考虑被审计单位的风险评估过程为何没有识别出这些风险，以及评估过程是否适合于具体环境，或者确定与风险评估过程相关的内部控制是否存在值得关注的内部控制缺陷

【提示】 风险评估过程代表了被审计单位的风险意识，影响着管理层对风险的识别和防范。此处的风险评估过程并非注册会计师实施的风险评估程序。

08 考点8 与财务报告相关的信息系统与沟通（3/5，★）

了解与财务报告相关的信息系统与沟通的相关知识点，归纳如下表。

与财务报告相关的信息系统与沟通	具体内容
与财务报告相关的信息系统的含义	与财务报告相关的信息系统，包括用以生成、记录、处理和报告交易、事项和情况，对相关资产、负债和所有者权益履行经营管理责任的程序和记录
与财务报告相关的信息系统的相关业务流程	指被审计单位开发、采购、生产、销售、发送产品和提供服务、保证遵守法律法规、记录信息等一系列活动
与财务报告相关的信息系统的作用	与财务报告相关的信息系统所生成信息的质量，对管理层能否作出恰当的经营管理决策以及编制可靠的财务报告具有重大影响
与财务报告相关的信息系统的职能	（1）识别与记录所有的有效交易 （2）及时、详细地描述交易，以便在财务报告中对交易作出恰当分类 （3）恰当计量交易，以便在财务报告中对交易的金额作出准确记录 （4）恰当确定交易生成的会计期间 （5）在财务报表中恰当列报交易

续表

与财务报告相关的信息系统与沟通	具体内容
与财务报告相关的沟通	（1）与财务报告相关的沟通包括使员工了解各自在与财务报告有关的内部控制方面的角色和职责，员工之间的工作联系，以及向适当级别的管理层报告例外事项的方式 （2）注册会计师应当了解被审计单位内部如何对财务报告的岗位职责，以及与财务报告相关的重大事项进行沟通 （3）注册会计师还应当了解管理层与治理层之间的沟通，以及被审计单位与外部的沟通

09 考点 9 控制活动（4/5，★★）

控制活动的相关知识点，归纳如下表。

控制活动	具体内容
定义	指有助于确保管理层的指令得以执行的政策和程序。包括与授权、业绩评价、信息处理、实物控制和职责分离等相关的活动
要素 （5 要素）	（1）授权。包括一般授权和特别授权 （2）业绩评价。包括： ①被审计单位分析评价实际业绩与预算（或预测、前期业绩）的差异 ②综合分析财务数据与经营数据的内在关系 ③将内部数据与外部信息来源相比较 ④评价职能部门、分支机构或项目活动的业绩（如银行客户信贷经理复核各分行、地区和各种贷款类型的审批和收回） ⑤对发现的异常差异或关系采取必要的调查与纠正措施 （3）信息处理。包括了解信息技术一般控制和信息技术应用控制 （4）实物控制。包括： ①了解对资产和记录采取适当的安全保护措施 ②了解对访问计算机程序和数据文件设置授权 ③了解定期盘点并将盘点记录与会计记录相核对 （5）职责分离。包括： ①了解被审计单位如何将交易授权、交易记录以及资产保管等职责分配给不同员工，以防范同一员工在履行多项职责时可能发生的舞弊或错误 ②当信息技术运用于信息系统时，职责分离可以通过设置安全控制来实现
了解重点	考虑一项控制活动单独或连同其他控制活动，是否能够以及如何防止或发现并纠正各类交易、账户余额和披露存在的重大错报
不必了解所有的控制活动	如果多项控制活动能够实现同一目标，注册会计师不必了解与该目标相关的每项控制活动

10 考点 10 对控制的监督（5/5，★）

对控制的监督的相关知识点，归纳如下表。

对控制的监督	具体内容
定义	指被审计单位评价内部控制在一段时间内运行有效性的过程，涉及及时评估控制的有效性并采取必要的补救措施
分类	（1）持续的监督活动通常贯穿于日常重复的活动中，包括常规管理和监督工作 （2）单独的评价活动可由内部审计人员或具有类似职能的人员对内部控制的设计和执行进行专门的评价，以找出内部控制的优点和不足，并提出改进建议
考虑的主要因素	（1）被审计单位是否定期评价内部控制 （2）被审计单位人员在履行正常职责时，能够在多大程度上获得内部控制是否有效运行的证据 （3）与外部的沟通能够在多大程度上证实内部产生的信息或者指出存在的问题 （4）管理层是否采纳内部审计人员和注册会计师有关内部控制的建议 （5）管理层是否及时纠正控制运行中的偏差 （6）管理层根据监管机构的报告及建议是否及时采取纠正措施 （7）是否存在协助管理层监督内部控制的职能部门（如内部审计部门）

11 考点 11 在整体层面了解内部控制（★★）

【导航】在内部控制要素中，有的更多与整体层面控制相关，比如控制环境、风险评估过程；有的更多与特定业务流程层面相关，比如控制活动，如图 7-8 所示。

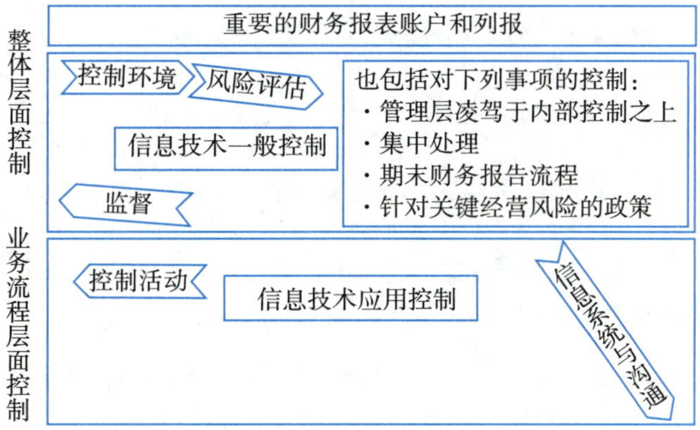

图 7-8 整体层面控制和业务流程层面控制

经典题解

【例题6·多选题】下列各项中，通常属于整体层面控制的有(　　)。

A. 信息技术一般控制

B. 应对管理层凌驾于控制之上的控制

C. 信息技术应用控制

D. 对期末财务报告流程的控制

【解析】选项C属于业务流程层面的控制，选项A、B、D均属于整体层面控制。

【答案】ABD

12 考点12 在业务流程层面了解内部控制(★★★)

业务流程层面控制的相关知识点，归纳如下表。

业务流程层面控制	具体内容	
	审计语言	关键点
了解步骤	(1)确定被审计单位的重要业务流程和重要交易类别 (2)了解重要交易流程，并记录获得的了解 (3)确定可能发生错报的环节 (4)识别和了解相关控制 (5)执行穿行测试，证实对交易流程和相关控制的了解 (6)进行初步评价和风险评估	扫描“病情”
预防性控制	(1)预防性控制的目的是防止错报的发生 (2)举例： ①计算机程序自动生成收货报告，同时也更新采购档案 ②在更新采购档案之前要有收货报告 ③销货发票上的价格根据价格清单上的信息确定 ④系统将各凭证上的账户号码与会计科目表对比，然后进行一系列的逻辑测试	防患于未然/“设卡”
检查性控制	(1)检查性控制的目的是发现流程中可能发生的错报 (2)举例： ①定期编制银行存款余额调节表，跟踪调查挂账的项目 ②将预算与实际费用间的差异列入计算机编制的报告中并由部门经理复核。记录所有超过预算2%的差异情况和解决措施 ③系统每天比较运出货物的数量和开票数量。如果发现差异，产生报告，由开票主管复核和追查 ④每季度复核应收账款贷方余额并找出原因	秋后算账/“排查”
初步评价内部控制的结论	(1)所设计的控制单独或连同其他控制能够防止或发现并纠正重大错报，并得到执行(即预期控制运行有效，应当实施控制测试) (2)控制本身的设计是合理的，但没有得到执行 (3)控制本身的设计就是无效的或缺乏必要的控制(即预期控制运行无效、不拟信赖相关内部控制，不进行控制测试，直接实施实质性程序)	拟信赖/不拟信赖

【提示】穿行测试适用于了解内部控制，穿行测试不能为控制运行的有效性提供充分证据。

经典题解

【例题7·多选题】下列各项中，不属于预防性控制的有（　　）。

A. 负责主营业务收入和应收账款记账的财务人员不得经手货币资金

B. 采购固定资产需要经适当级别的人员批准

C. 会计主管每月末将银行账户余额与银行对账单进行核对，并编制银行存款余额调节表

D. 管理层定期执行存货盘点，以确定永续盘存制的可靠性

【解析】选项A、B均涉及业务流程的授权控制和职责分离控制，其目的均是为了防止错报的发生，属于预防性控制；选项C、D所述控制活动的目的均是为了发现流程中可能发生的错报，属于检查性控制。

【答案】CD

【例题8·多选题】下列各项中，属于预防性控制的有（　　）。

A. 仓库管理员根据经批准的发货单办理出库

B. 信息技术部根据人事部提供的员工岗位职责表在系统中设定用户权限

C. 采购部对新增供应商执行背景调查

D. 财务人员每月月末与客户对账，并调查差异

【解析】选项D的控制目的是为了发现流程中可能发生的错报，属于检查性控制；选项A、B、C的控制目的均是为了防止错报的发生，均属于预防性控制。

【答案】ABC

【例题9·简答题·部分】甲公司是ABC会计师事务所的常年审计客户，A注册会计师负责审计甲公司2020年度财务报表。与审计业务相关的部分事项如下：

（1）甲公司使用存货库龄等信息测算产成品的可变现净值，A注册会计师拟信赖与库龄记录相关的内部控制，通过穿行测试确定了相关内部控制运行有效。

要求：

针对上述第（1）项，指出A注册会计师的做法是否恰当。如不恰当，简要说明理由。

【答案】不恰当。穿行测试不能为控制运行的有效性提供充分证据/穿行测试用于了解内部控制，还应当实施控制测试。

第五节 评估重大错报风险

本节视频详解
使用“会计云课堂”App/微信扫码听课

01 考点1 评估财务报表层次和认定层次的重大错报风险（★★）

【导航】如图7-2，评估重大错报风险是风险评估阶段的最后一个步骤。

评估重大错报风险（“诊断病情”）与应对重大错报风险（“对症下药”）共同构成了审计测试流程。本知识点需要大家跨章节（第七章和第八章）理解和掌握。

评估重大错报风险的具体内容和要求，归纳如下表。

评估 重大错报风险	具体内容和要求	
	审计语言	关键点
考虑因素	(1) 已识别的风险是什么 (2) 错报可能发生的规模 (3) 风险事件发生的可能性	哪些是风险? 可能性大吗? 影响程度大吗?
评估程序	(1) 在了解被审计单位及其环境(包括与风险相关的控制)的整个过程中，结合对财务报表中各类交易、账户余额和披露(包括定量披露和定性披露)的考虑，识别风险 (2) 结合对拟测试的相关控制的考虑，将识别出的风险与认定层次可能发生错报的领域相联系 (3) 评估识别出的风险，并评价其是否更广泛地与财务报表整体相关，进而潜在地影响多项认定 (4) 考虑发生错报的可能性（包括发生多项错报的可能性），以及潜在错报的重大程度是否足以导致重大错报	全过程识别，包括了解内控
两个层次	(1) 注册会计师应当识别和评估财务报表层次以及各类交易、账户余额和披露的认定层次的重大错报风险 (2) 某些重大错报风险可能与特定的某类交易、账户余额和披露的认定相关，某些重大错报风险可能与财务报表整体广泛相关，进而影响多项认定	应当评估两个层次重大错报风险
控制环境的影响	(1) 财务报表层次的重大错报风险很可能源于薄弱的控制环境 (2) 薄弱的控制环境带来的风险可能对财务报表产生广泛影响，难以限于某类交易、账户余额和披露，注册会计师应当采取总体应对措施	影响财务报表层次
控制活动的影响	(1) 注册会计师应当将所了解的控制与特定认定相联系，以评估认定层次的重大错报风险 (2) 控制可能与某一认定直接相关，也可能与某一认定间接相关。关系越间接，控制在防止或发现并纠正认定中错报的作用越小	影响认定层次
考虑可审计性	如果注册会计师通过对内部控制的了解发现下列情况，并对财务报表局部或整体的可审计性产生疑问，注册会计师应当考虑出具保留意见或无法表示意见的审计报告： (1) 被审计单位会计记录的状况和可靠性存在重大问题，不能获取充分、适当的审计证据以发表无保留意见 (2) 对管理层的诚信存在严重疑虑 必要时，注册会计师应当考虑解除业务约定	不具备可审计性→保留/无法表示意见或解约

经典题解

【例题10·单选题】针对评估财务报表层次重大错报风险，下列说法中，错误的是(　　)。

A. 融资能力受到限制的风险因素主要导

致财务报表层次重大错报风险

B. 经济萧条主要导致财务报表层次重大错报风险

C. 资产减值计提不足的特定风险主要与财务报表层次相关

D. 信息技术一般控制主要导致财务报表层次重大错报风险

【解析】 选项C属于影响认定层次的重大错报风险。选项A、B、D均与财务报表整体广泛相关，影响多项认定，属于导致财务报表层次重大错报风险的因素。

【答案】 C

【例题11·单选题】 下列情形中，最有可能导致注册会计师不能执行财务报表审计的原因是(　　)。

A. 管理层没有清晰区分内部控制要素

B. 管理层没有根据变化的情况修改相关的内部控制

C. 管理层凌驾于内部控制之上

D. 对管理层的诚信存在严重疑虑

【解析】 注册会计师如果通过对内部控制的了解发现下列情况，并对财务报表局部或整体的可审计性产生疑问，注册会计师应当考虑出具保留意见或无法表示意见的审计报告：(1)被审计单位会计记录的状况和可靠性存在重大问题，不能获取充分、适当的审计证据以发表无保留意见；(2)对管理层的诚信存在严重疑虑(选项D)。必要时，注册会计师应当考虑解除业务约定。

【答案】 D

02 考点2 需要特别考虑的重大错报风险(★★★)

特别风险的相关知识点，归纳如下表。

特别风险	具体内容	
	审计语言	关键点
特别风险的含义	指注册会计师识别和评估的、根据判断认为需要特别考虑的重大错报风险	本质就是重大错报风险
确定特别风险时考虑的事项	(1)风险是否属于舞弊风险 (2)风险是否与近期经济环境、会计处理方法或其他方面的重大变化相关，因而需要特别关注 (3)交易的复杂程度 (4)风险是否涉及重大的关联方交易 (5)财务信息计量的主观程度，特别是计量结果是否具有高度不确定性 (6)风险是否涉及异常或超出正常经营过程的重大交易 在进行判断时，注册会计师不应考虑识别出的控制对相关风险的抵销效果	—
非常规交易导致特别风险的原因	(1)管理层更多地干预会计处理(舞弊态度或借口因素，请链接教材表13-1) (2)数据收集和处理进行更多的人工干预 (3)复杂的计算或会计处理方法 (4)非常规交易的性质可能使被审计单位难以对由此产生的特别风险实施有效控制	金额或性质异常，不经常发生 (可能诊断为特别风险)

续表

特别风险	具体内容	
	审计语言	关键点
判断事项导致特别风险的原因	（1）对涉及会计估计、收入确认等方面的会计原则存在不同的理解 （2）所要求的判断可能是主观和复杂的，或需要对未来事项作出假设	存在管理层偏向（可能诊断为特别风险）
考虑与特别风险相关的控制	（1）应当了解与特别风险相关的控制 （2）应当评价特别风险相关的控制设计情况，并确定其是否已经得到执行 （3）由于重大非常规交易或判断事项相关的风险很少受到日常控制的约束，注册会计师应当了解被审计单位是否针对该特别风险设计和实施了控制 （4）如果管理层未能实施控制以恰当应对特别风险，注册会计师应当认为内部控制存在值得关注的内部控制缺陷，并考虑其对风险评估的影响	需要了解特别风险的控制、谨慎信赖特别风险的控制

经典题解

【例题12·单选题】下列各项中，注册会计师在确定特别风险时不需要考虑的是（　　）。

A. 潜在错报的重大程度

B. 控制对相关风险的抵销效果

C. 错报发生的可能性

D. 风险是否属于舞弊风险

【解析】选项B正确，注册会计师在判断哪些风险是特别风险时，不应考虑识别出的控制对相关风险的抵销效果。

【答案】B

【例题13·单选题】下列有关特别风险的说法中，正确的是（　　）。

A. 注册会计师应当将管理层凌驾于控制之上的风险评估为特别风险

B. 注册会计师应当了解并测试与特别风险相关的控制

C. 注册会计师应当对特别风险实施细节测试

D. 注册会计师在判断重大错报风险是否为特别风险时，应当考虑识别出的控制对于相关风险的抵销效果

【解析】选项B错误，如果与特别风险相关的控制预期无效，注册会计师无须对其实施控制测试；选项C错误，注册会计师应当对特别风险实施实质性程序，不一定需要进行细节测试；选项D错误，注册会计师在判断重大错报风险是否为特别风险时，不应考虑识别出的控制对相关风险的抵销效果。

【答案】A

03 考点3 仅通过实质性程序无法应对的重大错报风险（★★）

仅通过实质性程序无法应对的重大错报风险，其产生情形和应对措施，归纳如下表。

仅通过实质性程序无法应对的重大错报风险	具体内容和要求
产生情形	在被审计单位对日常交易采用高度自动化处理的情况下，审计证据可能仅以电子形式存在，其充分性和适当性通常取决于自动化信息系统相关控制的有效性，注册会计师应当考虑仅通过实施实质性程序不能获取充分、适当审计证据的可能性
应对措施	注册会计师应当考虑依赖的相关控制的有效性，并对其进行了解、评估和测试

04 考点4 对风险评估的修正（★★）

了解被审计单位及其环境是一个连续和动态地收集、更新与分析信息的过程，贯穿于整个审计过程的始终。对风险评估的修正也贯穿于审计过程的始终，总体要求和应对措施，归纳如下表。

对风险评估的修正	具体内容和要求
总体要求	对认定层次重大错报风险的评估，可能随着审计过程中对审计证据的不断获取而作出相应的变化
应对措施	如果通过实施进一步审计程序获取的审计证据与初始评估获取的审计证据相矛盾，注册会计师应当修正风险评估结果，并相应修改原计划实施的进一步审计程序

经典题解

【例题14·单选题】 下列有关识别、评估和应对重大错报风险的说法中，错误的是(　　)。

A. 在识别和评估重大错报风险时，注册会计师应当考虑发生错报的可能性以及潜在错报的重大程度

B. 注册会计师应当将识别的重大错报风险与特定的某类交易、账户余额和披露的认定相联系

C. 对于某些重大错报风险，注册会计师可能认为仅通过实质性程序无法获取充分、适当的审计证据

D. 在实施进一步审计程序的过程中，注册会计师可能需要修正对认定层次重大错报风险的评估结果

【解析】 选项B错误，如果注册会计师识别、评估的是财务报表层次的重大错报风险，可能与财务报表整体广泛相关，进而影响多项认定，因而很难与特定的某类交易、账户余额和披露的认定相联系。

【答案】 B

【相关链接】

1.《中国注册会计师审计准则第1211号——通过了解被审计单位及其环境识别和评估重大错报风险》

2.《中国注册会计师审计准则第1211号——通过了解被审计单位及其环境识别和评估重大错报风险》应用指南

扫一扫　“码”上做题、看解析

本书历年经典试题均配备二维码，使用“会计云课堂”App 扫码，即可线上做题、看解析。

【“会计云课堂”App 下载二维码见封底页】

历年经典试题回顾

（一）风险识别和评估的作用和要求

【例题·单选题】 下列有关了解被审计单位及其环境的说法中，正确的是（　　）。（2017 年）

A. 注册会计师无须在审计完成阶段了解被审计单位及其环境

B. 注册会计师对被审计单位及其环境了解的程度，低于管理层为经营管理企业而对被审计单位及其环境需要了解的程度

C. 对小型被审计单位，注册会计师可以不了解被审计单位及其环境

D. 注册会计师对被审计单位及其环境了解的程度，取决于会计师事务所的质量管理政策

（二）风险评估程序和信息来源

【例题·多选题】 下列各项程序中，通常用作风险评估程序的有（　　）。（2016 年网络回忆版）

A. 检查

B. 分析程序

C. 重新执行

D. 观察

（三）项目组内部的讨论

【例题·简答题·部分】 甲公司是 ABC 会计师事务所的常年审计客户，主要从事肉制品的加工和销售。A 注册会计师负责审计甲公司 2015 年度财务报表，确定财务报表整体的重要性为 100 万元。审计报告日为 2016 年 4 月 30 日。

资料三：

A 注册会计师在审计工作底稿中记录了审计计划，部分内容摘录如下：

（3）A 注册会计师和项目组成员就甲公司财务报表存在重大错报的可能性等事项进行了讨论。因项目组某关键成员无法参加会议，拟由项目组其他成员选取相关事项向其通报。

要求：

针对资料三第（3）项，假定不考虑其他条件，指出审计计划的内容是否恰当。如不恰当，简要说明理由。（2016 年）

（四）了解被审计单位对会计政策的选择和运用

【例题·单选题】 下列有关注册会计师了解被审计单位对会计政策的选择和运用的说法中，错误的是（　　）。（2019 年）

A. 如果被审计单位变更了重要的会计政策，注册会计师应当考虑会计政策的变更是否能够提供更可靠、更相关的会计信息

B. 当新的会计准则颁布施行时，注册会计师应当考虑被审计单位是否应采用新的会计准则

C. 在缺乏权威性标准或共识的领域，注册会计师应当协助被审计单位选用适当的会计政策

D. 注册会计师应当关注被审计单位是否采用激进的会计政策

（五）了解被审计单位目标、战略与经营风险

【例题·单选题】 下列有关经营风险对重大错报风险的影响的说法中，错误的是（　　）。（2017 年）

A. 多数经营风险最终都会产生财务后果，从而可能导致重大错报风险

B. 注册会计师在评估重大错报风险时，没有责任识别或评估对财务报表没有重大影响的经营风险

C. 经营风险通常不会对财务报表层次重大错报风险产生直接影响

D. 经营风险可能对认定层次重大错报风险产生直接影响

（六）了解与审计相关的控制

【例题 1·单选题】 下列有关注册会计师了解内部控制的说法中，错误的是（　　）。（2019 年）

A. 注册会计师应当了解与特别风险相关的控制

B. 注册会计师应当了解与超出被审计单位正常经营过程的重大关联方交易相关的控制

C. 注册会计师应当了解与会计估计相关的控制

D. 注册会计师应当了解与会计差错更正相关的控制

【例题 2·多选题】 下列有关注册会计师了解内部控制的说法中，正确的有（　　）。（2017 年）

A. 注册会计师在了解被审计单位内部控制时，应当确定其是否得到一贯执行

B. 注册会计师不需要了解被审计单位所有的内部控制

C. 注册会计师对内部控制的了解通常不足以测试控制运行的有效性

D. 注册会计师询问被审计单位人员不足以评价内部控制设计的有效性

【例题 3·简答题·部分】 ABC 会计师事务所的 A 注册会计师负责审计多家被审计单位 2017 年度财务报表。与存货审计相关的部分事项如下：

（1）甲公司为制造型企业，存货产销量大，但年末余额不重大，因此，A 注册会计师未了解与生产和存货循环相关的业务流程，直接实施了细节测试。

要求：

针对上述第（1）项，指出 A 注册会计师的做法是否恰当。如不恰当，简要说明理由。（2018 年网络回忆版）

【例题 4·简答题·部分】 ABC 会计师事务所的 A 注册会计师负责审计甲公司 2015 年度财务报表，审计工作底稿中与负债审计相关的部分内容摘录如下：

（2）甲公司 2015 年末与一项未决诉讼相关的预计负债存在特别风险，因其为单一事项，A 注册会计师认为直接实施细节测试更有效率，未了解和测试相关内部控制。

要求：

针对上述第（2）项，指出 A 注册会计师的做法是否恰当。如不恰当，简要说明理由。（2016 年网络回忆版）

【例题 5·综合题·部分】 甲公司是 ABC 会计师事务所的常年审计客户，主要从事轨道交通车辆配套产品的生产和销售。A 注册会计师负责审计甲公司 2018 年度财务报表，确定财务报表整体的重要性为 1000 万元，实际执行的重要性为 500 万元。

资料三：

A 注册会计师在审计工作底稿中记录了审计计划，部分内容摘录如下：

（1）甲公司利用生产管理系统中的自动化控制进行生产工人的排班调度，以提高生产效率。A 注册会计师认为该控制与审计无关，拟不纳入了解内部控制的范围。

要求：

针对资料三第（1）项，假定不考虑其他条件，指出 A 注册会计师的做法是否恰当。如不恰当，简要说明理由。（2019 年）

（七）了解控制环境

【例题1·单选题】下列各项中，不属于控制环境要素的是（　　）。（2016年）

A. 对诚信和道德价值观念的沟通与落实

B. 内部审计的职能范围

C. 治理层的参与

D. 人力资源政策与实务

【例题2·多选题】下列各项因素中，注册会计师在评估被审计单位控制环境时应当考虑的有（　　）。（2017年网络回忆版）

A. 管理层的理念和经营风格

B. 人力资源政策与实务

C. 对胜任能力的重视

D. 对诚信和道德价值观念的沟通与落实

（八）了解风险评估过程

【例题·多选题】下列有关注册会计师了解被审计单位的风险评估过程的说法中，正确的有（　　）。（2019年网络回忆版）

A. 如果被审计单位的风险评估过程符合其具体情况，了解风险评估过程有助于注册会计师识别财务报表重大错报风险

B. 在评价被审计单位的风险评估过程的设计和执行时，注册会计师应当了解管理层如何估计风险的重要性

C. 注册会计师可以通过了解被审计单位及其环境的其他方面获取的信息，评价被审计单位风险评估过程的有效性

D. 如果注册会计师识别出管理层未能识别出的重大错报风险，应当将与风险评估过程相关的内部控制评估为存在值得关注的内部控制缺陷

（九）了解被审计单位对控制的监督

【例题·单选题】下列各项中，属于对控制的监督的是（　　）。（2017年）

A. 授权与批准

B. 职权与责任的分配

C. 业绩评价

D. 内审部门定期评估控制的有效性

（十）在业务流程层面了解内部控制

【例题1·单选题】下列各项控制中，属于检查性控制的是（　　）。（2018年）

A. 出纳不能兼任收入或支出的记账工作

B. 财务总监复核并批准财务经理提出的撤销银行账号的申请

C. 财务经理根据其权限复核并批准相关付款

D. 财务经理复核会计编制的银行存款余额调节表

【例题2·单选题】下列各项中，属于预防性控制的是（　　）。（2017年）

A. 财务主管定期盘点现金和有价证券

B. 管理层分析评价实际业绩与预算的差异，并针对超过规定金额的差异调查原因

C. 董事会复核并批准由管理层编制的财务报表

D. 由不同的员工负责职工薪酬档案的维护和职工薪酬的计算

（十一）评估财务报表层次和认定层次的重大错报风险

【例题1·单选题】下列有关控制对评估重大错报风险的影响的说法中，错误的是（　　）。（2020年网络回忆版）

A. 控制是否得到执行不会影响注册会计师对重大错报风险的评估结果

B. 控制运行有效性的测试结果会影响注册会计师对重大错报风险的评估结果

C. 控制在所审计期间内是否发生变化会影响注册会计师对重大错报风险的评估结果

D. 上年度审计中是否发现控制缺陷会影响注册会计师对重大错报风险的评估结果

【例题2·单选题】下列情形中，通常表明存在财务报表层次重大错报风险的是（　　）。（2016年）

A. 被审计单位的竞争者开发的新产品上市

B. 被审计单位从事复杂的金融工具投资

C. 被审计单位资产的流动性出现问题

D. 被审计单位存在重大的关联方交易

【例题3·多选题】下列情形中，通常表明可能存在财务报表层次重大错报风险的有（ ）。（2019年）

A. 被审计单位财务人员不熟悉会计准则

B. 被审计单位频繁更换财务负责人

C. 被审计单位内部控制环境薄弱

D. 被审计单位投资了多家联营企业

【例题4·多选题】下列各项中，通常可能导致财务报表层次重大错报风险的有（ ）。（2017年）

A. 被审计单位新聘任的财务总监缺乏必要的胜任能力

B. 被审计单位的长期资产减值准备存在高度的估计不确定性

C. 被审计单位管理层缺乏诚信

D. 被审计单位的某项销售交易涉及复杂的安排

（十二）考虑可审计性

【例题·单选题】下列情形中，通常可能导致注册会计师对财务报表整体的可审计性产生疑问的是（ ）。（2019年）

A. 注册会计师对管理层的诚信存在重大疑虑

B. 注册会计师对被审计单位的持续经营能力产生重大疑虑

C. 注册会计师识别出与员工侵占资产相关的舞弊风险

D. 注册会计师识别出被审计单位严重违反税收法规的行为

（十三）特别风险

【例题1·单选题】下列各项中，注册会计师在确定某项重大错报风险是否为特别风险时，通常无需考虑的是（ ）。（2018年）

A. 交易的复杂程度

B. 风险是否涉及重大的关联方交易

C. 被审计单位财务人员的胜任能力

D. 财务信息计量的主观程度

【例题2·多选题】下列各项中，注册会计师在评估特别风险时应当考虑的有（ ）。（2017年网络回忆版）

A. 风险是否涉及重大的关联方交易

B. 交易的复杂程度

C. 与交易相关的控制对风险的抵销效果

D. 风险是否属于舞弊风险

历年经典试题回顾参考答案及解析

"扫码看解析"

使用"微信"或"会计云课堂"App扫码，即可线上对答案、看解析，错题随手收藏，及时巩固复习。

（一）风险识别和评估的作用和要求

【例题·单选题】

【答案】B

【解析】选项A错误，注册会计师了解被审计单位及其环境是一个连续和动态地收集、更新与分析信息的过程，贯穿于整个审计过程的始终；选项C错误，无论被审计单位规模大小，注册会计师只有在了解被审计单位及其环境后才能识别和评估财务报表重大错报风险；选项D错误，注册会计师对被审计单位及其环境了解的程度，关键是看注册会计师是否足以识别和评估财务报表的重大错报风险，而不是取决于会计师事务所的质量管理政策。

（二）风险评估程序和信息来源

【例题·多选题】

【答案】ABD

【解析】选项C错误，重新执行仅用于控制测试，不适用于风险评估程序。

（三）项目组内部的讨论

【例题·简答题·部分】

【答案】

事项序号	是否恰当（是/否）	理由
（3）	否	不应由项目组其他成员确定通报内容/需由项目合伙人确定通报内容

（四）了解被审计单位对会计政策的选择和运用

【例题·单选题】

【答案】C

【解析】在缺乏权威性标准或共识的领域，注册会计师应当关注被审计单位选用了哪些会计政策、为什么选用这些会计政策以及选用这些会计政策产生的影响，选项C错误。

【名师点题】注册会计师不应协助被审计单位选择，而是应评价被审计单位的选择是否正确。

（五）了解被审计单位目标、战略与经营风险

【例题·单选题】

【答案】C

【解析】选项C错误，经营风险可能对某类交易、账户余额和披露的认定层次重大错报风险或财务报表层次重大错报风险产生直接影响。

（六）了解与审计相关的控制

【例题1·单选题】

【答案】D

【解析】如果被审计单位存在会计差错更正相关的控制以及会计差错更正相关的控制与财务报表审计相关，则需要了解，故选项D错误。

【例题2·多选题】

【答案】BCD

【解析】选项A错误，注册会计师确定内部控制是否得到一贯执行，属于控制测试的目的，不属于了解内部控制；选项B正确，注册会计师审计财务报表的目的并非对被审计单位内部控制的有效性发表意见，注册会计师需要了解和评价的内部控制只是与财务报表审计相关的内部控制，并非被审计单位所有的内部控制；选项C正确，除非存在某些可以使控制得到一贯运行的自动化控制，否则注册会计师对控制的了解并不足以测试控制运行的有效性；选项D正确，询问程序不足以评价内部控制设计的有效性，注册会计师在了解内部控制时，应当将询问与其他风险评估程序结合使用。

【例题3·简答题·部分】

【答案】不恰当。注册会计师应当了解与生产和存货循环相关的控制。

【例题4·简答题·部分】

【答案】不恰当。注册会计师应当了解与特别风险相关的控制，如果预期有效也应当实施控制测试。

【例题5·综合题·部分】

【答案】

事项序号	是否恰当（是/否）	理由
(1)	是	—

【名师点题】注册会计师无须了解与审计无关的控制，自动化排班调度（管理方式）不产生与财务报表相关数据，与审计无关。

（七）了解控制环境

【例题1·单选题】

【答案】B

【解析】选项B错误，内部审计的职能范围属于对控制的监督，不属于控制环境。

【例题2·多选题】

【答案】ABCD

【解析】控制环境包括以下要素：（1）对诚信和道德价值观念的沟通与落实（选项D）；（2）对胜任能力的重视（选项C）；（3）治理层的参与程度；（4）管理层的理念和经营风格（选项A）；（5）组织结构及职权与责任的分配；（6）人力资源政策与实务（选项B）。

（八）了解风险评估过程

【例题·多选题】

【答案】ABC

【解析】如果识别出管理层未能识别的重大错报风险，注册会计师应当考虑被审计单位的风险评估过程为何没有识别出这些风险，以及评估过程是否适合于具体环境，或者确定与风险评估过程相关的内部控制是否存在值得关注的内部控制缺陷，故选项D错误。

（九）了解被审计单位对控制的监督

【例题·单选题】

【答案】D

【解析】选项D正确，被审计单位可能使用内部审计人员或具有类似职能的人员对内部控制的设计和执行进行专门的评价，以找出内部控制的优点和不足，并提出改进建议，即对控制的监督。选项A、C属于控制活动，选项B属于控制环境，均不属于对控制的监督。

（十）在业务流程层面了解内部控制

【例题1·单选题】

【答案】D

【解析】选项D的控制目的是为了发现流程中可能发生的错报，是典型的检查性控制；选项A、B、C均是为了防止错报的发生，属于预防性控制。

【例题2·单选题】

【答案】D

【解析】选项D控制目的是为了防止错报的发生，属于预防性控制；选项A、B、C均是为了发现流程中可能发生的错报，属于检查性控制。

（十一）评估财务报表层次和认定层次的重大错报风险

【例题1·单选题】

【答案】A

【解析】风险评估程序中，了解内控应确定控制是否得到执行，所以控制是否得到执行会影响注册会计师对重大错报风险的评估结果，故选项A错误。

【例题2·单选题】

【答案】C

【解析】选项C很可能导致被审计单位持续经营能力存在重大疑虑，属于财务报表层次重大错报风险；选项A、B、D均与特定事项有关，影响财务报表特定项目，属于认定层次重大错报风险。

【例题3·多选题】

【答案】ABC

【解析】选项D影响财务报表中与投资相关的特定项目，属于认定层次重大错报风险；选项A、B、C与财务报表整体广泛相关，进而影响多项认定，属于财务报表层次重大错报风险。

【例题4·多选题】

【答案】AC

【解析】管理层缺乏诚信（选项C）、财务总监缺乏必要的胜任能力（选项A）均属于控制环境的影响因素，可能导致财务报表层次重大错报风险，故选项A、C正确；选项B、D错误，长期资产减值准备、某项销售交易涉及复杂的安排仅影响个别项目，属于认定层次的重大错报风险。

（十二）考虑可审计性

【例题·单选题】

【答案】A

【解析】如果通过对内部控制的了解发现下列情况，并对财务报表局部或整体的可审计性产生疑问，注册会计师应当考虑出具保留意见或无法表示意见的审计报告：（1）被审计单位会计记录的状况和可靠性存在重大问题，不能获取充分、适当的审计证据以发表无保留意见；（2）对管理层的诚信存在严重疑虑（选项A正确）。必要时，注册会计师应当考虑解除业务约定。

（十三）特别风险

【例题1·单选题】

【答案】C

【解析】注册会计师在确定特别风险时，应考虑的事项至少包括：(1)风险是否属于舞弊风险；(2)风险是否与近期经济环境、会计处理方法或其他方面的重大变化相关，因而需要特别关注；(3)交易的复杂程度(选项A)；(4)风险是否涉及重大的关联方交易(选项B)；(5)财务信息计量的主观程度，特别是计量结果是否具有高度不确定性(选项D)；(6)风险是否涉及异常或超出正常经营过程的重大交易。

【例题2·多选题】

【答案】ABD

【解析】选项C错误，在评估特别风险时，注册会计师不应考虑识别出的控制对相关风险的抵销效果。

同步强化练习题

一、单项选择题

1. 下列关于风险识别和评估的说法中，错误的是(　　)。

A. 了解被审计单位及其环境是注册会计师识别和评估财务报表重大错报风险的必要程序

B. 确定重要性水平，并随着审计工作的

进程评估对重要性水平的判断是否仍然适当

C. 考虑会计政策的选择和运用是否恰当，以及财务报表的列报是否适当

D. 注册会计师通过了解被审计单位及其环境，识别和评估认定层次重大错报风险

2. 下列各项中，不属于风险评估程序的内容的是(　　)。

A. 询问治理层编制财务报表的环境

B. 检查被审计单位的内部控制手册

C. 实施分析程序

D. 函证银行账户

3. 下列关于审计项目组内部讨论的说法中，错误的是(　　)。(★★★)*

A. 由审计项目经理确定向未参与讨论的项目组成员通报哪些内容

B. 如果项目组需要拥有信息技术或其他特殊技能的专家，这些专家根据需要参与讨论

C. 项目组内部讨论时，应特别关注舞弊导致重大错报的可能性

D. 讨论时考虑适用的财务报告编制基础中的披露要求，有助于注册会计师在审计工作的早期识别可能存在的与披露相关的重大错报风险领域

4. 在下列各项中，不属于内部控制要素的是(　　)。(★★★)

A. 风险评估过程

B. 对控制的监督

C. 非财务报告信息系统

D. 与财务报告相关的信息系统和沟通

5. 下列有关注册会计师了解内部控制的说法中，错误的是(　　)。

A. 注册会计师应当了解与特别风险相关的控制

B. 注册会计师应当了解与财务报表审计相关的内部控制

C. 对于一项自动化应用控制，只要信息技术一般控制未发生变化，注册会计师就无须了解

D. 针对与经营目标和合规目标相关的控制，注册会计师可能也需要了解

6. 在财务报表审计中，下列有关了解内部控制的说法中，不正确的是(　　)。

A. 注册会计师应当在所有审计项目中了解内部控制

B. 内部控制无论如何有效，都只能为被审计单位实现财务报告目标提供合理保证

C. 注册会计师在财务报表审计中需要考虑与审计相关的内部控制，所以应对被审计单位内部控制的有效性发表意见

D. 在某些情况下，控制得到执行，就能为控制运行的有效性提供证据

7. 关于控制环境，下列说法中，错误的是(　　)。(★★★)

A. 控制环境影响员工对内部控制的意识

B. 令人满意的控制环境有助于降低发生舞弊的风险

C. 控制环境能有效防止或发现并纠正各类交易、账户余额和披露认定层次的重大错报

D. 控制环境对重大错报风险的评估具有广泛影响，注册会计师应当考虑控制环境的总体优势是否为内部控制的其他要素提供了适当的基础，并且未被控制环境中存在的缺陷所削弱

8. 下列各项中，不属于控制活动要素的是(　　)。

A. 业绩评价

B. 信息处理

C. 与财务报告相关的信息系统和沟通

D. 实物控制

---

* 为了便于您识别重要题目，本书中针对重点题目通过标注星级的方式进行体现。

9. 下列情形中，最适合采用人工控制的情形是(　　)。
A. 存在大额、异常或偶发的交易
B. 存在大量或重复发生的交易
C. 事先可预计或预测的错误能够通过自动化控制参数得以防止或发现并纠正
D. 用特定方法实施控制的控制活动可得到适当设计和自动化处理

10. 针对评估财务报表层次重大错报风险，下列说法中，错误的是(　　)。
A. 通常与控制环境有关
B. 与财务报表整体存在广泛联系
C. 可能影响多项认定
D. 影响营业收入发生认定

11. 下列控制活动中，不属于预防性控制的是(　　)。
A. 主营业务收入明细账由记录应收账款明细账之外的职员独立登记
B. 按月向客户寄发对账单
C. 编制销售发票通知单的人员与开具销售发票的人员应相互分离
D. 规定负责主营业务收入和应收账款记账的职员不得经手货币资金

12. 下列各项中，属于认定层次重大错报风险的是(　　)。
A. 被审计单位治理层和管理层不重视内部控制
B. 被审计单位管理层凌驾于内部控制之上
C. 被审计单位大额应收账款可收回性具有高度不确定性
D. 被审计单位所处行业陷入严重衰退

13. 下列事项中，属于判断特别风险时无须考虑的是(　　)。
A. 风险是否属于舞弊风险
B. 计量结果是否具有高度不确定性
C. 考虑识别出的控制对相关风险的抵销效果
D. 与近期经济环境重大变化相关的贸易因素

14. 关于特别风险，下列说法错误的是(　　)。
A. 特别风险通常与重大的非常规交易和判断事项相关
B. 确定哪些风险是特别风险时，应当在考虑识别出的控制对相关风险的抵销效果前，根据风险的性质、潜在错报的重要程度和发生的可能性进行判断
C. 如果针对特别风险实施的程序仅为实质性程序，这些程序应当包括细节测试
D. 管理层未能实施控制以恰当应对特别风险，并不一定表明内部控制存在值得关注的内部控制缺陷

15. 下列有关特别风险的说法中，正确的是(　　)。
A. 注册会计师应当了解与特别风险相关的控制，但无须测试特别风险相关的控制
B. 注册会计师可能将管理层凌驾于控制之上的风险评估为特别风险
C. 注册会计师可能将商誉减值评估为特别风险
D. 注册会计师可能将超出正常经营过程的重大关联方交易评估为特别风险

16. 针对仅通过实质性程序无法应对的重大错报风险，下列措施中最恰当的是(　　)。
A. 测试更多的自动化应用控制
B. 用系统选样方法实施货币单元抽样
C. 考虑依赖的相关控制的有效性，并对其进行了解、评估和测试
D. 将实质性分析程序与细节测试结合

二、多项选择题

1. 下列有关风险评估程序的说法中，正确的有(　　)。(★★★)
A. 如果注册会计师未实施风险评估程序，

则其不能评估财务报表重大错报风险
B. 注册会计师常常采用分析程序了解内部控制
C. 实施风险评估程序的目的是为了识别和评估财务报表重大错报风险
D. 风险评估程序包括询问管理层和被审计单位内部其他人员、分析程序、观察和检查

2. 下列审计程序中，属于风险评估程序的有(　　)。(★★★)
A. 询问管理层业绩考核指标完成情况
B. 实施穿行测试，了解销售与收款业务环节内部控制设计是否存在缺陷
C. 分析行业状况和被审计单位当年的毛利率变动情况
D. 通过分析应收账款账龄，复核计提的坏账准备是否准确

3. 注册会计师组织项目组内部讨论的目标有(　　)。
A. 了解各自实施审计程序的结果如何影响审计的其他方面
B. 强调遵守职业道德的必要性
C. 分享对被审计单位及其环境了解所形成的见解
D. 考虑被审计单位由于舞弊导致重大错报的可能性

4. 注册会计师组织项目组内部讨论的内容有(　　)。
A. 管理层是否倾向于高估或低估收入
B. 管理层是否存在严重诚信问题
C. 会计政策是否发生重大变化
D. 被审计单位是否面临重大的经营风险

5. 下列各项中，涉及参与审计项目组内部讨论的人员有(　　)。
A. 项目合伙人
B. 关键审计人员
C. 聘请的特定领域专家
D. 项目质量复核人员

6. 针对了解被审计单位及其环境的目的，下列说法中，正确的有(　　)。(★★★)
A. 识别和评估财务报表重大错报风险
B. 评估特别风险
C. 评估审计风险
D. 评估舞弊风险

7. 在财务报表审计中，针对了解内部控制的下列说法中，正确的有(　　)。(★★★)
A. 在了解控制活动时，注册会计师应当重点考虑一项控制活动单独或连同其他控制活动，是否能够有效防止或发现并纠正重大错报
B. 注册会计师对内部控制了解的深度主要是评价控制的设计而不是确定其是否得到执行
C. 注册会计师了解内部控制后，对内部控制的评价不仅要确定设计是否合理而且要确定控制是否得到执行
D. 财务报表层次的重大错报风险很可能源于薄弱的控制环境

8. 下列情形中，注册会计师认为通常适合采用信息技术控制的有(　　)。(★★★)
A. 存在大量、重复发生的交易
B. 存在大额、异常的交易
C. 存在难以定义、防范的错误
D. 存在事先确定并一贯运用的业务规则

9. 针对了解内部控制后初步评价控制风险的结论，下列说法中恰当的有(　　)。
A. 控制本身的设计就是无效的
B. 内部控制运行有效
C. 控制本身的设计是合理的，但没有得到执行
D. 所设计的控制单独或连同其他控制能够防止或发现并纠正重大错报，并得到执行

10. 下列各项中，属于检查性控制的有(　　)。
A. 负责应付账款的会计每月末最后一天对库存现金进行盘点，根据盘点结果编

制库存现金盘点表，将盘点余额与现金日记账余额进行核对，并对差异调节项进行说明

B. 负责应收账款的会计每月末核对银行存款日记账和银行对账单，编制银行存款余额调节表，使银行存款账面余额与银行对账单调节相符，如存在差异项，查明原因并进行差异调节说明

C. 记录应收账款的财务人员不得经手货币资金

D. 负责销售信用额度和期限审批的岗位由销售部门以外的人员承担

11. 下列各项控制活动中，属于检查性控制的有（ ）。（★★★）

A. 定期编制银行存款余额调节表，并追查调节项目或异常项目

B. 对接触计算机程序和数据文档设置访问和修改权限

C. 财务人员每季度复核应收账款贷方余额并找出原因

D. 财务总监复核月度毛利率的合理性

12. 下列各项中，注册会计师应当评估为存在特别风险的有（ ）。（★★★）

A. 舞弊导致的重大错报风险

B. 具有高度估计不确定性的重大会计估计事项

C. 管理层凌驾于控制之上的风险

D. 超出正常经营过程的重大关联方交易

同步强化练习题参考答案及解析

“扫码看解析”

使用“微信”或“会计云课堂”App扫码，即可线上对答案、看解析，错题随手收藏，及时巩固复习。

一、单项选择题

1. 【答案】D

解析：注册会计师通过了解被审计单位及其环境，识别和评估财务报表层次重大错报风险和认定层次重大错报风险，故选项D错误。

2. 【答案】D

解析：选项D错误，函证银行账户属于实质性程序。

3. 【答案】A

解析：选项A错误，应当由项目合伙人确定向未参与讨论的项目组成员通报哪些事项。

4. 【答案】C

解析：根据审计准则对内部控制的定义，内部控制要素包括：控制环境、风险评估过程（选项A）、与财务报告相关的信息系统和沟通（选项D）、控制活动以及对控制的监督（选项B）。选项C不属于内部控制要素。

5. 【答案】C

解析：注册会计师应当了解与财务报表审计相关的内部控制（选项A、B），无论是人工控制还是自动化控制（选项C错误）；如果与经营目标和合规目标相关的控制与注册会计师实施审计程序时评价或使用的数据相关，则这些控制也可能与审计相关，注册会计师需要进行了解（选项D）。

6. 【答案】C

解析：选项C错误，注册会计师进行财务报表审计的目标是对财务报表是否不存

在重大错报发表审计意见，尽管要求注册会计师在财务报表审计中考虑与审计相关的内部控制，但目的并非对被审计单位内部控制的有效性发表意见。

7. 【答案】C

解析： 选项C错误，控制环境本身并不能防止或发现并纠正各类交易、账户余额和披露认定层次的重大错报。

8. 【答案】C

解析： 注册会计师应当了解的控制活动包括以下五个要素：（1）授权；（2）业绩评价（选项A）；（3）信息处理（选项B）；（4）实物控制（选项D）；（5）职责分离等相关的活动。选项C的“与财务报告相关的信息系统和沟通”与控制活动均属于内部控制要素，二者没有从属关系。

9. 【答案】A

解析： 选项B、C、D均为不适合采用人工控制的情形。

10. 【答案】D

解析： 选项D错误，财务报表层次的重大错报风险影响报表整体，难以限于某类交易、账户余额和披露。

11. 【答案】B

解析： 选项A、C、D均属于通过职责分离实现销售与收款业务流程的控制，属于预防性控制；选项B的控制能促使客户在发现应付账款余额不正确后及时反馈有关信息给被审计单位，属于检查性控制。

12. 【答案】C

解析： 选项A、B、D均属于导致财务报表层次的重大错报风险的事项；选项C属于导致认定层次重大错报风险的事项，与应收账款准确性、计价和分摊认定直接相关。

13. 【答案】C

解析： 在判断风险是否属于特别风险时，注册会计师至少应当考虑的事项包括：（1）风险是否属于舞弊风险（选项A）；（2）风险是否与近期经济环境（选项D）、会计处理方法或其他方面的重大变化相关，因而需要特别关注；（3）交易的复杂程度；（4）风险是否涉及重大的关联方交易；（5）财务信息计量的主观程度，特别是计量结果是否具有高度不确定性（选项B）；（6）风险是否涉及异常或超出正常经营过程的重大交易。在判断哪些风险是特别风险时，注册会计师不应考虑识别出的控制对相关风险的抵销效果，故选项C错误。

14. 【答案】D

解析： 如果管理层未能实施控制以恰当应对特别风险，注册会计师应当认为内部控制存在值得关注的内部控制缺陷，并考虑其对风险评估的影响，故选项D错误。

15. 【答案】C

解析： 选项A错误，针对特别风险的控制，如果拟信赖的控制预期运行有效，那么应当进行控制测试；选项B错误，注册会计师应当将管理层凌驾于控制之上的风险评估为特别风险；选项D错误，注册会计师应当将超出正常经营过程的重大关联方交易评估为特别风险。

16. 【答案】C

解析： 在被审计单位对日常交易采用高度自动化处理的情况下，审计证据可能仅以电子形式存在，其充分性和适当性通常取决于自动化信息系统相关控制的有效性，注册会计师应当考虑仅通过实施实质性程序不能获取充分、适当审计证据的可能性。如果认为仅通过实施实质性程序不能获取充分、适当的审计证据，注册会计师应当考虑依赖的相关控制的有效性，并对其进行了解、评估和测试，选项C正确。

二、多项选择题

1. 【答案】ACD

解析： 选项B错误，分析程序不适合用来了解内部控制，因为内部控制设计或运行过程中不存在财务数据之间或财务数据与非财务数据之间的预期关系。

2. 【答案】ABC

解析： 选项D是实质性程序，不是风险评估程序。

3. 【答案】ACD

解析： 选项B错误，因为遵守职业道德的必要性无须讨论。项目组内部讨论的目标是使项目组成员更好地了解在各自负责的领域中，由于舞弊或错误导致财务报表重大错报的可能性，并了解各自实施审计程序的结果如何影响审计的其他方面，包括对确定进一步审计程序的性质、时间安排和范围的影响，故选项A、C、D均正确。

4. 【答案】ABCD

解析： 项目组内部讨论的内容包括被审计单位面临的经营风险、财务报表容易发生错报的领域以及发生错报的方式，特别是由于舞弊导致重大错报的可能性。选项A属于舞弊导致重大错报的领域；选项B，管理层诚信问题会导致财务报表舞弊风险；选项C属于导致财务报表容易发生错报的领域与方式；选项D是被审计单位面临的经营风险。

5. 【答案】ABC

解析： 参与项目组内部讨论的人员是项目组中的关键成员，如果项目组需要拥有信息技术或其他特殊技能的专家，这些专家根据需要参与讨论，选项A、B、C正确；选项D错误，项目质量复核人员是由会计师事务所选派的独立于审计项目组的对审计工作进行独立复核的人员，不涉及参与项目组内部讨论。

6. 【答案】ABD

解析： 注册会计师了解被审计单位及其环境的目的就是为了识别和评估财务报表重大错报风险（选项A正确），包括财务报表层次重大错报风险和各类交易、账户余额和披露的认定层次重大错报风险，含舞弊风险（选项D正确）和特别风险（选项B正确）。审计风险是既定的，注册会计师通过评估重大错报风险确定可接受的检查风险，从而将审计风险降至可接受的低水平（选项C错误）。

7. 【答案】ACD

解析： 选项B错误，了解内部控制的深度不仅包括评价控制的设计，还包括确定已设计的内部控制是否得到执行。

8. 【答案】AD

解析： 注册会计师应当考虑人工控制在下列情形中可能是不适当的：①存在大量或重复发生的交易（选项A）；②事先可预计或预测的错误能够通过自动化控制参数得以防止或发现并纠正（选项D）；③用特定方法实施控制的控制活动可得到适当设计和自动化处理。

9. 【答案】ACD

解析： 注册会计师了解内部控制后，对控制的评价结论可能是：①所设计的控制单独或连同其他控制能够防止或发现并纠正重大错报，并得到执行（选项D）；②控制本身的设计是合理的，但没有得到执行（选项C）；③控制本身的设计就是无效的或缺乏必要的控制（选项A）。

10. 【答案】AB

解析： 选项A、B均属于检查性控制，其控制活动是为了发现流程中可能发生的错报；选项C、D涉及业务流程的职责分离控制，属于预防性控制。

11. 【答案】ACD

解析：选项A、C、D的控制目的均是为了发现流程中可能发生的错报，均属于检查性控制；选项B的控制目的是为了防止错报的发生，属于预防性控制。

12. 【答案】ACD

解析：选项B错误，针对具有高度估计不确定性的重大会计估计，注册会计师需要根据职业判断确认是否会导致特别风险。

第八章　风险应对

本章考情分析

本章与第七章共同构成财务报表审计的测试流程，其核心是对重大错报风险的识别、评估与应对。

本章是非常重要的考试章节，最近五年平均考试分值在 6 分左右。本章需要大家重点掌握的知识点（含可能题型），归纳如下表。

序号	知识点	题型	难易程度
1	总体应对措施	单选	中
2	增加审计程序不可预见性	单选	中
3	进一步审计程序的含义	简答	易
4	进一步审计程序的性质	单选、综合	易
5	进一步审计程序的时间	单选、多选	易
6	进一步审计程序的范围	单选、多选	中
7	控制测试的性质	单选、综合	中
8	控制测试的时间	单选、多选、简答、综合	难
9	实质性程序的性质	单选	易
10	针对特别风险实施实质性程序	单选、多选、简答、综合	难
11	实质性程序的时间	单选、简答、综合	中
12	实质性程序的范围	单选、多选	中

2021 年教材主要变化

对个别文字修订。

本章考点框架

- 第八章
  - 针对财务报表层次重大错报风险的总体应对措施
    - 总体应对措施【中/低频】
    - 增加审计程序不可预见性的方法【中/低频】
  - 针对认定层次重大错报风险的进一步审计程序
    - 进一步审计程序的含义和要求【易/低频】
    - 进一步审计程序的性质【易/低频】
    - 进一步审计程序的时间【易/中频】
    - 进一步审计程序的范围【中/中频】
  - 控制测试
    - 控制测试的含义和要求【易/中频】
    - 控制测试的性质【中/中频】
    - 控制测试的时间【难/高频】
    - 控制测试的范围【难/高频】
  - 实质性程序
    - 实质性程序的含义和要求【难/高频】
    - 实质性程序的性质【易/低频】
    - 实质性程序的时间【中/高频】
    - 实质性程序的范围【中/中频】

本章重难点精讲

提示	本章的“风险应对”是上一章所“诊断”（即识别与评估）的“病情”（即重大错报风险）的“治疗方案”（通过设计和实施进一步审计程序），以确保注册会计师能够获取充分、适当的审计证据作为形成审计结论、发表审计意见、出具审计报告的基础和依据。快扫听课二维码，助您“码”上通关

第一节　针对财务报表层次重大错报风险的总体应对措施

【导航】注册会计师针对评估的重大错报风险确定总体应对措施和进一步审计程序，如图8-1所示。

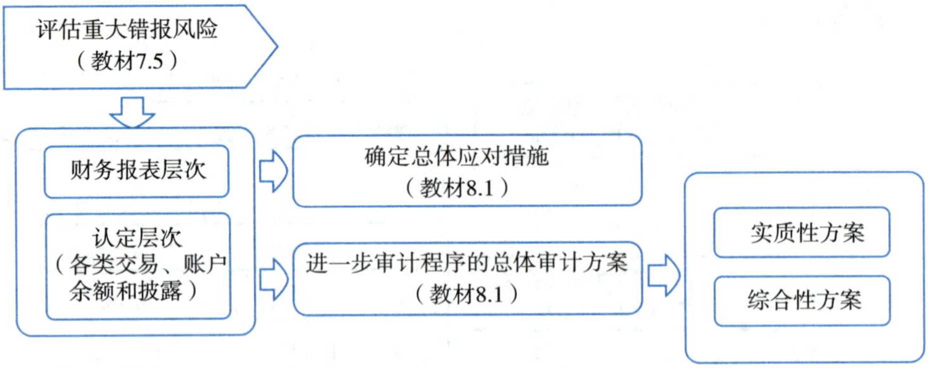

图 8-1　应对评估的重大错报风险

总体审计方案包括实质性方案和综合性方案，如图 8-2 所示。

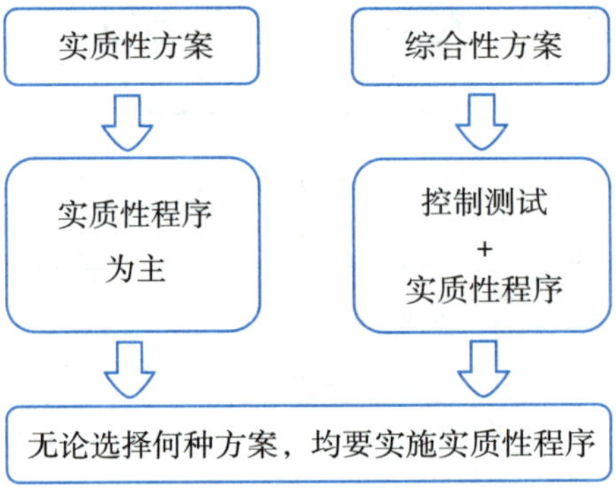

图 8-2　总体审计方案

【看图说话】

（1）总体应对措施应对的是评估的财务报表层次重大错报风险。

（2）总体审计方案应对的是评估的认定层次重大错报风险，属于进一步审计程序的程序组合。

（3）如果评估的财务报表层次重大错报风险属于高水平时，注册会计师拟实施进一步审计程序的总体方案往往更倾向于实质性方案。

01　考点 1　总体应对措施（★）❶

总体应对措施的要求、内容和影响因素，归纳如下表。

总体应对措施	具体内容
要求	注册会计师应当针对评估的财务报表层次重大错报风险，设计和实施总体应对措施

❶ 为方便您在学习中可以快速了解知识点的重要程度，本书中将知识点进行分类。★★★代表重要知识点，★★代表次重要知识点，★代表非重要知识点。

续表

总体应对措施	具体内容
内容	（1）向项目组强调保持职业怀疑的必要性 （2）指派更有经验或具有特殊技能的审计人员，或利用专家的工作 （3）提供更多的督导 （4）在选择拟实施的进一步审计程序时融入更多的不可预见的因素 （5）对拟实施审计程序的性质、时间安排或范围作出总体修改
受到控制环境的影响	如果控制环境存在缺陷，注册会计师可以采取的措施： （1）在期末而非期中实施更多的审计程序 （2）通过实施实质性程序获取更广泛的审计证据 （3）增加拟纳入审计范围的经营地点的数量

02 考点 2 增加审计程序不可预见性的方法（★）

增加审计程序不可预见性的设计思路、实施要点以及特定审计领域的举例，归纳如下表。

事项	具体内容
设计思路	（1）对某些以前未测试的低于设定的重要性水平或风险较小的账户余额和认定实施实质性程序 （2）调整实施审计程序的时间，使其超出被审计单位的预期 （3）采取不同的审计抽样方法，使当年抽取的测试样本与以前有所不同 （4）选取不同的地点实施审计程序，或预先不告知被审计单位所选定的测试地点
实施要点	（1）与被审计单位的管理层事先沟通，要求实施具有不可预见性的审计程序，但不能告知其具体内容。注册会计师可以在签订审计业务约定书时明确提出这一要求 （2）虽然对于不可预见性程度没有量化的规定，但审计项目组可根据对舞弊风险的评估等确定具有不可预见性的审计程序 （3）项目合伙人需要安排项目组成员有效地实施具有不可预见性的审计程序，但同时要避免使项目组成员处于困难境地
存货举例	（1）向以前审计过程中接触不多的被审计单位员工询问，例如采购、销售、生产人员等 （2）在不事先通知被审计单位的情况下，选择一些以前未曾到过的盘点地点进行存货监盘
销售和应收账款举例	（1）向以前审计过程中接触不多或未曾接触过的被审计单位员工询问，例如负责处理大客户账户的销售部人员 （2）改变实施实质性分析程序的对象，例如对收入按细类进行分析 （3）针对销售和销售退回延长截止测试期间 （4）实施以前未曾考虑过的审计程序
采购和应付账款举例	（1）如果以前未曾对应付账款余额普遍进行函证，可考虑直接向供应商函证确认余额。如果经常采用函证方式，可考虑改变函证的范围或者时间 （2）对以前由于低于设定的重要性水平而未曾测试过的采购项目，进行细节测试 （3）使用计算机辅助审计技术审阅采购和付款账户，以发现一些特殊项目，例如是否有不同的供应商使用相同的银行账户

续表

事项	具体内容
现金和银行存款举例	（1）多选几个月的银行存款余额调节表进行测试 （2）对有大量银行账户的，考虑改变抽样方法
固定资产举例	对以前由于低于设定的重要性水平而未曾测试过的固定资产进行测试，例如考虑实地盘查一些价值较低的固定资产，如汽车和其他设备等
集团审计项目举例	修改组成部分审计工作的范围或者区域（如增加某些不重要的组成部分的审计工作量，或实地去组成部分开展审计工作）

经典题解

【例题1·多选题】下列有关审计程序不可预见性的说法中，正确的有(　　)。

A. 注册会计师应当在签订审计业务约定书时明确提出拟在审计过程中实施具有不可预见性的审计程序，但不能明确其具体内容

B. 注册会计师采取不同的抽样方法使当年抽取的测试样本与以前有所不同，可以增加审计程序的不可预见性

C. 注册会计师通过调整实施审计程序的时间，可以增加审计程序的不可预见性

D. 注册会计师需要与被审计单位管理层事先沟通拟实施具有不可预见性的审计程序的要求，但不能告知其具体内容

【解析】选项A错误，注册会计师可以在审计业务约定书中明确提出要求实施具有不可预见性的审计程序，但并非应当明确；选项B、C均属于可以增加审计程序不可预见性的方法；选项D正确，注册会计师需要事先与被审计单位的管理人员沟通，要求实施具有不可预见性的审计程序，但不能告知其具体内容。

【答案】BCD

第二节　针对认定层次重大错报风险的进一步审计程序

本节视频详解
使用“会计云课堂”App/微信扫码听课

【导航】进一步审计程序包括控制测试和实质性程序的组合，如图8-3所示。

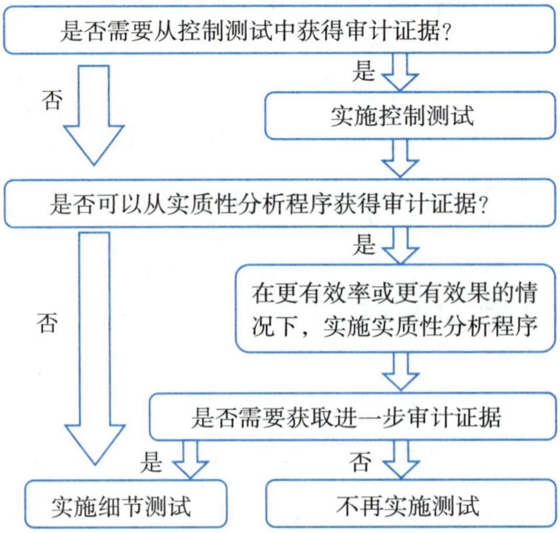

图8-3　进一步审计程序

01 考点1 进一步审计程序的含义和要求（★）

进一步审计程序的含义、要求和考虑因素，归纳如下表。

进一步审计程序	具体内容
含义	指注册会计师针对评估的各类交易、账户余额和披露认定层次重大错报风险实施的审计程序，包括控制测试和实质性程序
要求	应当针对评估的认定层次重大错报风险设计和实施进一步审计程序，使进一步审计程序和风险评估结果之间具备明确的对应关系
考虑因素	（1）风险的重要性（比如，虚构收入的舞弊风险） （2）重大错报发生的可能性 （3）涉及的各类交易、账户余额和披露的特征（比如，存货跌价准备计提不足、固定资产减值准备计提不足等） （4）被审计单位采用的特定控制的性质（比如，人工控制或自动化控制） （5）注册会计师是否拟获取审计证据，以确定内部控制在防止或发现并纠正重大错报方面的有效性（比如，管理层串通舞弊表明相关内部控制已经失效，无须实施控制测试）
特别考虑	无论选用实质性方案还是综合性方案，都应当对所有重大类别的交易、账户余额和披露设计和实施实质性程序

【提示】进一步审计程序的“进一步”针对的是前面已经实施的风险评估程序。风险评估程序是了解、识别和评估（诊断病情），进一步审计程序是“应对”评估的风险（对症下药）。

02 考点2 进一步审计程序的性质（★）

进一步审计程序的性质的含义、目的和类型，归纳如下表。

进一步审计程序的性质	具体内容	
	审计语言	关键点
含义	指进一步审计程序的目的和类型	目的→程序
目的	（1）通过实施控制测试以确定内部控制运行的有效性 （2）通过实施实质性程序以发现认定层次的重大错报	（1）预期控制有效→测试控制真的有效吗？ （2）实质性程序：对认定实施程序
类型	（1）实施控制测试时采用的审计程序包括询问、观察、检查、重新执行 （2）实施实质性程序时采用的审计程序包括询问、观察、检查、函证、重新计算和分析程序	重新执行仅适用于控制测试

【提示】进一步审计程序的“性质、时间和范围”中，进一步审计程序的“性质”最重要，解决“吃什么药、治什么病”，即实施什么审计程序。

03 考点3 进一步审计程序的时间（★★）

进一步审计程序的时间的含义和考虑因素，归纳如下表。

进一步审计程序的时间	具体内容	
	审计语言	关键点
含义	指注册会计师何时实施进一步审计程序，或审计证据适用的期间或时点	（1）期中实施？还是期末实施？ （2）控制测试倾向于期中测试+延伸至期末 （3）实质性程序考虑是否在期中实施，因为某些情形延伸至期末的数据可能效果不理想
考虑因素	（1）控制环境 （2）何时能得到相关信息 （3）错报风险的性质 （4）审计证据适用的期间或时点 （5）编制财务报表的时间	（1）控制环境薄弱时，期末实施 （2）重大错报风险较高，则考虑在期末或接近期末实施 （3）期中实施程序达不到最终目的（证据不充分），因此还应当针对剩余期间获取审计证据，将期中的结论延伸至期末，从而得出结论

经典题解

【例题2·单选题】下列有关注册会计师实施进一步审计程序的时间的说法中，错误的是（　　）。

A. 注册会计师在确定何时实施进一步审计程序时需要考虑能够获取相关信息的时间

B. 如果评估的重大错报风险为低水平，注册会计师可以选择资产负债表日前适当日期为截止日实施函证

C. 如果评估的重大错报风险较高，注册会计师应当在期末以后实施实质性程序

D. 如果被审计单位的控制环境良好，注册会计师可以更多地在期中实施进一步审计程序

【解析】选项C错误，针对评估的重大错报风险较高的重大交易，注册会计师应当在期末或接近期末实施实质性程序。

【答案】C

04 考点4 进一步审计程序的范围（★★）

进一步审计程序的范围的含义和考虑因素，归纳如下表。

进一步审计程序的范围	具体内容	
	审计语言	关键点
含义	指实施进一步审计程序（含控制测试和实质性程序）所涉及的数量多少，包括抽取的样本量、对某项控制活动的观察次数等	程序数量→证据的充分性

续表

进一步审计程序的范围	具体内容	
	审计语言	关键点
考虑因素	（1）确定的重要性水平 （2）评估的重大错报风险 （3）计划获取的保证程度	（1）重要性水平与程序**数量**是“反向”关系 （2）重大错报风险与程序**数量**是“同向”关系 （3）计划获取的保证程度与程序**数量**是“同向”关系

第三节　控制测试

本节视频详解
使用“会计云课堂”App/微信扫码听课

能量小贴士

与控制测试相关的几组概念：

（1）控制测试属于**进一步审计程序**，属于应对**认定层次**重大错报风险的审计程序

（2）控制测试不同于了解内部控制。控制测试获取的审计证据回答的是“控制运行是否有效”，了解内部控制获取的审计证据回答的是“设计的控制是否有效，以及是否正在运行”

（3）如果预期控制运行无效，则不拟进行控制测试，而更多依赖实质性程序

01 考点1 控制测试的含义和要求（★★）

控制测试的含义、内容和所需测试情形，归纳如下表。

控制测试	具体内容
含义	指用于评价内部控制在防止或发现并纠正认定层次重大错报方面的运行有效性的审计程序
内容	注册会计师应当从下列方面获取关于**控制是否有效运行**的审计证据： （1）控制在所审计期间的相关时点是如何运行的 （2）控制是否得到**一贯执行** （3）控制由谁或以何种方式执行
两种情形	当存在下列情况之一时，注册会计师**应当**实施控制测试： （1）在评估认定层次重大错报风险时，**预期控制的运行是有效的** （2）**仅实施**实质性程序**并不能够**提供认定层次充分、适当的审计证据

02 考点 2 控制测试的性质（★★）

控制测试的性质的含义、要求等相关内容和要求，归纳如下表。

控制测试的性质	具体内容
含义	指控制测试所使用的审计程序的类型及其组合，包括：询问、观察、检查和重新执行
选择恰当的程序	（1）询问**本身并不足以**测试控制运行的有效性 （2）观察提供的证据**仅限于观察发生的时点**，在不观察时可能未被执行，观察适用于证实某些时点上控制运行的有效性 （3）检查主要适用于对运行情况**留有书面证据**的控制 （4）如果需要进行大量的重新执行，注册会计师就要考虑通过实施控制测试以缩小实质性程序的范围**是否有效率**
选择程序的要求	（1）根据**特定控制的性质**选择所需实施审计程序的类型 （2）考虑测试**与认定**直接相关和间接相关的控制
如何对**一项自动化应用控制**实施控制测试	对于一项自动化的应用控制，由于信息技术处理过程的内在一贯性，注册会计师**可以利用**该项控制得以执行的审计证据和信息技术**一般控制**（特别是对系统变动的控制）运行有效性的审计证据，作为支持该项控制在相关期间运行有效性的重要审计证据
双重目的的测试	（1）控制测试的目的是评价控制是否**有效运行** （2）细节测试的目的是**发现**认定层次的**重大错报** （3）尽管控制测试和细节测试的目的不同，但注册会计师**可以考虑**针对同一交易同时实施控制测试和细节测试，以实现双重目的
实施实质性程序的结果**对控制测试结果**的影响	（1）如果通过实施实质性程序**未发现**某项认定存在错报，这本身并不能说明与该认定有关的控制是有效运行的 （2）如果通过实施实质性程序**发现**某项认定存在错报，注册会计师应当在评价相关控制的运行有效性时予以考虑，比如：**降低**对相关控制的信赖程度、**调整**实质性程序的性质、**扩大**实质性程序的范围 （3）如果实施实质性程序**发现**被审计单位**没有识别出的重大错报**，通常表明内部控制存在**值得关注的缺陷**，注册会计师应当就这些缺陷与管理层和治理层进行**沟通**

经典题解

【例题 3·简答题·部分】ABC 会计师事务所负责审计甲公司 2020 年度财务报表，审计工作底稿中与内部控制相关的部分内容摘录如下：

（4）审计项目组对银行存款实施了实质性程序，未发现错报，因此认为甲公司与银行存款相关的内部控制运行有效。

要求：

针对上述第（4）项，指出审计项目组的做法是否恰当。如不恰当，简要说明理由。

【答案】不恰当。通过实质性程序未发现错报，并不能证明与所测试认定相关的内部控制是有效的/注册会计师不能以实施实质性程序的结果推断内部控制的有效性。

03 考点 3 控制测试的时间（★★★）

控制测试的时间有三种情形的考虑，归纳如下表。

控制测试的时间（3 种情形）	具体内容
情形 1： 期中测试 + 剩余期间补充	通过测试剩余期间控制的运行有效性或测试被审计单位对控制的监督，注册会计师可以获取补充审计证据 剩余期间获取内部控制补充证据时应当考虑的因素： （1）评估的认定层次重大错报风险对财务报表的影响越大，注册会计师需要获取的剩余期间的补充证据越多 （2）在期中测试的**特定控制**，以及自**期中测试后**发生的**重大变动** （3）在期中对有关控制运行有效性获取的审计证据比较充分，可以考虑适当减少需要获取的剩余期间的补充证据 （4）剩余期间越长，注册会计师需要获取的剩余期间的补充证据越多 （5）注册会计师对相关控制的信赖程度**越高**，需要获取的剩余期间的补充证据**越多** （6）在总体上拟信赖控制的前提下，控制环境**越薄弱**，注册会计师需要获取的剩余期间的补充证据**越多**
情形 2： 考虑以前审计获取的审计证据	关于如何考虑以前审计获取的有关控制运行有效性的审计证据，基本思路是考虑拟信赖的以前审计中测试的控制在本期是否发生变化 （1）如果拟信赖的控制自上次测试后已发生实质性变化，以致影响以前审计所获取证据的相关性，注册会计师应当在本期审计中测试这些控制的运行有效性 （2）如果控制在本期**未发生变化**，注册会计师在确定利用**以前**审计获取的有关控制运行有效性的审计证据是否适当以及再次测试控制的**时间间隔**时，应当考虑的因素或情况包括： ①内部控制其他要素的有效性，包括控制环境、对控制的监督以及被审计单位的风险评估过程 ②控制特征（人工控制还是自动化控制）产生的风险 ③信息技术**一般控制**的有效性 ④影响内部控制的**重大人事变动** ⑤由于环境发生变化而特定控制缺乏相应变化导致的风险 ⑥重大错报风险和对控制的信赖程度 （3）如果拟信赖的控制自上次测试后未发生变化，且不属于旨在减轻特别风险的控制，注册会计师应当运用职业判断确定是否在本期审计中测试其运行有效性，以及本次测试与上次测试的时间间隔，但每三年至少对控制测试一次
情形 3： 不应依赖以前获取的证据，应当在本期测试	（1）对于旨在减轻特别风险的控制，不论该控制在本期是否发生变化，注册会计师都不应依赖以前审计获取的证据 （2）如果确定评估的认定层次重大错报风险是**特别风险**，且注册会计师**拟信赖**针对特别风险的控制，那么所有关于该控制运行有效性的审计证据**必须**来自**当年**的控制测试，注册会计师应当在**每次**审计中都测试这类控制

【提示】注册会计师是否需要在**本期测试**某项控制的决策过程，如图 8-4 所示。

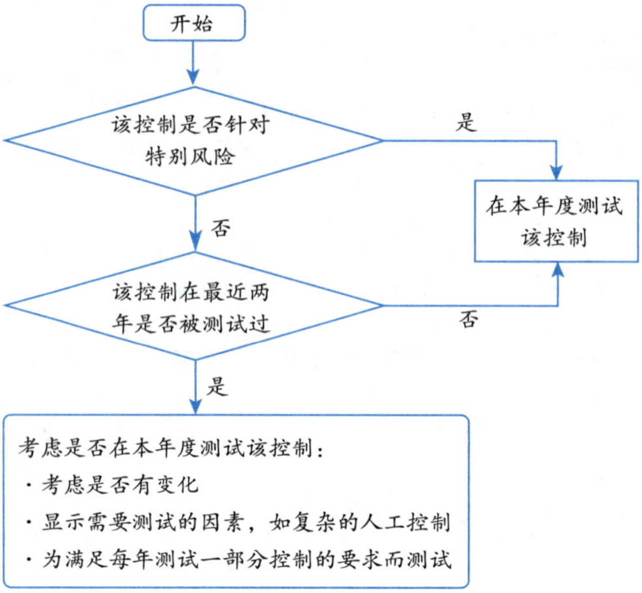

图 8-4 控制测试时间决策过程

【看图说话】归纳总结：

（1）旨在减轻特别风险的控制，本期测试（原则要求）。

（2）非旨在减轻特别风险的控制，最近两年测试结果显示控制运行有效，可以考虑依赖以前期间获取证据（可以考虑）。

（3）控制发生了实质性变化，本期测试（原则要求）。

经典题解

【例题4·单选题】 如果拟信赖的控制自上次测试后未发生变化，且不属于旨在减轻特别风险的控制，注册会计师应当运用职业判断确定是否在本期审计中测试其运行有效性。以下对该控制测试的时间间隔的说法中最恰当的是（　　）。

A. 每年至少测试一次

B. 每两年至少测试一次

C. 每三年至少测试一次

D. 每五年至少测试一次

【解析】 选项C正确，当控制自上次测试后未发生变化且不属于旨在减轻特别风险的控制，注册会计师应当每三年至少测试一次。

【答案】 C

04 考点4 控制测试的范围（★★★）

控制测试的范围的含义、影响因素等事项，归纳如下表。

控制测试的范围	具体内容
含义	指某项控制活动的测试次数(即教材4.2中讨论的样本量)

续表

控制测试的范围	具体内容
影响因素	(1) 对控制的信赖程度 (2) 在拟信赖期间，被审计单位执行控制的频率。控制执行的频率越高，控制测试的范围越大 (3) 在所审计期间，拟信赖控制运行有效性的时间长度。注册会计师拟信赖控制运行有效性的期间越长，控制测试的范围越大 (4) 控制的预期偏差。控制的预期偏差率越高，控制测试的范围越大。如果控制的预期偏差率过高，注册会计师应当考虑控制可能不足以将认定层次的重大错报风险降至可接受的低水平，从而针对某一认定实施的控制测试可能是无效的 (5) 通过测试与认定相关的其他控制获取的审计证据的范围。当针对同一认定的其他控制获取的审计证据的充分性和适当性较高时，测试该控制的范围可适当缩小 (6) 拟获取的有关认定层次控制运行有效性的审计证据的相关性和可靠性。如拟获取的有关证据的相关性和可靠性较高，测试该控制的范围可适当缩小
对自动化控制的测试范围的特别考虑	(1) 信息技术处理具有内在一贯性，除非系统发生变动，一项自动化应用控制应当一贯运行 (2) 对于一项自动化应用控制，一旦确定被审计单位正在执行该控制，注册会计师通常无须扩大控制测试的范围，但需要考虑执行下列测试以确定该控制持续有效运行： ①测试与该应用控制有关的一般控制的运行有效性 ②确定系统是否发生变动，如果发生变动，是否存在适当的系统变动控制 ③确定对交易的处理是否使用授权批准的软件版本

经典题解

【例题5·简答题·部分】 ABC会计师事务所负责审计甲公司2020年度财务报表，审计工作底稿中与内部控制相关的部分内容摘录如下：

(1) 审计项目组拟信赖与固定资产折旧计提相关的自动化应用控制。因该控制在2019年度审计中测试结果满意，且在2020年未发生变化，审计项目组仅对信息技术一般控制实施测试。

要求：

针对上述第(1)项，指出审计项目组的做法是否恰当。如不恰当，简要说明理由。

【答案】 恰当。

第四节 实质性程序

本节视频详解

使用“会计云课堂”App/微信扫码听课

01 考点1 实质性程序的含义和要求（★★★）

实质性程序的含义、实施要求等事项，归纳如下表。

实质性程序	具体内容
含义	指用于发现认定层次重大错报的审计程序，包括细节测试和实质性分析程序

续表

实质性程序	具体内容
基本要求	无论评估的重大错报风险结果如何，注册会计师**都应当**针对**所有重大**类别的交易、账户余额和披露**实施实质性程序**
与财务报表编制完成阶段相关的审计程序	(1) 将财务报表中的信息与所依据的会计记录进行核对或调节，包括核对或调节披露中的信息，无论该信息是从总账和明细账中获取，还是从总账和明细账之外的其他途径获取 (2) 检查财务报表编制过程中作出的重大会计分录和其他调整
针对特别风险实施的实质性程序	(1) 如果认为评估的认定层次重大错报风险是**特别风险**，注册会计师应当**专门**针对该风险实施实质性程序 (2) 如果针对特别风险实施的程序仅为实质性程序，这些程序应当包括**细节测试**，或将**细节测试和实质性分析程序**结合使用，以获取充分、适当的审计证据

【提示】针对特别风险，可能实施的程序组合：

(1) 细节测试；

(2) 细节测试+实质性分析程序；

(3) 细节测试+实质性分析程序+控制测试；

(4) 控制测试+细节测试；

(5) 控制测试+实质性分析程序。

经典题解

【例题6·单选题】针对特别风险的进一步审计程序，注册会计师的下列做法中，错误的是(　　)。

A. 仅实施实质性分析程序

B. 实施控制测试和实质性程序

C. 实施实质性分析程序和细节测试

D. 实施控制测试、实质性分析程序和细节测试

【解析】为应对特别风险需要获取具有高度相关性和可靠性的审计证据，仅实施实质性分析程序不足以获取充分、适当的审计证据，故选项A错误。

【答案】A

【例题7·单选题】下列有关特别风险的说法中，正确的是(　　)。

A. 注册会计师在判断重大错报风险是否为特别风险时，应当考虑识别出的控制对于相关风险的抵销效果

B. 注册会计师应当将管理层凌驾于控制之上的风险评估为特别风险

C. 注册会计师应当了解并测试与特别风险相关的控制

D. 注册会计师应当对特别风险实施细节测试

【解析】选项A错误，在判断重大错报风险是否为特别风险时，注册会计师不应考虑识别出的控制对相关风险的抵销效果；选项C错误，预期控制运行有效才测试相关控制；选项D错误，注册会计师应当对特别风险实施实质性程序，不一定实施细节测试。

【答案】B

02 考点2 实质性程序的性质（★）

实质性程序的性质的含义、类型等内容，归纳如下表。

实质性程序的性质	具体内容
含义	指实质性程序的类型及其组合
类型	（1）细节测试是对各类交易、账户余额和披露的具体细节进行测试，目的在于直接识别财务报表认定**是否存在错报** （2）实质性分析程序从技术特征上讲仍然是分析程序，主要是通过研究数据间关系评价信息，只是将该技术方法用做实质性程序，即用以识别各类交易、账户余额和披露及相关认定是否存在错报
细节测试的适用性	适用于对各类交易、账户余额和披露认定的测试，尤其是对存在或发生、计价认定的测试
实质性分析程序的适用性	通常更适用于在一段时期内存在可预期关系的大量交易
细节测试的方向	（1）存在或发生：选择**包含**在财务报表金额中的项目，并获取相关审计证据（逆查） （2）完整性：选择有证据表明**应包含在**财务报表金额中的项目，并调查这些项目是否确实包括在内（顺查）
设计实质性分析程序时考虑的因素	（1）对**特定认定**使用实质性分析程序的适当性 （2）对已记录的金额或比率作出预期时，所依据的内部或外部数据的**可靠性** （3）作出预期的**准确程度**是否足以在计划的保证水平上识别重大错报 （4）已记录金额与预期值之间**可接受的差异额**

03 考点3 实质性程序的时间（★★★）

针对实质性程序的实施时间的有关事项，归纳如下表。

实质性程序的时间	具体内容
考虑是否**在期中实施实质性程序**应当考虑的因素	（1）控制环境和其他相关的控制 （2）实施审计程序所需信息在期中之后的**可获得性** （3）实质性程序的目的 （4）评估的重大错报风险 （5）特定类别交易或账户余额以及相关认定的性质 （6）针对剩余期间，能否通过实施实质性程序或将实质性程序与控制测试相结合，降低期末存在错报而未被发现的风险

续表

实质性程序的时间	具体内容
如何考虑期中审计证据	(1) 如果在期中实施了实质性程序，注册会计师应当将期中得出的结论合理延伸至期末。在将期中实施的实质性程序得出的结论合理延伸至期末时，注册会计师有两种选择： ①针对剩余期间实施进一步的实质性程序 ②将实质性程序和控制测试结合使用
	(2) 如果拟将期中测试得出的结论延伸至期末，注册会计师应当考虑针对剩余期间仅实施实质性程序是否足够。如果认为实施实质性程序本身不充分，注册会计师还应测试剩余期间相关控制运行的有效性或针对期末实施实质性程序
	(3) 如果已识别出由于舞弊导致的重大错报风险，为将期中得出的结论延伸至期末而实施的审计程序通常是无效的，注册会计师应当考虑在期末或者接近期末实施实质性程序
如何考虑以前审计获取的审计证据	(1) 在以前审计中实施实质性程序获取的审计证据，通常对本期只有很弱的证据效力或没有证据效力，不足以应对本期的重大错报风险 (2) 只有当以前获取的审计证据及其相关事项未发生重大变动时，以前获取的审计证据才可能用做本期的有效审计证据 (3) 如果拟利用以前审计中实施实质性程序获取的审计证据，注册会计师应当在本期实施审计程序，以确定这些审计证据是否具有持续相关性

经典题解

【例题8·单选题】下列有关实质性程序的时间安排的说法中，正确的是(　　)。

A. 实质性程序应当在控制测试完成后实施

B. 应对舞弊风险的实质性程序应当在资产负债表日后实施

C. 针对账户余额的实质性程序应当在接近资产负债表日实施

D. 实质性程序的时间安排受被审计单位控制环境的影响

【解析】选项A错误，注册会计师可以考虑针对同一交易同时实施控制测试和细节测试，以实现双重目的；选项B错误，如果已识别出由于舞弊导致的重大错报风险，为将期中得出的结论延伸至期末而实施的审计程序通常是无效的，注册会计师应当考虑在期末或者接近期末实施实质性程序（并非应当在期末或接近期末，还需要考虑证据的可获得性等）；选项C错误，某些交易或账户余额以及相关认定的特殊性质（如收入截止认定、未决诉讼）决定了注册会计师应当在期末（或接近期末）实施实质性程序，并不是所有针对账户余额的实质性程序都应当在期末或接近期末实施。

【答案】D

【例题9·单选题】下列有关实质性程序时间安排的说法中，错误的是(　　)。

A. 注册会计师评估的某项认定的重大错报风险越高，越应当考虑将实质性程序集中在期末或接近期末实施

B. 控制环境和其他相关的控制越薄弱，注册会计师越不宜在期中实施实质性程序

C. 如果实施实质性程序所需信息在期中之后难以获取，注册会计师应考虑在期中实施实质性程序

D. 如果在期中实施了实质性程序，注册会计师应当针对剩余期间实施控制测试，以将期中测试得出的结论合理延伸至期末

【解析】选项D错误，如果在期中实施了实质性程序，注册会计师应当针对剩余期间实施的程序有两种选择：（1）针对剩余期间实施进一步的实质性程序，以将期中测试得出的结论合理延伸至期末；（2）针对剩余期间将实质性程序和控制测试结合使用。

【答案】D

04 考点4 实质性程序的范围（★★）

确定实质性程序的范围时应当考虑的因素等事项，归纳如下表。

实质性程序的范围	具体内容
确定实质性程序的范围时应当考虑的因素	（1）评估的认定层次重大错报风险。评估的认定层次的重大错报风险越高，需要实施实质性程序的范围越广 （2）控制测试的结果。如果对控制测试结果不满意，注册会计师可能需要考虑扩大实质性程序的范围
确定细节测试范围时应考虑的因素	（1）从样本量的角度考虑测试范围 （2）考虑选样方法的有效性
实质性分析程序对可接受差异额的考虑	（1）在设计实质性分析程序时，注册会计师应当确定已记录金额与预期值之间可接受的差异额，可容忍或可接受的差异额越大，作为实质性分析程序一部分的进一步调查的范围越小 （2）在确定该差异额时，注册会计师应当主要考虑各类交易、账户余额和披露及相关认定的重要性和计划的保证水平

【相关链接】

1.《中国注册会计师审计准则第1231号——针对评估的重大错报风险采取的应对措施》

2.《中国注册会计师审计准则第1231号——针对评估的重大错报风险采取的应对措施》应用指南

历年经典试题回顾

（一）总体应对措施

【例题·单选题】下列各项措施中，不能应对财务报表层次重大错报风险的是（ ）。（2016年）

A. 在期末而非期中实施更多的审计程序

B. 扩大控制测试的范围

C. 增加拟纳入审计范围的经营地点的数量

D. 增加审计程序的不可预见性

（二）增加审计程序不可预见性

【例题·单选题】下列有关审计程序不可预见性的说法中，错误的是（　　）。（2019年）

A. 增加审计程序的不可预见性是为了避免管理层对审计效果的人为干预

B. 注册会计师无需量化审计程序的不可预见性程度

C. 增加审计程序的不可预见性会导致注册会计师实施更多的审计程序

D. 注册会计师在设计拟实施审计程序的性质、时间安排和范围时，都可以增加不可预见性

（三）进一步审计程序的含义

【例题·简答题·部分】ABC会计师事务所的A注册会计师负责审计多家被审计单位2017年度财务报表。与存货审计相关的部分事项如下：

（1）甲公司为制造型企业，采用信息系统进行成本核算。A注册会计师对信息系统一般控制和相关的自动化应用控制进行测试后结果满意，不再对成本核算实施实质性程序。

（2）因乙公司存货不存在特别风险，且以前年度与存货相关的控制运行有效，A注册会计师因此减少了本年度存货细节测试的样本量。

要求：

针对上述第（1）、（2）项，逐项指出A注册会计师的做法是否恰当。如不恰当，简要说明理由。（2018年）

（四）进一步审计程序的性质

【例题1·单选题】下列各项审计程序中，注册会计师在实施控制测试和实质性程序时均可以采用的是（　　）。（2017年网络回忆版）

A. 分析程序

B. 函证

C. 重新执行

D. 检查

【例题2·综合题·部分】上市公司甲公司是ABC会计师事务所的常年审计客户，主要从事汽车的生产和销售。A注册会计师负责审计甲公司2017年度财务报表，确定财务报表整体的重要性为1000万元，明显微小错报的临界值为30万元。

资料三：

A注册会计师在审计工作底稿中记录了审计计划，部分内容摘录如下：

（3）A注册会计师在询问管理层、阅读内控手册并执行穿行测试后，尽管认为甲公司与关联方交易相关的内部控制设计合理，但不拟信赖，拟直接实施细节测试。

要求：

针对资料三第（3）项，假定不考虑其他条件，指出审计计划的内容是否恰当。如不恰当，简要说明理由。（2018年）

（五）进一步审计程序的时间

【例题·多选题】下列各项因素中，注册会计师在确定实施审计程序的时间时需要考虑的有（　　）。（2020年网络回忆版）

A. 审计证据适用的期间

B. 错报风险的性质

C. 被审计单位的控制环境

D. 何时能得到相关信息

（六）进一步审计程序的范围

【例题·多选题】下列各项中，注册会计师在确定进一步审计程序的范围时应当考虑的有（　　）。（2017年网络回忆版）

A. 评估的重大错报风险

B. 审计证据适用的期间或时点

C. 计划获取的保证程度

D. 确定的重要性水平

（七）控制测试的性质

【例题·综合题·部分】甲公司是ABC会计师事务所的常年审计客户，主要从事轨道交通车辆配套产品的生产和销售。A注册

会计师负责审计甲公司2018年度财务报表，确定财务报表整体的重要性为1000万元，实际执行的重要性为500万元。

资料四：

A注册会计师在审计工作底稿中记录了实施进一步审计程序的情况，部分内容摘录如下：

（1）A注册会计师抽样测试了与职工薪酬相关的控制，发现一个偏差，因针对职工薪酬实施实质性程序未发现错报，A注册会计师认为该偏差不构成缺陷，相关控制运行有效。

要求：

针对资料四第（1）项，假定不考虑其他条件，指出A注册会计师的做法是否恰当。如不恰当，简要说明理由。（2019年）

（八）控制测试的时间

【例题1·单选题】 对于财务报表审计业务，在决定是否信赖以前审计获取的有关控制运行有效性的审计证据时，下列各项中，注册会计师通常无需考虑的是（　　）。（2019年）

A. 控制发生的频率

B. 控制是否是复杂的人工控制

C. 控制是否是自动化控制

D. 控制在本年是否发生变化

【例题2·单选题】 如果注册会计师已获取有关控制在期中运行有效的审计证据，下列有关剩余期间补充证据的说法中，错误的是（　　）。（2018年）

A. 注册会计师可以通过测试被审计单位对控制的监督，将控制在期中运行有效的审计证据合理延伸至期末

B. 被审计单位的控制环境越有效，注册会计师需要获取的剩余期间的补充证据越少

C. 如果控制在剩余期间发生了变化，注册会计师可以通过实施穿行测试，将期中获取的审计证据合理延伸至期末

D. 注册会计师在信赖控制的基础上拟减少的实质性程序的范围越大，注册会计师需要获取的剩余期间的补充证据越多

【例题3·多选题】 下列情形中，注册会计师不应利用以前年度获取的有关控制运行有效性的审计证据的有（　　）。（2017年）

A. 注册会计师拟信赖旨在减轻特别风险的控制

B. 控制在过去两年审计中未经测试

C. 控制在本年发生重大变化

D. 被审计单位的控制环境薄弱

【例题4·多选题】 下列有关利用以前审计获取的有关控制运行有效性的审计证据的说法中，错误的有（　　）。（2016年）

A. 如果拟信赖以前审计获取的有关控制运行有效性的审计证据，注册会计师应当通过询问程序获取这些控制是否已经发生变化的审计证据

B. 如果拟信赖的控制在本期发生变化，注册会计师应当考虑以前审计获取的有关控制运行有效性的审计证据是否与本期审计相关

C. 如果拟信赖的控制在本期未发生变化，注册会计师可以运用职业判断决定不在本期测试其运行的有效性

D. 如果拟信赖的控制在本期未发生变化，控制应对的重大错报风险越高，本次控制测试与上次控制测试的时间间隔越短

（九）实质性程序的性质

【例题1·单选题】 下列审计程序中，不适用于细节测试的是（　　）。（2019年）

A. 检查　　B. 函证

C. 重新执行　　D. 询问

【例题2·单选题】 下列有关实质性程序的说法中，正确的是（　　）。（2016年）

A. 注册会计师应当针对所有类别的交易、账户余额和披露实施实质性程序

B. 注册会计师针对认定层的特别风险实施的实质性程序应当包括实质性分析程序

C. 如果在期中实施了实质性程序，注册会计师应当对剩余期间实施控制测试和实质性程序

D. 注册会计师实施的实质性程序应当包括将财务报表中的信息与其所依据的会计记录进行核对或调节

（十）针对特别风险实施实质性程序

【例题1·多选题】下列有关与特别风险相关的控制的说法中，正确的有（　　）。（2019年）

A. 注册会计师应当了解和评价与特别风险相关的控制的设计情况，并确定其是否得到执行

B. 如果被审计单位未能实施控制以恰当应对特别风险，注册会计师应当针对特别风险实施细节测试

C. 如果注册会计师实施控制测试后认为与特别风险相关的控制运行有效，对特别风险实施的实质性程序可以仅为实质性分析程序

D. 对于与特别风险相关的控制，注册会计师不能利用以前审计获取的有关控制运行有效性的审计证据

【例题2·简答题·部分】ABC会计师事务所的A注册会计师负责审计甲公司2017年度财务报表。与会计估计审计相关的部分事项如下：

（5）A注册会计师认为应收账款坏账准备的计提存在特别风险，在了解相关内部控制后，对应收账款坏账准备实施了实质性分析程序，结果满意，据此认可了管理层计提的金额。

要求：

针对上述第（5）项，指出A注册会计师的做法是否恰当。如不恰当，简要说明理由。（2018年）

【例题3·综合题·部分】ABC会计师事务所首次接受委托，审计上市公司甲公司2016年度财务报表，委派A注册会计师担任项目合伙人。A注册会计师确定财务报表整体的重要性为1200万元。甲公司主要提供快递物流服务。

资料三：

A注册会计师在审计工作底稿中记录了审计计划，部分内容摘录如下：

（4）甲公司的个人快递业务交易量巨大，单笔金额较小。因无法通过实施细节测试获取充分、适当的审计证据，也无法有效实施实质性分析程序，A注册会计师拟在审计该类收入时全部依赖控制测试。

要求：

针对资料三第（4）项，假定不考虑其他条件，指出审计计划的内容是否恰当。如不恰当，简要说明理由。（2017年）

（十一）实质性程序的时间

【例题1·综合题·部分】上市公司甲公司是ABC会计师事务所的常年审计客户，主要从事汽车零部件的研发、制造和销售。A注册会计师负责审计甲公司2018年度财务报表，确定财务报表整体的重要性为600万元，实际执行的重要性为450万元，明显微小错报的临界值为30万元。

资料三：

A注册会计师在审计工作底稿中记录了审计计划，部分内容摘录如下：

（1）甲公司2018年度开始投资产业基金。A注册会计师通过询问、阅读内控手册和实施穿行测试，了解了与该类投资活动相关的内部控制，认为其设计无效，拟采用实质性方案测试相关财务报表项目。

（2）A注册会计师采用实质性方案应对与收入确认相关的舞弊风险。为减少期末审计工作量，A注册会计师拟在期中审计时对甲公司2018年1月至11月的营业

收入实施细节测试，在期末审计时对12月的营业收入实施实质性分析程序。

要求：

针对资料三第（1）、（2）项，假定不考虑其他条件，逐项指出A注册会计师的做法是否恰当。如不恰当，简要说明理由。（2019年网络回忆版）

【例题2·综合题·部分】上市公司甲公司是ABC会计师事务所的常年审计客户，主要从事汽车的生产和销售。A注册会计师负责审计甲公司2017年度财务报表，确定财务报表整体的重要性为1000万元，明显微小错报的临界值为30万元。

资料三：

A注册会计师在审计工作底稿中记录了审计计划，部分内容摘录如下：

（2）A注册会计师认为仅实施实质性程序不能获取与成本核算相关的充分、适当的审计证据，因此，拟实施综合性方案：测试相关内部控制在2017年1月至10月期间的运行有效性，并对2017年11月至12月的成本核算实施细节测试。

要求：

针对资料三第（2）项，假定不考虑其他条件，指出审计计划的内容是否恰当。如不恰当，简要说明理由。（2018年）

历年经典试题回顾参考答案及解析

“扫码看解析”

使用“微信”或“会计云课堂”App扫码，即可线上对答案、看解析，错题随手收藏，及时巩固复习。

（一）总体应对措施

【例题·单选题】

【答案】B

【解析】选项B不能应对财务报表层次的重大错报风险，因为实施控制测试是为了获取某一认定相关的控制运行是否有效的审计证据。

【名师点题】应对财务报表层次重大错报风险的是总体应对措施，与应对认定层次重大错报风险的控制测试程序无关。

（二）增加审计程序不可预见性

【例题·单选题】

【答案】C

【解析】选项C错误，增加审计程序的不可预见性不一定会导致注册会计师实施更多的审计程序。

（三）进一步审计程序的含义

【例题·简答题·部分】

【答案】

（1）不恰当。制造业的成本核算涉及重大类别交易、账户余额和披露，应当实施实质性程序。

（2）不恰当。以前年度与存货相关的控制运行有效不构成减少本年度细节测试样本规模的充分理由/注册会计师还应当了解相关控制在本期是否发生变化。

（四）进一步审计程序的性质

【例题1·单选题】

【答案】D

【解析】选项D正确，检查程序适用于控制测试和实质性程序。分析程序与函证程序适用于实质性程序，重新执行仅适用于控制测试。

【名师点题】本知识点属于跨章节内容（教材3.2+教材8.2），需要大家归纳总结并记忆。比如：

（1）控制测试采用的审计程序包括询问、观察、检查、重新执行。

（2）重新执行仅用于控制测试，不适用于实质性程序。

（3）分析程序不适用于控制测试等。

【例题2·综合题·部分】

【答案】

事项序号	是否恰当（是/否）	理由
（3）	是	—

（五）进一步审计程序的时间

【例题·多选题】

【答案】ABCD

【解析】注册会计师在确定何时实施审计程序时应当考虑的几项重要因素包括：（1）控制环境（选项C）；（2）何时能得到相关信息（选项D）；（3）错报风险的性质（选项B）；（4）审计证据适用的期间或时点（选项A）；（5）编制财务报表的时间，尤其是编制某些披露的时间，这些披露为资产负债表、利润表、所有者权益变动表或现金流量表中记录的金额提供了进一步解释。

（六）进一步审计程序的范围

【例题·多选题】

【答案】ACD

【解析】进一步审计程序的范围的影响因素包括：（1）确定的重要性水平（选项D）；（2）评估的重大错报风险（选项A）；（3）计划获取的保证程度（选项C）。选项B属于影响审计程序时间的因素。

（七）控制测试的性质

【例题·综合题·部分】

【答案】

事项序号	是否恰当（是/否）	理由
（1）	否	实施实质性程序未发现错报，并不能说明相关的控制运行有效

（八）控制测试的时间

【例题1·单选题】

【答案】A

【解析】关于如何考虑以前审计获取的有关控制运行有效性的审计证据，基本思路是考虑拟信赖的以前审计中测试的控制在本期是否发生变化（选项D）。在确定利用以前审计获取的有关控制运行有效性的审计证据是否适当，以及再次测试控制的时间间隔时，注册会计师应当考虑下列因素：（1）内部控制其他要素的有效性，包括控制环境、被审计单位对控制的监督以及被审计单位的风险评估过程。（2）控制特征（人工控制还是自动化控制）产生的风险（选项B、C）。（3）信息技术一般控制的有效性。（4）影响内部控制的重大人事变动。（5）由于环境发生变化而特定控制缺乏相应变化导致的风险。（6）重大错报风险和对控制的信赖程度。

【例题2·单选题】

【答案】C

【解析】选项C错误，如果控制在剩余期间发生了变化，注册会计师应当针对剩余期间变动后的控制实施测试，穿行测试不适用于控制测试，主要用于了解内部控制。

【例题3·多选题】

【答案】ABC

【解析】选项D错误，当被审计单位控制环境薄弱或对控制的监督薄弱时，注册会计师应当缩短再次测试控制的时间间隔或完全不信赖以前审计获取的审计证据，所以说还可能会利用。

【例题4·多选题】

【答案】AC

【解析】选项A错误，如果拟信赖以前审计获取的有关控制运行有效性的审计证据，注册会计师应当通过询问并结合观察或者检查程序获取这些控制是否已经发生变化的审计证据；选项C错误，如果拟信赖的控制在本期未发生变化，且不属于旨在减轻特别风险的控制，注册会计师应当运用职业判断决定是否在本期测试其运行的有效性。

（九）实质性程序的性质

【例题1·单选题】

【答案】C

【解析】选项C错误，重新执行仅适用于控制测试，不适用于细节测试。

【例题2·单选题】

【答案】D

【解析】选项A错误，注册会计师应当对所有重大类别的交易、账户余额和披露实施实质性程序；选项B错误，针对认定层次的特别风险不一定实施实质性分析程序；选项C错误，注册会计师应当针对剩余期间实施进一步的实质性程序或将实质性程序和控制测试结合使用。

（十）针对特别风险实施实质性程序

【例题1·多选题】

【答案】ABCD

【解析】选项A正确，针对特别风险，注册会计师应当了解和评估相关的控制活动，即评价其设计，并确定其是否得到执行；选项B、C正确，如果针对特别风险实施的程序仅为实质性程序，这些程序应当包括细节测试，或将细节测试和实质性分析程序结合使用，以获取充分、适当的审计证据；选项D正确，如果注册会计师拟信赖针对特别风险的控制，那么所有关于该控制运行有效性的审计证据必须来自于当年的控制测试。

【例题2·简答题·部分】

【答案】不恰当。对特别风险的应对程序仅为实质性程序时，应当包括细节测试。

【例题3·综合题·部分】

【答案】

事项序号	是否恰当（是/否）	理由
(4)	否	个人快递业务收入重大，注册会计师应当实施实质性程序

（十一）实质性程序的时间

【例题1·综合题·部分】

【答案】

事项序号	是否恰当（是/否）	理由
（1）	是	—
（2）	否	注册会计师应当考虑在期末或者接近期末实施实质性程序/针对特别风险实施的审计程序仅为实质性程序，这些程序应当包括细节测试，应对12月的营业收入实施细节测试，或将细节测试与实质性分析程序相结合

【例题2·综合题·部分】

【答案】

事项序号	是否恰当（是/否）	理由
（2）	否	还应当对内部控制在剩余期间的运行有效性获取审计证据。细节测试的总体应当是全年的成本核算/还应当对1月至10月的成本核算实施细节测试

扫一扫 “码”上做题、看解析

本书同步强化练习题均配备二维码，使用“会计云课堂”App扫码，即可线上做题、看解析。

【“会计云课堂”App下载二维码见封底页】

同步强化练习题

一、单项选择题

1. 下列有关采用总体审计方案的说法中，错误的是（ ）。

A. 注册会计师可以针对不同认定采用不同的审计方案

B. 注册会计师可以采用综合性方案或实质性方案应对重大错报风险

C. 注册会计师应当采用实质性方案应对特别风险

D. 注册会计师应当针对本期风险评估的结果以及采取的总体应对措施制定总体审计方案

2. 针对重大账户余额，下列审计程序中，注册会计师应当实施的是（ ）。

A. 控制测试

B. 实质性程序

C. 控制测试和实质性程序

D. 实质性分析程序和细节测试

3. 下列有关进一步审计程序的说法中，错误的是（ ）。

A. 无论评估的重大错报风险如何，注册会计师都应当对所有重大类别的交易、账户余额和披露设计和实施实质性程序

B. 针对特别风险的控制，如果预期控制

运行有效，则应当实施控制测试

C. 注册会计师应当对旨在减轻特别风险的内部控制进行了解、评估和测试

D. 如果注册会计师认为仅实施实质性程序获取的审计证据无法应对认定层次的重大错报风险，注册会计师应当考虑依赖相关控制的有效性，并对相关内部控制进行了解、评估和测试

4. 下列关于进一步审计程序的说法中，错误的是（ ）。

A. 在评估认定层次重大错报风险时，预期控制的运行是有效的，则注册会计师应当实施控制测试以支持评估结果

B. 如果仅实施实质性程序不足以提供认定层次充分、适当的审计证据，注册会计师应当实施控制测试，以获取内部控制运行有效性的审计证据

C. 注册会计师可以通过实施风险评估程序获取充分、适当的审计证据，作为发表审计意见的基础

D. 在设计进一步审计程序时，注册会计师应当考虑风险造成的后果的严重程度

5. 确定进一步审计程序的时间的下列说法中，错误的是（ ）。

A. 如果被审计单位重大交易在期末尚未完成，注册会计师应当考虑交易的发生或截止等认定可能存在的重大错报风险，并在期末或期末以后检查此类交易

B. 某些审计程序只能在期末或期末以后实施，比如将财务报表中的信息与会计记录相核对

C. 为了获取期末存货数量和状况的审计证据，注册会计师只能在资产负债表日对存货实施监盘程序

D. 被审计单位可能为了保证盈利目标的实现，而在会计期末以后伪造销售合同以虚增收入，此时注册会计师需要考虑在期末这个特定时点获取被审计单位截至期末所能提供的所有销售合同及相关资料

6. 下列有关实质性程序的说法中，错误的是（ ）。

A. 注册会计师实施的实质性程序应当包括将财务报表中的信息与其所依据的会计记录进行核对或调节

B. 如果在期中实施了实质性程序，注册会计师应当针对剩余期间实施控制测试和实质性程序

C. 如果针对特别风险实施的程序仅为实质性程序，这些程序应当包括细节测试，这种情况下，可能不实施实质性分析程序

D. 如果针对特别风险实施的程序仅为实质性程序，这些程序应当包括细节测试，或将细节测试和实质性分析程序结合使用，以获取充分、适当的审计证据

7. 关于实质性程序的结果对控制测试结果的影响，下列说法中，错误的是（ ）。

A. 如果通过实施实质性程序未发现某项认定存在错报，这本身并不能说明与该认定有关的控制是有效运行的

B. 如果通过实施实质性程序发现某项认定存在错报，注册会计师可以得出控制运行有效的结论

C. 如果实施实质性程序发现被审计单位没有识别的重大错报，通常表明内部控制存在值得关注的缺陷，注册会计师应当就这些缺陷与适当层级的管理层和治理层进行沟通

D. 如果通过实施实质性程序发现某项认定存在错报，注册会计师应当在评价相关控制的运行有效性时予以考虑

8. 下列关于实质性程序的说法中，错误的是（ ）。

A. 细节测试是对各类交易、账户余额和披露的具体细节进行测试，目的在于直接识别财务报表认定是否存在错报

B. 实质性分析程序从技术特征上讲仍然是分析程序，主要是通过研究数据间关系评价信息

C. 针对在一段时期内存在可预期关系的

大量交易，注册会计师可以考虑实施实质性分析程序

D. 针对完整性认定设计细节测试时，注册会计师应当选择包含在财务报表金额中的项目，并获取相关审计证据

9. 下列关于控制测试的说法中，错误的是（　　）。（★★★）*

A. 控制测试与了解内部控制的目的不同

B. 控制测试与细节测试的目的不同，但注册会计师可以考虑针对同一交易同时实施控制测试和细节测试，以实现双重目的

C. 如果确定评估的认定层次重大错报风险是特别风险，并拟信赖旨在减轻特别风险的控制，注册会计师可以信赖以前审计获取的证据

D. 注册会计师可以考虑在评价控制设计和获取其得到执行的审计证据的同时测试控制运行有效性，以提高审计效率

10. 下列针对剩余期间实施的控制测试的说法中，错误的是（　　）。

A. 如果在期中实施了控制测试，并且拟利用控制测试的结果，则应当针对剩余期间获取补充审计证据

B. 针对某一控制在剩余期间内发生变动，注册会计师应当就变动前后分别测试

C. 对某些一贯运行的自动化应用控制，可以通过测试信息系统一般控制的有效性获取控制在剩余期间运行有效的审计证据

D. 如果在期末实施实质性程序未发现某项认定存在错报，说明与该项认定相关的控制是有效的，不需要再对相关控制进行测试

11. 关于注册会计师能否利用以前年度获取的审计证据，下列说法中，错误的是（　　）。

A. 针对旨在减轻特别风险的控制，即使在本年未发生变化，且上年经测试运行有效，本次审计中仍需要测试

B. 针对旨在减轻特别风险的复杂的人工控制，如果在本年未发生变化，且上年经测试运行有效，本次审计中无需测试

C. 一般而言，上年通过实质性程序获取的审计证据对本年只有很弱的证据效力或没有证据效力

D. 如果上年获取的审计证据及其相关事项未发生重大变化，则上年通过实质性程序获取的审计证据可能作为本年的有效审计证据

二、多项选择题

1. 下列各项中，属于财务报表层次重大错报风险的总体应对措施的有（　　）。

A. 向项目组强调保持职业怀疑的必要性

B. 利用专家的工作

C. 项目合伙人对其他成员提供更及时的指导和监督

D. 对旨在减轻特别风险的控制实施测试

2. 下列做法中，可以提高审计程序的不可预见性的有（　　）。

A. 针对销售收入和销售退回延长截止测试期间

B. 向以前没有询问过的被审计单位员工询问

C. 对以前通常不测试的金额较小的项目实施实质性程序

D. 对被审计单位银行存款年末余额实施函证

3. 下列关于进一步审计程序的说法中，错误的有（　　）。

A. 在既定的审计风险水平下，可接受的检查风险与认定层次重大错报风险的评估结果呈反向关系，注册会计师通过控制重大错报风险将审计风险降至可接受的低水平

---

* 为了便于您识别重要题目，本书中针对重点题目通过标注星级的方式进行体现。

B. 如果注册会计师评估的重大错报风险比较低，则可以不用针对被审计单位所有重大类别的交易、账户余额和披露实施实质性程序

C. 注册会计师对内部控制的了解可以代替对控制运行有效性的测试

D. 注册会计师为应对特别风险，需要获取具有高度相关性和可靠性的审计证据，仅实施实质性分析程序不足以获取有关特别风险的充分、适当的审计证据

4. 下列有关何时实施审计程序的说法中，正确的有（ ）。

A. 将财务报表中的信息与其所依据会计记录核对或调节的程序只能在期末或期末以后实施

B. 如果某项审计证据仅能在期中获取，为了获取相关信息，注册会计师需要考虑在期中实施审计程序

C. 控制环境越良好，注册会计师更可能选择在期中实施审计程序

D. 针对资产负债表日存货余额的审计证据，注册会计师只能选择在期末这个时点实施审计程序

5. 确定进一步审计程序的范围应当考虑的下列因素中，错误的有（ ）。（★★★）

A. 计划从控制测试中获取的保证程度越高，则拟实施控制测试的范围越大

B. 计划获取的保证程度越高，则拟实施进一步审计程序的范围越小

C. 如果注册会计师确定的重要性水平越高，则拟实施的进一步审计程序的范围越大

D. 如果评估的重大错报风险越高，则拟实施进一步审计程序的范围可以适当的缩小

6. 如果注册会计师已获取有关控制在期中运行有效的审计证据，下列有关剩余期间补充证据的说法中，错误的有（ ）。（★★★）

A. 评估的认定层次重大错报风险对财务报表的影响越大，需要获取的剩余期间的补充证据越多

B. 在期中对有关控制运行有效性获取的审计证据越充分，需要获取的剩余期间的补充审计证据越多

C. 注册会计师在信赖控制的基础上拟减少的实质性程序的范围越大，需要获取的剩余期间的补充证据越多

D. 剩余期间的长度越短，需要获取的剩余期间的补充证据越多

7. 如果注册会计师对某项控制已经进行了期中测试，为了得到该项控制在财务报表期间是否运行有效的结论，则注册会计师可以实施的审计程序有（ ）。（★★★）

A. 在剩余期间对该项控制运行进行补充测试

B. 获取该项控制在剩余期间变化情况的审计证据

C. 测试被审计单位对控制的监督

D. 仅向管理层询问该项控制在剩余期间的运行情况

8. 如果被审计单位某项应用控制由计算机自动执行，且在财务报表涵盖期间未发生变化，下列有关注册会计师测试该项控制运行有效性的做法中，正确的有（ ）。

A. 测试与该应用控制有关的信息技术一般控制运行有效性

B. 利用该项控制得以执行的审计证据和信息技术一般控制运行有效性的审计证据，作为支持该项控制在财务报表涵盖期间运行有效性的重要审计证据

C. 确定的测试范围与该项控制由手工执行时的测试范围相同

D. 一旦确定正在执行该项控制，通常无须扩大控制测试的范围

9. 如果拟信赖的内部控制自上次测试后未发生变化，下列说法中正确的有（ ）。

A. 如果控制环境薄弱则应当缩短再次测

试控制的时间间隔或完全不信赖以前审计获取的审计证据

B. 当环境的变化表明需要对控制作出相应的变动，但控制却没有作出相应变动时，则不应再信赖以前审计获取的有关控制运行有效性的审计证据

C. 如果拟信赖旨在减轻特别风险的控制，注册会计师应当在每次审计中都测试这类控制

D. 当相关控制中人工控制的成分较大时，考虑到人工控制一般稳定性较差，则必须在本期审计中继续测试该控制的运行有效性

10. 注册会计师应当针对评估的认定层次重大错报风险设计和实施进一步审计程序，下列属于进一步审计程序的有(　　)。(★★★)

A. 细节测试

B. 控制测试

C. 风险评估程序

D. 实质性分析程序

11. 下列各项中，注册会计师在确定某项控制的测试范围时通常考虑的因素的说法中正确的有(　　)。

A. 控制执行的频率越高，控制测试的范围越小

B. 拟信赖期间越长，控制测试的范围越大

C. 审计证据的相关性和可靠性要求越高，控制测试的范围越小

D. 注册会计师在风险评估时对控制运行有效性的拟信赖程度越高，需要实施控制测试的范围越大

12. 在识别出被审计单位的特别风险后，采取的下列应对措施中，正确的有(　　)。(★★★)

A. 如果注册会计师拟信赖针对特别风险的控制，那么当年必须实施控制测试

B. 对于管理层应对特别风险的控制，无论是否信赖，都需要进行了解

C. 专门针对识别的特别风险实施实质性程序

D. 对于管理层应对特别风险的控制，无论是否信赖，都需要进行测试

13. 在了解和测试与特别风险相关的内部控制时，注册会计师的下列做法中，正确的有(　　)。(★★★)

A. 注册会计师应当了解与特别风险相关的控制，评价相关控制的设计情况，并确定其是否得到执行

B. 如果拟信赖与特别风险相关的控制，则每次审计都应当测试控制运行的有效性

C. 如果拟信赖与特别风险相关的控制，且相关控制自上次测试后未发生变化，则应当每两年测试一次控制的有效性

D. 如果相关控制不能恰当应对特别风险，则注册会计师无须进行控制测试，但应当就该事项与治理层沟通

14. 在针对特别风险计划和实施进一步审计程序时，注册会计师的下列做法中，正确的有(　　)。

A. 仅实施细节测试

B. 实施细节测试和实质性分析程序

C. 实施控制测试和实质性分析程序

D. 仅实施实质性分析程序

15. 在测试自动化应用控制的运行有效性时，注册会计师通常需要获取的审计证据有(　　)。(★★★)

A. 抽取多笔交易进行检查获取的审计证据

B. 对多个不同时点进行观察获取的审计证据

C. 该项控制得到执行的审计证据

D. 信息技术一般控制运行有效性的审计证据

16. 针对将期中实施的实质性程序得出的结

论合理延伸至期末，注册会计师的下列做法中恰当的有(　　)。

A. 针对剩余期间实施进一步的实质性程序

B. 针对剩余期间实施控制测试

C. 在剩余期间将实质性程序和控制测试结合使用

D. 应在期末实施实质性程序

同步强化练习题参考答案及解析

“扫码看解析”

使用“微信”或“会计云课堂”App扫码，即可线上对答案、看解析，错题随手收藏，及时巩固复习。

一、单项选择题

1. 【答案】C

解析：选项C错误，即使是与特别风险有关的控制，了解该控制后预期控制有效，则注册会计师应当实施控制测试，此时，应对特别风险采用的是综合性方案。

2. 【答案】B

解析：选项B正确，无论评估的重大错报风险结果如何，注册会计师均应当针对所有重大类别的交易、账户余额和披露，设计和实施实质性程序。注册会计师了解内部控制后，预期控制运行有效时，应当实施控制测试。反之，预期控制运行无效，无须实施控制测试，故选项A、C均不正确。选项D错误，当使用分析程序比细节测试能更有效地将认定层次的检查风险降至可接受的水平时，注册会计师可以考虑单独运用实质性分析程序，无须实施细节测试。

3. 【答案】C

解析：选项C错误，注册会计师了解内部控制后，如果预期旨在减轻特别风险的控制是无效的，则注册会计师不对其实施控制测试。

4. 【答案】C

解析：选项C错误，注册会计师实施风险评估程序是为了识别和评估财务报表重大错报风险，通过风险评估程序获取的审计证据不能直接用来发表审计意见。

5. 【答案】C

解析：选项C错误，盘点日可以不是资产负债表日，如果存货盘点日不是资产负债表日，注册会计师可以通过实施适当的审计程序获取资产负债表日存货数量和状况的审计证据。

6. 【答案】B

解析：如果在期中实施了实质性程序，注册会计师应当针对剩余期间实施进一步的实质性程序，或将实质性程序和控制测试结合使用，故选项B错误。

7. 【答案】B

解析：选项B错误，如果通过实施实质性程序发现某项认定存在错报，注册会计师应当评价其对控制运行有效性的影响，考虑是否降低对相关控制的信赖程度，或者调整实质性程序的性质，或扩大实质性程序的范围等。

8. 【答案】D

解析：选项D错误，注册会计师选择包含在财务报表金额中的项目并获取相关审计证据，是针对存在或发生认定进行的测试，而不是针对完整性认定进行的测试。

9. 【答案】C

解析：选项C错误，针对旨在减轻特别风险的控制，不论该控制在本期是否发生变化，注册会计师都不应依赖以前审计获取的证据。

10. 【答案】D

解析：选项D错误，即使通过实施实质性程序未发现某项认定存在错报，这本身并不能说明与该认定有关的控制是有效运行的。

11. 【答案】B

解析：选项B错误，对于旨在减轻特别风险的控制，不论该控制在本期是否发生变化，注册会计师都不应依赖以前审计获取的证据。

二、多项选择题

1. 【答案】ABC

解析：选项D属于应对认定层次重大错报风险实施的进一步审计程序。

2. 【答案】ABC

解析：选项D不正确。对被审计单位银行存款年末余额实施函证属于常规审计程序，不能增加“审计程序的不可预见性”。

3. 【答案】ABC

解析：选项A错误，注册会计师不能控制重大错报风险，只能控制检查风险从而将审计风险降至可接受的低水平；选项B错误，无论评估的重大错报风险结果如何，注册会计师都应当针对所有重大类别的交易、账户余额和披露实施实质性程序；选项C错误，了解内部控制和控制测试二者目的完全不同，了解内部控制的目的是评价内部控制的设计并确定其是否得到执行，而控制测试的目的是确定控制运行是否有效。

4. 【答案】ABC

解析：选项D错误，针对资产负债表日存货余额的审计证据，注册会计师不宜在与资产负债表日间隔过长的期中时点或期末以后时点实施存货监盘等审计程序，但并不要求只能在期末实施审计程序。

5. 【答案】BCD

解析：选项B错误，计划获取的保证程度越高，则拟实施进一步审计程序的范围越大；选项C错误，如果注册会计师确定的重要性水平越高，则拟实施进一步审计程序的范围越小；选项D错误，评估的重大错报风险越高，对拟获取审计证据的相关性、可靠性的要求越高，因此注册会计师实施进一步审计程序的范围越大。

6. 【答案】BD

解析：选项B错误，在期中对有关控制运行有效性获取的审计证据越充分，则需要获取的剩余期间的补充审计证据越少；选项D错误，剩余期间的长度越短，需要获取的剩余期间的补充证据越少。

7. 【答案】ABC

解析：选项D不恰当，注册会计师应当将询问与其他审计程序结合使用，仅实施询问程序不足以测试控制运行的有效性。

8. 【答案】ABD

解析：选项C错误，手工执行的控制测试范围比自动化控制的测试范围大。针对一项自动化的应用控制，由于信息技术处理过程的内在一贯性，注册会计师可以利用该项控制得以执行的审计证据和信息技术一般控制运行有效性的审计证据作为支持该项控制在相关期间运行有效性的重要审计证据，只要系统未发生变动，注册会计师通常不需要增加自动化测试范围，因此选项A、B、D均为正确选项。

9. 【答案】ABC

解析：选项D错误，当相关控制中人工

控制的成分较大时，考虑到人工控制一般稳定性较差，注册会计师可能决定在本期审计中继续测试该控制的运行有效性。

10. 【答案】ABD

解析：进一步审计程序应该包括控制测试（选项B）和实质性程序，实质性程序又包括细节测试（选项A）和实质性分析程序（选项D）。风险评估程序（选项C）不属于进一步审计程序。

11. 【答案】BD

解析：选项A错误，控制执行的频率越高，需要测试的范围越大；选项C错误，审计证据质量要求越高，则控制测试的范围越大。

12. 【答案】ABC

解析：选项D错误，针对旨在减轻特别风险的控制，如果拟不信赖，那么无须进行控制测试。

13. 【答案】ABD

解析：选项C错误，如果拟信赖针对旨在减轻特别风险的控制，注册会计师应在每次审计时测试控制运行的有效性。

14. 【答案】ABC

解析：选项D错误，针对特别风险，仅实施实质性分析程序无法获取充分、适当的审计证据。

15. 【答案】CD

解析：对于一项自动化的应用控制，由于信息技术处理过程的内在一贯性，注册会计师可以利用该项控制得以执行的审计证据（选项C）和信息技术一般控制（特别是对系统变动的控制）运行有效性的审计证据（选项D），作为支持该项控制在相关期间运行有效性的重要审计证据。

16. 【答案】AC

解析：选项A、C恰当，在将期中实施的实质性程序得出的结论合理延伸至期末时，注册会计师有两种选择：其一是针对剩余期间实施进一步的实质性程序；其二是将实质性程序和控制测试结合使用。

第九章　销售与收款循环的审计

本章考情分析

本章是非常重要的考试章节，主要在简答题和综合题中考查。在简答题中，应收账款的函证程序是重要考点；在综合题中，以营业收入发生认定的“风险识别、评估与应对”为核心，属于每年必考的内容。

最近五年平均考试分值在6分左右。本章需要大家重点掌握的知识点（含可能题型），归纳如下表。

序号	知识点	题型	难易程度
1	了解销售与收款循环的主要业务活动	单选、多选、综合	中
2	识别与收入确认相关的舞弊风险	单选、多选	易
3	识别收入确认舞弊手段	单选、多选	中
4	针对舞弊风险的调查方法	单选、综合	易
5	评估重大错报风险（财务报表层次和认定层次）	综合	难
6	营业收入的实质性分析程序	单选、多选	中
7	营业收入逆查或顺查	单选、综合	难
8	销售交易截止测试	单选、综合	中
9	应收账款函证	单选、简答、综合	中
10	应收账款账龄分析	简答	难

2021年教材主要变化

1. 根据《企业会计准则第14号—收入》对相关内容进行了完善和修订。
2. 将第四节标题修改为“销售与收款循环的控制测试”。
3. 除上述修订内容外，修改了其他内容的部分文字表述。

本章考点框架

- 第九章
  - 销售与收款循环的特点（略）
  - 销售与收款循环的业务活动和相关内部控制
    - 销售与收款循环的风险评估程序【易/低频】
    - 了解销售与收款循环的主要业务活动【中/低频】
    - 了解销售交易的控制活动【中/低频】
  - 销售与收款循环的重大错报风险的评估
    - 识别与收入确认相关的舞弊风险【易/低频】
    - 识别收入确认舞弊手段【中/低频】
    - 针对舞弊风险的调查方法【易/低频】
  - 销售与收款循环的控制测试（略）
  - 销售与收款循环的实质性程序
    - 营业收入的审计目标与实质性程序【难/中频】
    - 营业收入的实质性分析程序【中/低频】
    - 销售交易截止测试【中/中频】
    - 营业收入的“延伸检查”程序【中/低频】
    - 应收账款的审计目标与实质性程序【中/中频】
    - 应收账款函证【中/高频】
    - 应收账款账龄分析【难/低频】

本章重难点精讲

提示	从本章开始，教材介绍业务循环审计理念下的审计实务，将审计基本原理（第一编）和审计测试流程（第二编）运用于销售与收款循环的审计、采购与付款循环的审计、生产与存货循环的审计以及货币资金审计的实务中 针对销售与收款循环的审计，注册会计师通过了解销售业务流程、评估重要财务报表项目的认定（如，营业收入的发生认定），确定具体审计目标，设计和实施进一步审计程序（如，针对营业收入的发生认定拟实施实质性分析程序、细节测试，包括逆查等审计程序） 本章属于非常重要的章节。快扫听课二维码，助您“码”上通关

第一节　销售与收款循环的特点（略）

本节主要介绍了销售与收款循环涉及的主要单据与会计记录，具体内容结合第二节的“了解销售与收款循环的主要业务活动”进行学习和掌握即可。

第二节　销售与收款循环的业务活动和相关内部控制

本节视频详解
使用“会计云课堂”App/微信扫码听课

本章以一般制造业企业为例说明销售业务流程，如图9-1所示。

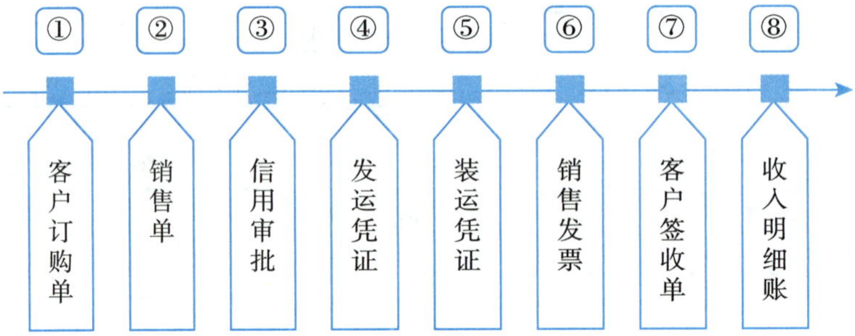

图9-1　销售业务流程的主要业务活动

【看图说话】大家以客户订购单为起点，顺着业务流程各个关键节点展开学习。其中，发运凭证、客户签收单和收入明细账是最关键的节点。

01 考点1 销售与收款循环的风险评估程序（★）

注册会计师通常通过实施下列风险评估程序，了解销售与收款循环的业务活动和相关内部控制。

风险评估程序	具体内容
询问	询问参与销售与收款流程各业务活动的被审计单位人员，一般包括销售部门、仓储部门和财务部门的员工和管理人员
检查	（1）获取并阅读企业的相关业务流程图或内部控制手册等资料 （2）检查文件资料，例如检查销售单、发运凭证、客户对账单等
观察	观察销售与收款流程中特定控制的运用，例如，观察仓储部门人员是否以及如何将装运的商品与销售单上的信息进行核对
穿行测试	追踪销售交易从发生到最终被反映在财务报表中的整个处理过程。例如，选取一笔已收款的销售交易，追踪该笔交易从接受客户订购单直至收回货款的整个过程

为方便您在学习中可以快速了解知识点的重要程度，本书中将知识点进行分类。★★★代表重要知识点，★★代表次重要知识点，★代表非重要知识点。

02 考点2 了解销售与收款循环的主要业务活动（★）

业务活动（含重要凭证）	具体控制活动
接受客户订购单（客户订购单）	（1）销售业务员接受客户订购单，客户订购单是销售业务流程的起点 （2）销售经理对客户订购单授权审批（授权审批控制） （3）销售部门根据审批后的客户订购单，编制连续编号的销售单（连续编号控制）
批准赊销信用（销售单）	（1）信用管理部门经理按照本单位赊销政策进行信用批准，复核客户订购单，并在销售单上签字（授权审批控制） （2）对于超过既定信用政策规定范围的特殊销售交易，需要经过适当的授权（授权审批控制） （3）信用批准的目的是为了降低信用损失风险，由信用管理部门负责，不能由销售经理负责（职责分离控制） （4）信用管理部门与销售部门不能是同一个部门，实行不相容岗位相互分离控制（职责分离控制）
根据销售单编制发运凭证并发货（发运单/发运凭证）	（1）仓库管理人员根据已批准的销售单编制发运凭证并供货 （2）仓库部门编制连续编号的发运凭证（连续编号控制）
按销售单装运货物（装运单/装运凭证）	（1）装运部门按经批准的销售单及发运凭证装运商品 （2）装运部门与仓库部门的职责应当分离（职责分离控制）
向客户开具发票（销售发票）	为了降低开具发票过程中出现遗漏、重复、错误计价或其他差错的风险，通常需要设立以下控制： （1）负责开发票的员工在开具每张销售发票之前，检查是否存在发运凭证和相应的经批准的销售单 （2）依据已授权批准的商品价目表开具销售发票 （3）将发运凭证上的商品总数与相对应的销售发票上的商品总数进行比较
记录销售（寄发对账单）	记录销售的控制程序包括但不限于： （1）依据有效的发运凭证和销售单记录销售。这些发运凭证和销售单应能证明销售交易的发生及其发生的日期 （2）使用事先连续编号的销售发票并对发票使用情况进行监控 （3）独立检查已销售发票上的销售金额与会计记录金额的一致性 （4）记录销售的职责应与处理销售交易的其他功能相分离 （5）对记录过程中所涉及的有关记录的接触权限予以限制，以减少未经授权批准的记录发生 （6）定期独立检查应收票据/应收款项融资/应收账款/合同资产的明细账与总账的一致性 （7）由不负责现金出纳和销售及应收票据/应收款项融资/应收账款/合同资产记账的人员定期向客户寄发对账单，对不符事项进行调查，必要时调整会计记录，编制对账情况汇总报告并交管理层审核

经典题解

【例题 1 · 单选题】 下列认定中，与销售信用批准控制最相关的是(　　)。

A. 准确性、计价和分摊

B. 发生

C. 权利和义务

D. 完整性

【解析】 选项 A 正确，因为管理层进行信用批准控制的目的是降低信用损失风险，该项控制与应收票据/应收款项融资/应收账款/合同资产账面余额的准确性、计价和分摊认定有关。

【答案】 A

03 考点 3 了解销售交易的控制活动（★）

销售交易的控制活动包括以下六个关键点，如图 9-2 所示。

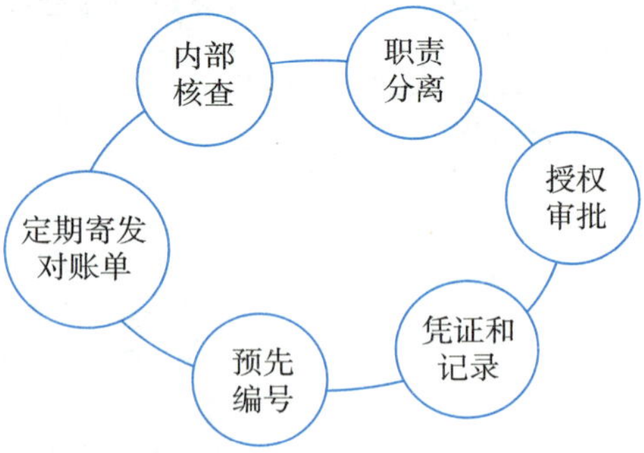

图 9-2　销售交易的控制活动

【看图说话】销售交易的控制活动中，职责分离、授权审批、凭证和记录以及凭证预先编号属于预防性控制，定期寄发对账单和内部核查属于检查性控制。具体内容归纳如下表。

控制活动	具体内容	举例或说明
职责分离	记账与对账职责分离	主营业务收入账如果系由记录应收账款之外的员工独立登记，并由另一位不负责账簿记录的员工定期调节总账和明细账，就构成了一项交互牵制
	赊销批准与销售职责分离	销售人员通常有一种追求更大销售数量的固有倾向，而不考虑是否将以巨额坏账损失为代价，赊销的审批则在一定程度上可以抑制这种倾向
	销售与收款职责分离	(1) 企业应当分别设立办理销售、发货、收款三项业务的部门(或岗位) (2) 企业在销售合同订立前，应当指定专门人员就销售价格、信用政策、发货及收款方式等具体事项与客户进行谈判，谈判人员至少应有两人以上，并与订立合同的人员相分离 (3) 编制销售发票通知单的人员与开具销售发票的人员应相互分离 (4) 销售人员应当避免接触销货现款 (5) 企业应收票据的取得和贴现必须经由保管票据以外的主管人员的书面批准 (6) 负责主营业务收入和应收账款记账的员工不得经手货币资金，也是防止舞弊的一项重要控制

续表

控制活动	具体内容	举例或说明
授权审批	关键点审批	(1) 在销售发生之前，赊销已经正确审批 (2) 非经正当审批，不得发出货物 (3) 销售价格、销售条件、运费、折扣等必须经过审批 (4) 审批人应当根据销售与收款授权批准制度的规定，在授权范围内进行审批，不得超越审批权限
凭证和记录	编制一份预先编号的一式多联的销售单 核对销售单、发运凭证和销售发票的信息	(1) 企业在收到客户订购单后，编制一份预先编号的一式多联的销售单，分别用于批准赊销、审批发货、记录发货数量以及向客户开具发票等。在这种制度下，通过定期清点销售单和销售发票，可以避免漏开发票或漏记销售的情况 (2) 财务人员在记录销售交易之前，对相关的销售单、发运凭证和销售发票上的信息进行核对，以确保入账的营业收入是真实发生的、准确的
预先编号	对凭证预先进行编号、定期清点	(1) 对凭证预先进行编号，旨在防止销售以后遗漏向客户开具发票或登记入账，也可防止重复开具发票或重复记账。当然，如果对凭证的编号不作清点，预先编号就会失去其控制意义 (2) 定期检查全部凭证的编号，并调查凭证缺号或重号的原因，是实施这项控制的关键点
定期寄发对账单	由不负责现金出纳和销售及应收票据/应收款项融资/应收账款/合同资产记账的人员定期向客户寄发对账单	最好将账户余额中出现的所有核对不符的账项，指定一位既不负责货币资金也不记录主营业务收入和应收票据/应收款项融资/应收账款/合同资产账目的主管人员处理，然后由独立人员定期编制对账情况汇总报告并交管理层审阅
内部核查	内部审计人员或其他独立人员核查销售与收款交易的处理和记录	(1) 检查是否存在销售与收款交易不相容职务混岗的现象 (2) 检查授权批准手续是否健全，是否存在越权审批行为 (3) 检查信用政策、销售政策的执行是否符合规定 (4) 检查销售收入是否及时入账，应收账款的催收是否有效，坏账核销和应收票据的管理是否符合规定 (5) 检查销售退回手续是否齐全，退回货物是否及时入库

第三节　销售与收款循环的重大错报风险的评估

本节视频详解
使用“会计云课堂”App/微信扫码听课

01 考点1 识别与收入确认相关的舞弊风险（★）

舞弊风险情形	内容	识别风险提示
高估收入	如果资产重组交易中的重组标的存在业绩承诺或对赌条款，则重组标的管理层可能有高估收入的动机或压力（如提前确认收入或记录虚假的收入），因此，收入的发生认定存在舞弊风险的可能性较大，而完整性认定则通常不存在舞弊风险	收入的发生认定存在舞弊风险可能性较大（链接教材表13-1）
隐瞒收入	如果管理层有隐瞒收入而降低税负的动机，则注册会计师需要更加关注与收入完整性认定相关的舞弊风险	需要更加关注与收入完整性认定相关的舞弊风险（链接教材表13-1）
推迟确认收入	如果被审计单位预期难以达到下一年度的销售目标，而已经超额实现了本年度的销售目标（以丰补歉），就可能倾向于将本期的收入推迟至下一年度确认	收入的截止认定存在舞弊风险的可能性较大

【提示】本知识点属于跨章节内容，包括教材1.3（认定）、教材7.5（特别风险）、教材9.3（与收入确认相关的舞弊风险）和教材13.1（舞弊风险的动机或压力因素）。

02 考点2 识别收入确认舞弊手段（★）

舞弊目的	舞弊手段及具体内容
粉饰报表（虚构销售交易、进行显失公允交易等）	（1）虚构销售交易 ①在无存货实物流转的情况下，通过与其他方（包括已披露或未披露的关联方、非关联方等）签订虚假购销合同，虚构存货进出库，并通过伪造出库单、发运单、验收单等单据，以及虚开商品销售发票虚构收入 ②在多方串通的情况下，通过与其他方（包括已披露或未披露的关联方、非关联方等）签订虚假购销合同，并通过存货实物流转、真实的交易单证票据和资金流转配合，虚构收入 ③被审计单位根据其所处行业特点虚构销售交易。例如，从事网络游戏运营业务的被审计单位，以游戏玩家的名义，利用体外资金购买虚拟物品或服务，并予以消费，以虚增收入 （2）进行显失公允的交易 ①通过与未披露的关联方或真实非关联方进行显失公允的交易。例如，以明显高于其他客户的价格向未披露的关联方销售商品。与真实非关联方客户进行显失公允的交易，通常会由实际控制人或其他关联方以其他方式弥补客户损失 ②通过出售关联方的股权，使之从形式上不再构成关联方，但仍与之进行显失公允的交易，或与未来或潜在的关联方进行显失公允的交易 ③与同一客户或同受一方控制的多个客户在各期发生多次交易，通过调节各次交易的商品销售价格，调节各期销售收入金额

续表

舞弊目的	舞弊手段及具体内容
粉饰报表（虚构销售交易、进行显失公允交易等）	（3）在客户取得相关商品控制权前确认销售收入，例如： ①在委托代销安排下，在被审计单位向受托方转移商品时确认收入，而受托方并未获得对该商品的控制权 ②在客户取得相关商品控制权前，通过伪造出库单、发运单、验收单等单据，提前确认销售收入 （4）通过隐瞒退货条款，在发货时全额确认销售收入 （5）通过隐瞒不符合收入确认条件的售后回购或售后租回协议，而将以售后回购或售后租回方式发出的商品作为销售商品确认收入 （6）在被审计单位属于代理人的情况下，被审计单位按主要责任人确认收入，例如： ①被审计单位为代理商，在仅向购销双方提供帮助接洽、磋商等中介代理服务的情况下，按照相关购销交易的总额而非净额（佣金和代理费等）确认收入 ②被审计单位将虽然签订购销合同但实质为代理的受托加工业务作为正常购销业务处理，按照相关购销交易的总额而非净额（加工费）确认收入 （7）对于属于在某一时段内履约的销售交易，通过高估履约进度的方法实现当期多确认收入 （8）当存在多种可供选择的收入确认会计政策或会计估计方法时，随意变更所选择的会计政策或会计估计方法 （9）选择与销售模式不匹配的收入确认会计政策 （10）通过调整与单独售价或可变对价等相关的会计估计，达到多计或提前确认收入的目的 （11）对于存在多项履约义务的销售交易，未对各项履约义务单独进行核算，而整体作为单项履约义务一次性确认收入 （12）对于应整体作为单项履约义务的销售交易，通过将其拆分为多项履约义务，达到提前确认收入的目的
降低税负或转移利润（少计收入或推迟确认收入）	为了达到报告期内降低税负或转移利润等目的而少计收入或推迟确认收入： （1）被审计单位在满足收入确认条件后，不确认收入，而将收到的货款作为负债挂账，或转入本单位以外的其他账户 （2）被审计单位采用以旧换新的方式销售商品时，以新旧商品的差价确认收入 （3）对于应采用总额法确认收入的销售交易，被审计单位采用净额法确认收入 （4）对于属于在某一时段内履约的销售交易，被审计单位未按实际履约进度确认收入，或采用时点法确认收入 （5）对于属于在某一时点履约的销售交易，被审计单位未在客户取得相关商品或服务控制权时确认收入，推迟收入确认时点 （6）通过调整与单独售价或可变对价等相关的会计估计，达到少计或推迟确认收入的目的

03 考点3 针对舞弊风险的调查方法（★）

调查事项	具体内容
对毛利率变动的合理性进行调查	如果注册会计师发现被审计单位的毛利率变动较大或与所在行业的平均毛利率差异较大，注册会计师可以采用定性分析与定量分析相结合的方法，从行业及市场变化趋势、产品销售价格和产品成本要素等方面对毛利率变动的合理性进行调查

续表

调查事项	具体内容
对应收账款/合同资产余额较大，或其增长幅度高于销售收入的增长幅度的现象进行调查	如果注册会计师发现应收账款/合同资产余额较大，或其增长幅度高于销售收入的增长幅度，注册会计师需要分析具体原因（如赊销政策和信用期限是否发生变化等），并在必要时采取恰当的措施，如扩大函证比例、增加截止测试和期后收款测试的比例、使用与前期不同的抽样方法、实地走访客户等
对收入增长幅度明显高于管理层预期的现象进行调查	如果注册会计师发现被审计单位的收入增长幅度明显高于管理层的预期，可以询问管理层的适当人员，并考虑管理层的答复是否与其他审计证据一致。例如，如果管理层表示收入增长是由于销售量增加所致，注册会计师可以调查与市场需求相关的情况

第四节　销售与收款循环的控制测试（略）

第五节　销售与收款循环的实质性程序

本节视频详解
使用“会计云课堂”App/微信扫码听课

【导航】我们借鉴 CICPA 财务报表审计工作底稿模板，将营业收入和应收账款的实质性程序与审计目标对应起来，可以使大家熟悉底稿模板，除了掌握教材知识点，还可以在审计实务工作中很快“进入角色”，将理论学习与实务工作对接，做到学有所用。

01 考点 1 营业收入的审计目标与实质性程序（★★）

营业收入实质性程序

被审计单位：甲公司	索引号：SA
项目：营业收入	财务报表截止日/期间：2020 年度
编制：A	复核：B
日期：2021/01/03	日期：2021/01/08

（一）审计目标与认定对应关系表

审计目标	财务报表认定					
	发生	完整性	准确性	截止	分类	列报
A. 利润表中记录的营业收入已发生，且与甲公司有关	√					
B. 所有应当记录的营业收入均已记录，应当包括在财务报表中的相关披露均已包括		√				

续表

审计目标	财务报表认定					
	发生	完整性	准确性	截止	分类	列报
C. 与营业收入有关的金额及其他数据已恰当记录，包括对销售退回、可变对价的处理是否恰当，相关披露已得到恰当计量和描述			√			
D. 营业收入已记录于正确的会计期间				√		
E. 营业收入记录于恰当的账户					√	
F. 营业收入已被恰当地汇总或分解且表述清楚，按照企业会计准则的规定在财务报表中作出的相关披露是相关的、可理解的						√

（二）审计目标与审计程序对应关系表

审计目标	可供选择的常规审计程序（仅以主营业务收入为例说明）
C	（1）获取营业收入明细表，并复核加计、检查折算
AC/BC	（2）实施实质性分析程序（在【考点 2】中展开）
ACD/BCD	（3）检查主营业务收入确认方法是否符合企业会计准则的规定
C	（4）检查交易价格
ACD	（5）检查与收入交易相关的原始凭证与会计分录
B	（6）从发运凭证（客户签收联）中选取样本，追查至主营业务收入明细账，以确定是否存在遗漏事项
AC	（7）结合对应收账款实施的函证程序，选择客户函证本期销售额
D	（8）实施销售截止测试（在【考点 3】中展开）
A	（9）对于销货退回，检查相关手续是否符合规定，结合原始销售凭证检查其会计处理是否正确，结合存货项目审计关注其真实性
C	（10）检查可变对价的会计处理
F	（11）检查主营业务收入在财务报表中的列报和披露是否符合企业会计准则的规定

经典题解

【例题 2·多选题】下列各项审计程序中，可以为营业收入发生认定提供审计证据的有（　　）。

A. 对应收账款本期销售额实施函证

B. 从营业收入明细账中选取若干记录，检查相关原始凭证

C. 检查应收账款明细账的贷方发生额

D. 调查本年新增客户的工商资料、业务活动及财务状况

【解析】应收账款的存在认定，通常伴随着营业收入的发生，可以为营业收入发生认定提供证据，故选项 A、C 均正确；从营业收入明细账中选取若干记录，检查相关原

始凭证（即逆查），能够为营业收入发生认定提供证据，故选项B正确；调查新增客户相关信息的真实性可为营业收入发生认定提供证据，故选项D正确。

【答案】ABCD

02 考点2 营业收入的实质性分析程序（★）

营业收入实质性分析程序的思路，归纳如下表。

实质性分析程序	具体内容
1. 建立数据期望值	（1）将账面销售收入、销售清单和销售增值税销项清单进行核对 （2）将本期销售收入金额与以前可比期间的对应数据或预算数进行比较 （3）分析月度或季度销售量、销售单价、销售收入金额、毛利率变动趋势 （4）将销售收入变动幅度与销售商品及提供服务收到的现金、应收账款/合同资产、存货、税金等项目的变动幅度进行比较 （5）将销售毛利率、应收账款/合同资产周转率、存货周转率等关键财务指标与可比期间数据、预算数或同行业其他企业数据进行比较 （6）分析销售收入等财务信息与投入产出率、劳动生产率、产能、水电能耗、运输数量等非财务信息之间的关系 （7）分析销售收入与销售费用之间的关系，包括销售人员的人均业绩指标、销售人员薪酬、广告费、差旅费，以及销售机构的设置、规模、数量、分布等
2. 确定可接受的差异额	
3. 将实际金额与期望值相比较，计算差异	
4. 如果差异额超过确定的可接受差异额，调查并获取充分的解释和恰当的、佐证性质的审计证据 【提示】如果差异超过可接受差异额，注册会计师需要对差异额的全额进行调查证实，而非仅针对超出可接受差异额的部分	
5. 评估实质性分析程序的结果	

【提示】有关销售收入数据的期望值是每年综合题资料一和资料二中考查的内容，属于"恒考点"。如果要提升应试综合题能力，请结合历年考题和基础班、习题班讲解进行学习。

03 考点3 销售交易截止测试（★★）

销售交易截止测试的前提和审计路径，归纳如下表。

截止测试	具体内容
前提	注册会计师充分了解被审计单位的收入确认会计实务，并识别能够证明某笔销售符合收入确认条件的关键单据 例如，货物出库时，与货物所有权相关的主要风险和报酬可能尚未转移，即客户尚未取得对商品的控制权，不符合收入确认的条件，因此，仓储部门留存的发运凭证可能不是实现收入的充分证据，注册会计师需要检查有客户签署的发运凭证联 又如，销售发票与收入相关，但是发票开具日期不一定与收入实现的日期一致。实务中由于增值税发票涉及企业的纳税和抵扣问题，开票日期滞后于收入可确认日期的情况较为常见，因此，通常不能将开票日期作为收入确认的日期

续表

截止测试	具体内容
审计路径	(1) 以账簿记录为起点 从资产负债表日前后若干天的账簿记录追查至记账凭证和客户签收的发运凭证，目的是证实已入账收入是否在同一期间已发货并由客户签收，有无多记收入 (2) 以发运凭证为起点 从资产负债表日前后若干天的已经客户签收的发运凭证查至账簿记录，确定主营业务收入是否已记入恰当的会计期间

04 考点4 营业收入的“延伸检查”程序（★）

营业收入的“延伸检查”，归纳如下表。

审计程序	具体内容
延伸检查	(1) 如果识别出被审计单位收入真实性存在重大异常情况，且通过常规审计程序无法获取充分、适当的审计证据，注册会计师需要考虑实施“延伸检查”程序，即对检查范围进行合理延伸，以应对识别出的舞弊风险。例如，对所销售产品或服务及其所涉及资金的来源和去向进行追踪，对交易参与方（含代为收付款方）的最终控制人或其真实身份进行查询 (2) 注册会计师在判断是否需要实施“延伸检查”程序及如何实施时，应当根据审计准则的规定，并考虑有经验的专业人士在该场景下通常会作出的合理职业判断 (3) 实施“延伸检查”程序的可行性和效果受诸多因素影响，注册会计师设计的具体“延伸检查”程序的性质、时间安排和范围，应当针对被审计单位的具体情况，与评估的舞弊风险相称，并体现重要性原则。例如，被审计单位所处行业的下游产业链较长，如果对下游产业链的某个或某几个环节实施“延伸检查”程序获取的审计证据，可以应对与收入确认相关的舞弊风险，则“延伸检查”程序无须覆盖所有环节 (4) 相对于常规年度财务报表审计而言，在首次公开发行股票并上市审计（IPO审计）中，由于存在监管要求和相关方的配合，注册会计师实施“延伸检查”程序通常相对可行

05 考点5 应收账款的审计目标与实质性程序（★★）

应收账款实质性程序

被审计单位：甲公司	索引号：ZD
项目：应收账款	财务报表截止日/期间：2020/12/31
编制：A	复核：B
日期：2021/01/08	日期：2021/02/20

（一）审计目标与认定对应关系表

审计目标	财务报表认定					
	存在	完整性	权利和义务	准确性、计价和分摊	分类	列报
A. 资产负债表中记录的应收账款是存在的	√					
B. 所有应当记录的应收账款均已记录，应当包括在财务报表中的相关披露均已包括		√				
C. 记录的应收账款由甲公司拥有或控制			√			
D. 应收账款以恰当的金额包括在财务报表中，与之相关的计价调整已恰当记录，相关披露已得到恰当计量和描述				√		
E. 应收账款及其预期信用损失已记录于恰当的账户					√	
F. 应收账款已被恰当地汇总或分解且表述清楚，按照企业会计准则的规定在财务报表中作出的相关披露是相关的、可理解的						√

（二）审计目标与审计程序对应关系表

审计目标	可供选择的审计程序
D	（1）取得应收账款明细表，并复核加计、检查折算等
AD/BD	（2）分析与应收账款相关的财务指标
ACD	（3）对应收账款实施函证程序（在【考点6】中展开）
A	（4）对应收账款余额实施函证以外的细节测试
D	（5）检查坏账的冲销和转回
F	（6）确定应收账款的列报是否恰当

06 考点6 应收账款函证（★★★）

对应收账款实施函证程序的具体内容，归纳如下表。

事项	具体内容
函证决策	（1）应当对应收账款实施函证程序，除非有充分证据表明应收账款对财务报表不重要，或函证很可能无效 （2）如果认为函证很可能无效，则应当实施替代审计程序，获取相关、可靠的审计证据 （3）如果不对应收账款进行函证，则应当在审计工作底稿中说明理由
函证目的	证实应收账款账户余额是否真实、准确
函证范围	函证范围是由诸多因素决定的，主要有： （1）应收账款在全部资产中的重要程度 （2）被审计单位内部控制的有效性 （3）以前期间的函证结果
函证方式	（1）积极的函证方式。由于应收账款通常存在高估风险，且与之相关的收入确认存在舞弊风险假定，因此，审计实务中通常对应收账款采用积极的函证方式 （2）消极的函证方式
实施函证时间	（1）通常以资产负债表日为截止日，在资产负债表日后适当时间内实施函证 （2）如果重大错报风险评估为低水平，注册会计师可选择资产负债表日前适当日期为截止日实施函证，并对所函证项目自该截止日起至资产负债表日止发生的变动实施其他实质性程序
函证过程的控制	注册会计师通常利用被审计单位提供的应收账款明细账户名称及客户地址等资料据以编制询证函，但注册会计师应当对函证全过程保持控制。并对确定需要确认或填列的信息、选择适当的被询证者、设计询证函以及发出和跟进（包括收回）询证函保持控制
不符事项	对回函中出现的不符事项，注册会计师需要调查核实原因，确定其是否构成错报。导致不符事项的原因： （1）登记入账的时间不同而导致的不符事项 （2）记账错误导致的不符事项 （3）舞弊导致的不符事项
替代程序	如果未收到被询证方的回函，注册会计师应当实施替代审计程序，例如，在考虑实施收入截止测试等审计程序所获取审计证据的基础上： （1）检查资产负债表日后收回的货款，值得注意的是，注册会计师不能仅查看应收账款的贷方发生额，而是要查看相关的收款单据，以证实付款方确为该客户且确与资产负债表日的应收账款相关 （2）检查相关的销售合同、销售单、发运凭证等文件。注册会计师需要根据被审计单位的收入确认条件和时点，确定能够证明收入发生的凭证 （3）检查被审计单位与客户之间的往来邮件，如有关发货、对账、催款等事宜邮件
	在某些情况下，注册会计师可能认为取得积极式函证回函是获取充分、适当的审计证据的必要程序，尤其是识别出有关收入确认的舞弊风险，导致注册会计师不能信赖从被审计单位取得的审计证据，则替代程序不能提供注册会计师需要的审计证据。在这种情况下，如果未获取回函，注册会计师应当确定其对审计工作和审计意见的影响

07 考点7 应收账款账龄分析（★）

（1）在实务中，有些企业通常会编制应收账款账龄分析报告，以监控货款回收情况、及时识别可能无法收回的应收账款，并以账龄组合为基础预计信用损失。在这种情况下，注册会计师可以通过测试应收账款账龄分析表来评估坏账准备的计提是否恰当。

（2）在测试时，除将应收账款账龄分析表中的合计数与应收账款总分类账余额相比较，调查重大调节项目，以确定应收账款账龄分析表计算的准确性外，注册会计师还需要从账龄分析表中抽取一定数量的项目，追查至相关销售原始凭证，测试账龄划分的准确性。

【相关链接】

《中国注册会计师审计准则问题解答第4号—收入确认》

扫一扫　“码”上做题、看解析

本书历年经典试题均配备二维码，使用“会计云课堂”App扫码，即可线上做题、看解析。

【“会计云课堂”App下载二维码见封底页】

1004291

历年经典试题回顾

（一）了解销售与收款循环的主要业务活动

【例题·综合题·部分】 ABC会计师事务所首次接受委托，审计上市公司甲公司2016年度财务报表，委派A注册会计师担任项目合伙人。A注册会计师确定财务报表整体的重要性为1200万元。甲公司主要提供快递物流服务。

资料三：

A注册会计师在审计工作底稿中记录了审计计划，部分内容摘录如下：

（3）甲公司应收账款会计每月末向排名前10位的企业客户寄送对账单，并调查回函差异。因该控制仅涉及一小部分应收账款余额，A注册会计师拟不测试该控制，直接实施实质性程序。

要求：

针对资料三第（3）项，假定不考虑其他条件，指出审计计划的内容是否恰当。如不恰当，简要说明理由。（2017年）

（二）评估重大错报风险（财务报表层次和认定层次）

【例题1·综合题·部分】 甲公司是ABC会计师事务所的常年审计客户，主要从事轨道交通车辆配套产品的生产和销售。A注册会计师负责审计甲公司2018年度财务报表，确定财务报表整体的重要性为1000万元，实际执行的重要性为500万元。

资料一：

A注册会计师在审计工作底稿中记录了所了解的甲公司情况及其环境，部分内容摘录如下：

（1）因2017年a产品生产线的产能利用率已接近饱和，甲公司于2018年初开始建设一条新的生产线，预计工期15个月。

（4）2018年，由于竞争对手改进生产工艺，大幅提高了产品质量，甲公司d产品的订单量锐减。

资料二：

A注册会计师在审计工作底稿中记录了甲公司的财务数据，部分内容摘录如下：

金额单位：万元

项目	未审数	已审数
	2018 年	2017 年
营业收入—a 产品	30000	20000
营业成本—a 产品	21000	14000
营业收入—d 产品	2200	8000
营业成本—d 产品	2000	5500
存货—d 产品	200	1000
无形资产—d 产品专有技术	2500	3000

要求：

针对资料一第（1）和（4）项，结合资料二，假定不考虑其他条件，逐项指出资料一所列事项是否可能表明存在重大错报风险。如果认为可能表明存在重大错报风险，简要说明理由，并说明该风险主要与哪些财务报表项目的哪些认定相关（不考虑税务影响）。（2019 年）

【例题 2·综合题·部分】上市公司甲公司是 ABC 会计师事务所的常年审计客户，主要从事汽车零部件的研发、制造和销售。A 注册会计师负责审计甲公司 2018 年度财务报表，确定财务报表整体的重要性为 600 万元，实际执行的重要性为 450 万元，明显微小错报的临界值为 30 万元。

资料一：

A 注册会计师在审计工作底稿中记录了所了解的甲公司情况及其环境，部分内容摘录如下：

（1）因客户乙公司 a 型车销量和价格持续下降，甲公司同意将为其配套生产的 a 型变速箱 2018 年度售价由 2017 年度的 3100 元调整为 3000 元。

（2）因全国多地自 2019 年 7 月起将实施新的汽车尾气排放标准，甲公司生产的用于降低排放的 b 产品 2018 年度产销量大幅上升。b 产品售价、原材料价格和人工成本保持稳定。

资料二：

A 注册会计师在审计工作底稿中记录了甲公司的财务数据，部分内容摘录如下：

金额单位：万元

项目	未审数	已审数
	2018 年	2017 年
营业收入—a 型车变速箱	59400	62000
营业收入—b 产品	45000	30000
营业成本—b 产品	33000	20000

要求：

针对资料一第（1）和（2）项，结合资料二，假定不考虑其他条件，逐项指出资料一所列事项是否可能表明存在重大错报风险。如果认为可能表明存在重大错报风险，简要说明理由，并说明该风险主要与哪些财务报表项目的哪些认定相关（不考虑税务影响）。（2019 年网络回忆版）

【例题3·综合题·部分】上市公司甲公司是ABC会计师事务所的常年审计客户，主要从事汽车的生产和销售。A注册会计师负责审计甲公司2017年度财务报表，确定财务报表整体的重要性为1000万元，明显微小错报的临界值为30万元。

资料一：

A注册会计师在审计工作底稿中记录了所了解的甲公司情况及其环境，部分内容摘录如下：

（1）2017年，在钢材价格及劳动力成本大幅上涨的情况下，甲公司通过调低主打车型的价格，保持了良好的竞争力和市场占有率。

资料二：

A注册会计师在审计工作底稿中记录了甲公司的财务数据，部分内容摘录如下：

金额单位：万元

项目	未审数	已审数
	2017年	2016年
营业收入	100000	95000
营业成本	89000	84500

要求：

针对资料一第（1）项，结合资料二，假定不考虑其他条件，指出资料一所列事项是否可能表明存在重大错报风险。如果认为可能表明存在重大错报风险，简要说明理由，并说明该风险主要与哪些财务报表项目的哪些认定相关（不考虑税务影响）。（2018年）

【例题4·综合题·部分】上市公司甲公司是ABC会计师事务所的常年审计客户，主要从事药品的研发、生产和销售。A注册会计师负责审计甲公司2017年度财务报表，确定财务报表整体的重要性为300万元，明显微小错报的临界值为15万元。

资料一：

A注册会计师在审计工作底稿中记录了所了解的甲公司情况及其环境，部分内容摘录如下：

（2）2017年，甲公司生产了每盒售价22元的b胶囊1200万盒，该产品2016年末和2017年末的库存数量分别为100万盒和50万盒。

资料二：

A注册会计师在审计工作底稿中记录了甲公司的财务数据，部分内容摘录如下：

金额单位：万元

项目	未审数	已审数
	2017年	2016年
营业收入—b胶囊	30800	22000

要求：

针对资料一第（2）项，结合资料二，假定不考虑其他条件，指出资料一所列事项是否可能表明存在重大错报风险。如果认为可能表明存在重大错报风险，简要说明理由，并说明该风险主要与哪些财务报表项目的哪些认定相关（不考虑税务影响）。（2018年网络回忆版）

【例题5·综合题·部分】ABC会计师事务所首次接受委托，审计上市公司甲公司2016年度财务报表，委派A注册会计师担任项目合伙人。A注册会计师确定财务报表整体的重要性为1200万元。甲公司主要提供快递物流服务。

资料一：

A注册会计师在审计工作底稿中记录了所了解的甲公司情况及其环境，部分内容摘录如下：

（1）2016年3月，甲公司股东大会批准一项利润分享计划。如2016年度实现净利润较上年度增长20%以上，按净利润增长部分的10%给予管理层奖励。

（4）2016年4月，甲公司推出加盟运营模式。一次性收取加盟费50万元，提供五年加盟期间的培训和网络服务。2016年度甲公司共收到加盟费3000万元。

资料二：

A注册会计师在审计工作底稿中记录了甲公司的财务数据，部分内容摘录如下：

金额单位：万元

项目	未审数	已审数
	2016年	2015年
营业收入—加盟费收入	3000	0
净利润	19500	16000
应付职工薪酬—管理层利润分享	350	0
长期应付款—退租大修费用	2400	600

要求：

针对资料一第（1）和（4）项，结合资料二，假定不考虑其他条件，逐项指出资料一所列事项是否可能表明存在重大错报风险。如果认为可能表明存在重大错报风险，简要说明理由，并说明该风险主要与哪些财务报表项目的哪些认定相关（不考虑税务影响）。（2017年）

【例题6·综合题·部分】甲公司是ABC会计师事务所的常年审计客户，主要从事电气设备的生产和销售。A注册会计师负责审计甲公司2016年度财务报表，确定财务报表整体的重要性为300万元，实际执行的重要性为210万元。

资料一：

A注册会计师在审计工作底稿中记录了所了解的甲公司情况及其环境，部分内容摘录如下：

（2）甲公司2016年中标成为某体育馆的设备供应商，合同约定设备在安装调试后验收。2016年末，相关设备已运抵建设现场，并经客户签收。

资料二：

A注册会计师在审计工作底稿中记录了甲公司的财务数据，部分内容摘录如下：

金额单位：万元

项目	未审数	已审数
	2016年	2015年
营业收入—体育馆设备	6000	0

要求：

针对资料一第（2）项，结合资料二，假定不考虑其他条件，指出资料一所列事项是否可能表明存在重大错报风险。如果认为可能表明存在重大错报风险，简要说明理由，并说明该风险主要与哪些财务报表项目的哪些认定相关（不考虑税务影响）。（2017年网络回忆版）

【例题7·综合题·部分】甲公司是ABC会计师事务所的常年审计客户，主要从事肉制品的加工和销售。A注册会计师负责审计甲公司2015年度财务报表，确定财务报表整体的重要性为100万元。审计报告日为2016年4月30日。

资料一：

2015年3月15日，媒体曝光甲公司的某批次产品存在严重的食品安全问题。在计划审计阶段，A注册会计师就此事项及相关影响与管理层进行了沟通，部分内容摘录如下：

（1）受食品安全事件影响，甲公司产品出现滞销。为恢复市场占有率，甲公司未因本年度成本大幅上涨而提高售价，销量逐步回升。

资料二：

A注册会计师在审计工作底稿中记录了甲公司的财务数据，部分内容摘录如下：

金额单位：万元

项目	未审数	已审数
	2015年	2014年
营业收入	7200	7500
营业成本	4900	5000

要求：

针对资料一第（1）项，结合资料二，假定不考虑其他条件，指出资料一所列事项是否可能表明存在重大错报风险。如果认为可能表明存在重大错报风险，简要说明理由，并说明该风险主要与哪些财务报表项目的哪些认定相关（不考虑税务影响）。（2016年）

【例题8·综合题·部分】上市公司甲公司是ABC会计师事务所的常年审计客户，主要从事电子商务业务。A注册会计师负责审计甲公司2015年度财务报表，确定财务报表整体的重要性为600万元，实际执行重要性为360万元，明显微小错报临界值为30万元。

资料一：

A注册会计师在审计工作底稿中记录了对甲公司及其环境的了解，部分内容摘录如下：

（1）2015年，甲公司推出了针对自营商品的团购、天天特价和消费积分加倍赠送等促销活动，并将消费积分的有效期由一年改为五年。

（2）甲公司自2015年开始引进第三方店家并为其提供平台交易支持与收付款代理服务。2015年度第三方店家的交易额占平台总额的六分之一。

资料二：

A注册会计师在审计工作底稿中记录了甲公司的财务数据，部分内容摘录如下：

金额单位：万元

项目	未审数	已审数
	2015 年	2014 年
营业收入—网上商城自营	50000	40000
营业成本—网上商城自营	44000	34000
营业收入—网上商城代理	10000	0
营业成本—网上商城代理	9000	0
合同负债—消费积分	600	500

要求：

针对资料一第（1）和（2）项，结合资料二，假定不考虑其他条件，逐项指出资料一所列事项是否可能表明存在重大错报风险。如果认为可能表明存在重大错报风险，简要说明理由，并说明该风险主要与哪些财务报表项目的哪些认定相关（不考虑税务影响）。（2016 年网络回忆版）

（三）营业收入逆查或顺查

【例题·综合题·部分】甲公司是 ABC 会计师事务所的常年审计客户，主要从事电气设备的生产和销售。A 注册会计师负责审计甲公司 2016 年度财务报表，确定财务报表整体的重要性为 300 万元，实际执行的重要性为 210 万元。

资料四：

A 注册会计师在审计工作底稿中记录了实施的进一步审计程序，部分内容摘录如下：

（2）在测试甲公司 2016 年度销售费用的发生认定时，A 注册会计师从销售费用明细账中选取样本，检查了相关的合同、发票、费用审批单等支持性文件，结果满意。

要求：

针对资料四第（2）项，假定不考虑其他条件，指出 A 注册会计师的做法是否恰当。如不恰当，简要说明理由。（2017 年网络回忆版）

（四）销售交易截止测试

【例题·综合题·部分】上市公司甲公司是 ABC 会计师事务所的常年审计客户，主要从事电子商务业务。A 注册会计师负责审计甲公司 2015 年度财务报表，确定财务报表整体的重要性为 600 万元，实际执行重要性为 360 万元，明显微小错报临界值为 30 万元。

资料四：

A 注册会计师在审计工作底稿中记录了实施实质性程序的情况，部分内容摘录如下：

（4）A 注册会计师在实施销售截止测试时，因收入存在高估风险，从资产负债表日前若干天的客户签收记录查至收入明细账，并从资产负债表日后若干天的收入明细账查至客户签收记录，未发现异常。

要求：

针对资料四第（4）项，假定不考虑其他条件，指出 A 注册会计师的做法是否恰当。如不恰当，提出改进建议。（2016 年网络回忆版）

（五）应收账款函证

【例题 1·简答题·部分】ABC 会计师事务所的 A 注册会计师负责审计甲公司 2018 年度财务报表。审计工作底稿中与函证相关的部分内容摘录如下：

（3）甲公司根据销售合同在发出商品时确认收入。客户乙公司回函确认金额小于函证金额，甲公司管理层解释系期末发出商品在途所致。A 注册会计师检查了合同、出库单以及签收单等支持性文件，并与乙公司财务人员电话确认了相关信息，结果满意。

要求：

针对上述第（3）项，指出 A 注册会计师的做法是否恰当。如不恰当，简要说明理由。（2019 年）

【例题 2·简答题·部分】ABC 会计师事务所的 A 注册会计师负责审计甲公司 2017 年度财务报表。审计工作底稿中与函证相关的部分内容摘录如下：

（4）因未收到应收丙公司款项的询证函回函，A 注册会计师将检查期后收款作为替代审计程序，查看了应收丙公司款项明细账的期后贷方发生额，结果满意。

要求：

针对上述第（4）项，指出 A 注册会计师的做法是否恰当。如不恰当，简要说明理由。（2018 年网络回忆版）

历年经典试题回顾参考答案及解析

（一）了解销售与收款循环的主要业务活动

【例题·综合题·部分】

【答案】

事项序号	是否恰当（是/否）	理由
（3）	是	—

（二）评估重大错报风险（财务报表层次和认定层次）

【例题 1·综合题·部分】

【答案】

事项序号	是否可能表明存在重大错报风险（是/否）	理由	财务报表项目名称及认定
（1）	是	2017 年产能利用率已接近饱和，2018 年营业收入大幅增长，可能存在多计营业收入、营业成本的风险	营业收入（发生） 营业成本（发生）
（4）	是	d 产品订单锐减，可能导致相关的无形资产/专有技术出现减值，可能存在少计无形资产减值的风险	无形资产（准确性、计价和分摊） 资产减值损失（完整性/准确性）

【例题 2·综合题·部分】

【答案】

事项序号	是否可能表明存在重大错报风险（是/否）	理由	财务报表项目名称及认定
(1)	是	因客户销量和售价持续下降，甲公司 2018 年度 a 变速箱售价由 2017 年度的 3100 元调整为 3000 元，对应销量也应明显下降，财务数据显示，营业收入有所下降，但销量基本一致（2017 年销量为 62000/3100 = 20 万辆，2018 年销量为 59400/3000 = 19.8 万辆），存在多计营业收入的重大错报风险	营业收入（发生）
(2)	是	2018 年度 b 产品售价、原材料价格和人工成本保持稳定，财务数据显示，2017 年度毛利率为 33%，2018 年度毛利率为 27%，存在异常下降，可能存在少计收入或多计成本的重大错报风险	营业收入(完整性) 营业成本（发生）

【例题 3·综合题·部分】

【答案】

事项序号	是否可能表明存在重大错报风险（是/否）	理由	财务报表项目名称及认定
(1)	是	在原材料和人工成本上涨，而主要产品价格下降的情况下，毛利率仍与上年相当，可能存在多计收入、少计成本的风险	营业收入（发生） 营业成本（完整性/准确性）

【例题 4·综合题·部分】

【答案】

事项序号	是否可能表明存在重大错报风险（是/否）	理由	财务报表项目名称及认定
(2)	是	甲公司 2017 年生产了 b 胶囊 1200 万盒，结合期初存货和期末存货数量，2017 年度 b 胶囊营业收入应为 27500 万元［（1200 + 100 − 50）× 22］，但资料二财务数据显示确认 b 胶囊的营业收入为 30800 万元，可能存在高估（多计）营业收入的重大错报风险	营业收入（发生）

【例题5·综合题·部分】

【答案】

事项序号	是否可能表明存在重大错报风险（是/否）	理由	财务报表项目名称及认定
(1)	是	甲公司管理层为获得利润增长奖励，具有实施舞弊的动机和压力/2016年度的净利润勉强达到利润分享条件，可能表明财务报表存在舞弊导致的重大错报风险	—
(4)	是	加盟费应当在整个加盟期间确认/不能一次性计入收入	合同负债（完整性） 营业收入（发生）

【例题6·综合题·部分】

【答案】

事项序号	是否可能表明存在重大错报风险（是/否）	理由	财务报表项目名称及认定
(2)	是	2016年末设备运抵建设现场并经客户签收，但未安装调试与验收，不满足确认收入的条件，但资料二显示甲公司已确认收入，可能存在高估（多计）营业收入的重大错报风险	营业收入（发生）

【例题7·综合题·部分】

【答案】

事项序号	是否可能表明存在重大错报风险（是/否）	理由	财务报表项目名称及认定
(1)	是	甲公司2015年毛利率为32%，2014年为33%，与成本大幅上涨不符，可能存在少计营业成本、多计营业收入的风险	营业收入（发生/准确性） 应收账款（存在） 营业成本（完整性） 存货（存在）

【名师点题】矛盾证据分析：

针对资料一第（1）项，结合资料二：甲公司未因本年度成本大幅上涨而提高售价，销量逐步回升，甲公司2015年的毛利率应当大大低于2014年的毛利率，但是财务数据显示，2015年的毛利率（32%）接近于2014年毛利率（33%），存在矛盾证据，因此，存在营业收入多计、营业成本少计的重大错报风险。

【例题 8 · 综合题 · 部分】

【答案】

事项序号	是否可能表明存在重大错报风险（是/否）	理由	财务报表项目名称及认定
(1)	否	—	—
(2)	是	网上商城代理的收入不应确认为被审计单位的收入，存在高估营业收入的重大错报风险	营业收入（发生） 应收账款（存在） 营业成本（发生） 存货（完整性）

（三）营业收入逆查或顺查

【例题 · 综合题 · 部分】

【答案】

事项序号	是否恰当（是/否）	理由
(2)	是	—

【名师点题】为了测试销售费用的“高估”（发生认定），应当采用“逆查”，即从明细账追查至相关支持性文件。

（四）销售交易截止测试

【例题 · 综合题 · 部分】

【答案】

事项序号	是否恰当（是/否）	改进建议
(4)	否	对于收入存在高估风险，应从收入明细账查至资产负债表日前若干天的客户签收记录或从资产负债表日后若干天的客户签收记录追查至收入明细账

【名师点题】截止测试路径与认定（目标）的相关性：从明细账查至客户签收记录与营业收入“多记”（发生认定）相关（“逆查”）；从客户签收记录追查至明细账与营业收入“少记”（完整性认定）相关（“顺查”）。

（五）应收账款函证

【例题 1 · 简答题 · 部分】

【答案】恰当。

【例题 2 · 简答题 · 部分】

【答案】不恰当。A 注册会计师不能仅查看期后应收账款的贷方发生额，还要查看相关的收款单据，以证实付款方确为该客户且确与资产负债表日的应收账款相关。

扫一扫　“码”上做题、看解析

本书同步强化练习题均配备二维码，使用“会计云课堂”App 扫码，即可线上做题、看解析。

【“会计云课堂”App 下载二维码见封底页】

同步强化练习题

一、单项选择题

1. 下列程序中，与查找隐瞒销售收入最不相关的是(　　)。(★★★)*

A. 从次年 1 月份主营业务收入明细账记录中抽取某些项目，检查相应的记账凭证、发运单和销售发票

B. 以当年 12 月 31 日主营业务收入明细账记录为起点，抽取项目，检查相应的记账凭证、发运凭证和销售发票

C. 抽取本年度 12 月 31 日开具的销售发票，检查相应的发运凭证和账簿记录

D. 抽取本年度 12 月 31 日的发运凭证，检查相应的销售发票和账簿记录

2. 下列程序中，与营业收入发生认定最相关的是(　　)。

A. 将发运凭证、销售发票信息与营业收入明细账核对

B. 从销售发票上的详细信息追查至发运凭证、经批准的商品价目表和客户订购单

C. 重新计算销售发票上的单价、数量和金额

D. 从营业收入明细账追查至销售单、销售发票副联及发运凭证

3. 下列程序中，与营业收入完整性认定最相关的是(　　)。

A. 从发运凭证追查至销售发票以及对应的营业收入明细账

B. 从营业收入明细账追查至销售发票、发运凭证以及客户签收单

C. 从销售发票追查到发运凭证

D. 从发运凭证追查到销售发票

4. 在实施截止测试时，检查开具发票日期、记账日期、发货日期时最应当关注的是(　　)。

A. 是否临近

B. 是否在同一天

C. 是否处在同一适当会计期间

D. 相距是否不超过 30 天

5. 针对应收账款函证时间，注册会计师通常以资产负债表日为截止日，在(　　)适当时间内实施函证。

A. 资产负债表日前或后

B. 资产负债表日前

C. 资产负债表日

D. 资产负债表日后

6. 以下程序中，在考虑实施收入截止测试等审计程序所获取审计证据的基础上，属于应收账款函证的替代程序的是(　　)。

A. 营业收入的实质性分析程序

B. 检查应收账款贷方发生额

C. 以发运凭证为起点，追查至销售发票、销售合同及营业收入明细账

D. 检查资产负债表日后收回的货款，检查相关的销售合同、销售单、发运凭证等文件，检查被审计单位与客户之间的往来邮件等

---

* 为了便于您识别重要题目，本书中针对重点题目通过标注星级的方式进行体现。

二、多项选择题

1. 下列控制活动中，进行了适当职责分离的有（ ）。
A. 编制销售发票通知单的人员不能同时开具销售发票
B. 应收票据的取得、贴现和保管由某一会计专门人员全权负责
C. 销售人员积极督促和收取销货现款
D. 在销售合同订立前，由专人就销售价格、信用政策、发货及收款方式等具体事项与客户进行谈判

2. 下列控制测试程序中，与营业收入发生认定相关的有（ ）。（★★★）
A. 检查发运凭证连续编号的完整性
B. 检查顾客的赊购是否经授权批准
C. 检查销售发票是否附有发运凭证及销售单
D. 询问是否寄发对账单，并检查顾客回函档案

3. 针对营业收入实施实质性分析程序，在建立数据的期望值时，可以进行的比较有（ ）。（★★★）
A. 将本期销售收入金额与以前可比期间的对应数据或预算数进行比较
B. 分析销售收入与销售费用之间的关系
C. 将销售毛利率与可比期间数据、预算数或同行业其他企业数据进行比较
D. 分析销售收入等财务信息与投入产出率、劳动生产率、产能、水电能耗、运输数量等非财务信息之间的关系

4. 在对询证函的以下处理方法中，正确的有（ ）。
A. 在粘封询证函时对其统一编号，并将发出询证函的情况记录于审计工作底稿
B. 询证函经会计师事务所盖章后，由注册会计师直接发出
C. 收回询证函后，将重要的回函复制给被审计单位管理层以帮助其催收货款
D. 对以电子邮件方式回收的询证函，必要时，可以要求被询证单位提供回函原件

三、简答题

1. ABC 会计师事务所负责审计甲公司 2020 年度财务报表，审计工作底稿中与函证相关的部分内容摘录如下：
（1）审计项目组评估认为应收账款的重大错报风险较低，对甲公司 2020 年 11 月 30 日的应收账款余额实施了函证程序，未发现差异。2020 年 12 月 31 日的应收账款余额较 11 月 30 日无重大变动。审计项目组据此认为已对年末应收账款余额的存在认定获取了充分、适当的审计证据。
（2）审计项目组负责填写询证函信息，甲公司业务员负责填写询证函信封，审计项目组取得加盖公章的询证函及业务员填写的信封后，直接到邮局将询证函寄出。
（3）甲公司管理层拒绝审计项目组向客户丁公司寄发询证函。审计项目组采取的跟进程序：询问管理层不允许寄发询证函的原因，并就其原因的合理性进行评价；评价管理层不允许寄发询证函对评估的重大错报风险，以及其他审计程序的性质、时间安排和范围的影响；实施替代程序，以获取相关、可靠的审计证据。
（4）客户丙公司的回函并非询证函原件。甲公司财务人员解释，在催收回函时，由于丙公司财务人员表示未收到询证函，故将其留存的询证函复印件寄送给了丙公司，并要求丙公司财务人员将回函直接寄回至 ABC 会计师事务所。审计项目组认为该解释合理，无须实施进一步审计程序。
要求：
针对上述第（1）至（4）项，逐项指出审计项目组的做法是否恰当。如不恰当，简要说明理由。

2. ABC会计师事务所负责审计甲公司2020年度财务报表，审计工作底稿中与函证相关的部分内容摘录如下：

(1) 审计项目组针对甲公司与其母公司一笔可能存在低估的应收账款，特别设计采用列明应收账款余额的积极式询证函。根据回函不存在不符事项的结果，审计项目组得出甲公司与其母公司的该笔应收账款不存在低估错报的审计结论。

(2) 审计项目组针对应收账款回函率与以前年度相比异常偏高保持职业怀疑，审计项目组与重要被询证者相关人员直接沟通讨论询证事项，针对以前年度回函率非常低的三家被询证者，审计项目组前往被询证单位办公地点，分别验证了其真实存在。

(3) 审计项目组实施跟函时，由甲公司财务主管陪伴，注册会计师在整个过程中保持对询证函的控制，同时，对甲公司和被询证者之间串通舞弊的风险保持高度警觉。

(4) 截至2021年1月20日，审计项目组针对客户丙公司对甲公司的违约诉讼的询证函未收到回函，审计项目组针对该事项专门电话询问了丙公司法律顾问，充分了解该诉讼事项的情况。审计项目组认为该法律顾问的解释合理，无须实施进一步审计程序。

(5) 审计项目组收到的一份银行询证函回函中标注“本信息既不保证准确也不保证是最新的，其他方可能会持有不同意见”，审计项目组致电该银行，银行工作人员表示这是标准条款。审计项目组认为信赖其所含信息会使其承担更多的审计风险，审计项目组对此专门执行了替代审计程序，消除了对此回函可靠性的疑虑，并在审计工作底稿中记录了与银行的电话沟通内容，替代审计程序的内容以及审计项目组咨询、讨论形成的审计结论。

要求：

针对上述第(1)至(5)项，逐项指出审计项目组的做法是否恰当，并简要说明理由。(★★★)

3. 甲公司主要生产和销售汽车零部件。A注册会计师已经连续三年负责审计甲公司2017年至2019年的财务报表。在2020年度财务报表审计中，A注册会计师了解的相关情况、实施的部分审计程序及相关结论摘录如下：

序号	甲公司情况概述	实施的审计程序及相关结论（如适用）
(1)	甲公司的内部控制制度规定，应当将销售合同、发运凭证、销售单、客户验收单和销售发票核对一致后记录收入	针对该项控制，A注册会计师预计控制偏差率为零，并抽取25笔交易作为样本实施控制测试，发现其中2笔交易没有客户验收单。管理层解释客户验收单已遗失，属于例外情况。A注册会计师接受了管理层的解释，认为该控制运行有效
(2)	甲公司与现金销售相关的内部控制设计合理并得到执行	A注册会计师对与现金销售相关的内部控制实施控制测试。经询问财务经理，了解到2020年度相关控制运行有效，未发现例外事项。A注册会计师认为2020年度与现金销售相关的内部控制运行有效
(3)	甲公司与多个关联方发生大量非常规交易	A注册会计师认为甲公司的关联方交易存在特别风险，因此，不再了解相关内部控制，直接实施实质性程序

续表

序号	甲公司情况概述	实施的审计程序及相关结论（如适用）
（4）	甲公司经营情况、员工结构和员工人数都稳定，各年度职工薪酬变化不大	A注册会计师认为与职工薪酬相关的财务报表项目不存在特别风险，决定采用综合性方案实施进一步审计程序。A注册会计师在审计甲公司2017年度财务报表时，对与职工薪酬相关的内部控制实施了测试，认为其运行有效。在2018年度至2019年度审计中，通过实施询问等程序未发现相关控制发生变化。因此，A注册会计师决定在2020年度财务报表审计中利用2017年度获取的与职工薪酬相关的控制运行有效的审计证据

要求：

针对以上资料中所述的审计程序及相关结论，假定不考虑其他条件，逐项指出A注册会计师的做法是否恰当，并简要说明理由。（★★★）

4. A注册会计师首次接受委托，负责审计上市公司甲公司2020年度财务报表。A注册会计师对营业收入的发生认定进行审计，编制了审计工作底稿，部分内容摘录如下：

金额单位：万元

记账凭证日期	记账凭证编号	记账凭证金额	发票日期	出库单日期
2020年1月2日	转字10	12	2020年1月5日	2020年1月5日
2020年2月28日	转字45	7	2020年2月27日	2020年2月27日
2020年3月20日	转字40	8	2020年3月19日	2020年3月19日
（略）				
2020年11月3日	转字4	10	2020年11月2日	2020年11月2日
2020年11月15日	转字28	200	2020年11月14日	2020年11月14日
2020年12月10日	转字50	250	2020年12月10日	2020年12月10日
（略）				
审计说明： （1）根据销售合同约定，在客户收到货物、验收合格并签发收货通知单后，转移货物的控制权。审计中已检查销售合同 （2）已检查记账凭证日期、发票日期和出库单日期，未发现异常。发票和出库单中的其他信息与记账凭证一致 （3）11月转字28号和12月转字50号记账凭证反映的销售额较高，财务经理解释系调整售价所致。A注册会计师认为解释合理，未实施进一步检查				

要求：

针对资料中的审计说明第（1）至（3）项，逐项指出A注册会计师实施的审计程序或得出的结论是否存在不当之处。如果存在，请指出不当之处，并简要说明理由。（★★★）

四、综合题

1. 甲公司是ABC会计师事务所的常年审计客户，主要从事化工产品的生产和销售，A注册会计师负责审计甲公司2020年度财务报表，确定财务报表整体的重要性为1000万元。

资料一：

A 注册会计师在审计工作底稿中记录了所了解的甲公司情况及其环境，部分内容摘录如下：

(1) 2019 年度，甲公司直销了 100 件 a 产品。2020 年，甲公司引入经销商买断销售模式，对经销商的售价是直销价的 90%，直销价较 2019 年基本没有变化。2020 年度，甲公司共销售 150 件 a 产品，其中 20%销售给经销商。

(2) 2020 年 10 月，甲公司推出新产品 b 产品，单价 60 万元。合同约定，客户在购买产品一个月后付款；如果在购买产品三个月内发现质量问题，客户有权退货。截至 2020 年 12 月 31 日，甲公司售出 10 件 b 产品。因上市时间较短，管理层无法合理估计退货率。

(3) 2020 年，甲公司应收账款回收困难，通过与商业银行签订保理合同转让了部分应收账款，以缓解资金压力。

(4) 2020 年 1 月，甲公司下属乙分厂因城镇整体规划进行搬迁，收到政府从财政预算直接拨付的搬迁补偿款 5000 万元，用于补偿乙分厂停工损失、搬迁费用及所建厂房，乙分厂于 2020 年末完成搬迁，于 2021 年 1 月 1 日恢复生产，扣除针对搬迁和重建过程中发生的停工损失、搬迁费用及新建厂房的补偿后，搬迁补偿款结余 2000 万元。

资料二：

A 注册会计师在审计工作底稿中记录了甲公司的财务数据，部分内容摘录如下：

金额单位：万元

项目	2020 年（未审数）	2019 年（已审数）
营业收入—a 产品	11750	8000
营业收入—b 产品	600	0
应收账款	12000	25000
短期借款	2000	6000
营业外收入—乙分厂搬迁补偿款	5000	0

要求：

针对资料一第（1）至（4）项，结合资料二，假定不考虑其他条件，逐项指出资料一所列事项是否可能表明存在重大错报风险。如果认为可能表明存在重大错报风险，简要说明理由，并说明该风险主要与哪些财务报表项目的哪些认定相关（不考虑税务影响）。

2. 甲公司是 ABC 会计师事务所的常年审计客户。甲公司主要从事建材的生产、销售以及建筑安装工程。A 注册会计师负责审计甲公司 2020 年度财务报表，拟于 2021 年 4 月 1 日出具审计报告。财务报表整体的重要性为 25 万元。

资料一：

A 注册会计师在审计工作底稿中记录了所了解的甲公司情况及其环境，部分内容摘录如下：

(1) 甲公司采用经销商买断方式销售 a 产品和 b 产品。2020 年度，a 产品的建议市场零售价和单位生产成本较 2019 年基本没有变化。b 产品是甲公司 2020 年 2 月推出的新产品，其建议市场零售价比 a 产品高 20%。a 产品和 b 产品的单位生产成本接近。

(2) a 产品于 2020 年 11 月停产。2020 年年末，某经销商采用交款提货方式购买最后一批a产品。甲公司已收到货款200万元。并已开具发票和发运凭单。经销商在验收时发现该批产品质量不符合合同要求，双方尚未就解决方案达成一致意见。

（3）甲公司于2019年起从事建筑安装工程，截至2020年年末仅承揽一项业务。建造合同约定，工程建设期为18个月，工程总价为500万元；如果工程提前3个月完工，并且质量符合设计要求，客户另付100万元奖励款，工程于2019年10月1日开工，于2020年12月末基本完工。经监理人员认定，工程质量未达到设计要求，还需进一步施工。

资料二：

A注册会计师在审计工作底稿中记录了甲公司的财务数据，部分内容摘录如下：

金额单位：万元

项目	2020年（未审数）			2019年（已审数）		
	产品销售		建造合同	产品销售		建造合同
	a产品	b产品		a产品	b产品	
营业收入	1000	5000	500	2000	0	100
营业成本	905	4600	320	1800	0	75
投资收益	(100)			(200)		
税前利润	500			400		
存货—产成品	0	1000		400	0	
减：存货跌价准备	0	0		0	0	

要求：

针对资料一第（1）至（3）项，结合资料二，假定不考虑其他条件，逐项指出资料一所列事项是否可能表明存在重大错报风险。如果认为存在重大错报风险，简要说明理由，并说明该风险主要与哪些财务报表项目的哪些认定相关（不考虑税务影响）。

3. 甲公司是ABC会计师事务所的常年审计客户，主要从事医疗器械设备的生产和销售。A类产品为大中型医疗器械设备，主要销往医院；B类产品为小型医疗器械设备，主要通过经销商销往药店。A注册会计师负责审计甲公司2020年度财务报表。

资料一：

A注册会计师在审计工作底稿中记录了所了解的甲公司情况及其环境，部分内容摘录如下：

（1）2020年年初，甲公司在5个城市增设了销售服务处，每个城市增设1个，使销售服务处的数量增加到11个，销售服务人员数量比上年末增加50%。

（2）对于A类产品，甲公司负责将设备运送到医院并安装调试。医院验收合格后签署设备验收单，甲公司根据设备验收单确认销售收入。甲公司自2020年起向医院提供1个月的免费试用期，医院在试用期结束后签署设备验收单。

（3）甲公司从2019年起推出针对经销商的返利计划，根据经销商已付款的采购额的3%到6%的比例，在年度终了后12个月内向经销商支付返利。甲公司未与经销商就返利计划签订书面协议，而由销售人员口头传达。

（4）2020年12月，一名已离职员工向甲公司董事会举报，称销售总监有虚报销售费用的行为。甲公司已对此事展开调查，目前尚无结论。

资料二：

A注册会计师在审计工作底稿中记录了所获取的甲公司的财务数据，部分内容摘录如下：

金额单位：万元

项目	2020年（未审数）		2019年（已审数）	
	A类产品	B类产品	A类产品	B类产品
营业收入	6800	6300	4500	6000
减：销售返利	0	300	0	280
营业成本	3500	4300	2700	3700
销售费用				
—员工薪酬	1300		800	
—办公室租金	390		350	
利润总额	2000		1200	
应收账款	4900		3500	
坏账准备	（100）		（80）	
存货				
—发出商品	410		400	
—备件	290		330	
其他应付款				
—返利	420		280	
—租金	120		90	

资料三：

A注册会计师在审计工作底稿中记录了拟实施的实质性程序，部分内容摘录如下：

（1）取得5个新设销售服务处的办公室租赁合同，连同以前年度获取的6个销售服务处的租赁合同，估算本年度办公室租金费用，并与列报金额进行比较。

（2）计算2020年度每月毛利率，如果存在较大波动，向管理层询问波动原因。

（3）检查2019年度计提的销售返利的实际支付情况，并向管理层询问予以佐证，评估2020年度计提的销售返利金额的合理性。

（4）从A类产品销售收入明细账中选取若干笔记录，检查销售合同、发票和设备验收单，确定记录的销售收入金额是否与合同和发票一致，收入确认的时点是否与合同约定的交易条款和设备验收单的日期相符。

要求：

（1）针对资料一第（1）至（4）项，结合资料二，假定不考虑其他条件，逐项指出资料一所列事项是否可能表明存在重大错报风险。如果认为存在重大错报风险，简要说明理由，并说明该风险主要与哪些财务报表项目（仅限于营业收入、营业成本、销售费用、应收账款、存货和其他应付款）的哪些认定相关（不考虑税务影响）。

（2）针对资料三第（1）至（4）项，假定不考虑其他条件，逐项指出实质性程序与根据资料一（结合资料二）识

别的重大错报风险是否直接相关。如果直接相关，指出对应的是识别的哪一项重大错报风险，并简要说明理由。（★★★）

4. 甲公司是 ABC 会计师事务所的常年审计客户。甲公司主要从事建材的生产、销售以及建筑安装工程。A 注册会计师负责审计甲公司 2020 年度财务报表，拟于 2021 年 4 月 1 日出具审计报告。财务报表整体的重要性为 200 万元。

资料一：

A 注册会计师在审计工作底稿中记录了甲公司销售与收款循环的内部控制，部分内容摘录如下：

序号	风险	控制
（1）	向客户提供过长信用期而增加坏账损失风险	客户的信用期由信用管理部审核批准。如长期客户临时申请延长信用期，由销售部经理批准
（2）	已记账的收入未发生或不准确	财务人员将经批准的销售订单、客户签字确认的发运凭单及发票所载信息相互核对无误后，编制记账凭证（附上述单据），经财务部经理审核后入账
（3）	应收账款记录不准确	每月末，财务部向客户寄送对账单。如客户未及时回复，销售人员需要跟进；如客户回复表明差异超过该客户欠款余额的 5%，则进行调查

资料二：

A 注册会计师在审计工作底稿中记录了实施的控制测试和实质性程序及其结果，部分内容摘录如下：

序号	控制	控制测试和实质性程序及其结果
（1）	产品送达后，甲公司要求客户的经办人员在发运凭单上签字。财务部将客户签字确认的发运凭单作为收入确认的依据之一	A 注册会计师对控制的预期偏差率为零，从收入明细账中抽取 25 笔交易，检查发运凭单是否经客户签字确认。经检查，有 2 张发运凭单未经客户签字 销售人员解释，这 2 批货物在运抵客户时，客户的经办人员出差。由于以往未发生过客户拒绝签收的情况，经财务部经理批准后确认收入 A 注册会计师对上述客户的应收账款实施函证，回函结果表明不存在差异
（2）	如需对 ERP 系统中设定的生产成本计算方法和公式进行变更，财务部将系统变更申请在当月提交至信息技术部，由其在月末前完成变更	在检查信息技术部是否及时、恰当处理收到的申请时，A 注册会计师发现 2020 年 11 月财务部提交的系统变更申请未在当月处理 信息技术部解释当月由于工作繁忙，未及时更改，已通知财务部。财务人员解释，从 2020 年 11 月起，生产过程中新添加了某种辅料。因 ERP 系统尚未变更，财务人员通过手工计算调整生产成本 A 注册会计师进行了相关测试，未发现生产成本计算错误

续表

序号	控制	控制测试和实质性程序及其结果
(3)	现金销售通过收银机集中收款，并自动生成销售小票和每日现金销售汇总表。财务人员将每日现金销售汇总表金额和收到的现金核对一致。除财务部经理批准外，出纳应在当日将收到的现金存入指定银行	A注册会计师对控制的预期偏差率为零，抽取25张银行现金缴款单回单与每日现金销售汇总表进行核对，发现有3张银行现金缴款单回单的日期比每日现金销售汇总表的日期晚一天 财务人员解释，由于当日核对工作结束较晚，银行已结束营业，经财务部经理批准，出纳将现金存入公司保险柜，并于次日存入银行 A注册会计师检查了财务部经理签字批准的记录，未发现异常

要求：

(1) 针对资料一第(1)至(3)项，假定不考虑其他条件，逐项指出资料一所列控制的设计是否存在缺陷。如认为存在缺陷，简要说明理由。

(2) 针对资料二第(1)至(3)项，假定这些控制的设计有效并得到执行，根据控制测试和实质性程序及其结果，逐项指出资料二所列控制运行是否有效。如认为运行无效，简要说明理由。

5. 甲公司主要从事汽车轮胎的生产和销售，其销售收入主要来源于国内销售和出口销售。ABC会计师事务所负责甲公司2020年度财务报表审计，并委派A注册会计师担任项目负责人。

资料一：

A注册会计师在审计工作底稿中记录了所了解的甲公司情况及其环境，部分内容摘录如下：

(1) 甲公司的收入确认政策为：对于国内销售，在将产品交付客户并取得客户签字的收货确认单时确认收入；对于出口销售，在相关产品装船并取得装船单时确认收入。

(2) 在甲公司的会计信息系统中，国内客户和国外客户的编号分别以D和E开头。

(3) 假定2020年12月31日，中国人民银行公布的人民币对美元汇率为1美元=6.8元人民币。

资料二：

甲公司编制的应收账款账龄分析表摘录如下：

金额单位：万元

2020年12月31日账龄分析						
客户类别	原币	人民币	其中：			
			1年以内	1~2年	2~3年	3年以上
国内客户		41158	28183	7434	4341	1200
国外客户	美元2400	15345	10981	2164	2200	0
合计		56503	39164	9598	6541	1200

续表

2019 年 12 月 31 日账龄分析						
客户类别	原币	人民币	其中：			
			1 年以内	1~2 年	2~3 年	3 年以上
国内客户		31982	23953	4169	3860	0
国外客户	美元 2006	14046	11337	2539	170	0
合计		46028	35290	6708	4030	0

要求：

针对资料二，结合资料一，假定不考虑其他条件，指出资料二中应收账款账龄分析表是否存在不当之处。如果存在不当之处，简要说明理由。

同步强化练习题参考答案及解析

“扫码看解析”

使用“微信”或“会计云课堂”App 扫码，即可线上对答案、看解析，错题随手收藏，及时巩固复习。

一、单项选择题

1. 【答案】B

解析：选项 B，从年末营业收入明细账记录追查至相关支持性凭证（包括发运凭证和销售发票）与营业收入发生认定（高估）最相关，与营业收入完整性认定（低估或隐瞒）最不相关。

2. 【答案】D

解析：选项 A 获取的审计证据与营业收入完整性认定最相关；选项 B 无法证实相关认定；选项 C 获取的审计证据与营业收入准确性认定最相关。

3. 【答案】A

解析：选项 A，顺查查低估与完整性认定最相关，故选项 A 正确。选项 B 与发生认定最相关，选项 C、D 无法证实相关认定。

4. 【答案】C

解析：选项 C 正确，截止测试的主要目的在于确定主营业务收入的会计记录归属期是否正确。

5. 【答案】D

解析：选项 D 正确，函证通常在资产负债表日后适当的时间内实施。

6. 【答案】D

解析：在考虑实施收入截止测试等审计程序所获取审计证据的基础上，针对应收账款函证的替代程序包括：（1）检查资产负债表日后收回的货款，值得注意的是，注册会计师不能仅查看应收账款的贷方发生额，而是要查看相关的收款单据，以证实付款方确为该客户且确与资产负债表日的应收账款相关；（2）检查相关的销售合同、销售单、发运凭证等文件。注册会计师需要根据被审计单位的收入确认条件和时点，确定能够证明收入发生的凭证；（3）检查被审计单位与客户之间的往来邮件，如有关发货、对账、催款等事宜邮件。

二、多项选择题

1. 【答案】AD

解析：选项 B 不正确，应收票据的取得、贴现必须由保管票据以外的主管人员书面批准；选项 C 不正确，销售人员应当避免接触销货现款。

2. 【答案】BCD

解析：选项 A 不正确，注册会计师检查销售过程中发运凭证连续编号是为了测试与营业收入完整性认定相关的内部控制的有效性。

3. 【答案】ABCD

解析：针对主营业务收入实施实质性分析程序时，针对已识别需要运用分析程序的有关项目，并基于对被审计单位及其环境的了解，通过进行以下比较，同时考虑有关数据间关系的影响，以建立有关数据的期望值：（1）将账面销售收入、销售清单和销售增值税销项清单进行核对；（2）将本期销售收入金额与以前可比期间的对应数据或预算数进行比较（选项 A）；（3）分析月度或季度销售量、销售单价、销售收入金额、毛利率变动趋势；（4）将销售收入变动幅度与销售商品及提供服务收到的现金、应收账款/合同资产、存货、税金等项目的变动幅度进行比较；（5）将销售毛利率、应收账款/合同资产周转率、存货周转率等关键财务指标与可比期间数据、预算数或同行业其他企业数据进行比较（选项 C）；（6）分析销售收入等财务信息与投入产出率、劳动生产率、产能、水电能耗、运输数量等非财务信息之间的关系（选项 D）；（7）分析销售收入与销售费用之间的关系，包括销售人员的人均业绩指标、销售人员薪酬、广告费、差旅费，以及销售机构的设置、规模、数量、分布等（选项 B）。

4. 【答案】AD

解析：选项 B 不正确，询证函应当经被审计单位盖章，而不是由会计师事务所盖章；选项 C 不正确，询证函回函作为会计师事务所审计工作底稿，用以汇总和统计函证结果，询证函及其回函（包括复印件）不能作为催款结算依据。

三、简答题

1. 【答案】

（1）不恰当。注册会计师应对 2020 年 11 月 30 日至 12 月 31 日之间应收账款的变动情况实施进一步审计程序/实质性程序。

（2）不恰当。注册会计师没有将被询证者的名称、地址与被审计单位有关记录进行核对。

（3）恰当。

（4）不恰当。注册会计师未对询证函的发出保持控制/询证函不应由甲公司财务人员寄发。

2. 【答案】

（1）不恰当。针对该笔应收账款的函证，审计项目组应当在询证函中不列明应收账款账户余额，而是要求被询证者提供余额信息，这样才能更有效发现应收账款低估错报。

（2）恰当。审计项目组针对不正常的回函率问题保持了职业怀疑，同时与被询证者的相关人员直接沟通讨论询证事项，并前往被询证者工作地点，验证了被询证者的真实存在。

（3）恰当。如果注册会计师认为跟函方式能够获取可靠信息，可以采取该方式发送并收回询证函。注册会计师跟函时可能需要有甲公司员工的陪伴，注册会计师需要在整个过程中保持对询证函的控制，同时，对甲公司和被询证者之间串通舞弊的风险保持警觉。

（4）不恰当。只对询证函进行口头回复，不符合函证的要求，不能作为可靠的审计证据。审计项目组在收到对询证函口头回复的情况下，可以要求被询证者丙公司提供直接书面回复。如果仍未收到书面回函，注册会计师需要通过实施替代程序，寻找其他审计证据以支持口头回复中的信息。

（5）恰当。虽然该限制条款使注册会计师将回函作为可靠审计证据的程度受到了限制，但是审计项目组执行了替代审计程序，消除了对此回函可靠性的疑虑。

3. 【答案】

事项序号	是否恰当（是/否）	理由
（1）	否	应调查遗失的原因，如遗失没有合理理由且没有适当的替代程序，应视为两例偏差
（2）	否	仅通过询问程序不足以获取控制运行有效性的证据，还应实施检查或重新执行等程序
（3）	否	A注册会计师应当了解与特别风险相关的内部控制
（4）	否	2020年需实施控制测试

4. 【答案】

事项序号	是否存在不当之处（是/否）	存在的不当之处	理由
（1）	是	A注册会计师未检查收货通知单	根据销售合同，被审计单位应以获取客户签发的收货通知单作为收入确认的时点，A注册会计师检查销售合同并不足以对营业收入的发生认定获取充分、适当的审计证据
（2）	是	未发现1月2日转字10号记账凭证的异常	记账凭证的日期早于发票日期和出库单日期
（3）	是	A注册会计师对11月15日转字28号和12月10日转字50号记账凭证未实施进一步检查	两笔记账凭证反映的销售额明显高于其他测试项目，表明收入确认方面可能存在舞弊风险，A注册会计师不应仅仅依赖管理层的解释

四、综合题

1. 【答案】

事项序号	是否可能表明存在重大错报风险（是/否）	理由	财务报表项目名称及认定
(1)	否	—	—
(2)	是	b产品附有销售退回条件，且不能合理估计退货率，不满足收入确认条件，可能存在多计营业收入和营业成本的风险	营业收入（发生） 应收账款（存在） 营业成本（发生） 存货（完整性）
(3)	是	甲公司通过与商业银行签订保理合同转让部分应收账款以缓解资金压力，相当于增加了短期借款，而资料二短期借款不增反降，存在低估（少计）应收账款和低估（少计）短期借款的风险	应收账款（完整性） 短期借款（完整性）
(4)	是	乙分厂于2020年年末完成搬迁，搬迁补偿款结余2000万元，但资料二中列示的营业外收入是5000万元，存在高估（多计）营业外收入、低估（少计）资本公积的风险	营业外收入（发生） 资本公积（完整性）

【名师点题】矛盾证据分析：

针对资料一第（1）项，结合资料二：应当确认营业收入（a产品）为150×80%×(8000÷100) +150×20%×（8000÷100×90%）=11760（万元）；与财务数据（资料二）的11750万元基本一致，不存在矛盾证据（非财务信息与财务数据），因此，营业收入（a产品）不存在重大错报风险。

针对资料一第（2）项，结合资料二：b产品附有销售退回条件，不能合理估计退货率，不应确认收入，但财务数据（资料二）显示b产品（发出商品）当期收入确认达到100%，存在矛盾证据（非财务信息与财务数据），因此，存在营业收入高估（多计）和营业成本高估（多计）的重大错报风险。

针对资料一第（3）项，结合资料二：甲公司将应收账款转让给商业银行，当年短期借款应当增加，但财务数据（资料二）显示当年短期借款不增反降，存在矛盾证据（非财务信息与财务数据），应收账款和短期借款均存在低估（少计）的重大错报风险。

针对资料一第（4）项，结合资料二：乙分厂于2020年年末完成搬迁，搬迁补偿款结余2000万元应转入资本公积，但财务数据（资料二）显示当年已确认营业外收入5000万元，存在营业外收入高估（多计）、资本公积低估（少计）的重大错报风险。

2. 【答案】

事项序号	是否可能表明存在重大错报风险（是/否）	理由	财务报表项目名称及认定
(1)	是	2020年度，a产品的建议市场零售价和单位生产成本相比2019年度基本没有变化，a产品的毛利率9.5%是合理的；在两种产品的单位生产成本基本接近，b产品的零售价比a产品高20%的情况下，b产品的毛利率为8%，比a产品的毛利率还低，明显不合理，存在少计营业收入或多计营业成本的风险	营业收入（完整性/准确性） 营业成本（发生/准确性）
(2)	是	经销商发现产品质量不符合合同要求，产品可能被退回。a产品年末存货余额为零，表明甲公司已确认该笔销售收入并结转存货成本，存在多计营业收入和营业成本的风险	营业收入（发生） 营业成本（发生） 存货（完整性）
(3)	是	由于工程质量未达到设计要求，还需进一步施工，在2020年不满足将奖励款100万元确认为收入的条件，也不满足全额确认合同收入的条件，存在多计营业收入的风险	营业收入（发生）

【名师点题】矛盾证据分析：

针对资料一第（1）项，结合资料二：a产品是老产品，b产品是新产品，在两种产品的单位生产成本基本接近，且b产品的零售价比a产品高20%的情况下，b产品毛利率8%，a产品毛利率9.5%，b产品毛利率低于a产品毛利率，存在矛盾证据，因此存在少计营业收入或多计营业成本的重大错报风险。

针对资料一第（2）项，结合资料二：经销商在验收时发现该批产品质量不符合合同要求，双方尚未就解决方案达成一致意见，存在销售退回风险，不满足收入确认条件。但财务数据显示a产品的期末存货余额是零，表明甲公司已确认这批a产品的销售收入，存在矛盾证据(非财务信息与财务数据)，因此，存在多计营业收入、营业成本，少计期末存货的重大错报风险。

针对资料一第（3）项，结合资料二：非财务信息显示，建筑安装工程质量未达到设计要求，100万元奖励款不满足确认条件，以及在2020年全额确认剩余合同收入的条件也不满足，但财务数据显示，100万元奖励款和剩余合同收入已经全部入账，因此，存在多计营业收入的重大错报风险。

3. 【答案】

针对要求（1）：

事项序号	是否可能表明存在重大错报风险（是/否）	理由	财务报表项目名称及认定
(1)	是	甲公司2020年年初增设5个销售服务处，预计2020年度办公室租金应当有明显增长。但甲公司2020年度办公室租金仅比2019年度增长11%，明显偏低，可能存在少计销售费用的重大错报风险	销售费用（完整性） 其他应付款（完整性）

续表

事项序号	是否可能表明存在重大错报风险（是/否）	理由	财务报表项目名称及认定
(2)	是	甲公司向医院提供一个月的免费试用期，A类产品销售收入的实现会出现一个月的滞后，发出商品余额应当有明显上升，但甲公司2020年年末存货中的发出商品余额与2019年年末基本持平，可能存在提前确认收入的重大错报风险	营业收入（发生） 应收账款（存在） 营业成本（发生） 存货（完整性）
(3)	是	如果营业收入是真实的，那么销售返利的金额应小于378（6300×6%）万元，但资料二显示其他应付款为420万元大于378万元，存在高估其他应付款的风险；如果销售返利的金额是正确的，则营业收入应大于7000（420÷6%）万元，可能存在低估营业收入的风险	其他应付款（存在） 营业收入（完整性）
(4)	是	作为管理层成员之一的销售总监被举报有舞弊行为，属于重大错报风险	销售费用（发生）

针对要求（2）：

事项序号	是否与根据资料一（结合资料二）识别的重大错报风险直接相关（是/否）	与根据资料一（结合资料二）识别的哪一项重大错报风险直接相关（资料一序号）	理由
(1)	是	(1)	通过估算本年度预计发生的办公室租金费用，并与入账的办公室租金费用进行比较，可以识别可能存在的少计办公室租金的问题
(2)	否	—	—
(3)	是	(3)	通过检查2019年度计提的销售返利的实际支付情况，并向管理层询问予以佐证，评估本年度计提的销售返利的合理性，可以识别可能存在的多计销售返利的问题
(4)	是	(2)	通过从A类产品销售收入明细账中选取若干笔记录，检查销售合同、发票和设备验收单，确定记录的销售收入金额是否与合同和发票一致，收入确认的时点是否与合同约定的交易条款和设备验收单的日期相符，可以识别可能存在的提前确认收入的问题

4. 【答案】

针对要求（1）：

事项序号	控制设计是否存在缺陷（是/否）	理由
(1)	是	未实现职责分离目标/长期客户临时申请延长信用期，应经信用管理部审核批准/可能存在销售人员追求更大销售量而不恰当延长信用期，导致坏账损失的风险
(2)	否	—
(3)	是	应调查所有差异/即使差异未超过甲公司对该客户应收账款余额的5%，也应当调查/也可能是重大的

针对要求（2）：

事项序号	控制运行是否有效（是/否）	理由
(1)	否	抽取的25个样本中有2个样本没有经客户签字确认，该控制未得到一贯执行
(2)	否	信息技术部未及时处理系统变更申请，该控制未得到及时执行
(3)	是	—

5. 【答案】

存在不当之处。存在的不当之处为：

(1) 国外客户美元余额折算为人民币时采用的汇率为6.4（15345/2400），与中国人民银行公布的2020年12月31日的汇率不一致。

(2) 国内客户于2020年12月31日账龄2~3年的金额（4341万元）大于2019年12月31日账龄1~2年的金额（4169万元），不符合逻辑。

第十章　采购与付款循环的审计

本章考情分析

本章是比较重要的考试章节，主要在简答题和综合题中考查。在简答题中，函证应付账款和查找未入账应付账款是本章重要考点；在综合题中，以应付职工薪酬、应付账款、管理费用完整性认定的“风险识别、评估与应对”为核心，属于每年必考的内容。

最近五年平均考试分值在 3 分左右。本章需要大家重点掌握的知识点（含可能题型），归纳如下表。

序号	知识点	题型	难易程度
1	了解采购与付款循环的主要业务活动	简答、综合	难
2	评估重大错报风险	综合	中
3	了解采购交易的内部控制	简答、综合	中
4	对应付账款实施函证程序	单选、多选、简答、综合	中
5	查找未入账的应付账款	单选、多选、简答、综合	难
6	寻找未入账负债的测试	单选、综合	难
7	除折旧/摊销、人工费用以外的一般费用的实质性程序	单选、综合	中

2021 年教材主要变化

1. 将第四节标题修改为“采购与付款循环的控制测试”。
2. 对教材表 10-4 的相关内容进行了修订。
3. 除上述修订内容外，修改了其他内容的部分文字表述。

本章考点框架

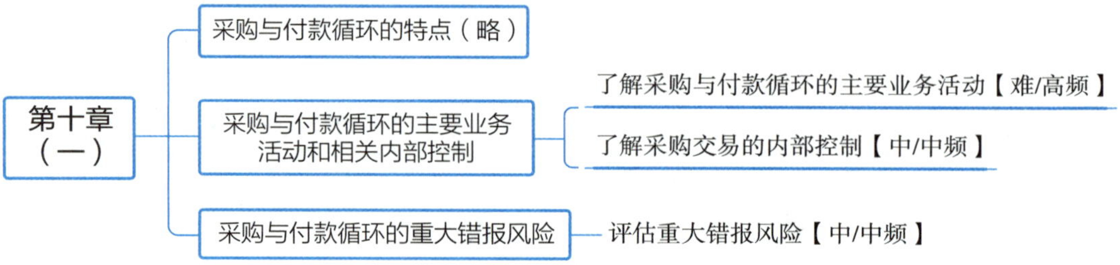

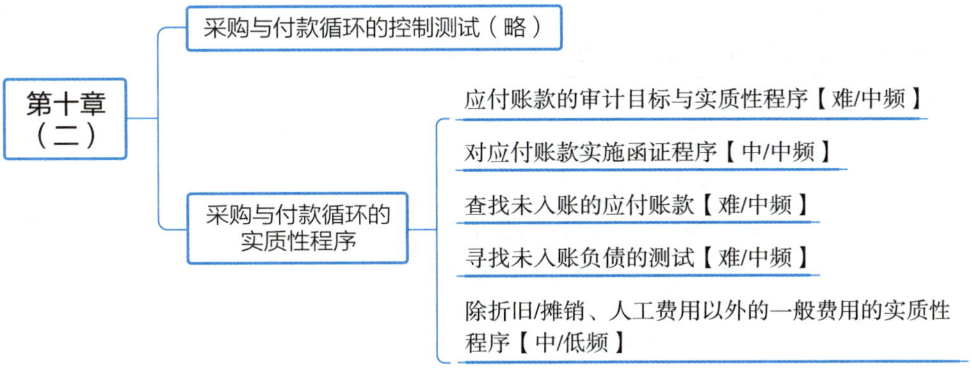

本章重难点精讲

提示	针对采购与付款循环审计，注册会计师通过了解采购业务流程、评估重要财务报表项目的认定（如，应付账款完整性认定），确定具体审计目标，设计和实施进一步审计程序（如，查找未入账的应付账款）。本章属于比较重要的章节。快扫听课二维码，助您“码”上通关

第一节　采购与付款循环的特点（略）

本节主要介绍了采购与付款循环涉及的主要单据与会计记录，具体内容结合第二节的考点 1“了解采购与付款循环的主要业务活动”进行掌握即可。

第二节　采购与付款循环的主要业务活动和相关内部控制

本节视频详解
使用“会计云课堂”App/微信扫码听课

教材在本章中以一般制造业企业为例说明采购业务流程，如图 10-1 所示。

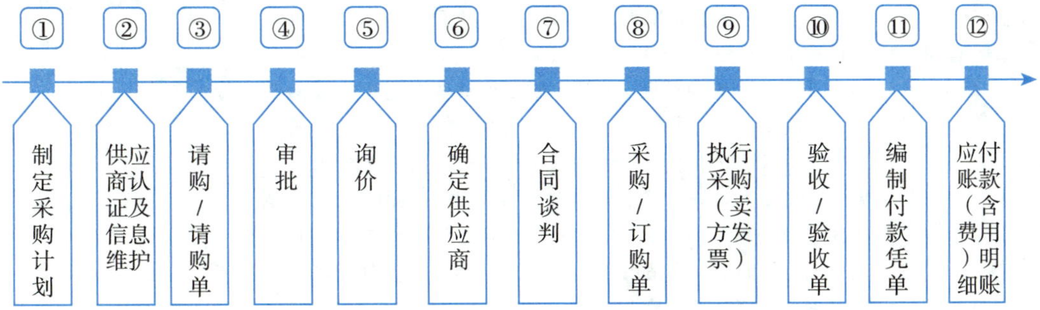

图 10-1　采购业务流程的主要业务活动

【看图说话】从财务报表审计角度，大家以请购单为起点，顺着业务流程各个关键节点展开学习。其中，订购单（或采购合同）、验收单和应付账款明细账是最关键的节点。

01 考点1 了解采购与付款循环的主要业务活动（★★★）[1]

业务活动（重要凭证）	具体内容	特别提示
制定采购计划	（1）生产、仓库等部门定期编制采购计划 （2）经部门负责人等适当的管理人员审批后提交采购部门，具体安排商品及服务采购	—
供应商认证及信息维护（供应商清单）	（1）通常对于合作的供应商事先进行资质等审核，将通过审核的供应商信息录入系统，形成完整的供应商清单 （2）及时对供应商信息变更进行更新 （3）采购部门只能向通过审核的供应商进行采购	—
请购商品和服务（请购单）	（1）仓储部门填写请购单，通常由仓储部门经理在请购单上签字审批 （2）生产部门填写请购单，通常由生产部门经理在请购单上签字审批 （3）对于日常采购的请购，应当根据请购单进行一般授权审批，每张请购单必须经过对这类支出预算负责的主管人员签字审批	由于企业内不少部门都可以填列请购单，可以按部门分别设置请购单的连续编号（请购单可以不要求统一编号）
编制订购单（订购单/合同）	（1）采购部门负责编制订购单，发出订购单 （2）采购部门对经过恰当批准的请购单发出订购单，询价后确定最佳供应商，但询价与确定供应商的职责应当分离；对一些大额、重要的采购项目，采用招标方式确定供应商 （3）采购部门收到请购单后，对金额在人民币××元以下的请购单由采购经理负责审批；金额在人民币××元至××元的请购单由总经理负责审批；金额超过人民币××元的请购单需经董事会审批 （4）采购信息管理员根据经恰当审批的请购单生成连续编号的订购单 （5）在采用自动化信息系统的被审计单位，将经审批的请购单信息输入系统，系统将自动生成订购单（此时系统显示为“待处理”状态）。每周，采购信息管理员核对本周内生成的订购单，将请购单和订购单存档管理，对任何不连续编号的情况进行检查	订购单需要连续编号，连续编号的订购单与应付账款的完整性认定相关

[1] 为方便您在学习中可以快速了解知识点的重要程度，本书中将知识点进行分类。★★★代表重要知识点，★★代表次重要知识点，★代表非重要知识点。

续表

业务活动（重要凭证）	具体内容	特别提示
执行采购	（1）在采用自动化信息系统的被审计单位，采购业务员根据系统显示的“待处理”的订购单信息，安排供应商发货、收取采购发票以及仓储验收等事宜 （2）每周，财务部门应付账款记账员汇总本周内生成的所有订购单并与请购单核对，编制采购信息报告 如订购单与请购单核对相符，应付账款记账员即在采购信息报告上签字。如有不符，应付账款记账员将通知采购信息管理员，与其共同调查该事项。应付账款记账员还需在采购信息报告中注明不符事项及其调查结果	采购信息报告与应付账款的存在、完整性认定相关
验收商品（验收单）	（1）验收部门首先需要比较所验收商品与订购单上的要求是否相符，然后再盘点商品并检查商品有无损坏 （2）验收部门对已收货的每张订购单编制一式多联、预先按顺序编号的验收单 （3）验收人员将商品送交仓库或其他请购部门时，应取得经过签字的收据，或要求其在验收单的副联上签收 （4）验收人员应将验收单其中的一联送交财务部门	验收单需要连续编号，连续编号的验收单与采购交易的完整性认定相关
储存商品	（1）储存岗位与验收岗位应当职责分离 （2）限制无关人员接近储存的商品	储存岗位与验收岗位的职责分离可以减少存货舞弊；验收人员将商品送交仓库或其他请购部门时，取得经过签字的收据，或要求其在验收单的副联上签收的控制活动，与存货的存在认定相关
确认和记录采购交易与负债	在记录采购交易前，财务部门需要检查订购单、验收单和供应商发票的一致性，确定供应商发票的内容是否与相关的验收单、订购单一致，以及供应商发票的计算是否正确。在检查无误后，会计人员编制转账凭证/付款凭证，经会计主管审核后据以登记相关账簿。如果月末尚未收到供应商发票，财务部门需根据验收单和订购单暂估相关的负债	这些控制与“存在”“发生”“完整性”“权利和义务”和“准确性、计价和分摊”等认定有关

续表

业务活动（重要凭证）	具体内容	特别提示
办理付款	以支票结算方式为例，编制和签发支票的有关控制包括： (1) 由被授权的财务部门的人员负责签发支票 (2) 被授权签发支票的人员应确定每张支票后附有已经适当批准的未付款凭单，并确定支票收款人姓名和金额与凭单内容一致 (3) 支票一经签发就应在其凭单和支持性凭证上用加盖印戳或打洞等方式将其注销，以免重复付款 (4) 不得签发无记名甚至空白的支票 (5) 支票应预先顺序编号，保证支出支票存根的完整性和作废支票处理的恰当性 (6) 应确保只有被授权的人员才能接近未经使用的空白支票	—
记录现金、银行存款支出（银行存款余额调节表）	以记录银行存款支出为例，有关控制包括： (1) 会计主管应独立检查记入银行存款日记账和应付账款明细账的金额的一致性，以及与支票汇总记录的一致性 (2) 通过定期比较银行存款日记账记录的日期与支票副本的日期，独立检查入账的及时性 (3) 独立编制银行存款余额调节表	银行存款余额调节表通常不能由出纳员编制

02 考点2 了解采购交易的内部控制（★★）

内部控制	具体内容
职责分离	采购与付款交易不相容岗位至少包括： 请购与审批；询价与确定供应商；采购合同的订立与审批；采购与验收；采购、验收与相关会计记录；付款审批与付款执行
授权审批	付款需要由经授权的人员审批，审批人员在审批前需检查相关支持文件，并对其发现的例外事项进行跟进处理
凭证的预先编号及对例外报告的跟进处理	(1) 通过对入库单的预先编号以及对例外情况的汇总处理，被审计单位可以应对存货和负债记录方面的完整性风险 (2) 如果该控制是人工执行的，被审计单位可以安排入库单编制人员以外的独立复核人员定期检查已经进行会计处理的入库单记录，确认是否存在遗漏或重复记录的入库单，并对例外情况予以跟进 (3) 如果在IT环境下，则系统可以定期生成列明跳号或重号的入库单统计例外报告，由经授权的人员对例外报告进行复核和跟进，可以确认所有入库单都进行了处理，且没有重复处理

第三节　采购与付款循环的重大错报风险

01 考点 评估重大错报风险（★★）

采购与付款循环可能存在的重大错报风险及具体内容，归纳如下。

（1）低估负债。在承受反映较高盈利水平和营运资本的压力下，被审计单位管理层可能试图低估应付账款等负债。

（2）管理层错报负债、费用支出的偏好和动机。被审计单位管理层可能为了完成预算，满足业绩考核要求，保证从银行获得资金，吸引潜在投资者，误导股东，影响公司股价等动机，通过操纵负债和费用的确认控制损益。

（3）费用支出的复杂性。

（4）不正确地记录外币交易。

（5）舞弊和盗窃的固有风险。

（6）存在未记录的权利和义务。

【提示】从备考的角度，上述六个方面中（1）和（2）是本章重要命题点，比如：期末应付账款未及时入账。

经典题解

【例题1·综合题·部分】甲公司是ABC会计师事务所的常年审计客户，主要从事化工产品的生产和销售，A注册会计师负责审计甲公司2020年度财务报表，确定财务报表整体的重要性为1000万元。

资料一：

A注册会计师在审计工作底稿中记录了所了解的甲公司情况及其环境，部分内容摘录如下：

（1）因环保问题，甲公司将于2021年6月关闭其下属乙分厂，管理层就辞退计划与员工协商一致，预计支付补偿金1500万元，该计划于2020年12月经董事会批准，将于2021年内实施完毕。

（2）2019年12月，甲公司聘请丙评估公司评估其拥有的一项采矿权，并据此计提资产减值准备2000万元，2020年12月，甲公司聘请丁测量公司对该矿储量进行测量，结果表明上年评估的储量偏低，管理层因此冲回资产减值准备1200万元。

（3）甲公司原租用的办公楼月租金为50万元。自2020年10月1日起，甲公司租用新办公楼，租期一年，月租金80万元，免租期3个月。

资料二：

A注册会计师在审计工作底稿中记录了甲公司的财务数据，部分内容摘录如下：

金额单位：万元

项目	2020年（未审数）	2019年（已审数）
应付职工薪酬	500	480
无形资产	4000	3000
管理费用—租赁费	450	600

要求：

针对资料一第（1）至（3）项，结合资料二，假定不考虑其他条件，逐项指出资料一所列事项是否可能表明存在重大错报风险，如果认为可能表明存在重大错报风险，简要说明理由，并说明该风险主要与哪些财务报表项目的哪些认定相关（不考虑税务影响）。

【答案】

事项序号	是否可能表明存在重大错报风险（是/否）	理由	财务报表项目名称及认定
(1)	是	甲公司预计支付辞退员工补偿金1500万元将导致2020年末应付职工薪酬比上年末大幅增加，但财务数据（资料二）显示2020年末应付职工薪酬与上年末基本持平，应付职工薪酬存在低估（少计）的重大错报风险	应付职工薪酬（完整性）
(2)	是	无形资产已经计提的减值准备不得在以后期间转回，但甲公司转回了上期期末计提的无形资产减值准备，存在少计（低估）资产减值损失的重大错报风险	资产减值损失（完整性） 无形资产（准确性、计价和分摊）
(3)	是	应在免租期内确认租金费用和负债，存在少计管理费用和负债的风险	管理费用（完整性） 其他应付款（完整性）

【名师点题】矛盾证据分析：

针对资料一第（3）项，结合资料二：根据甲公司房屋租赁事项，甲公司2020年应入账办公楼租金（管理费用）为：50×9+［80×（12－3）÷12］×3＝630（万元），但财务数据（资料二）显示，甲公司2020年已确认管理费用—租赁费为450万元，存在矛盾证据（非财务信息与财务数据），因此，存在少计管理费用和负债的重大错报风险。

第四节　采购与付款循环的控制测试（略）

第五节　采购与付款循环的实质性程序

本节视频详解
使用“会计云课堂”App/微信扫码听课

【导航】我们借鉴CICPA财务报表审计工作底稿模板，将应付账款的实质性程序与审计目标对应起来，避免教材知识点“不接地气”，同时，大家熟悉底稿模板后也可以在审计实务工作中很快“进入角色”，做到学有所用，将理论学习与实务工作对接。

01　考点1　应付账款的审计目标与实质性程序（★★）

应付账款实质性程序

被审计单位：甲公司	索引号：FD
项目：应付账款	财务报表截止日/期间：2020年12月31日
编制：A	复核：B
日期：2021/01/08	日期：2021/01/12

（一）审计目标与认定对应关系表

审计目标	财务报表认定					
	存在	完整性	权利和义务	准确性、计价和分摊	分类	列报
A. 资产负债表中记录的应付账款是存在的	√					
B. 所有应当记录的应付账款均已记录，所有应当包括在财务报表中的相关披露均已包括		√				
C. 资产负债表中记录的应付账款是甲公司应当履行的偿还义务			√			
D. 应付账款以恰当的金额包括在财务报表中				√		
E. 应付账款已记录于恰当的账户					√	
F. 应付账款已被恰当地汇总或分解且表述清楚，按照企业会计准则的规定在财务报表中作出的相关披露是相关的、可理解的						√

（二）审计目标与审计程序对应关系表

审计目标	可供选择的审计程序
D	（1）获取应付账款明细表
AC	（2）对应付账款实施函证程序（在【考点 2】中展开）
B	（3）检查应付账款是否计入了正确的会计期间，是否存在未入账的应付账款（在【考点 3】中展开）
B	（4）寻找未入账负债的测试（在【考点 4】中展开）
A	（5）检查应付账款长期挂账的原因并作出记录，对确实无需支付的应付账款的会计处理是否正确
F	（6）检查应付账款是否已按照企业会计准则的规定在财务报表中作出恰当列报和披露

02 考点 2 对应付账款实施函证程序（★★）

事项	具体内容
获取适当的供应商相关清单	注册会计师在实施函证程序时可能需要从非财务部门（如采购部门）获取适当的供应商清单，例如本期采购清单、所有现存供应商名录等
选取样本（供应商清单）进行测试并执行程序	（1）向债权人发送询证函 注册会计师应根据审计准则的规定对询证函保持控制，包括确定需要确认或填列的信息、选择适当的被询证者、设计询证函，包括正确填列被询证者的姓名和地址，以及被询证者直接向注册会计师回函的地址等信息，必要时再次向被询证者寄发询证函等 （2）将询证函回函确认的余额与已记录金额相比较，如存在差异，检查支持性文件。评价已记录金额是否适当 （3）对未回函的项目实施替代程序 例如，检查付款单据（如支票存根）、相关的采购单据（如，订购单、验收单、发票和合同）或其他适当文件 （4）如果认为回函不可靠，评价对评估的重大错报风险以及其他审计程序的性质、时间安排和范围的影响

经典题解

【例题 2·简答题】 ABC 会计师事务所负责审计甲公司 2020 年度财务报表，审计项目组确定财务报表整体的重要性为 200 万元，明显微小错报的临界值为 10 万元，审计工作底稿中与函证程序相关的部分内容摘录如下。

（1）甲公司应付账款年末余额为 550 万元，审计项目组认为应付账款存在低估风险，选取了年末余额合计为 480 万元的两家主要供应商实施函证，未发现差异。

要求：

针对上述第（1）项，指出审计项目组的做法是否恰当。如不恰当，简要说明理由。

【答案】 不恰当。仅选取大金额主要供应商实施函证不能应对低估风险/还应选取小额或零余额账户。

03 考点 3 查找未入账的应付账款（★★）

“查找未入账的应付账款”属于本章难度最大的知识点，根据采购业务流程，涉及到存货、货币资金业务活动，如图 10-2 所示。

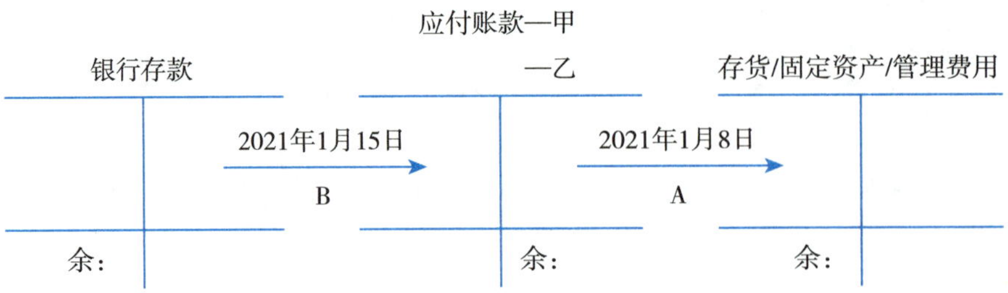

图 10-2　查找未入账的应付账款

请结合图 10-2 中的“A”和“B”，理解和掌握下列程序，具体内容，归纳如下表。

查找未入账应付账款程序	特别提示
(1) 对本期发生的应付账款增减变动，检查至相关支持性文件，确认会计处理是否正确	查低估（少计）
(2) 检查资产负债表日后应付账款明细账贷方发生额的相应凭证，关注其验收单、供应商发票的日期，确认其入账时间是否合理	图 10-2 的 A
(3) 获取并检查被审计单位与其供应商之间的对账单以及被审计单位编制的差异调节表，确定应付账款金额的准确性	外部“排查”
(4) 针对资产负债表日后付款项目，检查银行对账单及有关付款凭证（如银行汇款通知、供应商收据等），询问被审计单位内部或外部的知情人员，查找有无未及时入账的应付账款	图 10-2 的 B
(5) 结合存货监盘程序，检查被审计单位在资产负债表日前后的存货入库资料（验收报告或入库单），检查相关负债是否计入了正确的会计期间	“货到单未到”时需要暂估入账

【提示】截至资产负债表日（12 月 31 日）应付账款未入账问题，审计策略是“围追堵截”，比如，从次年年初的应付账款入账记录“追查”该笔款项是否属于被推迟入账的情况。上表中归纳的 5 个程序需要大家“踏踏实实”掌握。

经典题解

【例题 3·多选题】下列实质性程序中，与查找未入账应付账款相关的有（　　）。

A. 检查财务报表日后现金支出的主要凭证

B. 检查财务报表日后应付账款明细账贷方发生额的相应凭证

C. 以应付账款明细账为起点，选取异常项目追查至相关验收单、供应商发票以及订购单等原始凭证

D. 针对资产负债表日后偿付的应付账款，追查至银行对账单、银行付款单据和其他原始凭证，检查在资产负债表日前是否应计入应付账款

【解析】选项 C 错误，注册会计师从应付账款明细账追查至相关原始凭证（“逆查”）获取的审计证据与应付账款存在认定相关，与应付账款完整性认定（应付账款未入账）无关。

【答案】ABD

04 考点 4 寻找未入账负债的测试（★★）

寻找截至财务报表日未入账负债具体程序，归纳如下表。

程序路径	具体内容
(1) 检查支持性文件	检查相关的发票、采购合同/申请、收货文件以及接受服务明细，以确定收到商品/接受服务的日期及应在期末之前入账的日期

续表

程序路径	具体内容
（2）追踪至明细账	追踪已选取项目至应付账款明细账、货到票未到的暂估入账和/或预提费用明细表，并关注费用所计入的会计期间，调查并跟进所有已识别的差异
（3）评价费用入账期间	评价费用是否被记录于正确的会计期间，并相应确定是否存在期末未入账负债

经典题解

【例题4·单选题】注册会计师为审查被审计单位未入账负债而实施的下列审计程序中，最有效的是（　　）。

A. 审查购货发票与债权人名单

B. 审查资产负债表日前后几天的发票

C. 审查应付账款、应付票据的函证回函

D. 审查资产负债表日后货币资金支出情况的有关付款凭证

【解析】选项D正确，资产负债表日后如果以货币资金支付了应付款项，说明上期期末应付款项应当记录，若没有记录，则说明被审计单位存在未入账的负债。

【答案】D

05 考点5 除折旧/摊销、人工费用以外的一般费用的实质性程序（★）

【提示】折旧/摊销和人工费用一般在其他循环中涵盖，此处提及的是除这些以外的一般费用，如差旅费、广告费。

一般费用的实质性程序：

（一）获取一般费用明细表，复核其加计数是否正确、并与总账和明细账合计数核对是否正确

（二）实质性分析程序

（1）考虑可获取信息的来源、可比性、性质和相关性以及与信息编制相关的控制，评价在对记录的金额或比率作出预期时使用数据的可靠性。

（2）将费用细化到适当层次，根据关键因素和相互关系（例如本期预算、费用类别与销售数量、职工人数的变化之间的关系等）设定预期值，评价预期值是否足够精确以识别重大错报。

（3）确定已记录金额与预期值之间可接受的、无需作进一步调查的可接受的差异额。

（4）将已记录金额与期望值进行比较，识别需要进一步调查的差异。

（5）调查差异，询问管理层，针对管理层的答复获取适当的审计证据；根据具体情况在必要时实施其他审计程序。

（三）从资产负债表日后的银行对账单或付款凭证中选取项目进行测试，检查支持性文件（如合同或发票），关注发票日期和支付日期，追踪已选取项目至相关费用明细表，检查费用所计入的会计期间，评价费用是否被记录于正确的会计期间

（四）对本期发生的费用选取样本，检查其支持性文件，确定原始凭证是否齐全，记账凭证与原始凭证是否相符以及账务处理是否正确

（五）抽取资产负债表日前后的凭证，实施截止测试，评价费用是否被记录于正确的会计期间

（六）检查一般费用是否已按照企业会计准则及其他相关规定在财务报表中作出恰当的列报和披露

扫一扫　“码”上做题、看解析

本书历年经典试题均配备二维码，使用“会计云课堂”App 扫码，即可线上做题、看解析。

【“会计云课堂”App 下载二维码见封底页】

历年经典试题回顾

(一) 评估重大错报风险（财务报表层次和认定层次）

【例题 1·综合题·部分】甲公司是 ABC 会计师事务所的常年审计客户，主要从事轨道交通车辆配套产品的生产和销售。A 注册会计师负责审计甲公司 2018 年度财务报表，确定财务报表整体的重要性为 1000 万元，实际执行的重要性为 500 万元。

资料一：

A 注册会计师在审计工作底稿中记录了所了解的甲公司情况及其环境，部分内容摘录如下：

(4) 2018 年，由于竞争对手改进生产工艺，大幅提高了产品质量，甲公司 d 产品的订单量锐减。

(5) 2018 年 9 月，甲公司委托丁公司研发一项新技术，甲公司承担研发过程中的风险并享有研发成果。委托合同总价款 5000 万元，合同生效日预付 40%，成果交付日支付剩余款项。该研发项目 2018 年末的完工进度约为 30%。

资料二：

A 注册会计师在审计工作底稿中记录了甲公司的财务数据，部分内容摘录如下：

金额单位：万元

项目	未审数	已审数
	2018 年	2017 年
营业收入—d 产品	2200	8000
营业成本—d 产品	2000	5500
预付款项—丁公司研发费	2000	0
存货—d 产品	200	1000
无形资产—d 产品专有技术	2500	3000

要求：

针对资料一第（4）、（5）项，结合资料二，假定不考虑其他条件，逐项指出资料一所列事项是否可能表明存在重大错报风险。如果认为可能表明存在重大错报风险，简要说明理由，并说明该风险主要与哪些财务报表项目的哪些认定相关（不考虑税务影响）。(2019 年)

【例题 2·综合题·部分】上市公司甲公司是 ABC 会计师事务所的常年审计客户，主要从事汽车零部件的研发、制造和销售。A 注册会计师负责审计甲公司 2018 年度财务报表，确定财务报表整体的重要性为 600 万元，实际执行的重要性为 450 万元，明显微小错报的临界值为 30 万元。

资料一：

A 注册会计师在审计工作底稿中记录了所了解的甲公司情况及其环境，部分内容摘录如下：

（4）2018 年，财政部和国家税务总局出台规定，研发费用的税前加计扣除比例由 50%提高至 75%。

资料二：

A 注册会计师在审计工作底稿中记录了甲公司的财务数据，部分内容摘录如下：

金额单位：万元

项目	未审数	已审数
	2018 年	2017 年
研发费用	9000	4000

要求：

针对资料一第（4）项，结合资料二，假定不考虑其他条件，指出资料一所列事项是否可能表明存在重大错报风险。如果认为可能表明存在重大错报风险，简要说明理由，并说明该风险主要与哪些财务报表项目的哪些认定相关（不考虑税务影响）。（2019 年网络回忆版）

【例题 3·综合题·部分】上市公司甲公司是 ABC 会计师事务所的常年审计客户，主要从事汽车的生产和销售。A 注册会计师负责审计甲公司 2017 年度财务报表，确定财务报表整体的重要性为 1000 万元，明显微小错报的临界值为 30 万元。

资料一：

A 注册会计师在审计工作底稿中记录了所了解的甲公司情况及其环境，部分内容摘录如下：

（4）2017 年 12 月 31 日，甲公司以 1 亿元购入丙公司 40% 股权。根据约定，甲公司按持股比例享有丙公司自评估基准日 2017 年 6 月 30 日至购买日的净利润。

（5）2017 年 12 月，甲公司与非关联方丁公司签订意向书，以 3000 万元价格向其转让一批旧设备。2018 年 1 月，该交易获得批准并完成交付。

资料二：

A 注册会计师在审计工作底稿中记录了甲公司的财务数据，部分内容摘录如下：

金额单位：万元

项目	未审数	已审数
	2017 年	2016 年
投资收益—权益法核算（丙公司）	1200	0
持有待售资产—拟销售给丁公司的设备	4200	0
长期股权投资—丙公司	11200	0

要求：

针对资料一第（4）、（5）项，结合资料二，假定不考虑其他条件，逐项指出资料一所列事项是否可能表明存在重大错报风险。如果认为可能表明存在重大错报风险，简要说明理由，并说明该风险主要与

哪些财务报表项目的哪些认定相关（不考虑税务影响）。（2018 年）

【例题 4·综合题·部分】上市公司甲公司是 ABC 会计师事务所的常年审计客户，主要从事药品的研发、生产和销售。A 注册会计师负责审计甲公司 2017 年度财务报表，确定财务报表整体的重要性为 300 万元，明显微小错报的临界值为 15 万元。

资料一：

A 注册会计师在审计工作底稿中记录了所了解的甲公司情况及其环境，部分内容摘录如下：

（1）2017 年，甲公司产品 a 针剂被调整出国家医保目录，导致销量大幅下降。

（3）2017 年，甲公司开始研发 c 针剂，自该研发项目通过内部立项审批起，将相关研发支出资本化。

（6）2018 年 1 月初，甲公司公开发行公司债券 15 亿元，仅获得 5000 万元认购，由于募得资金不足，甲公司于 2018 年 3 月 1 日到期的短期融资券将极可能出现违约。

资料二：

A 注册会计师在审计工作底稿中记录了甲公司的财务数据，部分内容摘录如下：

金额单位：万元

项目	未审数	已审数
	2017 年	2016 年
营业收入—a 针剂	11000	36000
营业成本—a 针剂	13000	21600
研发费用—c 针剂研发	400	0
存货—a 针剂	100	4000
固定资产—a 针剂生产线	25000	30000
开发支出—c 针剂	2000	0
其他流动负债—短期融资券	110000	90000

要求：

针对资料一第（1）、（3）和（6）项，结合资料二，假定不考虑其他条件，逐项指出资料一所列事项是否可能表明存在重大错报风险。如果认为可能表明存在重大错报风险，简要说明理由，如果认为该风险为认定层次重大错报风险，说明该风险主要与哪些财务报表项目的哪些认定相关（不考虑税务影响）。（2018 年网络回忆版）

【例题 5·综合题·部分】甲公司是 ABC 会计师事务所的常年审计客户，主要从事电气设备的生产和销售。A 注册会计师负责审计甲公司 2016 年度财务报表，确定财务报表整体的重要性为 300 万元，实际执行的重要性为 210 万元。

资料一：

A 注册会计师在审计工作底稿中记录了所了解的甲公司情况及其环境，部分内容摘录如下：

（3）甲公司从 2015 年 11 月起研发智能家电。2016 年末，已完成市场调研、技术资料的收集和可行性研究。

（4）2015 年 1 月，甲公司以年利率 7% 借入 1.5 亿元专门借款，用于在东南亚某国建设一个生产基地。2016 年 7 月，该生产基地达到预定可使用状态，转入固定资产。

资料二：

A 注册会计师在审计工作底稿中记录了甲公司的财务数据，部分内容摘录如下：

金额单位：万元

项目	未审数	已审数
	2016 年	2015 年
开发支出—智能家电	500	0
研发费用—智能家电研发	300	200
在建工程—东南亚生产基地	0	8000
长期借款—专门借款	15000	15000
财务费用—专门借款利息支出	0	0

要求：

针对资料一第（3）、（4）项，结合资料二，假定不考虑其他条件，逐项指出资料一所列事项是否可能表明存在重大错报风险。如果认为可能表明存在重大错报风险，简要说明理由，并说明该风险主要与哪些财务报表项目的哪些认定相关（不考虑税务影响）。（2017 年网络回忆版）

【例题 6·综合题·部分】甲公司是 ABC 会计师事务所的常年审计客户，主要从事肉制品的加工和销售。A 注册会计师负责审计甲公司 2015 年度财务报表，确定财务报表整体的重要性为 100 万元。审计报告日为 2016 年 4 月 30 日。

资料一：

2015 年 3 月 15 日，媒体曝光甲公司的某批次产品存在严重的食品安全问题。在计划审计阶段，A 注册会计师就此事项及相关影响与管理层进行了沟通，部分内容摘录如下：

（2）甲公司每年向母公司支付商标使用费 300 万元，2015 年母公司豁免了该项费用。

（3）2015 年，甲公司多名关键员工离职。管理层正在考虑一项员工激励计划，向服务至 2018 年末的员工发放特别奖金。因计划未确定，管理层未在 2015 年度财务报表中确认。

（4）为对产品进行升级，2015 年末，甲公司以其持有的账面价值为 500 万元的长期股权投资从非关联方换入账面价值为 400 万元的专利权，并收到补价 100 万元，换入资产和换出资产的公允价值均不能可靠计量。

（5）为增收节支，甲公司董事会决定将管理人员迁至厂区办公，并自 2015 年 12 月 1 日起将二号办公楼出租给乙公司，租期 10 年。管理层在起租日将该办公楼转为投资性房地产，采用公允价值模式进行计量。

资料二：

A 注册会计师在审计工作底稿中记录了甲公司的财务数据，部分内容摘录如下：

金额单位：万元

项目	未审数	已审数
	2015 年	2014 年
管理费用—商标使用费	300	300
营业外收入—母公司豁免商标使用费	300	0
投资收益—非货币性资产交换收益	100	0
无形资产—非货币性资产交换换入专利权	500	0
公允价值变动收益—投资性房地产（二号办公楼）	4000	0
投资性房地产—成本（二号办公楼）	10000	0

要求：

针对资料一第（2）至（5）项，结合资料二，假定不考虑其他条件，逐项指出资料一所列事项是否可能表明存在重大错报风险。如果认为可能表明存在重大错报风险，简要说明理由，并说明该风险主要与哪些财务报表项目的哪些认定相关（不考虑税务影响）。（2016 年）

（二）了解采购交易的内部控制

【例题 1·简答题·部分】 ABC 会计师事务所的 A 注册会计师负责审计甲公司 2015 年度财务报表。审计工作底稿中与负债审计相关的部分内容摘录如下：

（1）甲公司各部门使用的请购单未连续编号，请购单由部门经理批准，超过一定金额还需总经理批准。A 注册会计师认为该项控制设计有效，实施了控制测试，结果满意。

要求：

针对上述第（1）项，指出 A 注册会计师的做法是否恰当。如不恰当，简要说明理由。（2016 年）

【例题 2·综合题·部分】 甲公司是 ABC 会计师事务所的常年审计客户，主要从事家电产品的生产、批发和零售。A 注册会计师负责审计甲公司 2019 年度财务报表，确定财务报表整体的重要性为 800 万元，明显微小错报的临界值为 40 万元。

资料四：

A 注册会计师在审计工作底稿中记录了实施进一步审计程序的情况，部分内容摘录如下：

（1）A 注册会计师在期中审计时针对 2019 年 1 月至 9 月与采购相关的内部控制实施测试，发现存在控制缺陷，因此，未测试 2019 年 10 月至 12 月的相关控制，通过细节测试获取了与 2019 年度采购交易相关的审计证据。

要求：

针对资料四第（1）项，假定不考虑其他条件，指出 A 注册会计师的做法是否恰当。如不恰当，简要说明理由。（2020 年网络回忆版）

（三）对应付账款实施函证程序

【例题 1·简答题·部分】 ABC 会计师事务所的 A 注册会计师负责审计甲公司 2018 年度财务报表。审计工作底稿中与函证相关的部分内容摘录如下：

（3）甲公司 2018 年向乙公司采购的某设备价格显著高于同类设备的市场价格，管理层解释该设备采用了特殊材质，A 注册会计师了解了使用特殊材质的原因，检查了采购合同，查询了特殊材质的市场价格，并就该设备的采购价格和使用材质向乙公司进行了函证，回函相符，据此认可了设备采购价格。

要求：

针对上述第（3）项，指出A注册会计师的做法是否恰当。如不恰当，简要说明理由。（2019年网络回忆版）

【例题2·综合题·部分】上市公司甲公司是ABC会计师事务所的常年审计客户，主要从事药品的研发、生产和销售。A注册会计师负责审计甲公司2017年度财务报表，确定财务报表整体的重要性为300万元，明显微小错报的临界值为15万元。

资料四：

A注册会计师在审计工作底稿中记录了针对市场推广费实施的进一步审计程序，部分内容摘录如下：

（3）A注册会计师对期末应付市场推广费余额实施了函证程序，有两份回函显示余额不符。经调查，系甲公司会计记账串户所致。因相关服务商为非关联方，A注册会计师将该不符事项认定为错报。

（4）乙公司于2017年3月设立，主要从事市场推广服务。2017年度，甲公司向乙公司购买市场推广服务5000万元。A注册会计师检查了合同，采购审批记录以及支付单据，并就推广费用向乙公司实施了函证程序，结果满意。

要求：

针对资料四第（3）、（4）项，假定不考虑其他条件，逐项指出A注册会计师的做法是否恰当。如不恰当，简要说明理由。（2018年网络回忆版）

（四）查找未入账的应付账款

【例题·简答题·部分】ABC会计师事务所的A注册会计师负责审计甲公司2015年度财务报表，审计工作底稿中与负债审计相关的部分内容摘录如下：

（2）为查找未入账的应付账款，A注册会计师检查了资产负债表日后应付账款明细账贷方发生额的相关凭证，并结合存货监盘程序，检查了甲公司资产负债表日前后的存货入库资料，结果满意。

要求：

针对上述第（2）项，指出A注册会计师的做法是否恰当。如不恰当，简要说明理由。（2016年）

历年经典试题回顾参考答案及解析

（一）评估重大错报风险（财务报表层次和认定层次）

【例题1·综合题·部分】

【答案】

事项序号	是否可能表明存在重大错报风险（是/否）	理由	财务报表项目名称及认定
（4）	是	产品订单锐减，可能导致相关的无形资产/专有技术出现减值，可能存在少计无形资产减值的风险	资产减值损失（完整性/准确性） 无形资产（准确性、计价和分摊）

续表

事项序号	是否可能表明存在重大错报风险（是/否）	理由	财务报表项目名称及认定
（5）	是	由于甲公司承担研发过程中的风险并享有研发成果，故该项研发实质上是甲公司的自主研发，可能存在少计开发支出或研发费用，多计预付款项的风险	开发支出/研发费用（完整性） 预付款项（存在）

【例题 2·综合题·部分】

【答案】

事项序号	是否可能表明存在重大错报风险（是/否）	理由	财务报表项目名称及认定
（4）	是	研发费用的税前加计扣除比例由 50% 提高至 75%，财务数据显示，2018 年研发费用大幅上涨，可能存在多计研发费用的重大错报风险	研发费用（发生）

【例题 3·综合题·部分】

【答案】

事项序号	是否可能表明存在重大错报风险（是/否）	理由	财务报表项目名称及认定
（4）	是	长期股权投资购入之后才能采用权益法核算/权益法确认的投资收益不应包括购买前的损益，可能存在多计投资收益和长期股权投资的风险	长期股权投资（准确性、计价和分摊） 投资收益（准确性）
（5）	是	截至 2017 年末，转让交易未经批准，尚不满足划分为持有待售资产的条件，可能存在多计持有待售资产的风险；转让价格低于账面值，可能存在少计资产减值准备的风险	持有待售资产（存在） 固定资产（完整性） 固定资产（准确性、计价和分摊） 资产减值损失（准确性）

【例题 4·综合题·部分】

【答案】

事项序号	是否可能表明存在重大错报风险（是/否）	理由	财务报表项目名称及认定
（1）	是	甲公司产品 a 针剂被调整出国家医保目录，可能导致 a 针剂生产线弃置不用且无转让价值，从而发生大幅减值，但财务数据（资料二）显示，a 针剂生产线净值仅下降 1/6，存在没有计提减值准备的重大错报风险	固定资产（准确性、计价和分摊） 资产减值损失（完整性）

续表

事项序号	是否可能表明存在重大错报风险（是/否）	理由	财务报表项目名称及认定
(3)	是	甲公司自c针剂研发项目通过内部立项审批起，将相关研发支出资本化。可能存在多计开发支出、少计研发费用的重大错报风险	开发支出（存在） 研发费用（完整性）
(6)	是	甲公司未获得新的大额融资，且2018年3月原融资极可能违约，面临赔付风险，可能因财务方面对持续经营假设产生重大疑虑，存在报表层重大错报风险	—

【例题5·综合题·部分】

【答案】

事项序号	是否可能表明存在重大错报风险（是/否）	理由	财务报表项目名称及认定
(3)	是	2016年末，仅完成了研究阶段的相关工作，尚未进入开发阶段，但财务数据（资料二）显示已确认开发支出500万元，存在多计开发支出、少计研发费用的重大错报风险	开发支出（存在） 研发费用（完整性）
(4)	是	2016年7月在建工程完工转入固定资产后，剩余期间产生的437.5万元专门借款利息应计入财务费用，但财务数据（资料二）显示，财务费用中不包含这部分专门借款的利息支出，存在多计固定资产、少计财务费用的重大错报风险	固定资产（存在） 财务费用（完整性）

【例题6·综合题·部分】

【答案】

事项序号	是否可能表明存在重大错报风险（是/否）	理由	财务报表项目名称及认定
(2)	是	豁免的商标使用费应计入资本公积，存在多计营业外收入、少计资本公积的风险	营业外收入（发生） 资本公积（完整性）
(3)	否	—	—
(4)	是	换入资产和换出资产的公允价值不能可靠计量，应以换出资产的账面价值为基础确认换入资产成本/补价不能确认收益，存在多计投资收益、多计无形资产的风险	无形资产（准确性、计价和分摊） 投资收益（发生）

续表

事项序号	是否可能表明存在重大错报风险（是/否）	理由	财务报表项目名称及认定
(5)	是	该项投资性房地产的公允价值在一个月内上涨40%，可能存在多计公允价值变动收益的风险	公允价值变动收益（准确性） 投资性房地产（准确性、计价和分摊）

（二）了解采购交易的内部控制

【例题1·简答题·部分】

【答案】恰当。

【例题2·综合题·部分】

【答案】

事项序号	是否恰当（是/否）	理由
(1)	是	—

（三）对应付账款实施函证程序

【例题1·简答题·部分】

【答案】恰当。

【名师点题】针对“某设备价格显著高于同类设备的市场价格”，注册会计师实施适当的审计程序，获取了充分、适当的审计证据，其中包括获取内部证据（询问管理层、检查合同）和外部证据（检查市场价格、函证供应商）。

【例题2·综合题·部分】

【答案】

事项序号	是否恰当（是/否）	理由
(3)	否	该不符事项系应付账款内部串户导致，不应认定为存在错报
(4)	否	需要考虑是否为未披露的关联方或是否具有商业实质

（四）查找未入账的应付账款

【例题·简答题·部分】

【答案】不恰当。还应检查资产负债表日后货币资金的付款项目/获取甲公司与供应商之间的对账单并与财务记录进行核对调节/检查采购业务形成的相关原始凭证。

扫一扫　“码”上做题、看解析

本书同步强化练习题均配备二维码，使用“会计云课堂”App 扫码，即可线上做题、看解析。

【“会计云课堂”App 下载二维码见封底页】

同步强化练习题

一、单项选择题

1. 以下审计程序中，与应付账款完整性认定无关的是（　　）。
A. 检查采购单据以确定是否使用预先编号的订购单、验收单
B. 抽取采购合同、供应商发票和验收单等凭证，追查至应付账款明细账
C. 向供应商函证零余额的应付账款
D. 从应付账款明细账追查至验收单、供应商发票和采购合同等凭证

2. 下列审计程序中，与查找未入账应付账款无关的是（　　）。
A. 检查期后已付账单的支持性凭证
B. 检查期后银行付款的支持性凭证
C. 从资产负债表日应付账款明细账记录追查至相关支持性凭证
D. 从验收单追查至相关的应付账款明细账

3. 为了验证期末应付账款是否存在低估，下列审计证据最有效的是（　　）。
A. 被审计单位编制的连续编号的请购单
B. 被审计单位编制的连续编号的订购单
C. 被审计单位编制的连续编号的验收单
D. 月末供应商对账单

4. 以下实质性程序中，与应付账款完整性认定最相关的是（　　）。
A. 向采购供应商函证应付账款
B. 从采购订单、供应商发票和入库单等原始凭证，追查至应付账款明细账
C. 获取应付账款明细表，复核加计是否正确，并与报表数、总账数和明细账数核对是否相符
D. 以应付账款明细账为起点，追查至采购相关的原始凭证，如采购订单、供应商发票和入库单等

二、多项选择题

1. 下列审计程序中，与采购交易记录的完整性认定相关的有（　　）。（★★★）*
A. 从有效的订购单追查至验收单
B. 从验收单追查至采购明细账
C. 从付款凭单追查至购货发票
D. 从供应商发票追查至采购明细账

2. 下列各项审计程序中，能够提供应付账款未入账的审计证据的有（　　）。（★★★）
A. 结合存货监盘程序，检查被审计单位在资产负债表日前后的存货入库资料，检查是否有大额货到单未到的情况，确认相关负债是否计入了正确的会计期间
B. 针对资产负债表日后付款项目，检查银行对账单及有关付款凭证，询问被审计单位内部或外部的知情人员，查找有无未及时入账的应付账款
C. 获取并检查被审计单位与其供应商之间的对账单，并将对账单和被审计单位财务记录之间的差异进行调节，查找有无未

* 为了便于您识别重要题目，本书中针对重点题目通过标注星级的方式进行体现。

入账的应付账款，确定应付账款金额的准确性

D. 检查资产负债表日后应付账款明细账贷方发生额的相应凭证，关注其验收单、供应商发票的日期，确认其入账时间是否合理

3. 在接近审计报告日，获取期后收取、记录或支付的发票明细，注册会计师从中选取项目并实施以下( )程序，能够获取未入账负债的审计证据。

A. 检查相关的发票、采购合同等支持性文件，以确定收到商品的日期及应在期末之前入账的日期

B. 检查接受服务明细等支持性文件，以确定接受服务的日期及应在期末之前入账的日期

C. 评价费用是否被记录于正确的会计期间，并相应确定是否存在期末未入账负债

D. 追踪已选取项目至应付账款明细账、货到票未到的暂估入账或预提费用明细表，并关注费用所计入的会计期间

4. 针对除折旧/摊销、人工费用以外的一般费用，注册会计师拟实施实质性分析程序，下列说法正确的有( )。

A. 调查差异，询问管理层，针对管理层的答复获取适当的审计证据

B. 考虑可获取信息的来源、可比性、性质和相关性以及与信息编制相关的控制，评价在对记录的金额或比率作出预期时使用数据的可靠性

C. 确定已记录金额与预期值之间可接受的、无需作进一步调查的可接受的差异额

D. 将费用细化到适当层次，根据关键因素和相互关系设定预期值，评价预期值是否足够精确以识别重大错报

同步强化练习题参考答案及解析

一、单项选择题

1. 【答案】D

解析：选项D，注册会计师从应付账款明细账追查至应付账款入账相关的原始凭证（即验收单、供应商发票和采购合同等）与应付账款的存在认定相关，与完整性认定无关。选项A、B和C均与查明应付账款的完整性认定相关。

2. 【答案】C

解析：从资产负债表日应付账款明细账记录追查至相关支持性凭证（逆查），获取的审计证据与应付账款的存在认定相关，与完整性认定无关，故选项C正确。

3. 【答案】D

解析：月末供应商对账单通常标明期初余额、本期购买、本期支付给供应商的款项和期末余额等信息，属于外部审计证据。选项A、B、C均为被审计单位内部证据，不及月末供应商对账单证明力强，故选项D正确。

4. 【答案】B

解析：从采购订单、供应商发票和入库单等原始凭证追查至应付账款明细账与应付账款完整性认定最相关，故选项B正确。

二、多项选择题

1. 【答案】BD

解析：选项A、C均未追查至应付账款明细账，未能获取到与采购交易记录的完整性认定相关的审计证据。

2. 【答案】ABCD

解析：针对检查应付账款是否计入了正确的会计期间，是否存在未入账的应付账款，审计程序包括：（1）对本期发生的应付账款增减变动，检查至相关支持性文件，确认会计处理是否正确；（2）检查资产负债表日后应付账款明细账贷方发生额的相应凭证，关注其验收单、供应商发票的日期，确认其入账时间是否合理（选项D正确）；（3）获取并检查被审计单位与其供应商之间的对账单以及被审计单位编制的差异调节表，确定应付账款金额的准确性（选项C正确）；（4）针对资产负债表日后付款项目，检查银行对账单及有关付款凭证（如银行汇款通知、供应商收据等），询问被审计单位内部或外部的知情人员，查找有无未及时入账的应付账款（选项B正确）；（5）结合存货监盘程序，检查被审计单位在资产负债表日前后的存货入库资料（验收报告或入库单），检查相关负债是否计入了正确的会计期间（选项A正确）。

3. 【答案】ABCD

解析：为寻找未入账负债，需要获取期后收取、记录或支付的发票明细，包括获取支票登记簿/电汇报告/银行对账单（根据被审计单位情况不同）以及入账的发票和未入账的发票。从中选取项目（尽量接近审计报告日）进行测试并实施以下程序：（1）检查支持性文件，如相关的发票、采购合同/申请、收货文件以及接受服务明细，以确定收到商品/接受服务的日期及应在期末之前入账的日期（选项A、B正确）；（2）追踪已选取项目至应付账款明细账、货到票未到的暂估入账和/或预提费用明细表，并关注费用所计入的会计期间，调查并跟进所有已识别的差异（选项D正确）；（3）评价费用是否被记录于正确的会计期间，并相应确定是否存在期末未入账负债（选项C正确）。

4. 【答案】ABCD

解析：针对除折旧/摊销、人工费用以外的一般费用，实施实质性分析程序：（1）考虑可获取信息的来源、可比性、性质和相关性以及与信息编制相关的控制，评价在对记录的金额或比率作出预期时使用数据的可靠性（选项B正确）；（2）将费用细化到适当层次，根据关键因素和相互关系（例如本期预算、费用类别与销售数量、职工人数的变化之间的关系等）设定预期值，评价预期值是否足够精确以识别重大错报（选项D正确）；（3）确定已记录金额与预期值之间可接受的、无需作进一步调查的可接受的差异额（选项C正确）；（4）将已记录金额与期望值进行比较，识别需要进一步调查的差异；（5）调查差异，询问管理层，针对管理层的答复获取适当的审计证据；根据具体情况在必要时实施其他审计程序（选项A正确）。

第十一章 生产与存货循环的审计

本章考情分析

本章是非常重要的考试章节，主要在简答题和综合题中考查。在简答题中，存货监盘是重要考点；在综合题中，以存货跌价准备（存货的准确性、计价和分摊认定）的“风险识别、评估与应对”为核心，属于每年必考的内容。

最近五年平均考试分值在 6 分左右。本章需要大家重点掌握的知识点（含可能题型），归纳如下表。

序号	知识点	题型	难易程度
1	了解生产与存货循环的主要业务活动	简答	中
2	评估重大错报风险	综合	中
3	存货监盘的总体要求	简答	中
4	监盘程序的内容	简答	中
5	存货监盘程序的性质	简答	中
6	在存货盘点现场实施监盘（现场观察）	简答	中
7	存货监盘的目的	单选、简答	中
8	考虑存货存放在多个地点	简答、综合	难
9	确定存货盘点范围	单选、简答	难
10	执行抽盘	单选、简答、综合	难
11	在存货盘点现场实施存货监盘不可行	简答、综合	难
12	针对第三方保管或控制的存货	简答	中
13	存货盘点日不是资产负债表日	简答	中
14	存货单位成本测试	简答	易
15	存货跌价准备的测试	简答	易

2021 年教材主要变化

对个别文字修订。

本章考点框架

- 第十一章
  - 生产与存货循环的特点（略）
  - 生产与存货循环的业务活动和相关内部控制
    - 了解生产与存货循环的主要业务活动【中/低频】
  - 生产与存货循环的重大错报风险
    - 生产与存货循环存在的重大错报风险【中/中频】
  - 生产与存货循环的控制测试（略）
  - 生产与存货循环的实质性程序
    - 存货监盘【难/高频】
      - 存货监盘的总体要求
      - 存货监盘一般程序
      - 存货监盘程序的性质
      - 存货监盘的目的
      - 考虑存货存放在多个地点
      - 考虑存货无法停止移动
      - 执行抽盘
      - 存货盘点范围
      - 存货监盘结束时的工作
      - 存货盘点日不是资产负债表日的实质性程序示例
      - 对特殊类型存货的监盘
      - 存货监盘不可行
      - 无法在存货盘点现场实施监盘
      - 针对第三方保管或控制的存货
    - 存货单位成本测试【易/低频】
    - 存货跌价准备的测试【易/低频】

本章重难点精讲

提示	本章重点是存货监盘程序，包括存货监盘的目的、范围、程序等知识点。本章属于非常重要的章节，在简答题中存货监盘是必备考点。快扫听课二维码，助您“码”上通关

第一节　生产与存货循环的特点（略）

本节主要介绍了生产与存货循环的主要凭证与会计记录，具体内容结合第二节“了解生产与存货循环的主要业务活动”进行学习和掌握即可。

第二节　生产与存货循环的业务活动和相关内部控制

本节视频详解
使用"会计云课堂"App/微信扫码听课

本章以一般制造型企业为例，从原材料、生产成本、产成品以及主营业务成本四个环节说明生产与存货流程。其中，期末原材料存货、期末产成品存货是本章最重要的考点，如图11-1所示。

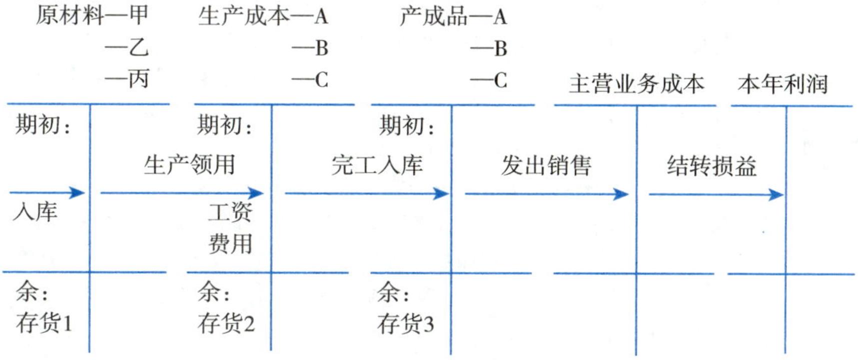

图 11-1　生产与存货成本结转

01 考点　了解生产与存货循环的主要业务活动（★）❶

注册会计师了解生产与存货循环的主要业务活动，归纳如下表。

主要业务活动	了解具体内容
计划和安排生产	（1）生产计划部门负责编制事先连续编号的生产通知单 （2）生产计划部门根据客户订购单或者销售部门对销售预测和产品需求的分析等信息，编写月度生产计划书，由生产计划经理根据月度生产计划书签发事先连续编号的生产通知单 （3）生产通知单一般是一式多联，分别用于通知仓储部门组织材料发放、生产车间组织产品生产、财务部门组织成本计算，以及生产计划部门按编号归档管理
发出原材料	（1）仓储部门根据从生产部门收到的领料单发出原材料 （2）领料单上必须列示所需的材料数量和种类，以及领料部门的名称。领料单可以一料一单，也可以多料一单，通常需一式三联 （3）仓储管理人员发料并签署后，将领料单其中一联连同材料交给领料部门（生产部门存根联），一联留在仓库登记材料明细账（仓库联），一联交财务部门进行材料收发核算和成本核算（财务联） （4）仓储管理员将领料单编号、领用数量、规格等信息输入存货管理信息系统，该信息经仓储经理复核确认后，存货管理信息系统自动更新材料明细台账

❶ 为方便您在学习中可以快速了解知识点的重要程度，本书中将知识点进行分类。★★★代表重要知识点，★★代表次重要知识点，★代表非重要知识点。

续表

主要业务活动	了解具体内容
生产产品	生产部门在收到生产通知单及领取原材料后，将生产任务分解到每一个生产工人，并将所领取的原材料交给生产工人，据以执行生产任务
核算产品成本	（1）生产成本记账员根据原材料领料单财务联，编制原材料领用日报表，与存货管理信息系统自动生成的连续编号的生产记录日报表核对材料耗用和流转信息 （2）会计主管对存货管理信息系统中的信息审核无误后，授权该系统自动生成记账凭证并过账至生产成本及原材料明细账和总分类账 （3）每月末，存货管理信息系统对生产成本中各项组成部分进行归集，按照预设的分摊公式和方法，自动将当月发生的生产成本在完工产品和在产品之间按比例分配；同时，将完工产品成本在各不同产品类别中分配，由此生成产品成本计算表和生产成本分配表（包括人工费用分配表、制造费用分配表）。生产成本记账员编制生产成本结转凭证，经会计主管对存货管理信息系统审核批准后进行账务处理 （4）每月末，生产成本记账员根据存货管理信息系统记录的"已处理"的订购单数量，编制销售成本结转凭证，结转相应的销售成本，经会计主管对存货管理信息系统审核批准后进行账务处理
产成品入库及储存	（1）产成品入库时，须经仓储管理员检查产成品验收单，清点产成品数量，并填写预先连续编号的产成品入库单 （2）仓储部门签收产成品后，经质检经理、生产经理和仓储经理签字确认后，由仓库管理员将产成品入库单信息输入存货管理信息系统，存货管理信息系统自动更新产成品明细台账 （3）仓储部门根据产成品的品质特征分类存放，并填制标签
发出产成品	（1）产成品的发运须由独立的发运部门进行 （2）装运产成品时必须持有经有关部门核准的发运通知单，并据此编制事先连续编号的产成品出库单 （3）出库单一般一式四联：一联交仓储部门，一联发运部门留存，一联送交客户，一联作为开具发票的依据 （4）完成产成品出库工作后，仓储管理员将产成品出库单信息输入存货管理信息系统，经仓储经理复核并以电子签名方式确认后，存货管理信息系统自动更新产成品明细台账并与产成品发运通知单编号核对
存货盘点	管理人员编制盘点指令，安排适当人员对存货实物（包括原材料、在产品和产成品等所有存货类别）进行定期盘点，将盘点结果与存货账面数量进行核对，调查差异并进行适当调整
计提存货跌价准备	财务部门根据存货货龄分析表信息或相关部门提供的有关存货状况的其他信息，结合存货盘点过程中对存货状况的检查结果，对出现损毁、滞销、跌价等降低存货价值的情况进行分析计算，计提存货跌价准备

第三节　生产与存货循环的重大错报风险

本节视频详解
使用“会计云课堂”App/微信扫码听课

01 考点 生产与存货循环存在的重大错报风险（★★）

一般制造型企业的存货通常涉及的重大错报风险以及相关认定，归纳如下表。

重大错报风险	相关认定
（1）存货实物可能不存在	存在
（2）属于被审计单位的存货可能未在账面反映	完整性
（3）存货的所有权可能不属于被审计单位	权利和义务
（4）存货的单位成本可能存在计算错误	准确性、计价和分摊
（5）存货的账面价值可能无法实现，即存货跌价准备的计提可能不充分	准确性、计价和分摊

第四节　生产与存货循环的控制测试（略）

第五节　生产与存货循环的实质性程序

本节视频详解
使用“会计云课堂”App/微信扫码听课

01 考点1 存货监盘的总体要求（★★）

如果存货对财务报表是重要的，注册会计师**应当实施**下列审计程序，对存货的存在和状况获取充分、适当的审计证据：

（1）在存货**盘点现场**实施监盘（除非不可行）；

（2）对期末存货记录实施审计程序，以确定其是否准确反映实际的存货盘点结果。

【提示】

（1）监盘≠盘点。

（2）应当在存货盘点现场实施监盘。

（3）应当核对期末存货记录。

02 考点2 存货监盘一般程序（★★★）

存货监盘应当包括以下四项审计程序：

（1）**评价**管理层用以记录和控制存货盘点结果的指令和程序（1/4）；

（2）**观察**管理层制定的盘点程序的执行情况（2/4）；

（3）**检查**存货（3/4）；

（4）执行**抽盘**（4/4）。

【提示】

（1）存货监盘的相关程序可以用作控制测试或者实质性程序。

（2）如果只有少数项目构成了存货的主要部分，注册会计师可能选择将存货监盘用作**实质性程序**。

03 考点3 存货监盘程序的性质（★★）

存货监盘不能取代被审计单位管理层定期盘点存货、合理确定存货的数量和状况的责任。

【提示】“管理层（左手）盘点存货”完全不同于“注册会计师（右手）监盘存货”，需要区分责任。

04 考点4 存货监盘的目的（★★）

（1）存货监盘的目的是为了获取有关存货数量和状况的审计证据，存货监盘针对的主要是存货的存在认定。

（2）存货监盘对存货的完整性认定及准确性、计价和分摊认定，也能提供部分审计证据。

（3）注册会计师还可能在存货监盘中获取有关存货所有权的部分审计证据。

【提示】存货监盘的主要目的是确认存货存在，其他的都是“附带”。

05 考点5 考虑存货存放在多个地点（★★★）

项目	具体内容
确认程序（3+2）	如果存货存放在多个地点，注册会计师可以要求被审计单位提供一份完整的存货存放地点清单（包括期末库存量为零的仓库、租赁的仓库，以及第三方代被审计单位保管存货的仓库等），并考虑其完整性。根据具体情况下的风险评估结果，注册会计师可以考虑执行以下一项或多项审计程序： （1）询问被审计单位除管理层和财务部门以外的其他人员，如营销人员、仓库人员等，以了解有关存货存放地点的情况 （2）比较被审计单位不同时期的存货存放地点清单，关注仓库变动情况，以确定是否存在因仓库变动而未将存货纳入盘点范围的情况发生 （3）检查被审计单位存货的出、入库单，关注是否存在被审计单位尚未告知注册会计师的仓库（如期末库存量为零的仓库） （4）检查费用支出明细账和租赁合同，关注被审计单位是否租赁仓库并支付租金，如果有，该仓库是否已包括在被审计单位提供的仓库清单中 （5）检查被审计单位“固定资产—房屋建筑物”明细清单，了解被审计单位可用于存放存货的房屋建筑物
选取适当监盘地点应考虑的事项	在获取完整的存货存放地点清单的基础上，注册会计师可以根据不同地点所存放存货的重要性以及对各个地点与存货相关的重大错报风险的评估结果（例如，注册会计师在以往审计中可能注意到某些地点存在存货相关的错报，因此，在本期审计时对其予以特别关注），选择适当的地点进行监盘，并记录选择这些地点的原因
存货数量存在舞弊的考虑	如果识别出由于舞弊导致的影响存货数量的重大错报风险，注册会计师在检查被审计单位存货记录的基础上，可能决定在不预先通知的情况下对特定存放地点的存货实施监盘，或在同一天对所有存放地点的存货实施监盘。同时，在连续审计中，注册会计师可以考虑在不同期间的审计中变更所选择实施监盘的地点

经典题解

【例题1·单选题】 如果注册会计师认为存货数量存在舞弊导致的重大错报风险，下列做法中，通常不能应对该风险的是(　　)。

A. 要求被审计单位在报告期末或邻近期末的时点实施存货盘点

B. 在不预先通知的情况下对特定存放地点的存货实施监盘

C. 利用专家的工作对特殊类型的存货实施更严格的检查

D. 扩大与存货相关的内部控制测试的样本规模

【解析】 选项D错误，如果注册会计师认为存货数量存在舞弊导致的重大错报风险，说明与存货相关的内部控制并没有得到有效执行，此时应当多做实质性程序，而不是多做控制测试。

【答案】 D

【名师点题】 存货数量存在舞弊导致的重大错报风险（即特别风险），注册会计师不能更多地依赖控制测试，而是实施更多的实质性程序。

06 考点6 考虑存货无法停止移动（★★）

（一）停止生产并关闭存货存放地点

一般而言，被审计单位在盘点过程中停止生产并关闭存货存放地点以确保停止存货的移动，有利于保证盘点的准确性。

（二）无法停止生产或收发货物

特定情况下，被审计单位可能由于实际原因无法停止生产或收发货物。这种情况下，注册会计师可以根据被审计单位的具体情况考虑其无法停止存货移动的原因及其合理性。

（三）划分独立的过渡区域

注册会计师可以通过询问管理层以及阅读被审计单位的盘点计划等方式，了解被审计单位对存货移动所采取的控制程序和对存货收发截止影响的考虑。

例如，如果被审计单位在盘点过程中无法停止生产，可以考虑在仓库内划分出独立的过渡区域，将预计在盘点期间领用的存货移至过渡区域、对盘点期间办理入库手续的存货暂时存放在过渡区域，以此确保相关存货只被盘点一次。

07 考点7 执行抽盘（★★★）

（一）双向抽盘

在对存货盘点结果进行测试时，注册会计师可以从存货盘点记录中选取项目追查至存货实物，以及从存货实物中选取项目追查至盘点记录，以获取有关盘点记录准确性和完整性的审计证据。即：

（1）从存货盘点记录追查至存货实物，确认存货盘点记录的准确性；

（2）从存货实物追查至盘点记录，确认存货盘点记录的完整性。

（二）避免事先了解抽盘范围

注册会计师应尽可能避免让被审计单位事先了解将抽盘的存货项目（链接教材表8-1审计程序的不可预见性示例）。

（三）获取盘点记录复印件

除记录注册会计师对存货盘点结果进行的测试情况外，获取管理层完成的存货盘点记录的复印件也有助于注册会计师日后实施审计程序，以确定被审计单位的期末存货记录是否准确地反映了存货的实际盘点结果。

（四）抽盘差异

（1）考虑盘点记录。

注册会计师在实施抽盘程序时发现差异，很可能表明被审计单位的存货盘点在准确性或完整性方面存在错误。

（2）查明原因、考虑扩大抽盘范围。

由于检查的内容通常仅仅是已盘点存货中的一部分，所以在检查中发现的错误很可能意味着被审计单位的存货盘点还存在着其他错误。一方面，注册会计师应当查明抽盘差异的原因，并及时提请被审计单位更正；另一方面，注册会计师应当考虑错误的潜在范围和重大程度，在可能的情况下，扩大检查范围以减少错误的发生。

（3）考虑重新盘点。

如果在抽盘时发现差异，注册会计师还可要求被审计单位重新盘点。重新盘点的范围可限于某一特殊领域的存货或特定盘点小组。

08 考点8 存货盘点范围（★★★）

（1）确定盘点范围。

在被审计单位盘点存货前，注册会计师应当观察盘点现场，确定应纳入盘点范围的存货是否已经适当整理和排列，并附有盘点标识，防止遗漏或重复盘点。对未纳入盘点范围的存货，注册会计师应当查明未纳入的原因。

（2）对所有权不属于被审计单位的存货的考虑。

注册会计师应当取得其规格、数量等有关资料，确定是否已单独存放、标明，且未被纳入盘点范围。

（3）在存货监盘过程中，注册会计师应当根据取得的所有权不属于被审计单位的存货的有关资料，观察这些存货的实际存放情况，确保其未被纳入盘点范围。即使在被审计单位声明不存在受托代存存货的情形下，注册会计师在存货监盘时也应当关注是否存在某些存货不属于被审计单位的迹象，以避免盘点范围不当。

09 考点9 存货监盘结束时的工作（★★）

在被审计单位存货盘点结束前，注册会计师应当实施以下工作：

（1）再次观察盘点现场，以确定所有应纳入盘点范围的存货是否均已盘点。

（2）取得并检查已填用、作废及未使用盘点表单的号码记录，确定其是否连续编号，查明已发放的表单是否均已收回，并与存货盘点的汇总记录进行核对。

（3）注册会计师应当根据自己在存货监盘过程中获取的信息对被审计单位最终的存货盘点结果汇总记录进行复核，并评估其是否正确地反映了实际盘点结果。

10 考点10 存货盘点日不是资产负债表日的实质性程序示例（★★）

（1）比较盘点日和财务报表日之间的存货信息以识别异常项目，并对其执行适当的审计程序（例如实地查看等）；

（2）对存货周转率或存货销售周转天数等实施实质性分析程序；

（3）对盘点日至财务报表日之间的存货采购和存货销售分别实施双向检查（例如，对存货采购从入库单查至其相应的永续盘存记录及从永续盘存记录查至其相应的入库单等支持性文件，对存货销售从货运单据查至其相应的永续盘存记录及从永续盘存记录查至其相应的货运单据等支持性文件）；

（4）测试存货销售和采购在盘点日和财务报表日的截止是否正确。

【提示】如果存货盘点日不是资产负债表日，注册会计师应当实施适当的审计程序，确定盘点日与资产负债表日之间存货的变动是否已得到恰当的记录。

经典题解

【例题2·多选题】下列有关存货监盘的说法，正确的有（　　）。

A. 如果存货盘点在财务报表日以外的其他日期进行，注册会计师除实施监盘相关审计程序外，还应当实施其他程序，以确定盘点日与财务报表日之间的存货变动已得到恰当记录

B. 注册会计师在制定监盘计划时，需要考虑是否在监盘中利用专家的工作

C. 如果存货存放在不同地点，注册会计师的监盘应当覆盖所有存放地点

D. 如果由于不可预见的情况，无法在存货盘点现场实施监盘，注册会计师应当实施替代审计程序

【解析】选项C错误，如果存货存放在不同地点，注册会计师的监盘不要求覆盖所有存放地点，而是重点考虑被审计单位的重要存货存放地点，特别是金额较大、可能存在重大错报风险（如存货性质特殊）的存放地点；选项D错误，如果由于不可预见的情况，无法在存货盘点现场实施监盘，注册会计师应当另择日期实施监盘，并对间隔期间内发生的交易实施审计程序。

【答案】AB

11 考点11 对特殊类型存货的监盘（★★）

存货类型	盘点方法与潜在问题	可供实施的审计程序
木材、钢筋盘条、管子	通常无标签，但在盘点时会做上标记或用粉笔标识 难以确定存货的数量或等级	检查标记或标识 利用专家或被审计单位内部有经验人员的工作
堆积型存货（如糖、煤、钢废料）	通常既无标签也不做标记 在估计存货数量时存在困难	运用工程估测、几何计算、高空勘测，并依赖详细的存货记录
使用磅秤测量的存货	在估计存货数量时存在困难	在监盘前和监盘过程中均应检验磅秤的精准度，并留意磅秤的位置移动与重新调校程序 将检查和重新称量程序相结合 检查称量尺度的换算问题
散装物品（如贮窖存货，使用桶、箱、罐、槽等容器储存的液体、气体、谷类粮食、流体存货等）	在盘点时通常难以识别和确定 在估计存货数量时存在困难 在确定存货质量时存在困难	使用容器进行监盘或通过预先编号的清单列表加以确定 使用浸蘸、测量棒、工程报告以及依赖永续存货记录 选择样品进行化验与分析，或利用专家的工作
贵金属、石器、艺术品与收藏品	在存货辨认与质量确定方面存在困难	选择样品进行化验与分析，或利用专家的工作
生产纸浆用木材、牲畜	在存货辨认与数量确定方面存在困难 可能无法对此类存货的移动实施控制	通过高空摄影以确定其存在，对不同时点的数量进行比较，并依赖永续存货记录

12 考点 12 存货监盘不可行（★★★）

（1）存货监盘不可行的情形。

在某些情况下，实施存货监盘可能是不可行的。这可能是由存货性质和存放地点等因素造成的，例如，存货存放在对注册会计师的安全有威胁的地点。

（2）不属于存货监盘不可行的情形。

对注册会计师带来不便的一般因素不足以支持注册会计师作出实施存货监盘不可行的决定。审计中的困难、时间或成本等事项本身，不能作为注册会计师省略不可替代的审计程序或满足于说服力不足的审计证据的正当理由。

（3）存货监盘的替代审计程序。

如果在存货盘点现场实施存货监盘不可行，注册会计师应当实施替代审计程序，如检查盘点日后出售盘点日之前取得（如产成品存货）或购买的特定存货（如原材料）的文件记录，以获取有关存货的存在和状况的充分、适当的审计证据。

（4）无法实施存货监盘的替代审计程序时的考虑。

如果不能实施替代审计程序，或者实施替代审计程序可能无法获取有关存货的存在和状况的充分、适当的审计证据，注册会计师需要按照规定发表非无保留意见。

13 考点 13 无法在存货盘点现场实施监盘（★★★）

（一）因不可预见的情况导致无法在存货盘点现场实施监盘的情形

（1）注册会计师无法亲临现场，即由于不可抗力导致其无法到达存货存放地实施存货监盘。

（2）气候因素，即由于恶劣的天气导致注册会计师无法实施存货监盘程序，或由于恶劣的天气无法观察存货，如木材被积雪覆盖。

（二）应对措施

如果由于不可预见的情况无法在存货盘点现场实施监盘，注册会计师应当另择日期实施监盘，并对间隔期内发生的交易实施审计程序。

【易错易混】 存货监盘并不要求涵盖被审计单位的所有存货。不可预见情况导致无法在存货盘点现场实施监盘（暂时去不了），另择日期实施监盘，并对间隔期内的交易实施审计程序；在存货盘点现场实施存货监盘不可行（监盘不了），应当实施替代审计程序。

经典题解

【例题 3·单选题】 下列有关存货监盘的说法中，正确的是（　　）。

A. 注册会计师在实施存货监盘过程中不应协助被审计单位的盘点工作

B. 注册会计师实施存货监盘通常可以确定存货的所有权

C. 由于不可预见的情况而导致无法在预定日期实施存货监盘，注册会计师可以实施替代审计程序

D. 注册会计师仅采用观察程序实施存货监盘

【解析】 选项 B 错误，存货监盘针对的主要是存货的存在认定，对存货的完整性认定及准确性、计价和分摊认定，也能提供部分审计证据，此外还有可能获取其所有权的部分审计证据；选项 C 错误，如果由于不可预见的情况无法在预定日期实施监盘，注册会计师应当另择日期实施监盘，并对间隔期内发生的交易实施审计程序；选项 D 错误，存货监盘程序中除了观察程序外至少还包括检查程序。

【答案】 A

【名师点题】 注册会计师的责任是对存货实施监盘，不能代行管理层盘点存货的职责，否则违反独立性。

14 考点14 针对第三方保管或控制的存货（★★★）

（一）应当实施一项或两项审计程序

如果由第三方保管或控制的存货对财务报表是重要的，注册会计师应当实施下列一项或两项审计程序，以获取有关该存货存在和状况的充分、适当的审计证据：

（1）向持有被审计单位存货的第三方函证存货的数量和状况。

（2）实施检查或其他适合具体情况的审计程序。

（二）其他审计程序的示例

（1）实施或安排其他注册会计师实施对第三方的存货监盘（如可行）；

（2）获取其他注册会计师或服务机构注册会计师针对用以保证存货得到恰当盘点和保管的内部控制的适当性而出具的报告；

（3）检查与第三方持有的存货相关的文件记录，如仓储单；

（4）当存货被作为抵押品时，要求其他机构或人员进行确认。

（三）考虑事先计划和安排存货监盘

考虑到第三方仅在特定时点执行存货盘点工作，在实务中，注册会计师可以事先考虑实施函证的可行性。如果预期不能通过函证获取相关审计证据，可以事先计划和安排存货监盘等工作。

（四）考虑第三方保管存货的商业理由的合理性

注册会计师可以考虑由第三方保管存货的商业理由的合理性，以进行存货相关风险（包括舞弊风险）的评估，并计划和实施适当的审计程序，例如检查被审计单位和第三方所签署的存货保管协议的相关条款、复核被审计单位调查及评价第三方工作的程序等。

15 考点15 存货单位成本测试（★）

结合本章图11-1，存货成本主要针对原材料、在产品和产成品成本（包括单位成本）。

（1）原材料成本。

针对原材料的单位成本，注册会计师通常基于企业的原材料计价方法（如先进先出法，加权平均法等），结合原材料的历史购买成本，测试其账面成本是否准确，测试程序包括核对原材料采购的相关凭证（主要是与价格相关的凭证，如合同、采购订单、发票等）以及验证原材料计价方法的运用是否正确。

（2）在产品和产成品成本。

注册会计师需要对成本核算过程实施测试，包括直接材料成本测试、直接人工成本测试、制造费用测试和生产成本在当期完工产品与在产品之间分配的测试四项内容。

16 考点16 存货跌价准备的测试（★）

（1）识别需要计提存货跌价准备的存货项目。

注册会计师可以通过询问管理层和相关部门（生产、仓储、财务、销售等）员工，了解被审计单位如何收集有关滞销、过时、陈旧、毁损、残次存货的信息并为之计提必要的存货跌价准备。如被审计单位编制存货货龄分析表，则可以通过审阅分析表识别滞销或陈旧的存货。此外，注册会计师还要结合存货监盘过程中检查存货状况而获取的信息，以判断被审计单位的存货跌价准备计算表是否有遗漏。

（2）检查可变现净值的计量是否合理。

在存货计价审计中，由于被审计单位对期末存货采用成本与可变现净值孰低的方法计价，所以注册会计师应充分关注其对存货可变现净值的确定及存货跌价准备的计提。

【相关链接】

1.《中国注册会计师审计准则第1311号——对存货、诉讼和索赔、分部信息等特定项目获取审计证据的具体考虑》

2.《中国注册会计师审计准则第1311号——对存货、诉讼和索赔、分部信息等特定项目获取审计证据的具体考虑》应用指南

3.《中国注册会计师审计准则问题解答第3号——存货监盘》

历年经典试题回顾

(一) 评估重大错报风险

【例题1·综合题·部分】 上市公司甲公司是ABC会计师事务所的常年审计客户，主要从事药品的研发、生产和销售。A注册会计师负责审计甲公司2017年度财务报表，确定财务报表整体的重要性为300万元，明显微小错报的临界值为15万元。

资料一：

A注册会计师在审计工作底稿中记录了所了解的甲公司情况及其环境，部分内容摘录如下：

(5) 2017年12月，甲公司召回了2017年11月销售的某批次存在安全隐患的e粉剂，因处理及时，该批次产品尚未被使用。

资料二：

A注册会计师在审计工作底稿中记录了甲公司的财务数据，部分内容摘录如下：

金额单位：万元

项目	未审数	已审数
	2017年	2016年
存货—召回的e粉剂	1500	0

要求：

针对资料一第(5)项，结合资料二，假定不考虑其他条件，指出资料一所列事项是否可能表明存在重大错报风险。如果认为可能表明存在重大错报风险，简要说明理由，并说明该风险主要与哪些财务报表项目的哪些认定相关（不考虑税务影响）。(2018年网络回忆版)

【例题2·综合题·部分】 甲公司是ABC会计师事务所的常年审计客户，主要从事电气设备的生产和销售。A注册会计师负责审计甲公司2016年度财务报表，确定财务报表整体的重要性为300万元，实际执行的重要性为210万元。

资料一：

A注册会计师在审计工作底稿中记录了所了解的甲公司情况及其环境，部分内容摘录如下：

(1) 因产品更新换代，甲公司自 2016 年 7 月起停止生产 a 产品，并降价消化库存。

资料二：

A 注册会计师在审计工作底稿中记录了甲公司的财务数据，部分内容摘录如下：

金额单位：万元

项目	未审数	已审数
	2016 年	2015 年
营业收入—a 产品	2000	4500
营业成本—a 产品	2800	4000
存货—a 产品	2000	2400
减：存货跌价准备—a 产品	200	200

要求：

针对资料一第（1）项，结合资料二，假定不考虑其他条件，指出资料一所列事项是否可能表明存在重大错报风险。如果认为可能表明存在重大错报风险，简要说明理由，并说明该风险主要与哪些财务报表项目的哪些认定相关（不考虑税务影响）。（2017 年网络回忆版）

（二）存货监盘的总体要求（重要存货应当监盘）

【例题 1 · 简答题 · 部分】 ABC 会计师事务所的 A 注册会计师负责审计多家被审计单位 2017 年度财务报表。与存货审计相关的部分事项如下：

(4) 丁公司从事进口贸易，年末存货均于 2017 年 12 月购入，金额重大。A 注册会计师通过获取并检查采购合同、发票、进口报关单、验收入库单等支持性文件，认为获取了有关存货存在和状况的充分、适当的审计证据。

要求：

针对上述第（4）项，指出 A 注册会计师的做法是否恰当。如不恰当，简要说明理由。（2018 年）

【例题 2 · 简答题 · 部分】 ABC 会计师事务所的 A 注册会计师负责审计多家被审计单位 2017 年度财务报表。与存货审计相关的部分事项如下：

(6) 己公司是 ABC 会计师事务所 2018 年 2 月新承接的客户，管理层于 2017 年 12 月 31 日进行了存货盘点，因年末存货余额重大，A 注册会计师详细检查了己公司的年末盘点记录以及期后的存货出入库记录及相关单据，结果满意，据此认可了年末存货数量。

要求：

针对上述第（6）项，指出 A 注册会计师的做法是否恰当。如不恰当，简要说明理由。（2018 年网络回忆版）

（三）监盘程序的内容（控制测试+实质性程序）

【例题 · 简答题 · 部分】 ABC 会计师事务所的 A 注册会计师负责审计甲公司等多家被审计单位 2015 年度财务报表。与存货审计相关的事项如下：

(2) 因乙公司存货品种和数量均较少，A 注册会计师仅将监盘程序用作实质性程序。

要求：

针对上述第（2）项，指出 A 注册会计师的做法是否恰当。如不恰当，简要说明理由。（2016 年）

（四）在存货盘点现场实施监盘（现场观察）

【例题1·简答题·部分】ABC会计师事务所的A注册会计师负责审计多家被审计单位2017年度财务报表。与存货审计相关的部分事项如下：

（6）A注册会计师在己公司盘点结束后、存货未开始流动前抵达盘点现场，对存货进行检查并实施了抽盘，与己公司盘点数量核对无误，据此认可了盘点结果。

要求：

针对上述第（6）项，指出A注册会计师的做法是否恰当。如不恰当，简要说明理由。（2018年）

【例题2·简答题·部分】ABC会计师事务所的A注册会计师负责审计甲公司等多家被审计单位2015年度财务报表。与存货审计相关的事项如下：

（1）在对甲公司存货实施监盘时，A注册会计师在存货盘点现场评价了管理层用以记录和控制存货盘点结果的程序，认为其设计有效。A注册会计师在检查存货并执行抽盘后结束了现场工作。

要求：

针对上述第（1）项，指出A注册会计师的做法是否恰当。如不恰当，简要说明理由。（2016年）

（五）存货监盘的目的（存在认定）

【例题1·简答题·部分】ABC会计师事务所的A注册会计师负责审计多家被审计单位2017年度财务报表。与存货审计相关的部分事项如下：

（5）A注册会计师于2017年末对戊公司存货实施监盘时，得知管理层拟于2018年1月销毁一批过期商品，A注册会计师检查了该批商品的账簿记录，确认已全额计提跌价准备，不再将其纳入监盘范围。

要求：

针对上述第（5）项，指出A注册会计师做法是否恰当。如不恰当，简要说明理由。（2018年网络回忆版）

【例题2·简答题·部分】ABC会计师事务所的A注册会计师负责审计甲公司等多家被审计单位2015年度财务报表，与存货审计相关事项如下：

（4）丁公司管理层未将以前年度已全额计提跌价准备的存货纳入本年末盘点范围，A注册会计师检查了以前年度的审计工作底稿，认可了管理层的做法。

要求：

针对上述第（4）项，指出A注册会计师的做法是否恰当。如不恰当，简要说明理由。（2016年）

（六）考虑存货存放在多个地点

【例题·简答题·部分】ABC会计师事务所的A注册会计师负责审计多家被审计单位2017年度财务报表。与存货审计相关的部分事项如下：

（5）戊公司的存货存放在多个地点。A注册会计师取得了存货存放地点清单并检查了其完整性，根据各个地点存货余额的重要性及重大错报风险的评估结果，选取其中几个地点实施了监盘。

要求：

针对上述第（5）项，指出A注册会计师的做法是否恰当。如不恰当，简要说明理由。（2018年）

（七）确定存货盘点范围

【例题1·单选题】下列有关存货监盘的说法中，错误的是（　　）。（2016年网络回忆版）

A. 对所有权不属于被审计单位的存货，注册会计师在监盘过程中无需执行工作

B. 注册会计师需要在监盘时获取盘点日前最后的出、入库单据编号，用于执行截止测试

C. 如果存货在盘点过程中未停止移动，注册会计师需要观察被审计单位有关存货移动的控制程序是否得到执行

D. 在监盘过程中，注册会计师需要将所有过时，毁损或陈旧存货的详细情况记录下来，为测试存货跌价准备提供证据

【例题2·简答题·部分】ABC会计师事务所的A注册会计师负责审计多家被审计单位2017年度财务报表。与存货审计相关的部分事项如下：

（2）乙公司2017年末持有的在途存货于2018年1月4日验收入库，管理层在2018年1月5日实施盘点时将这些存货纳入了盘点范围，A注册会计师在实施监盘的基础上，检查了这些存货的验收入库单据等，结果满意。

要求：

针对上述第（2）项，指出A注册会计师的做法是否恰当。如不恰当，简要说明理由。（2018年网络回忆版）

（八）执行抽盘

【例题1·简答题·部分】ABC会计师事务所的A注册会计师负责审计多家被审计单位2017年度财务报表。与存货审计相关的部分事项如下：

（3）丙公司采用连续编号的盘点标签记录盘点结果，并逐项录入盘点结果汇总表。A注册会计师将抽盘样本的数量与盘点标签记录的数量进行了核对，未发现差异，据此认可了盘点结果汇总表记录的存货数量。

要求：

针对上述第（3）项，指出A注册会计师的做法是否恰当。如不恰当，简要说明理由。（2018年）

【例题2·简答题·部分】ABC会计师事务所的A注册会计师负责审计甲公司2016年度财务报表，与存货审计相关的部分事项如下：

（3）在执行抽盘时，A注册会计师从存货盘点记录中选取项目追查至存货实物，从存货实物中选取项目追查至盘点记录，以获取有关盘点记录准确性和完整性的审计证据。

要求：

针对上述第（3）项，指出A注册会计师的做法是否恰当。如不恰当，简要说明理由。（2017年）

【例题3·简答题·部分】ABC会计师事务所的A注册会计师负责审计甲公司2016年度财务报表，与存货审计相关的部分事项如下：

（5）A注册会计师在实施抽盘时，发现三个样本存在差异，系甲公司盘点人员疏忽所致，A注册会计师提请甲公司盘点人员重新盘点了这些项目并更正了盘点记录，认为抽盘结果满意。

要求：

针对上述第（5）项，指出A注册会计师的做法是否恰当。如不恰当，简要说明理由。（2017年网络回忆版）

【例题4·简答题·部分】ABC会计师事务所的A注册会计师负责审计甲公司等多家被审计单位2015年度财务报表，与存货审计相关事项如下：

（5）己公司管理层规定，由生产部门人员对全部存货进行盘点，再由财务部门人员抽取50%进行复盘，A注册会计师对复盘项目执行抽盘，未发现差异，据此认可了管理层的盘点结果。

要求：

针对上述第（5）项，指出A注册会计师的做法是否恰当。如不恰当，简要说明理由。（2016年）

（九）在存货盘点现场实施存货监盘不可行

【例题·综合题·部分】甲公司是ABC会计师事务所的常年审计客户，主要从事轨道交通车辆配套产品的生产和销售。A注册会计师负责审计甲公司2018年度财务报表，确定财务报表整体的重要性为1000万元，实际执行的重要性为500万元。

资料四：

A注册会计师在审计工作底稿中记录了实施进一步审计程序的情况，部分内容摘录如下：

（3）甲公司年末存放在客户仓库的产品余额为2000万元，由于无法实施监盘，且认为函证很可能无效，A注册会计师检查了甲公司相关产品的发出和客户签收记录、与客户的对账记录以及期后结算单据，查询了客户网站上开放给供应商的库存信息，据此认可了该项存货的数量。

要求：

针对资料四第（3）项，假定不考虑其他条件，指出A注册会计师的做法是否恰当。如不恰当，简要说明理由。（2019年）

（十）存货单位成本测试

【例题·简答题·部分】ABC会计师事务所的A注册会计师负责审计甲公司等多家被审计单位2015年度财务报表。与存货审计相关的事项如下：

（3）丙公司2015年末已入库未收到发票而暂估的存货金额占存货总额的30%，A注册会计师对存货实施了监盘，测试了采购和销售交易的截止，均未发现差错，据此认为暂估的存货记录准确。

要求：

针对上述第（3）项，指出A注册会计师的做法是否恰当。如不恰当，简要说明理由。（2016年）

历年经典试题回顾参考答案及解析

（一）评估重大错报风险

【例题1·综合题·部分】

【答案】

事项序号	是否可能表明存在重大错报风险（是/否）	理由	财务报表项目名称及认定
（5）	是	甲公司的e粉剂存在安全隐患，可能存在少计提存货跌价准备的重大错报风险	存货（准确性、计价和分摊） 资产减值损失（完整性）

【例题2·综合题·部分】

【答案】

事项序号	是否可能表明存在重大错报风险（是/否）	理由	财务报表项目名称及认定
（1）	是	由于a产品自2016年7月起停止生产并降价消化库存，且已销售的2800万元a产品取得的营业收入比账面成本低800万元，据此预期未销售的2000万元a产品的可变现净值至少比账面成本低571万元。但资料二显示a产品的存货跌价准备仅仅为200万元，可能存在少计存货跌价准备的风险	存货（准确性、计价和分摊） 资产减值损失（完整性）

(二)存货监盘的总体要求(重要存货应当监盘)

【例题 1·简答题·部分】

【答案】不恰当。存货对财务报表是重要的，注册会计师应当实施监盘。

【例题 2·简答题·部分】

【答案】不恰当。己公司年末存货余额重大，应当在存货盘点现场实施监盘。

(三)监盘程序的内容(控制测试+实质性程序)

【例题·简答题·部分】

【答案】恰当。

(四) 在存货盘点现场实施监盘 (现场观察)

【例题 1·简答题·部分】

【答案】不恰当。注册会计师没有/应当观察己公司管理层制定的盘点程序的执行情况。

【例题 2·简答题·部分】

【答案】不恰当。A 注册会计师没有/应当观察甲公司管理层制定的盘点程序的执行情况。

(五) 存货监盘的目的 (存在认定)

【例题 1·简答题·部分】

【答案】不恰当。存货监盘是检查存货的存在，已全额计提跌价的存货价值虽然为零，但数量仍存在/仍需对存货是否存在实施监盘。

【例题 2·简答题·部分】

【答案】不恰当。存货监盘是检查存货的存在，已全额计提跌价的存货价值虽然为零，但数量仍存在/仍需对存货是否存在实施监盘。

(六) 考虑存货存放在多个地点

【例题·简答题·部分】

【答案】恰当。

(七) 确定存货盘点范围

【例题 1·单选题】

【答案】A

【解析】对于所有权不属于被审计单位的存货，注册会计师应当取得其规格、数量等有关资料，确定是否已单独存放、标明、且未被纳入盘点范围。

【例题 2·简答题·部分】

【答案】恰当。

(八) 执行抽盘

【例题 1·简答题·部分】

【答案】不恰当。A 注册会计师应当对盘点结果汇总表进行复核/应当将抽盘数量与盘点结果汇总表核对/应当将盘点标签数量与盘点结果汇总表核对。

【例题 2·简答题·部分】

【答案】恰当。

【例题 3·简答题·部分】

【答案】不恰当。A 注册会计师应当查明原因，考虑错报的潜在范围和重大程度。

【例题 4·简答题·部分】

【答案】不恰当。抽盘的总体不完整。

(九) 在存货盘点现场实施存货监盘不可行

【例题·综合题·部分】

【答案】

事项序号	是否恰当（是/否）	理由
(3)	是	—

(十) 存货单位成本测试

【例题·简答题·部分】

【答案】不恰当。A 注册会计师没有/应当检查暂估存货的单价。

扫一扫　“码”上做题、看解析

本书同步强化练习题均配备二维码，使用“会计云课堂”App 扫码，即可线上做题、看解析。

【“会计云课堂”App 下载二维码见封底页】

同步强化练习题

一、单项选择题

1. 下列有关存货审计的表述中，正确的是(　　)。

A. 存货监盘是证实存货完整性认定、权利和义务认定的重要程序

B. 针对被审计单位难以盘点的存货，注册会计师应当根据被审计单位存货收发制度确认期末存货数量

C. 存货计价审计的样本应着重选择余额较小且价格变动不大的存货项目

D. 存货截止测试的主要方法是抽查存货盘点日前后的购货发票与验收报告，确定每张发票均附有验收报告

2. 关于存货监盘的目的，以下说法中错误的是(　　)。(★★★)*

A. 存货监盘可以获取存货完整性认定及准确性、计价和分摊认定的部分证据

B. 存货监盘本身并不足以供注册会计师确定存货的所有权，注册会计师可能需要执行其他实质性程序以应对所有权方面的风险

C. 存货监盘针对的主要是存货的存在认定和完整性认定

D. 存货监盘针对的主要是存货的存在认定

3. 关于存货监盘，下列事项的处理中错误的是(　　)。

A. 如果某类存货已作质押，注册会计师应当向债权人函证与被质押存货相关的内容

B. 如果存在受托代加工原材料，注册会计师应当检查该部分存货是否单独存放，并向存货所有权人函证

C. 某类存放在第三方的存货因性质特殊无法实施监盘，注册会计师应当向保管存货的第三方函证

D. 被审计单位相关人员完成了某类存货盘点，注册会计师应当前往存货存放地点对已盘点存货实施检查

4. 下列有关对存货实施抽盘程序的说法中，错误的是(　　)。

A. 抽盘的目的主要是为了获取有关盘点记录准确性和完整性的审计证据

B. 获取管理层完成的存货盘点记录的复印件有助于注册会计师日后实施审计程序，以确定被审计单位的期末存货记录是否准确地反映了存货的实际盘点结果

C. 注册会计师应尽可能地让被审计单位了解自己将抽取测试的存货项目，以便双方协调提高效率

D. 抽盘时如果发现抽盘差异，注册会计师应当考虑错误的潜在范围和重大程度，在可能的情况下，扩大检查范围以减少错误的发生

5. 针对天气原因导致注册会计师无法在存货盘点现场实施监盘，下列应对措施中，正确的是(　　)。(★★★)

A. 评价被审计单位有关存货盘点的内部

* 为了便于您识别重要题目，本书中针对重点题目通过标注星级的方式进行体现。

控制，判断是否信赖被审计单位的存货盘点结果

B. 实施替代程序，如果替代程序无法获取有关存货存在和状况的充分、适当的审计证据，则考虑是否发表非无保留意见

C. 另择日期进行监盘，并对间隔期内的交易实施审计程序

D. 在审计报告中说明审计范围因不可预见的情况受到限制

6. A注册会计师负责审计甲公司2020年度财务报表。假定甲公司2020年度仅生产销售a、b两种产品，年初、年末存货除产成品库存外，无其他存货，发出存货采用先进先出法核算。甲公司存货跌价准备科目年初账户余额为500万元，2020年度转销500万元，期末余额为0。a、b两种产品的详细资料如下：

产成品数量

单位：件

金额单位：万元

时间	a、b产成品的状态	a产品			b产品		
		数量	单位成本	单位产品可变现净值	数量	单位成本	单位产品可变现净值
2020年1月1日	库存	1000	2	1.5	800	5	5
2020年度	生产	2000	1.8		2000	4.5	
	销售	1500			300		
2020年12月31日				1.7			5.5

A注册会计师对a、b产成品存货分别进行了存货跌价准备的测试，以下所提出的审计调整建议中正确的是(　　)。

A. 计提存货跌价准备150万元

B. 计提存货跌价准备250万元

C. 计提存货跌价准备350万元

D. 计提存货跌价准备450万元

二、多项选择题

1. 在存货盘点现场实施监盘时，注册会计师应当实施的审计程序包括(　　)。(★★★)

A. 执行抽盘

B. 检查存货

C. 评价管理层用以记录和控制存货盘点结果的指令和程序

D. 观察管理层制定的盘点程序的执行情况

2. 注册会计师在获取完整的存货存放地点清单的基础上，根据具体情况下的风险评估结果，可以考虑执行的审计程序包括(　　)。

A. 检查被审计单位存货的出、入库单，关注是否存在被审计单位尚未告知注册会计师的仓库

B. 询问被审计单位除管理层和财务部门以外的其他人员，如营销人员、仓库人员等，以了解有关存货存放地点的情况

C. 检查费用支出明细账和租赁合同，关注被审计单位是否租赁仓库并支付租金，如果有，该仓库是否已包括在被审计单位提供的仓库清单中

D. 比较被审计单位不同时期的存货存放地点清单，关注仓库变动情况，以确定是否存在因仓库变动而未将存货纳入盘点范围的情况发生

3. 下列关于确定存货盘点范围的说法中，正确的有（　　）。（★★★）

A. 对所有权不属于被审计单位的存货，应当取得其规格、数量等有关资料，确定是否已单独存放、标明，且未被纳入盘点范围

B. 对被审计单位未纳入盘点范围的存货，注册会计师应当直接实施替代审计程序

C. 在被审计单位盘点存货前，注册会计师应当观察盘点现场，确定应纳入盘点范围的存货是否已经适当整理和排列，并附有盘点标识，防止遗漏或重复盘点

D. 即使在被审计单位声明不存在受托代存存货的情形下，注册会计师也应当关注是否存在某些存货不属于被审计单位的迹象，以避免盘点范围不当

4. 针对抽盘程序，下列说法中，错误的有（　　）。（★★★）

A. 与存货盘点相关的内部控制运行有效，注册会计师在实施存货监盘时，可不进行抽盘

B. 从存货盘点记录中选取项目追查至存货实物，以证实盘点记录的完整性

C. 如果盘点记录与存货实物存在差异，只需要求被审计单位更正盘点记录

D. 尽量将难以盘点或隐蔽性较大的存货纳入抽盘范围

5. 在考虑被审计单位委托其他单位保管的存货时，注册会计师的做法恰当的有（　　）。

A. 实施监盘

B. 对存放于外单位的存货，通常需要向该单位获取受托代管存货的书面确认函

C. 视作审计范围受到限制考虑对审计报告的影响

D. 向存货的保管人函证

三、简答题

1. 甲公司主要从事调味品的生产和销售。ABC 会计师事务所负责审计甲公司 2020 年度财务报表。审计项目组在审计工作底稿中记录了与存货监盘相关的情况，部分内容摘录如下：

（1）甲公司的存货存放在多个地点，A 注册会计师基于管理层提供的存货存放地点清单，并根据不同地点所存放存货的重要性及评估的重大错报风险确定了抽盘地点。

（2）根据甲公司 2020 年末各存放地点存货余额大小，A 注册会计师依次选取存货余额前 10 的存货仓库（合计金额占年末存货余额的 55%）实施监盘。

（3）A 注册会计师发现甲公司盘点日前 a 原材料已验收但尚未办理入库手续，原材料单独摆放，未纳入盘点范围。A 注册会计师认可了甲公司管理层的做法，并在审计工作底稿中记录了这一情况。

（4）A 注册会计师发现 b 原材料属于代收的委托加工原材料，甲公司未将 b 原材料纳入存货盘点范围，但已单独摆放并附有标识说明。

（5）A 注册会计师发现甲公司 c 种调味品由于质量严重不合格被监管部门勒令下架，甲公司召回 c 种调味品，考虑到该批产成品不再对外销售，甲公司未对其进行盘点。

要求：

针对上述第（1）至（5）项，逐项指出 A 注册会计师的做法是否恰当。如不恰当，简要说明理由。

2. 甲公司主要从事家电产品的生产和销售。ABC 会计师事务所负责审计甲公司 2020 年度财务报表。审计项目组在审计工作底稿中记录了与存货监盘相关的情况，部分内容摘录如下：

（1）审计项目组拟不信赖甲公司与存货相关的内部控制运行的有效性，故在监盘时不再观察管理层制定的盘点程序的执行情况。

（2）审计项目组获取了盘点日前后存货收发及移动的凭证，以确定甲公司是否将盘

点日前入库的存货、盘点日后出库的存货以及已确认为销售但尚未出库的存货包括在盘点范围内。

(3) 由于甲公司人手不足，审计项目组受管理层委托，于2020年12月31日代为盘点甲公司异地专卖店的存货，并将盘点记录作为甲公司的盘点记录和审计项目组的监盘工作底稿。

(4) 审计项目组按存货项目定义抽样单元，选取a产品为抽盘样本项目之一。a产品分布在5个仓库中，考虑到监盘人员安排困难，审计项目组对其中3个仓库的a产品执行抽盘，未发现差异，对该样本项目的抽盘结果满意。

(5) 在甲公司存货盘点结束前，审计项目组取得并检查了已填用、作废及未使用盘点表单的号码记录，确定其是否连续编号以及已发放的表单是否均已收回，并与存货盘点汇总表中记录的盘点表单使用情况核对一致。

(6) 甲公司部分产成品存放在第三方仓库，其年末余额占资产总额的10%，拟向该第三方实施函证程序，以获取该部分存货存在和状况的相关审计证据。

要求：

针对上述第（1）至（6）项，逐项指出审计项目组的做法是否恰当。如不恰当，简要说明理由。

3. ABC会计师事务所承接甲公司2020年度财务报表审计业务。甲公司从事商品零售业，存货占其资产总额的60%。除自营业务外，甲公司还将部分柜台出租，并为承租商提供商品仓储服务。在审计过程中，与存货监盘相关的部分事项如下：

(1) 在到达存货盘点现场后，监盘人员观察代柜台承租商保管的存货是否已经单独存放并予以标明，确定其未被纳入存货盘点范围。

(2) 对甲公司的存货实施了监盘程序后，据此认为获取了存货存在以及所有权方面的充分、适当的审计证据。

(3) 对以标准规格包装箱包装的存货，监盘人员根据包装箱的数量及每箱的标准容量直接计算确定存货的数量。

(4) 在存货监盘过程中，监盘人员除关注存货的数量外，还需要特别关注存货是否出现毁损、陈旧、过时及残次等情况。

(5) 对存货监盘过程中收到的存货，要求甲公司单独码放，不纳入存货监盘的范围。

(6) 在存货监盘结束时，监盘人员将除作废的盘点表单以外的所有盘点表单的号码记录于监盘工作底稿。

要求：

针对上述第（1）至（6）项，逐项指出审计项目组的做法是否恰当。如不恰当，简要说明理由。

4. A注册会计师负责对甲公司2020年度财务报表进行审计。在对甲公司2020年12月31日的存货进行监盘时，发现部分存货的财务明细账、仓库明细账、实物监盘三者的数量不一致，相关资料如下：

序号	存货名称	财务部门数量	仓储数量	监盘数量
1	a产品	35件	30件	30件
2	b产品	27件	25件	27件
3	c材料	1600公斤	1600公斤	1700公斤
4	d材料	1200公斤	1200公斤	1000公斤

要求：

(1) 根据监盘结果，假定不考虑舞弊、不考虑财务部门和仓储部门数量登记错误的情况下，逐项分析存货数量差异可能存在的主要原因。

(2) 针对存货的财务部门数量与存货监盘数量不一致情况，简要说明应当实施哪些必要的审计程序。

同步强化练习题参考答案及解析

“扫码看解析”

一、单项选择题

1.【答案】D

解析：选项A错误，监盘存货主要是用来证实存货存在认定；选项B错误，对难以盘点的存货，可采取针对特殊类型存货的监盘程序，不能将审计中的困难、时间或成本等事项本身作为省略不可替代的审计程序或满足于说服力不足的审计证据的正当理由；选项C错误，存货计价审计的样本应选择余额较大或价格变动较频繁的项目。

2.【答案】C

解析：选项C错误，存货监盘针对的主要是存货的存在认定，对存货的完整性认定及准确性、计价和分摊认定，也能提供部分审计证据；此外，注册会计师还可能在存货监盘中获取有关存货所有权的部分审计证据。

3.【答案】D

解析：选项D错误，注册会计师应当在存货盘点现场实施监盘，不能在被审计单位盘点后才进入现场检查。

4.【答案】C

解析：选项C错误，注册会计师为了增加审计程序的不可预见性，提高存货抽盘的效果，应尽可能避免让被审计单位事先了解拟抽盘的存货项目。

5.【答案】C

解析：选项C正确，由于不可预见的情况导致无法在存货盘点现场实施监盘，注册会计师应当另择日期实施监盘，并对间隔期内发生的交易实施审计程序。

6.【答案】A

解析：在先进先出法下，a产品期末数量为1500件，单位成本1.8万元，已知期末单位可变现净值为1.7万元，低于单位成本，则a产品发生减值，应计提的存货跌价准备金额＝1500×（1.8－1.7）＝150（万元）；b产品期末单位可变现净值大于单位成本，未发生减值。本期应计提的存货跌价准备为150万元，故选项A正确。

二、多项选择题

1.【答案】ABCD

解析：在存货盘点现场实施监盘时，注册会计师应当实施下列审计程序：(1) 评价管理层用以记录和控制存货盘点结果的指令和程序（选项C）；(2) 观察管理层制定的盘点程序的执行情况（选项D）；(3) 检查存货（选项B）；(4) 执行抽盘（选项A）。

2.【答案】ABCD

解析：注册会计师在获取完整的存货存放地点清单并考虑其完整性的基础上，根据具体情况下的风险评估结果，可以考虑执行以下一项或多项审计程序：（1）询问被审计单位除管理层和财务部门以外的其他人员，如营销人员、仓库人员等，以了解有关存货存放地点的情况（选项B）；（2）比较被审计单位不同时期的存货存放地点清单，关注仓库变动情况，以确定是否存在因仓库变动而未将存货纳入盘点范围的情况发生（选项D）；（3）检查被审计单位存货的出、入库单，关注是否存在被审计单位尚未告知注册会计师的仓库（如期末库存量为零的仓库）（选项A）；（4）检查费用支出明细账和租赁合同，关注被审计单位是否租赁仓库并支付租金，如果有，该仓库是否已包括在被审计单位提供的仓库清单中（选项C）；（5）检查被审计单位“固定资产—房屋建筑物”明细清单，了解被审计单位可用于存放存货的房屋建筑物。

3. 【答案】ACD

解析：选项B错误，对被审计单位未纳入盘点范围的存货，注册会计师应当查明未纳入的原因，分析其错报风险，不能对被审计单位未纳入盘点范围的存货直接实施替代审计程序。

4. 【答案】ABC

解析：选项A错误，在实施存货监盘程序时，抽盘工作不能省略；选项B错误，注册会计师从存货盘点记录追查至存货实物证实的是盘点记录的准确性；选项C错误，如果盘点记录与存货实物存在差异，注册会计师要查明原因，并及时提请被审计单位更正，还应当考虑错误的潜在范围和重大程度，在可能的情况下，扩大检查范围以减少错误的发生。

5. 【答案】ABD

解析：选项C不恰当，对于被审计单位委托其他单位保管的存货，注册会计师考虑向持有被审计单位存货的第三方函证存货的数量和状况，实施检查或其他适合具体情况的审计程序，不能直接视为审计范围受限。

三、简答题

1. 【答案】

（1）不恰当。还应当考虑存货存放地点清单的完整性。

（2）不恰当。不能仅仅考虑期末余额大小，还应当考虑存货的内容、性质以及与存货相关的内部控制的完善程度和重大错报风险的评估结果。

（3）不恰当。盘点日前验收的存货应当纳入存货盘点范围。

（4）恰当。

（5）不恰当。召回的存货(c种调味品)也应当纳入盘点范围。

2. 【答案】

（1）不恰当。无论是否信赖内部控制，审计项目组在监盘中均应当观察管理层制定的盘点程序的执行情况。

（2）不恰当。已确认为销售但尚未出库的存货不应包括在盘点范围内。

（3）不恰当。审计项目组代管理层执行盘点工作，将会影响其独立性/盘点存货是甲公司管理层的责任。

（4）不恰当。当a产品被选为样本项目时，应当对所有a产品执行抽盘。

（5）恰当。

（6）恰当。

3. 【答案】

（1）恰当。

（2）不恰当。存货监盘本身不足以供注册会计师确定存货的所有权，注册会计师可能需要执行其他实质性程序以应对所有权方面的相关风险。

（3）不恰当。应当进行必要的开箱检查。

（4）恰当。

（5）不恰当。应确定收到的存货是否应纳入2020年度的存货中，若需要，应当纳入存货监盘范围。

(6) 不恰当。应当取得并检查已填用、作废及未使用盘点表单的号码记录。

4. 【答案】

针对要求(1):

① a产品仓库明细账数量与实物监盘数量一致，但与财务部门数量不一致，可能是已销售发货但财务部门未及时作出会计处理，或a产品已出库但仓库没有及时将出库单据传递至财务部门等原因所致。

② b产品财务部门数量与实物监盘数量一致，但与仓储数量不一致，可能是b产品入库后仓库部门没有及时登记仓库明细账等原因所致。

③ c材料财务部门数量与仓储数量一致，但与实物监盘数量不一致，可能是c材料入库后未及时记入财务明细账与仓库明细账，或c材料退货入库后没有及时记入财务明细账和仓库明细账等原因所致。

④ d材料财务部门数量与仓储数量一致，但与实物监盘数量不一致，可能是d材料毁损后未及时作出财务处理，未及时登记财务明细账和仓库明细账，或d材料自然损耗、丢失、被盗等原因所致。

针对要求(2):

①应当查明差异原因，并及时提请甲公司更正；

②应当考虑错误的潜在范围和重大程度，在可能的情况下，扩大检查范围或提请甲公司重新盘点。

第十二章　货币资金的审计

本章考情分析

本章知识点主要在简答题中考查，特别是监盘库存现金、审查银行存款余额调节表和函证银行存款余额。

本章是比较重要的考试章节，考试平均分值接近3分。

本章需要大家重点掌握的知识点（含可能题型），归纳如下表。

序号	知识点	题型	难易程度
1	了解货币资金的主要业务活动	简答	中
2	评估重大错报风险	综合	难
3	货币资金支付控制	单选、简答	易
4	库存现金控制活动及控制测试	单选、简答	中
5	银行存款控制活动及控制测试	单选、简答	中
6	监盘库存现金	单选、简答	中
7	检查银行账户完整性	简答	中
8	检查银行存款账户发生额	简答、综合	难
9	取得并检查银行对账单	单选、简答	中
10	取得并检查银行存款余额调节表	单选、简答	难
11	函证银行存款余额	单选、简答	中
12	定期存款的实质性程序	单选、简答	中
13	对互联网支付资金的实质性程序	单选、简答	中

2021年教材主要变化

1. 对于在实施货币资金审计的过程中"需要保持警觉"的情形、"其他需要保持警觉"的事项进行了修改。

2. 针对检查银行存款账户发生额、检查银行存款余额调节表的审计程序进行了修订。

3. 修订了银行询证函的参考格式。

4. 对定期存款的实质性程序进行了重新表述。

5. 新增对第三方支付项目实施审计程序的相关内容。

6. 除上述修订内容外，修改了其他内容的部分文字表述。

本章考点框架

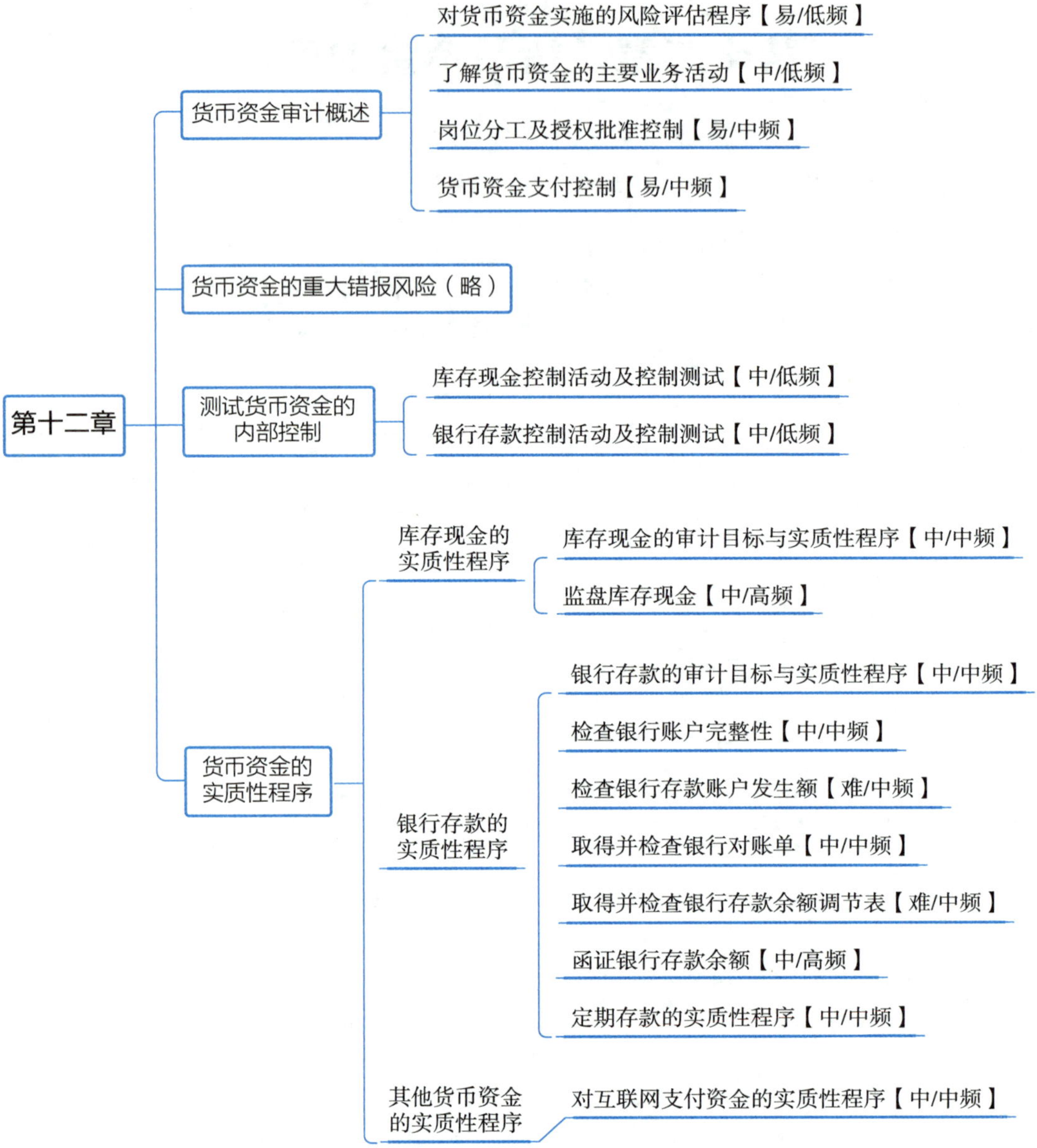
第十二章
货币资金审计概述
对货币资金实施的风险评估程序【易/低频】
了解货币资金的主要业务活动【中/低频】
岗位分工及授权批准控制【易/中频】
货币资金支付控制【易/中频】
货币资金的重大错报风险（略）
测试货币资金的内部控制
库存现金控制活动及控制测试【中/低频】
银行存款控制活动及控制测试【中/低频】
货币资金的实质性程序
库存现金的实质性程序
库存现金的审计目标与实质性程序【中/中频】
监盘库存现金【中/高频】
银行存款的实质性程序
银行存款的审计目标与实质性程序【中/中频】
检查银行账户完整性【中/中频】
检查银行存款账户发生额【难/中频】
取得并检查银行对账单【中/中频】
取得并检查银行存款余额调节表【难/中频】
函证银行存款余额【中/高频】
定期存款的实质性程序【中/中频】
其他货币资金的实质性程序
对互联网支付资金的实质性程序【中/中频】

本章重难点精讲

提示	本章知识点中，第一模块是货币资金的业务活动及其控制。其中，货币资金的业务活动包括现金管理、银行存款管理、票据管理和印章管理，货币资金控制主要有岗位分工控制、授权批准控制和资金支付控制；第二模块是库存现金监盘；第三模块是审查银行存款余额调节表和函证银行存款；第四模块是其他货币资金的实质性程序。本章属于比较重要的考试章节，其中，监盘库存现金和函证银行存款常常在简答题中涉及。快扫听课二维码，助您“码”上通关

第一节　货币资金审计概述

本节视频详解
使用“会计云课堂” App/ 微信扫码听课

01 考点 1 对货币资金实施的风险评估程序（★）[1]

注册会计师通常通过实施下列风险评估程序，以了解与货币资金相关的内部控制。

风险评估程序	具体内容
询问	询问参与货币资金业务活动的被审计单位人员，如销售部门、采购部门和财务部门的员工和管理人员
观察	观察货币资金业务流程中特定控制的执行，例如观察被审计单位的出纳人员如何进行现金盘点
检查	检查相关文件和报告，例如检查银行余额调节表是否恰当编制以及其中的调节项是否经会计主管的恰当复核等
穿行测试	追踪货币资金业务在财务报告信息系统中的处理过程。例如：选取一笔已收款的银行借款，追踪该笔交易从借款预算审批直至收到银行借款的整个过程

【提示】穿行测试属于了解内部控制程序，通常综合了询问、观察和检查等多种程序。

02 考点 2 了解货币资金的主要业务活动（★）

货币资金的主要业务活动包括现金管理、银行存款管理、票据管理和印章管理，归纳如下表。

[1] 为方便您在学习中可以快速了解知识点的重要程度，本书中将知识点进行分类。★★★代表重要知识点，★★代表次重要知识点，★代表非重要知识点。

主要活动	事项（含重要凭证）	具体要求或内容
现金管理	每日盘点与记账（现金日记账）	（1）出纳员每日对库存现金自行盘点，编制现金报表，计算当日现金收入、支出及结余额，并将结余额与实际库存额进行核对，如有差异及时查明原因 （2）会计主管不定期检查现金日报表
	每月末现金盘点（现金盘点表）	（1）每月末，会计主管指定出纳员以外的人员对现金进行盘点，编制库存现金盘点表，将盘点金额与现金日记账余额进行核对。对冲抵库存现金的借条、未提现支票、未做报销的原始票证，在库存现金盘点报告表中予以注明 （2）会计主管复核库存现金盘点表，如果盘点金额与现金日记账余额存在差异，需查明原因并报经财务经理批准后进行财务处理
银行存款管理	银行账户管理	（1）财务经理审核银行账户的开立、变更或注销 （2）总经理审批银行账户的开立、变更或注销
	编制银行存款余额调节表（银行存款余额调节表）	（1）每月末，会计主管指定出纳员以外的人员核对银行存款日记账和银行对账单，编制银行存款余额调节表，使银行存款账面余额与银行对账单调节相符。如调节不符，查明原因 （2）会计主管复核银行存款余额调节表，对需要进行调整的调节项目及时进行处理
票据管理	设置票据登记簿	财务部门设置银行票据登记簿，防止票据遗失或盗用
	出纳员登记及空白票据管理	（1）出纳员登记银行票据的购买、领用、背书转让及注销等事项 （2）空白票据存放在保险柜中
	盘点票据（银行票据盘点表）	（1）每月末，会计主管指定出纳员以外的人员对空白票据、未办理收款和承兑的票据进行盘点，编制银行票据盘点表，并与银行票据登记簿进行核对 （2）会计主管复核库存银行票据盘点表，如果存在差异，需查明原因
印章管理	财务专用章	企业的财务专用章由财务经理保管
	个人名章	（1）办理相关业务中使用的个人名章由出纳员保管 （2）严禁一人保管支付款项所需的全部印章

【提示】货币资金的主要业务活动的具体内容，可能由于每个企业的货币资金管理方式或内部控制的不同而有所不同。

经典题解

【例题1·单选题】关于库存现金和银行存款的管理，以下情形中，正确的是（　　）。

A. 出纳员每月应当针对每一银行账户分别编制银行存款余额调节表

B. 记账会计应定期检查现金日报表

C. 每月末，会计主管指定出纳员对空白票据、未办理收款和承兑的票据进行盘点

D. 企业应当定期和不定期地进行现金盘点

【解析】选项A错误，企业应当指定专人定期核对银行账户，每月至少核对一次，编制银行存款余额调节表，但这项工作不能由出纳员兼任；选项B错误，会计主管不定期检查现金日报表；选项C错误，每月末，会计主管指定出纳员以外的人员对空白票据、未办理收款和承兑的票据进行盘点；选项D正确，企业应当定期和不定期地进行现金盘点，确保现金账面余额与实际库存相符。发现不符，及时查明原因并作出处理。

【答案】D

03 考点3 岗位分工及授权批准控制（★★）

货币资金的岗位分工及授权批准控制，具体要求或内容，归纳如下表。

主要活动	事项	具体要求或内容
岗位分工	出纳员	(1) 负责现金收付、银行结算及货币资金的日记账核算等职责 (2) 不得兼任稽核、会计档案保管和收入、支出、费用、债权债务账目的登记工作 (3) 企业不得由一人办理货币资金业务的全过程
授权批准	明确职责和要求	企业应当明确货币资金的审批人对货币资金业务的授权批准方式、权限、程序、责任和相关控制措施，规定经办人办理货币资金业务的职责范围和工作要求

经典题解

【例题2·单选题】下列关于出纳员岗位职责中，恰当的是(　　)。

A. 出纳员兼任会计档案保管工作

B. 出纳员兼任固定资产卡片的登记工作

C. 出纳员保管签发支票所需的全部印章

D. 出纳员兼任收入明细账和总账的登记工作

【解析】出纳员不得兼任稽核、会计档案保管和收入、支出、费用、债权债务账目的登记工作，选项A、D不恰当；严禁一人保管支付款项所需的全部印章，选项C不恰当。

【答案】B

04 考点4 货币资金支付控制（★★）

货币资金支付控制分为一般程序和重大资金支付的集体决策，具体要求或内容，归纳如下表。

支付程序	支付事项	具体要求或内容
一般程序	申请	有关部门或个人用款时，应当提前向审批人提交货币资金支付申请，注明款项的用途、金额、预算、支付方式等内容，并附有效经济合同或相关证明
	审批	审批人根据其职责、权限和相应程序对支付申请进行审批，审核付款业务的真实性、付款金额的准确性，以及申请人提交票据或者证明的合法性，严格监督资金支付。对不符合规定的货币资金支付申请，审批人应当拒绝批准
	复核	财务部门收到经审批人审批签字的相关凭证或证明后，应再次复核业务的真实性、金额的准确性，以及相关票据的齐备性、相关手续的合法性和完整性，并签字认可。复核无误后，交由出纳人员办理支付手续
	办理	出纳人员应当根据复核无误的支付申请，按规定办理货币资金支付手续，及时登记库存现金日记账和银行存款日记账
集体决策	重要货币资金支付业务	应当实行集体决策和审批，并建立责任追究制度，防范贪污、侵占、挪用货币资金等行为

【提示】货币资金支付流程中，审批（业务部门）和复核（财务部门）应当职责分离。审批是“上游”控制活动，复核是“下游”控制活动。

第二节　货币资金的重大错报风险（略）

第三节　测试货币资金的内部控制

本节视频详解

使用“会计云课堂”App/微信扫码听课

01 考点 1 库存现金控制活动及控制测试（★）

事项	控制活动（被审计单位）	控制测试（注册会计师）
付款	（1）部门经理审批本部门的付款申请，审核付款业务是否真实发生、付款金额是否准确，以及后附票据是否齐备，并在复核无误后签字认可 （2）财务部门在安排付款前，财务经理再次复核经审批的付款申请及后附相关凭据或证明，如核对一致，进行签字认可并安排付款	（1）询问相关业务部门的部门经理和财务经理其在日常现金付款业务中执行的内部控制，以确定其是否与被审计单位内部控制政策要求保持一致 （2）观察财务经理复核付款申请的过程，是否核对了付款申请的用途、金额及后附相关凭据，以及在核对无误后是否进行了签字确认 （3）重新核对经审批及复核的付款申请及其相关凭据，并检查是否经签字确认

续表

事项	控制活动（被审计单位）	控制测试（注册会计师）
盘点	(1) 会计主管指定应付账款会计每月末的最后一天对库存现金进行盘点，根据盘点结果编制库存现金盘点表，将盘点余额与现金日记账余额进行核对，并对差异调节项进行说明 (2) 会计主管复核库存现金盘点表，如盘点金额与现金日记账余额存在差异且差异金额超过2万元，需查明原因并报财务经理批准后进行财务处理	(1) 在月末最后一天参与被审计单位的现金盘点，检查是否由应付账款会计进行现金盘点 (2) 观察现金盘点程序是否按照盘点计划的指令和程序执行，是否编制了现金盘点表并根据内控要求经财务部相关人员签字复核 (3) 检查现金盘点表中记录的现金盘点余额是否与实际盘点金额保持一致，现金盘点表中记录的现金日记账余额是否与被审计单位现金日记账中余额保持一致 (4) 针对调节差异金额超过2万元的调节项，检查是否经财务经理批准后进行财务处理

02 考点2 银行存款控制活动及控制测试（★）

事项	控制活动（被审计单位）	控制测试（注册会计师）
银行账户	会计主管根据被审计单位的实际业务需要就银行账户的开立、变更和注销提出申请，经财务经理审核后报总经理审批	(1) 询问会计主管被审计单位本年开户、变更、撤销的整体情况 (2) 取得本年度账户开立、变更、撤销申请项目清单，检查清单的完整性，并在选取适当样本的基础上检查账户的开立、变更、撤销项目是否已经财务经理和总经理审批
付款	(1) 部门经理审批本部门的付款申请，审核付款业务是否真实发生、付款金额是否准确，以及后附票据是否齐备，并在复核无误后签字认可 (2) 财务部门在安排付款前，财务经理再次复核经审批的付款申请及后附相关凭据或证明，如核对一致，进行签字认可并安排付款	(1) 询问相关业务部门的部门经理和财务经理在日常银行付款业务中执行的内部控制，以确定其是否与被审计单位内部控制政策要求保持一致 (2) 观察财务经理复核付款申请的过程，是否核对了付款申请的用途、金额及后附相关凭据，以及在核对无误后是否进行了签字确认 (3) 重新核对经审批及复核的付款申请及其相关凭据，并检查是否经签字确认
银行存款余额调节表	(1) 每月末，会计主管指定应收账款会计核对银行存款日记账和银行对账单，编制银行存款余额调节表，使银行存款账面余额与银行对账单调节相符。如存在差异项，查明原因并进行差异调节说明 (2) 会计主管复核银行存款余额调节表，对需要进行调整的调节项目及时进行处理，并签字确认	(1) 询问应收账款会计和会计主管，以确定其执行的内部控制是否与被审计单位内部控制政策要求保持一致，特别是针对未达账项的编制及审批流程 (2) 针对选取的样本，检查银行存款余额调节表，查看调节表中记录的企业银行存款日记账余额是否与银行存款日记账余额保持一致，调节表中记录的银行对账单余额是否与被审计单位提供的银行对账单中的余额保持一致 (3) 针对调节项目，检查是否经会计主管的签字复核 (4) 针对大额未达账项进行期后收付款的检查

【提示】“银行存款余额调节表”涉及以下四个层面：

（1）定期编制银行存款余额调节表（内部控制设计和执行要求，属于“左手”职责）。被审计单位需要指定专人（出纳员以外的人员）定期核对银行账户（每月至少核对一次），编制银行存款余额调节表。

（2）了解银行存款余额调节表的编制（了解内部控制，属于“右手”职责）。

（3）测试银行存款余额调节表（控制测试，属于“右手”职责）。

（4）检查银行存款余额调节表（实质性程序，属于“右手”职责）。

第四节　货币资金的实质性程序

本节视频详解
使用“会计云课堂”App/微信扫码听课

01 考点 1 库存现金的审计目标与实质性程序（★★）

库存现金实质性程序

被审计单位：甲公司	索引号：ZA
项目：货币资金（库存现金）	财务报表截止日/期间：2020/12/31
编制：A	复核：B
日期：2021/01/05	日期：2021/02/10

（一）审计目标与认定对应关系表

审计目标	财务报表认定					
	存在	完整性	权利和义务	准确性、计价和分摊	分类	列报
A. 资产负债表中记录的货币资金是存在的	√					
B. 应当记录的货币资金均已记录，所有应当包括在财务报表中的相关披露均已包括		√				
C. 记录的货币资金由甲公司拥有或控制			√			
D. 货币资金以恰当的金额包括在财务报表中，与之相关的计价调整已恰当记录，相关披露已得到恰当计量和描述				√		
E. 货币资金已记录于恰当的账户					√	

续表

审计目标	财务报表认定					
	存在	完整性	权利和义务	准确性、计价和分摊	分类	列报
F. 货币资金已按照企业会计准则的规定在财务报表中作出恰当列报和披露						√

（二）审计目标与审计程序对应关系表

审计目标	可供选择的审计程序
D	（1）核对库存现金日记账与总账的金额是否相符，检查非记账本位币库存现金的折算汇率及折算金额是否正确
ACD/BCD	（2）监盘库存现金（【考点 2】展开说明）
AD/BD	（3）抽查大额库存现金收支。查看大额现金收支，并检查原始凭证是否齐全、原始凭证内容是否完整、有无授权批准、记账凭证与原始凭证是否相符、账务处理是否正确、是否记录于恰当的会计期间等项内容
F	（4）检查库存现金是否在财务报表中作出恰当列报

02 考点 2 监盘库存现金（★★★）

库存现金监盘的性质、参与人员等要求和内容，归纳如下表。

监盘事项	要求和内容
监盘的性质	注册会计师可能基于风险评估的结果判断无须对现金盘点实施控制测试，仅实施实质性程序
参与人员	注册会计师、出纳员和会计主管（一个也不能少）
时间	最好是上午上班前或下午下班时
范围	（1）各部门经管的所有现金，通常包括已收到但未存入银行的现金、零用金、找换金等 （2）如果库存现金存放部门有两处或两处以上的，应同时进行盘点
方式	最好实施突击性的检查
步骤与方法	（1）查看被审计单位制定的盘点计划，以确定监盘时间 （2）查阅库存现金日记账并同时与现金收付凭证相核对 （3）检查被审计单位现金实存数，并将该监盘金额与库存现金日记账余额进行核对，如有差异，应要求被审计单位查明原因，必要时应提请被审计单位作出调整；如无法查明原因，应要求被审计单位按管理权限批准后作出调整 （4）若有冲抵库存现金的借条、未提现支票、未作报销的原始凭证，应在“库存现金监盘表”中注明，必要时应提请被审计单位作出调整 （5）在非资产负债表日进行监盘时，应将监盘金额调整至资产负债表日的金额，并对变动情况实施程序

经典题解

【例题 3·单选题】在对甲公司 2021 年度财务报表进行审计时，A 注册会计师负责审计货币资金项目。2021 年 1 月 5 日对甲公司全部现金进行监盘后，确认实有现金数额为 2600 元。甲公司 2021 年 1 月 1 日至 1 月 5 日现金收入总额为 165200 元、现金支出总额为 165500 元，则推断 2020 年 12 月 31 日库存现金余额应为(　　)元。

A. 2300　　B. 2500

C. 2700　　D. 2900

【解析】对 2020 年 12 月 31 日库存现金实存额进行如下调整：期末实存数 = 盘点金额 + 资产负债表日至盘点日现金支出数 − 资产负债表日至盘点日现金收入数 = 2600 + 165500 − 165200 = 2900（元），故选项 D 正确。

【答案】D

03 考点 3 银行存款的审计目标与实质性程序（★★）

银行存款实质性程序

被审计单位：甲公司	索引号：ZA
项目：货币资金（银行存款）	财务报表截止日/期间：2020/12/31
编制：A	复核：B
日期：2021/01/05	日期：2021/02/10

（一）审计目标与认定对应关系表

审计目标	财务报表认定					
	存在	完整性	权利和义务	准确性、计价和分摊	分类	列报
A. 资产负债表中记录的货币资金是存在的	√					
B. 应当记录的货币资金均已记录，所有应当包括在财务报表中的相关披露均已包括		√				
C. 记录的货币资金由甲公司拥有或控制			√			
D. 货币资金以恰当的金额包括在财务报表中，与之相关的计价调整已恰当记录，相关披露已得到恰当计量和描述				√		
E. 货币资金已记录于恰当的账户					√	
F. 货币资金已按照企业会计准则的规定在财务报表中作出恰当列报和披露						√

（二）审计目标与审计程序对应关系表

审计目标	可供选择的审计程序
D	(1) 获取银行存款余额明细表： ①复核加计是否正确，并与总账数和日记账合计数核对是否相符 ②检查非记账本位币银行存款的折算汇率及折算金额是否正确 (检查银行账户完整性，【考点 4】展开说明)
AD/BD	(2) 实施实质性分析程序： 计算银行存款累计余额应收利息收入，分析比较被审计单位银行存款应收利息收入与实际利息收入的差异是否恰当，评估利息收入的合理性，检查是否存在高息资金拆借，确认银行存款余额是否存在，利息收入是否已经完整记录
AC	(3) 检查银行存款账户发生额(【考点 5】展开说明)
AD/BD	(4) 取得并检查银行对账单和银行存款余额调节表（【考点 6】【考点 7】展开说明）
AC	(5) 函证银行存款余额，编制银行函证结果汇总表，检查银行回函（【考点 8】展开说明）
C	(6) 检查银行存款账户存款人是否为被审计单位，若存款人非被审计单位，应获取该账户户主和被审计单位的书面声明，确认资产负债表日是否需要提请被审计单位调整
CF	(7) 关注是否存在质押、冻结等对变现有限制或存在境外的款项。如果存在，是否已提请被审计单位作必要的调整和披露
F	(8) 对不符合现金及现金等价物条件的银行存款在审计工作底稿中予以列明，以考虑对现金流量表的影响
AD/BD	(9) 抽查大额银行存款收支的原始凭证，检查原始凭证是否齐全、记账凭证与原始凭证是否相符、账务处理是否正确、是否记录于恰当的会计期间等内容。检查是否存在非营业目的的大额货币资金转移，并核对相关账户的进账情况；如有与被审计单位生产经营无关的收支事项，应查明原因并作相应的记录
A/B	(10) 检查银行存款收支的截止是否正确。选取资产负债表日前后若干张、一定金额以上的凭证实施截止测试，关注业务内容及对应项目，如有跨期收支事项，应考虑是否提请被审计单位进行调整
F	(11) 检查银行存款是否在财务报表中作出恰当列报

04 考点 4 检查银行账户完整性（★★）

项目	具体要求
检查目的	确认被审计单位是否可能存在账外账或资金体外循环

续表

项目	具体要求
实质性程序	(1) 注册会计师在企业人员陪同下到中国人民银行或基本存款账户开户行查询并打印《已开立银行结算账户清单》，观察银行办事人员的查询、打印过程，并检查被审计单位账面记录的银行人民币结算账户是否完整 (2) 结合其他相关细节测试，关注交易相关单据中被审计单位的收（付）款银行账户是否包含在注册会计师已获取的开立银行账户清单内

经典题解

【例题 4·单选题】 如果注册会计师要证实被审计单位在临近 12 月 31 日签发的支票是否已登记入账，最有效的审计程序是(　　)。

A. 检查当年 12 月 31 日的银行对账单

B. 检查当年 12 月的支票存根和银行存款日记账

C. 检查当年 12 月 31 日的银行存款余额调节表

D. 函证当年 12 月 31 日的银行存款余额

【解析】 注册会计师以支票存根为起点追查至银行存款日记账，以确认银行存款支出入账的完整性（顺查），故选项 B 正确。

【答案】 B

05 考点 5 检查银行存款账户发生额（★★）

项目	具体要求
要求	结合银行账户性质，分析不同账户发生银行日记账漏记银行交易的可能性，获取相关账户相关期间的全部银行对账单
利用数据分析等技术核对	利用数据分析等技术，对比银行对账单上的收付款流水与被审计单位银行存款日记账的收付款信息是否一致，对银行对账单及被审计单位银行存款日记账记录进行双向核对
选择某些银行账户进行核对	选择基本户，余额较大的银行账户，发生额较大且收付频繁的银行账户，发生额较大但余额较小、零余额或当期注销的银行账户，募集资金账户等账户进行核对
针对同一银行账户的核对	(1) 选定同一期间（月度、年度）的银行存款日记账、银行对账单的发生额合计数（借方及贷方）进行总体核对 (2) 对银行对账单及被审计单位银行存款日记账记录进行双向核对，即在选定的账户和期间，从被审计单位银行存款日记账上选取样本，核对至银行对账单，以及自银行对账单中进一步选取样本，与被审计单位银行存款日记账记录进行核对。在运用数据分析技术时，可选择全部项目进行核对。核对内容包括日期、金额、借贷方向、收付款单位、摘要等 对相同金额的一收一付、相同金额的多次转入转出等大额异常货币资金发生额，检查银行存款日记账和相应交易及资金划转的文件资料，关注相关交易及相应资金流转安排是否具有合理的商业理由 (3) 浏览资产负债表日前后的银行对账单和被审计单位银行存款账簿记录，关注是否存在大额、异常资金变动以及大量大额红字冲销或调整记录，如存在，需要实施进一步的审计程序

06 考点6 取得并检查银行对账单（★★）

项目	具体要求
主要目的	证实资产负债表中所列银行存款是否存在
实质性程序	(1) 取得被审计单位加盖银行印章的银行对账单，注册会计师应对银行对账单的真实性保持警觉，必要时，亲自到银行获取对账单，并对获取过程保持控制。此外，注册会计师还可以观察被审计单位人员登录并操作网银系统导出信息的过程，核对网银界面的真实性，核对网银中显示或下载的信息与提供给注册会计师的对账单中信息的一致性 (2) 将获取的银行对账单余额与银行日记账余额进行核对，如存在差异，获取银行存款余额调节表 (3) 将被审计单位资产负债表日的银行对账单与银行询证函回函核对，确认是否一致

07 考点7 取得并检查银行存款余额调节表（★★）

项目	具体要求
主要目的	证实资产负债表中所列银行存款是否存在
检查调节表中加计数	检查调节表中加计数是否正确，调节后银行存款日记账余额与银行对账单余额是否一致
检查调节事项	(1) 对于企付银未付款项，检查被审计单位付款的原始凭证，并检查该项付款是否已在期后银行对账单上得以反映 (2) 在检查期后银行对账单时，就对账单上所记载的内容，如支票编号、金额等，与被审计单位支票存根进行核对 (3) 对于企收银未收款项，检查被审计单位收款入账的原始凭证，检查其是否已在期后银行对账单上得以反映 (4) 对于银收企未收、银付企未付款项，检查收、付款项的内容及金额，确定是否为截止错报 (5) 如果企业的银行存款余额调节表存在大额或长期未达账项，注册会计师应追查原因并检查相应的支持文件，判断是否为错报事项，确定是否需要提请被审计单位进行调整
关注长期未达账项	查看是否存在挪用资金等事项
特别关注是否存在舞弊事项	特别关注银付企未付、企付银未付中支付异常的领款事项，包括没有载明收款人、签字不全等支付事项，确认是否存在舞弊

经典题解

【例题5·多选题】注册会计师发现甲公司2020年12月31日的银行存款余额调节表包括一笔“企业已付、银行未付”调节项，其内容为以支票支付赊购材料款。下列实质性程序中，能为该调节项提供审计证据的有（　　）。

A. 检查支票开具日期

B. 检查2021年1月的银行对账单

C. 检查付款申请单是否经适当批准

D. 函证对相关供应商2020年12月31日的应付账款

【解析】 支票开具日期（选项A）、资产负债表日后的银行对账单（选项B）和函证供应商（选项D）均与“在途付款”有关。选项C属于控制测试，故不正确。

【答案】 ABD

08 考点8 函证银行存款余额（★★★）

项目	具体内容
目的	（1）了解银行存款的存在 （2）了解企业所欠银行债务情况，并有助于发现企业未入账的银行借款和未披露的或有负债
要求	以被审计单位名义向银行发函，回函结果直接寄回会计师事务所
对象和范围	应当对银行存款（包括零余额账户和在本期内注销的账户）、借款及与金融机构往来的其他重要信息实施函证程序，除非有充分证据表明某一银行存款、借款及与金融机构往来的其他重要信息对财务报表不重要且与之相关的重大错报风险很低；如果不对这些项目实施函证程序，注册会计师应当在审计工作底稿中说明理由
方式	采用积极的函证方式

09 考点9 定期存款的实质性程序（★★）

针对定期存款的实质性程序，归纳如下表。

程序	具体内容
询问	如果定期存款占银行存款的比例偏高，或同时负债比例偏高，注册会计师需要向管理层询问定期存款存在的商业理由并评估其合理性
获取定期存款明细表	检查是否与账面记录金额一致，存款人是否为被审计单位，定期存款是否被质押或限制使用
监盘定期存款凭据	如果被审计单位在资产负债表日有大额定期存款，基于对风险的判断，考虑在资产负债表日实施监盘
实地观察、截屏保存	实地观察被审计单位登录网银系统查询定期存款信息，并将查询信息截屏保存

续表

程序	具体内容
检查相关文件	（1）对未质押的定期存款，检查开户证实书原件。在检查时，还要认真核对相关信息，包括存款人、金额、期限等，如有异常，需实施进一步审计程序 （2）对已质押的定期存款，检查定期存单复印件，并与相应的质押合同核对
函证	函证定期存款相关信息
分析利息收入	结合财务费用和投资收益审计，分析利息收入的合理性，判断定期存款是否真实存在，或是否存在体外资金循环的情形
检查、核对相关凭证	对于在报告期内到期结转的定期存款、资产负债表日后已提取的定期存款，检查、核对相应的兑付凭证、银行对账单或网银记录等
关注披露	关注被审计单位是否在财务报表附注中对定期存款及其受限情况（如有）给予充分披露

10 考点10 对互联网支付资金的实质性程序（★★）

针对因互联网支付留存于第三方支付平台的资金的实质性程序，归纳如下表。

程序	具体内容
是否开户	了解是否开立支付宝、微信等第三方支付账户
获取相关开户信息资料	了解其用途和使用情况，获取与第三方支付平台签订的协议
函证	了解第三方平台使用流程等内部控制，比照验证银行存款或银行交易的方式对第三方平台支付账户函证交易发生额和余额（如可行）
获取并检查明细	获取第三方支付平台发生额及余额明细，并与账面记录进行核对，对大额交易考虑实施进一步的检查程序

【相关链接】

《中国注册会计师审计准则问题解答第12号—货币资金审计》

扫一扫　"码"上做题、看解析

本书历年经典试题均配备二维码，使用"会计云课堂"App 扫码，即可线上做题、看解析。

【"会计云课堂"App 下载二维码见封底页】

历年经典试题回顾

（一）监盘库存现金

【例题 1·简答题·部分】ABC 会计师事务所的 A 注册会计师负责审计甲公司 2016 年度财务报表，与货币资金审计相关的部分事项如下：

（1）A 注册会计师认为库存现金重大错报风险很低，因此，未测试甲公司财务主管每月末盘点库存现金的控制，于 2016 年 12 月 31 日实施了现金监盘，结果满意。

要求：

针对上述第（1）项，指出 A 注册会计师的做法是否恰当。如不恰当，简要说明理由。（2017 年）

【例题 2·简答题·部分】ABC 会计师事务所的 A 注册会计师负责审计甲公司 2016 年度财务报表，与货币资金审计相关的部分事项如下：

（1）2017 年 1 月 5 日，A 注册会计师对甲公司库存现金实施了监盘，并与当日现金日记账余额核对一致，据此认可了年末现金余额。

要求：

针对上述第（1）项，指出 A 注册会计师的做法是否恰当。如不恰当，简要说明理由。（2017 年网络回忆版）

（二）检查银行账户完整性

【例题·简答题·部分】ABC 会计师事务所的 A 注册会计师负责审计甲公司 2016 年度财务报表，与货币资金审计相关的部分事项如下：

（2）因对甲公司人民币结算账户的完整性存有疑虑，A 注册会计师检查了管理层提供的《已开立银行结算账户清单》，结果满意。

要求：

针对上述第（2）项，指出 A 注册会计师的做法是否恰当。如不恰当，简要说明理由。（2017 年网络回忆版）

（三）取得并检查银行对账单

【例题·简答题·部分】ABC 会计师事务所的 A 注册会计师负责审计甲公司 2016 年度财务报表，与货币资金审计相关的部分事项如下：

（3）因对甲公司管理层提供的银行对账单的真实性存有疑虑，A 注册会计师在出纳陪同下前往银行获取银行对账单，在银行柜台人员打印对账单时，A 注册会计师前往该银行其他部门实施了银行函证。

（5）为测试银行账户交易入账的真实性，A 注册会计师在验证银行对账单的真实性后，从银行存款日记账中选取样本与银行对账单进行核对，并检查了支持性文件，结果满意。

要求：

针对上述第（3）、（5）项，逐项指出 A 注册会计师的做法是否恰当。如不恰当，简要说明理由。（2017 年）

（四）取得并检查银行存款余额调节表

【例题·简答题·部分】ABC 会计师事务所的 A 注册会计师负责审计甲公司 2016 年

度财务报表，与货币资金审计相关的部分事项如下：

（2）对于账面余额与银行对账单余额存在差异的银行账户，A注册会计师获取了银行存款余额调节表，检查了调节表中的加计数是否正确，并检查了调节后的银行存款日记账余额与银行对账单余额是否一致，据此认可了银行存款余额调节表。

要求：

针对上述第（2）项，指出A注册会计师的做法是否恰当。如不恰当，简要说明理由。（2017年）

（五）函证银行存款余额

【例题·简答题·部分】ABC会计师事务所的A注册会计师负责审计甲公司2016年度财务报表，与货币资金审计相关的部分事项如下：

（4）甲公司利用销售经理个人银行账户结算货款，指派出纳保管该账户交易密码。A注册会计师检查了该账户的交易记录和相关财务报表凭证，获取了甲公司管理层的书面声明，结果满意。

要求：

针对上述第（4）项，指出A注册会计师的做法是否恰当，如不恰当，简要说明理由。（2017年网络回忆版）

（六）定期存款的实质性程序

【例题·单选题】下列审计程序中，通常不能为定期存款的存在认定提供可靠的审计证据的是（　　）。（2016年）

A. 函证定期存款的相关信息

B. 对于未质押的定期存款，检查开户证实书原件

C. 对于已质押的定期存款，检查定期存单复印件

D. 对于在资产负债表日后已提取的定期存款，检查、核对兑付凭证等

历年经典试题回顾参考答案及解析

“扫码看解析”

使用“微信”或“会计云课堂”App扫码，即可线上对答案、看解析，错题随手收藏，及时巩固复习。

（一）监盘库存现金

【例题1·简答题·部分】

【答案】恰当。

【名师点题】注册会计师可能基于风险评估的结果判断无须对现金盘点实施控制测试，仅实施实质性程序。

【例题2·简答题·部分】

【答案】不恰当。注册会计师应当将监盘日库存现金的金额调整至资产负债表日的金额，并对变动情况实施程序。

（二）检查银行账户完整性

【例题·简答题·部分】

【答案】不恰当。注册会计师应当在企业人员陪同下到中国人民银行或基本存款账户开户行查询并打印《已开立银行结算账户清单》观察银行办事人员的查询、打印过程，并检查被审计单位账面记录的银行人民币结算账户是否完整。

（三）取得并检查银行对账单

【例题·简答题·部分】

【答案】

（3）不恰当。未对银行对账单获取过程

保持控制。

(5) 恰当。

(四) 取得并检查银行存款余额调节表

【例题·简答题·部分】

【答案】不恰当。还应当检查调节事项/关注长期未达账项/关注未达账项中异常的支付款项。

(五) 函证银行存款余额

【例题·简答题·部分】

【答案】不恰当。利用个人银行账户结算货款不符合规定，可能属于舞弊，仅检查账户的交易记录、相关财务报表凭证和获取书面声明不足以应对。

(六) 定期存款的实质性程序

【例题·单选题】

【答案】C

【解析】选项C错误，对于已质押的定期存款，检查定期存单复印件，并与相应的质押合同核对。

1004298

扫一扫 "码"上做题、看解析

本书同步强化练习题均配备二维码，使用"会计云课堂"App扫码，即可线上做题、看解析。

【"会计云课堂"App下载二维码见封底页】

同步强化练习题

一、单项选择题

1. 以下控制活动中，最能预防员工贪污、挪用销货款的是(　　)。
   A. 记录应收账款明细账的人员不得登记固定资产明细账
   B. 收取顾客支票与收取顾客现金由不同人员负责
   C. 请顾客将货款直接汇入公司所指定的银行账户
   D. 公司收到顾客支票后立即寄送收据给顾客

2. 下列有关票据和印章管理活动中，不符合内部控制要求的是(　　)。
   A. 严禁一人保管支付款项所需的全部印章
   B. 企业的财务专用章由财务负责人本人或其授权人员保管
   C. 出纳员个人名章应当交由财务负责人保管
   D. 企业各种票据的购买、保管、领用、背书转让、注销等环节应当有明确的职责权限

3. 针对某银行账户对账单余额与银行存款日记账余额不符，下列审计程序中最有效的是(　　)。
   A. 重新测试相关的内部控制
   B. 检查该银行账户的银行存款余额调节表
   C. 检查银行存款日记账中记录的资产负债表日前后的收付情况
   D. 检查银行对账单中记录的资产负债表日前后的收付情况

4. 假设A注册会计师负责审计甲公司2020年度财务报表。在审查甲公司编制的某开户银行账户的银行存款余额调节表时，A注册会计师注意到以下事项：该银行账户的银行对账单余额为585000元，甲公司已收、银行尚未入账的销货款20000

元；甲公司已付、银行尚未入账的预付的材料款 15000 元；银行已收、甲公司尚未入账的退回押金 23000 元；银行已代扣、甲公司尚未入账的水电费 25000 元。假定不考虑其他因素，A 注册会计师审计后确认该账户的银行存款日记账余额是（ ）元。（★★★）*

A. 585000　　B. 588000
C. 590000　　D. 592000

5. 被审计单位某开户银行的对账单余额为 1250000 元，在检查该账户银行存款余额调节表时，注册会计师注意到以下事项：在途存款 215000 元；未提现支票 72000 元；未入账的银行存款利息收入 8500 元；未入账的银行代扣水电费 3400 元。假定不考虑其他因素，注册会计师审计后确认的该银行存款账户余额应是（ ）元。（★★★）

A. 1363000　　B. 1366000
C. 1369000　　D. 1393000

6. 注册会计师在检查被审计单位 2020 年 12 月 31 日的银行存款余额调节表时，发现下列调节事项，其中有迹象表明不合理的是（ ）。

A. “银行已收、企业未收”项目包含一项 2020 年 12 月 31 日到账的应收账款，被审计单位尚未收到银行的收款通知
B. “企业已付、银行未付”项目包含一项被审计单位于 2020 年 12 月 31 日提交的转账支付申请，用于支付被审计单位 2020 年 12 月份的电费
C. “企业已收、银行未收”项目包含一项 2020 年 12 月 30 日收到的退货款，被审计单位已将供应商提供的支票提交银行
D. “银行已付、企业未付”项目包含一项 2020 年 11 月支付的销售返利，该笔付款已经总经理授权，但由于经办人员未提供相关单据，会计部门尚未入账

二、多项选择题

1. 针对现金付款的控制测试程序，下列说法中，正确的有（ ）。（★★★）

A. 询问相关业务部门的部门经理和财务经理其在日常现金付款业务中执行的内部控制，以确定其是否与被审计单位内部控制政策要求保持一致
B. 询问相关业务部门的部门经理和财务经理其在日常现金付款业务中执行的内部控制，以确定内部控制是否得到执行
C. 观察财务经理复核付款申请的过程，是否核对了付款申请的用途、金额及后附相关凭据，以及在核对无误后是否进行了签字确认
D. 重新核对经审批及复核的付款申请及其相关凭据，并检查是否经签字确认

2. 下列有关函证银行存款目的的说法中，正确的有（ ）。

A. 银行借款的金额是否正确
B. 是否存在企业未入账的银行借款
C. 银行存款是否存在
D. 结合财务费用和投资收益审计分析利息收入的合理性

3. 下列有关寄发银行询证函的说法中，正确的有（ ）。

A. 寄发给被审计单位开户银行的询证函采用的是积极的函证方式
B. 要求银行直接将回函寄至会计师事务所
C. 函证对象包括银行存款和借款等
D. 应向每一家开户银行寄发询证函

三、简答题

1. ABC 会计师事务所负责审计甲公司 2020

---

* 为了便于您识别重要题目，本书中针对重点题目通过标注星级的方式进行体现。

年度财务报表，审计项目组认为货币资金的存在和完整性认定存在舞弊导致的重大错报风险，审计工作底稿中与货币资金审计相关的部分内容摘录如下：

（1）2021年1月5日，审计项目组要求甲公司管理层于次日对库存现金进行盘点，1月6日，审计项目组在现场实施了监盘，并将结果与现金日记账进行了核对，未发现差异。

（2）因对甲公司管理层提供的银行账户清单的完整性存有疑虑，审计项目组在甲公司人员的陪同下前往当地中国人民银行查询并打印了甲公司《已开立银行结算账户清单》，观察银行办事人员查询、打印过程，检查甲公司账面记录的人民币结算账户，结果满意。

（3）因对甲公司提供的银行对账单的真实性存有疑虑，审计项目组要求甲公司管理层重新取得了所有银行账户的对账单，未发现异常。

（4）审计项目组未对年末余额小于10万元的银行账户实施函证，这些账户年末余额合计小于实际执行的重要性，审计项目组检查了银行对账单原件和银行存款余额调节表，结果满意。

（5）审计项目组发现X银行询证函回函上的印章与以前年度的不同，甲公司管理层解释X银行于2020年中变更了印章样式，并提供了X银行的收款回单，审计项目组通过比对印章样式，认可了甲公司管理层的解释。

要求：

针对上述第（1）至（5）项，逐项指出审计项目组的做法是否恰当。如不恰当，简要说明理由。（★★★）

2. 审计项目组在对甲公司2020年度财务报表进行审计时，在审计工作底稿中记录的有关货币资金的相关情况如下：

（1）2021年1月5日，审计项目组监督甲公司对库存现金进行盘点，并将结果与现金日记账进行了核对，未发现差异，因此认可了库存现金余额。

（2）审计项目组成员审查发现银行对账单上有一收一付相同金额，但是银行存款日记账上没有对应的记录，出纳员解释是客户销售退回业务的正常处理，审计项目组认为情况合理。

（3）审计项目组针对银行账户的完整性存在疑虑，委托甲公司财务人员打印《已开立银行结算账户清单》，没有发现异常。

（4）审计项目组针对发现的未质押的定期存款，检查了开户证实书原件，在检查时，还认真核对了相关信息，包括存款人、金额、期限等，未发现异常，认为情况合理。

（5）针对甲公司保证金存款，审计项目组检查开立银行承兑汇票的协议和银行授信审批文件，未发现异常情况。

要求：

针对上述第（1）至（5）项，逐项指出审计项目组的做法是否恰当。如不恰当，简要说明理由。（★★★）

3. 甲公司在总部和营业部均设有出纳部门，在对被审计单位甲公司2020年度财务报表进行审计时，A注册会计师负责审计货币资金项目。具体情况如下：

（1）为顺利监盘库存现金，A注册会计师在监盘前一天通知甲公司出纳员做好盘点准备。

（2）A注册会计师考虑到出纳日常工作安排，对总部和营业部库存现金的监盘时间分别定在上午上班前和下午下班时。

（3）监盘库存现金时，A注册会计师仅要求甲公司总部和营业部出纳员作为代表参与盘点。

（4）监盘时，出纳员把现金放入保险柜，并将已办妥现金收付手续的交易登入现金日记账，结出现金日记账余额，A注册会计师当场盘点出纳员负责的库存现金。

(5) A注册会计师将监盘金额与现金日记账余额核对后填写“库存现金监盘表”，并在签字后形成审计工作底稿。

要求：

针对上述第（1）至（5）项，逐项指出A注册会计师的做法是否恰当。如不恰当，简要说明理由。(★★★)

4. ABC会计师事务所接受委托审计甲公司2020年度财务报表，与银行存款函证相关的事项如下：

(1) 甲公司在乙银行开立了一个用以缴纳税款的专门账户，除此以外，与乙银行没有其他业务关系，审计项目组认为，该账户的重大错报风险很低且余额不重大，未对该账户实施函证程序。

(2) 审计项目组收到一份银行询证函回函，回函中标注“本行不保证回函的准确性，接收人不能依赖回函中的信息”，审计项目组致电该银行，银行工作人员表示这是标准条款。审计项目组据此认为该回函可靠，并在工作底稿中记录了与银行的电话沟通内容。

(3) 对甲公司2020年12月31日的银行存款实施函证时，审计项目组选择对有往来余额的银行账户实施函证程序。

(4) 甲公司为某银行重要客户，有业务专员上门办理各类业务。2021年1月8日，审计项目组成员在甲公司财务经理的陪同下将询证函交予上门办理业务的银行业务专员，银行业务专员当场盖章回函，据此认为函证结果满意。

(5) 在对某银行账户实施函证时，因回函差异低于明显微小错报的临界值，审计项目组认为回函结果满意。

要求：

针对上述第（1）至（5）项，逐项指出审计项目组的做法是否恰当。如不恰当，简要说明理由。(★★★)

同步强化练习题参考答案及解析

“扫码看解析”

使用“微信”或“会计云课堂”App扫码，即可线上对答案、看解析，错题随手收藏，及时巩固复习。

一、单项选择题

1. 【答案】C

解析：选项C正确，避免公司员工直接经手货币资金。

2. 【答案】C

解析：出纳员个人名章应当由本人或其授权人员保管（选项C错误）。

3. 【答案】B

解析：取得并检查银行存款余额调节表是注册会计师查明银行对账单余额与银行存款日记账余额不符事项的最有效的审计程序，故选项B正确。

4. 【答案】C

解析：选项C正确，甲公司调整后的银行对账单金额 = 585000 + 20000 − 15000 = 590000（元）。该金额应等于调整后的银行存款日记账的余额。

5. 【答案】D

解析：被审计单位资产负债表日的货币资金项目中的银行存款数额应当以12月31日的实有数为准，即1250000 + 215000 − 72000 = 1393000（元），故选项D正确。

6. 【答案】D

解析：选项D属于企业未及时入账，不属于未达账项。

二、多项选择题

1. 【答案】ACD

解析：选项B不正确，控制测试的目的是获取审计证据确定控制运行是否有效，而不是确定控制是否得到执行。针对现金付款内部控制，注册会计师可以实施以下控制测试：（1）询问相关业务部门的部门经理和财务经理其在日常现金付款业务中执行的内部控制，以确定其是否与被审计单位内部控制政策要求保持一致（选项A）；（2）观察财务经理复核付款申请的过程，是否核对了付款申请的用途、金额及后附相关凭据，以及在核对无误后是否进行了签字确认（选项C）；（3）重新核对经审批及复核的付款申请及其相关凭据，并检查是否经签字确认（选项D）。

2. 【答案】ABC

解析：选项D错误，结合财务费用和投资收益审计分析利息收入的合理性，其目的是为了判断定期存款是否真实存在，或是否存在体外资金循环的情形。

3. 【答案】ABC

解析：选项D错误，如果有充分证据表明某一银行存款、借款及与金融机构往来的其他重要信息对财务报表不重要且与之相关的重大错报风险很低，可以不针对这一部分开户银行函证，即注册会计师不需要针对每一家开户银行寄发询证函。

三、简答题

1. 【答案】

（1）不恰当。对库存现金的监盘最好实施突击性检查。

（2）恰当。

（3）不恰当。应对银行对账单的真实性保持警觉，必要时，亲自到银行获取对账单，并对获取过程保持控制。

（4）不恰当。应当对银行存款（包括零余额账户和在本期内注销的账户）实施函证程序，除非有充分证据表明某一银行存款对财务报表不重要且与之相关的重大错报风险很低。

（5）不恰当。应当实施其他审计程序，比如亲自到银行进行核实等。

2. 【答案】

（1）不恰当。审计项目组还应当将监盘日的金额调整至资产负债表日的金额，并对变动情况实施程序。

（2）不恰当。审计项目组应检查银行存款日记账和相应交易及资金划转的文件资料，关注相关交易及相应资金流转安排是否具有合理的商业理由。

（3）不恰当。应当在甲公司人员陪同下到中国人民银行或基本存款账户开户行查询并打印《已开立银行结算账户清单》，以确认被审计单位账面记录的银行人民币结算账户是否完整。

（4）恰当。

（5）恰当。

3. 【答案】

（1）不恰当。对库存现金的监盘最好实施突击性的检查，提前通知甲公司的做法不当。

（2）不恰当。甲公司总部和营业部多地点存放库存现金，应同时进行监盘；若不能同时监盘，应对后监盘的库存现金实施封存。

（3）不恰当。除了注册会计师和出纳员，甲公司参与盘点的人员还应包括会计主管。

（4）不恰当。盘点工作应当由出纳员负责，A注册会计师负责监盘。

（5）不恰当。“库存现金监盘表”的签字人员除了注册会计师，还应当包括甲公司出纳员和会计主管。

4. 【答案】

（1）恰当。

（2）不恰当。该限制条款影响了回函的可靠性/审计项目组需要实施额外或替代审计程序。

（3）不恰当。审计项目组没有对零余额账户和在本期内注销的账户实施函证，也未评估这些账户是否对财务报表不重要且与之相关的重大错报风险很低。

（4）不恰当。没有评估回函的可靠性/银行业务专员当场办理回函，未实施适当的核对程序和处理流程。

（5）不恰当。审计项目组应当对该回函差异进行调查，以确定是否表明存在错报。

附　录

考点清单

第一章　审计概述

第二章　审计计划

第三章　审计证据

第七章 风险评估

第八章 风险应对

第九章 销售与收款循环的审计